소중한 비밀
: 까비르 강론

The Great Secret

Copyright © 2004 by Osho International Foundation, Switzerland. www.osho.com
OSHO is a registered trademark of Osho International Foundation,
used under license.
Korean Translation Copyright © 2011 by Sodam&Taeil Publishing Co., Ltd.
This Korean edition was published by arrangement with Osho International Foundation,
Switzerland through Best Literary & Rights Agency, Korea.
All rights reserved.

이 책의 한국어판 저작권은 베스트 에이전시를 통한 원저작자와의 독점 계약으로 (주)태일
소담에서 소유합니다. 신저작권법에 의하여 한국 내에서 보호를 받는 저작물이므로 무단전
재와 무단복제를 금합니다.

소중한 비밀
: 까비르 강론

The Great Secret

오쇼 강의 | 손민규 · 백운 옮김

태일출판사

옮긴이 손민규

1962년 생. 인도로 건너가 오쇼의 제자로 입문한 후 20여 년 동안 인도를 오가며 여러 스승들을 만나 교류했다. 특히 '유지 크리슈나무르티'와의 만남을 통해 큰 감화를 받았으며, 오쇼 문하에서 가장 먼저 깨달은 인물로 알려진 '끼란지'와 12년 동안 친교를 나누며 깊은 가르침을 받았다. 지난 20년 동안 명상 서적 전문 번역가로 일하면서 『명상, 처음이자 마지막 자유』, 『법구경』, 『금강경』, 『떠도는 자의 노래』, 『마음을 버려라』 등을 포함한 50여 권의 명상 서적을 한국에 번역·소개했다. 현재 오쇼와 끼란지의 가르침에 대해 공부하는 수행모임 '오스카'를 이끌고 있다.
오스카 홈페이지: www.oska.co.kr

옮긴이 백운

오쇼의 제자로, 산야신 이름은 스와미 체탄 나시브(Sw. Chetan Naseeb)이다. 현재 인도 푸나에서 명상과 번역을 하고 있다. 그동안 『침묵하라, 그리고 지켜보라』, 『성 엑스터시의 예술』, 『오쇼 선 타롯카드』 등을 번역했다.

21세기를 사는 지혜의 서 20

소중한 비밀
:까비르 강론

The Great Secret

펴낸날 | 2012년 3월 30일 중판 1쇄
          2018년 7월 15일 중판 2쇄

지은이 | 오쇼
옮긴이 | 손민규
펴낸이 | 이태권
펴낸곳 | (주)태일소담
　　　　서울특별시 성북구 성북로8길 29 (02834)
　　　　전화 | 745-8566~7　팩스 | 747-3238
　　　　e-mail | sodam@dreamsodam.co.kr
　　　　등록번호 | 제2-42호(1979년 11월 14일)
　　　　홈페이지 | www.dreamsodam.co.kr

ISBN 978-89-8151-190-0　04150
　　　978-89-8151-170-8 (세트)

● 책값은 뒤표지에 있습니다.
● 잘못된 책은 구입하신 곳에서 교환해드립니다.

이 강의는 까비르가 신(神)을 향한 자신의 사랑을
노래한 열 편의 시(詩)에 대한 해설이다.
오쇼도 다음과 같이 신에 대해 노래한다.
"그대가 신을 향한 사랑으로 휩싸여,
그 사랑이 그대 존재의 근원으로부터 넘쳐흐를 때만,
그대는 타인을 사랑할 수 있다."

옮긴이의 말

참으로 커다란 은혜를 입었습니다.

옮긴이는 까비르의 사랑을 조금이나마 맛보게 되었습니다.
오쇼의 사랑을 조금이나마 맛보게 되었습니다.
그리고 지금은 감사함만이 남아 있습니다.
이 책을 옮기면서 '옮긴이의 글'에 무엇을 쓸까 이리저리 궁리도 하고 구체적인 구상도 해보았지만 책을 다 옮긴 지금은 아무 생각이 없네요.
까비르의 내밀한 언어가, 오쇼의 거침없는 언어가, 우리말로 그대로 옮겨졌으면 하는 바람밖에는…….

본 한국어판 번역서에서는 독일의 레블출판사(The Rebel Publishing House)에서 출간한 영문판 『The Great Secret』을 텍스트로 하고, 본서의 힌두어판 원전인 『Gunge Keri Sarakra』를 참고하여 옮겼습니다.

손민규, 백운

서문

    이 책은 오쇼 책을 처음 접하는 독자들에게 좋은 입문서가 될 것이다. 최근에 나온 오쇼 책을 많이 접한 독자들에게는 이 책이 1975년, 대부분이 힌두교였던 청중을 대상으로 행한 강의(講義)라는 점을 알고 들어가는 것이 좋다. 그 당시까지만 해도 오쇼를 찾아온 서구인들은 몇백 명에 불과했다.

    이 강의는 까비르가 신(神)을 향한 자신의 사랑을 노래한 열 편의 시(詩)에 대한 해설(commentary)이다. 오쇼도 다음과 같이 신에 대해 노래한다.

    "그대가 신을 향한 사랑으로 휩싸여, 그 사랑이 그대 존재의 근원으로부터 넘쳐흐를 때만, 그대는 타인을 사랑할 수 있다."

    이와 동시에 오쇼는 다음과 같은 점들을 우리에게 지적해주고 있다.

    "신은 이야기를 주고받을 수 있는 사람이 아니다."

    "신은 그대가 '신은 이렇다, 저렇다'라고 표현할 수 있는 대상이 아니다."

    "신을 묘사한다는 것은 참으로 지난(至難)한 일이다."

    "내가 신에 대해 무엇이라고 이야기를 하든, 그 이야기는 틀릴 수밖에 없다."

    오쇼가 이 강의 시리즈에서 신을 긍정적으로 언급하고 있는 것을 보게 되면 최근에 오쇼를 알게 된 사람들은 다소 이상하게 생각할 것이다. 오쇼의 제자들, 자신을 우상파괴주의자이며 혁명적인 자유사상가로 생각하는 우리들은 인격적인 신에 대한 사상은 이미 휴지통에 버렸다고 생각했었다. 그런데 오쇼가 '미묘한 세뇌 작용으로 인해 인간은 아직도 초월적인 존재, 우리보다 많이 안다고 여겨지는 외부의 인물을 찾고 있다'는 것을 보여줌으로써 커다란 충격을 던진 것은 본서를 강의한 10년 후의 일이다. 1989년 프리드리히 니체에게 헌정(獻呈)한 '신은 죽었다, 그리고 이젠 선이 유일하게 살아 있는 진리다(God is Dead, Now Zen is the Only Living Truth)'라는 다른 강의 시리즈에서 오쇼는 다음과 같이 현재의 우리 모습을 보여주었다.

"그대는 '신은 죽었다'는 사실을 머리로는 알고 있을지 모르지만 '신은 결코 태어난 적이 없다. 신은 허구이며 인간에 대한 모욕이요, 인간을 거지로 만들고 노예로 만들어온 꼭두각시 조종자이다. 그리고 신은 사회의 위선과 화석화된 종교라는 고물 자동차를 끌고 가는 허구의 존재다'라는 것을 그대는 뼈에 사무치게 깨닫지 못했다."

오쇼는 자신의 후기 강의들에서 기존의 전통과 종교에 신경 쓰지 않고 진리를 있는 그대로 말했다. 그가 사회의 모든 기득권층을 강력하게 비판하자 세계 각국의 정부는 두려운 나머지 오쇼에게 보복을 자행하는 야만성을 드러냈다. 우리는 이제 세계가 오쇼의 강력한 비판에 위협을 느끼고 폭력적인 반응을 보이기 이전, 1975년 까비르에 대한 오쇼의 해설을 통하여 보다 평온한 세계로, 까비르 노래의 위대한 주제들—사랑, 진리, 죽음, 깨달음—로 가득 찬 세계로 떠날 것이다.

지난 10년에 걸쳐 변화된 오쇼의 언어와 어조는 최근 오쇼 강의에서 잘 나타나고 있다.

"예수에 관한 영화 한 편을 본 적이 있다. 나는 예수를 사랑한다. 나는 누군가를 사랑하지 않으면 결코 비판하지 않는다."

그리고 나서 오쇼는 예수를 만난 부유한 젊은이에 관한 이야기를 한다. 이 일화에서 예수는 젊은이에게 모든 것을 가난한 이들에게 나눠주고 오라고 말한다. 오쇼는 말한다.

"그 나이의 젊은이에게 그런 요구는 너무 지나친 것이다. 스승이라면 그렇게 서둘러서는 안 된다. 자, 한 왕자가 왕국을 물려받았다고 생각해보

자. 그리고 그에게 '가진 것을 모두 나누어주라!'고 말해보라. 물론 왕자는 그 나름대로는 준비가 되어 있을 테지만, 그것은 너무나 지나친 요구다. 때가 무르익지 않은 것이다. 무르익기도 전에 지나친 것을 요구해서는 안 된다."

이 일화와 마찬가지로 오쇼는 우리의 보폭에 맞춰 우리를 안내한다.

독자들이 일단 '신(神)'이라는 말에 익숙해지면 본 강의는 독자들의 심금을 울릴 것이다. 심금을 어떻게 울리는가? 그것이 바로 소중한 비밀이다. 지혜와 이해, 진리와 엑스터시(ecstasy), 사랑과 신 등 그 어떤 말로도 그 소중한 비밀을 표현할 수 없다. 오쇼는 다른 어떤 신비가보다도 까비르에 대해 많은 이야기를 했다.

"나는 까비르를 사랑한다."

사랑이 본 강의 시리즈의 주제이다.

스와미 아난드 로빈(Swami Anand Robin, M.A.)

차례

1. 말할 수 없는 사랑 이야기 · 13
2. 말해 보라, 그래도 신비 속에 있나니 · 61
3. 가없는 젊음에 취하여 · 103
4. 진실한 연인은 죽는 것을 모른다 · 141
5. 홀로 걷는 이 · 183
6. 왜 헤매는가? · 227
7. 그대 신전으로 들어가라 · 273
8. 왜 다른 이에게 가겠는가? · 317
9. 기쁨에 안식하라 · 363
10. 오는 대로 허용하라 · 403

1
말할 수 없는 사랑 이야기

사랑은 정원에서 자라는 것이 아니다.
사랑은 저잣거리에서 사고 팔 수 있는 것도 아니다.
왕이든 평민이든, 사랑을 원하는 자는
자신의 머리를 내주고 사랑을 받는다.

위대한 학자들이 도(道)를 터득하는 것은 아니다.
모두 그냥 죽어 갔을 뿐.
두 글자 반(半)으로 이루어진 '사랑'을 배우는 이는
도를 터득하고 있다.

사랑의 길은 좁아서
둘이 함께 갈 수 없다.
내가 존재할 때 주(主)는 없었지만
주가 존재하는 지금은 내가 없구나.

까비르는 말한다,
사랑의 비구름이 나에게 와,
사랑을 퍼부어
내 가슴을 흠뻑 적시니
내면의 숲에 푸르름이 넘쳐흐르누나.

신을 맛보지 못한
사랑에 메마른 가슴,
세상 사람이 다 그러하니
세상의 성공조차도 헛되구나.

신의 이름으로 깨어나 황홀경을 노닐며
신 앞에서, 사랑에 취하고
사랑이 넘쳐흐르는 흥겨운 잔치
해탈(解脫)을 집착하는 이는 누구인가?

말할 수 없는 사랑 이야기
단 한마디도 전해진 것이 없으니
벙어리의 꿀
그는 맛을 보고 미소 짓는다.

The Great Secret

Tale of love, untellable

— 말할 수 없는 사랑 이야기

나는 그대들을 보고 있노라면 확실한 것이 한 가지 있다. "그대들 또한 전에는 어떤 보물과 온전한 모습, 존재의 비밀과 그 열쇠를 가지고 있었지만 잃어버렸다"는 것이 그것이다. 그대는 잠들어 있든 깨어 있든 매순간 무엇인가를 찾기에 바쁘다. 그대들 대부분은 자신이 찾고 있는 것이 정확히 무엇인지, 무엇을 잃어버렸는지 의식하지 못하고 있다. 하지만 나는 그대들 눈 속에서 그 갈망을 읽을 수 있다. 그 갈망은 매순간 그대의 맥박과 함께 뛰고 있다.

우리는 생(生)과 생을 거듭하면서 이러한 탐구를 계속해 오고 있다. 혹자는 그걸 구도(求道)라고 부른다. 하지만 도(道)를 얻지도 못한 자가 어떻게 도를 잃어버릴 수 있겠는가? 또한 혹자는 신(神)을 향한 구도라고 부른다. 하지만 신을 체험하지도 못한 자가 어떻게 신과 떨어질 수 있겠는가?

그대는 신전이나 모스크(mosque : 회교 사원, 아니면 까쉬(Kashi) : 인도 최대 성지 중의 하나인 바라나시(Varanasi)의 옛이름)나 메카(Mecca)를 찾아다닌다. 그대는 자신이 잃어버린 것을 다시 찾고자 눈에 띄는 문마다 두드려 본다. 그러나 먼저 자신이 무엇을 잃어버렸는지 알아라. 그러면 그대는 도를 구할 수 있게 될 것이다. 그대 자신의 경험에 비추어 봐도 마찬가지 아닌가? 그대는 수많은 문을 두드려 보았다. 하지만 매번 허탕만 치지 않았는가? 문에 문제가 있는 것은 아니다.

구도를 시작하기 전에 그대는 먼저 자신이 무엇을 잃어버렸고, 참으로 무엇을 찾고 있는지 알아봐야만 한다. 진찰을 제대로 하지 않으면 정확한 처방을 내릴 수 없는 노릇이다. 제대로 진찰을 하지 않으면 설령 여기에 의사가 있다 하더라도 의사는 아무것도 해줄 수 없다.

한 번은 나나크(Guru Nanak, 1465~1538 : 인도 펀잡(Punjab) 지방의 깨달은 스승으로 시크교(Sikhism) 창설)가 아파서 드러눕자 집안 사람들이 의사를 불러왔다. 누군가 아프면 우리는 거의 무의식적으로 의사를 불러온다. 사람들은 의학과는 전혀 무관한 병들이 존재한다는 것을 알지 못하는 것이다. 하여튼 의사가 와서 나나크의 손목을 잡고 맥을 짚자 나나크가 웃으며 말했다.

"내 병은 거기에 없소. 내 맥만을 짚어서는 아무것도 찾아내지 못할 게요. 내 병은 마음에서 오는 겁니다."

의사는 나나크가 무슨 말을 하는지 도무지 알 수 없었다. 의사는 그저 맥을 짚어 병을 진단하는 것만이 최고라고 생각했다. 그러나 당시 나나크에게는 그냥 의사가 아니라 영적인 의사, 즉 스승이 필요했던 것이다.

스승 또한 의사이다. 몸을 다루는 의사가 아니라 마음을 다루는 의사이다. 그대가 지금 찾고 있는 것이 정확히 무엇인가를 알려주는 것이 스승의 일이다. 자신이 찾고 있는 것이 무엇인지를 명확히 알게 되면 그대의 구도는 한결 쉬워질 것이다. 정확한 진찰만 내리면 거기에 맞는 약을 처방하는 것은 식은 죽 먹기이다. 시작이 반인 것처럼 진찰만 정확히 내리면 치료의 반은 이미 끝난 셈이다. 진찰이 정확하지 않으면 백약이 무효다.

The Great Secret

그대는 대부분의 경우 말과 생각에 속고 만다. 보통 이렇게 생각하기 시작한다.

'그래, 맞아. 이것이 바로 내가 잃어버린 것이야. 내가 잃어버린 것은 신(神)이야, 그리고 자유야.'

그런 다음 구도를 시작하기 마련이다. 하지만 처음부터 틀렸다.

아까 말했던 것처럼 그대의 가슴을 보면 그대 내면의 왕좌는 텅 비어 있다. 어느 때든 그 왕좌에 앉기만 하면 되는데 그 자리를 비워 두고 다른 곳에서 왕좌를 찾아 헤매고 있다. 가슴이 곧 왕좌다. 그런데 왕은 왕좌를 떠나서 머나먼 곳에서 헤매고 있다.

누구나 사랑을 향한 구도를 시작할 수 있다. 왜냐하면 모든 아이는 사랑을 지니고 태어나기 때문이다. 무엇인가 찾는다는 것은 바로 무엇인가를 잃어버렸다는 말이 된다. 아이는 사랑을 지니고 태어나지만 자라면서 잃어버리고 만다. 사회와 문화와 교육으로 인해 아이는 사랑을 잃어버리는 것이다. 이러한 사랑의 상실로 아이는 내면이 텅 빈 공허한 상태 속에서 살아가게 된다. 그대는 바로 그 사랑, 그대가 잃어버린 사랑을 찾고 있는 것이지 신을 찾고 있는 게 아니다. 그대는 결코 신을 만나본 일이 없다. 사랑을 다시 찾게 되면 신이 그대 앞에 나타난다. 하지만 그대에게 있어서 신은 도무지 알 수 없는 대상이었다. 따라서 '찾아야겠다'라는 생각은 아예 할 수 없는 것이었다. 그대가 누군가를 찾고 싶어 한다면 안면이 있든지 어떤 식으로든 알고 있어야 한다. 하지만 그대는 신에 대한 안면조차 없지 않은가?

진리는 항상 여기에 있었다. 그리고 지금도 여기에 있다. 진리가 그대를 감싸고 있다. 따라서 진리는 찾고 말고 할 것이 없다. 보다 근본적인 문제는 그대에게 이 진리를 알아볼 수 있는 눈이 없다는 것이다. 태양은 항상 빛나고 있지만 그대의 눈은 멀어 있다. 눈먼 자가 무엇을 찾을 수 있겠는가? 눈이 없다면 그 앞에 태양이 있다고 해도 태양을 볼 수 없다.

아직도 깜깜한 어둠이다. 눈이 없다면 그대는 무력해진다. 따라서 그대가 찾는 것을 알아볼 수 있는 눈이 필요하다. 사랑이 곧 눈이다. 신은 언제나 현존(現存)한다. 사실 그대 주위에는 온통 신뿐이다. 그대가 눈을 잃어버렸다면 그건 신을 체험할 수 있는 수단을 잃어버렸다는 말이 된다.

사랑을 통해서만 신을 체험할 수 있다. 사랑은 모든 감각들을 생생하게 열어 준다. 사랑을 통해서 그대는 더러운 모든 것들이 씻겨 나가고 모든 문들이 활짝 열리는 체험을 할 수 있다. 온 세상이 자기 것으로 느껴질 때, 자신을 찾아오는 모든 이들을 더없이 소중한 이들로 환대할 때, 적도 이방인도 사라질 때, 눈에 띄는 누구나가 친구로 보일 때 그대는 사랑을 체험하게 된다. 이러한 사랑을 체험하게 되면 누구나가 더없이 사랑하는 이가 된다. 사랑을 찾고 체험한 이에게는 더 이상 찾을 것이 없다. 사랑을 찾았다면, 그것은 신으로 향한 문의 열쇠를 찾은 것이다.

사랑의 참뜻을 이해하라. 사랑보다 위대한 것은 없다. 신도 사랑보다 위대하지 않다. 사랑을 통해 신을 체험할 수는 있지만 신을 통해 사랑을 이룰 수는 없다. 신이 현존한다고 해서 사랑도 언제나 현존하는 것은 아니다. 하지만 사랑이 현존할 때는 언제나 신을 체험하게 된다. 예수는 "하나님은 사랑이다"라고 말하지 않았는가?

사랑을 찾는 것이 가장 근본적인 것이다. 사랑을 다시 찾으려면 우리가 사랑을 어떻게 잃어버렸는지를 이해하고 알아야만 한다.

사랑을 찾는 길은 사랑을 잃어버린 길과 똑같다. 걸어왔던 길을 거슬러 올라가면 되는 것이다. 똑같은 사다리가 천국으로 통하기도 하고 지옥으로 통하기도 한다. 한쪽 끝은 지옥에 가 닿고, 다른 쪽 끝은 천국에 가 닿는다.

인간은 사물에 집착하기 시작하면서부터 사랑을 잃기 시작한다. 집착이 사다리의 한쪽 끝, 즉 지옥이다. 사랑이 자라기 시작하면 신이 드러

나기 시작한다. 이 사랑이 사다리의 다른 쪽 끝이다. 사랑은 사다리요, 길이다. 사랑을 포기하면 하향(下向)의 여정이 시작된다. 그러나 사랑을 껴안으면 상향(上向)의 길이 시작된다.

그대가 나에게 길을 묻는다면 나는 신에 대해서는, 진리에 대해서는 잊어버리라고 말해 주고 싶다. 오직 사랑만을 찾아 나서라고 말해 주고 싶다. 그러면 나머지는 저절로 따라오게 되어 있다. 항상 그림자가 우리 뒤를 따르는 것처럼 신은 사랑을 그림자처럼 따라다닌다. 하지만 그대가 아무리 열심히 도를 구한다고 하더라도 사랑이 없으면 아무것도 성취할 수 없다. 사랑이 없기 때문에 대부분 구도자들의 구도가 무의미하고 건조하게 된다. 그런 이들에게는 구도의 길을 제대로 갈 힘도 근기(根氣)도 없다. 그들은 무의식 속에 잠들어 있다. 증오와 분노와 적개심으로 가득 차 있다. 악의(惡意)의 독에 물들어 있다. 오직, 사랑이라는 감로수(甘露水)만이 기쁨을 자아낸다.

아이들은 누구나 할 것 없이 모두 아름답고 사랑스럽다. 아이는 태어날 때 사랑을 가지고 태어나기 때문이다. 그러다가 점차 커 가면서 사랑의 조화는 깨지기 시작한다. 아이들은 예외 없이 정말 사랑스럽다. 너무나 아름답다. 그대는 추한 아이를 본 적이 있는가?

아이의 아름다움은 몸과는 아무 관련이 없다. 내면에서 배어 나오는 것이다. 아이의 내면에서 밝게 타오르는 사랑의 등불은 온몸을 통해 우러나와 사방으로 그 빛을 발한다. 아이는 무엇을, 어디를 보든지 사랑으로 본다. 하지만 불행하게도 자라면서 그 사랑을 잃어버리기 시작한다. 우리가 아이를 그렇게 만드는 것이다.

우리는 아이에게 어떻게 사랑하고, 사랑을 지키고, 돌볼 수 있는지를 가르쳐 주지 않는다. 그저 아이에게 사랑은 위험하다고, 가까이 해서는 안 될 것이라고 가르친다. 어떠한 것이 됐든, 믿지 말고 의심해 보라고 가르친다. 무조건 믿어 버리면 다른 사람들한테 이용당하기 쉽다고 가르친다. 세상을 살아가기 위해서는 사실을 있는 그대로 말하는 것은 바보짓이니까 때론 거짓말을 하고 속이고 배반을 해도 괜찮다는 말이다. 그런 것들은 어디나 있는 법이다. 자신을 제대로 방어하지 않으면 속거나 빼앗기기 십상이라는 것이다. 그리고 아이에게 세상에는 도둑놈들뿐이라고 가르친다. 참으로 이상한 일이다. 세상에는 도둑놈뿐이라는 사실은 결코 잊지 않으면서, 도처에 신이 현존하고 있다는 사실은 완전히 망각하고 있다. 사회는 아이들에게 도둑놈들로부터 자신을 지키는 법을 가르친다.

이런 식으로 아이를 길러서야 어떻게 아이들에게 사랑을 가르칠 수 있겠는가? 사랑이 그토록 위험한 것인가? 사랑은 신뢰를 의미한다. 사랑은 받아들임을 의미한다. 의심은 항상 방심하지 않고 경계하는 것을 의미한다. 자신의 것을 빼앗기고 싶지 않아서 방어하는 것을 의미한다. 어느 방향에서, 어느 순간에 공격의 화살이 날아올지 모르니까 24시간 경계 태세를 취하고 있는 것이다. "공격이 최선의 방어"라는 말도 있지 않은가? 자신을 제대로 방어하기 위해서는 먼저 공격하는 것이 최선책이다. 우리는 아이를 바짝 군기가 든 군인처럼 기른다. 이것이 우리들의 모습이다.

이런 식으로 아이가 사회에 적응하기 시작할 때, 우리는 아이가 철이 든다고 말한다. 아이는 이때쯤이면 사랑을 완전히 잃어버리고 만다. 이제 그의 주위에는 온통 경쟁 상대와 적들뿐이다. 주위 사람을 친구로 볼 수 있는 눈을 상실하고 마는 것이다. 심지어 자기 아버지조차 의심하기 시작할 때 이제 사회 생활을 할 만큼 철이 들었다고 말한다. 그러면 우리는 아이에게 "어른이 다 됐구나"라고 말한다. 이제 다른 사람에게 속지 않고 살아갈 수 있게 되었을지는 모르지만 그 아이는 다른 사람을 속이면서 살기 시작한다.

까비르는 말한다. "속이려 들지 말고 언제든지 속을 준비를 하라. 속

The Great Secret

는다고 해서 잃는 것은 아무것도 없다. 하지만 남을 속이면 모든 것을 잃어버린다."

까비르가 말하는 '모든 것' 은 무엇을 말하는가?

자꾸 속이려 들면 사랑의 원천은 줄어든다. 자신이 속이려는 사람을 어떻게 사랑할 수 있겠는가? 타인을 경계하고 두려워하게 되면 사랑이라는 꽃은 피어날 수 없다. 두려움은 독이다. 이런 두려움으로 가득 찼을 때 어떻게 사랑이 꽃피어 날 수 있겠는가? 두려움의 땅에서 꽃피는 사랑을 본 적이 있는가? 두려움 속에서 나오는 것은 증오밖에 없다. 적개심만이 두려움의 땅에서 자란다. 자신을 방어하기 시작하는 것은 바로 이 두려움 때문이다.

아이는 자라면서 돈으로, 집으로, 온갖 것들로 자신을 보호하는 데 온 신경을 쓰기 시작한다. 아이는 타인의 공격으로부터 자신의 안전을 지키기 위해 수단 방법을 가리지 않게 된다. 자신을 보호하는 데만 온 신경을 쓰다 보면 자신의 모든 문들을, 사랑의 문들을 닫아 버리고 있는 사실을 잊기 쉽다. 이제 자신을 방어하는 것이 완벽해졌을 수도 있겠지만 거기에서 얻은 방어와 안전은 무덤, 바로 그것이다.

옛날 어느 황제가 자신의 신변 보호를 위해 궁전을 하나 지었다. 황제의 돈과 권력을 탈취하려고 주위에 도사리고 있는 사람들로부터 자신의 생명을 지키고 싶었던 것이다. 황제라는 사람은 다른 어느 누구보다도 자신의 안전을 두려워한다. 황제는 세상의 온갖 부와 명예와 권력을 쥐고 있기 때문에 찬탈(簒奪)의 위험이 항상 도사리고 있다. 황제는 자신이 가지고 있는 돈만큼이나 많은 두려움을 가지고 있다. 이 황제는 자신이 지은 궁전에 입구를 딱 하나만 만들어 놓았다. 문도, 심지어 창문도 내지 않았다. 따라서 다른 사람이 들어갈 수 있는 틈은 전혀 없었다.

한 번은 이웃 나라 왕이 이 궁전을 구경하기 위해 찾아왔다. 이웃 나라 왕은 궁전의 철통같은 안전 시설에 대해 찬사를 보냈다. 감히 어느 누구

도 침입할 수 없는 궁전이었다. 궁전의 입구는 오직 하나인 데다가, 그 입구에는 엄중하게 선발된 특수 호위대가 지키고 있었다. 하지만 모든 호위병들을 완전히 믿을 수 있느냐 하는 문제가 남았다. 누가 아는가. 한밤중에 몰래 호위병 중 한 명이 황제를 죽이려고 들지? 그래서 호위병들은 주도면밀하게 선발되었다. 각각의 호위병은 자기 바로 밑의 하급자를 감시하는 임무를 맡게 되었다. 이웃 나라 왕은 감탄사를 연발하며 말했다.

"나도 이런 궁전을 하나 짓고 싶습니다."

그런데 마침 길가에 앉아 있던 거지 하나가 둘이 이야기하는 것을 듣고는 큰소리로 웃는 것이 아닌가? 깜짝 놀란 두 사람이 거지를 향해 몸을 돌리자 거지가 말했다.

"죄송합니다. 두 분 다 모르시는 게 한 가지 있군요. 저는 여기에 이렇게 앉아 구걸을 하면서 궁전 짓는 것을 지켜 보았어요. 궁전 입구는 하나뿐이지만 누가 미래의 일을 알 수 있겠습니까? 제가 조언을 하나 해드리고 싶은데요. 궁전 안으로 들어가서 하나 있는 입구를 완전히 틀어막아 버리는 거지요. 그러면 안으로 침입할 수 있는 틈바구니조차 없어지게 되니까 완벽하게 안전해지지요."

황제가 말했다.

"이 바보 천치 같은 놈. 그럼 궁전이 무덤이 아니고 무엇이란 말이냐?"

거지가 대답했다.

"이미 무덤이 되어 버렸잖아요. 마지막 남은 문을 닫아 버리는 것이 무덤이지요."

우리 모두는 이렇게 죽어 가고 있다. 우리가 자신을 방어하면 할수록 그만큼 우리는 더 죽음에 가까이 다가간다. 그대는 너무나 많은 방어와 안전 조치를 취하기 때문에 삶은 무기력해진다.

생생하게 살아 있고 싶은가. 그렇다면 무방비 상태로 살아라.

삶의 만트라(mantra : 진언(眞言) 혹은 주문)는 무방비 상태로 사는 것이다. 물론 말할 것도 없이 무방비 상태로 살면 불안함을 느끼게 될 것이다. 돌은 안전하지만 꽃은 위험 속에서 산다. 돌은 죽어 있지만 꽃은 생명력이 넘쳐흐른다. 폭풍이 몰아치면 꽃은 그 잎을 떨구겠지만 돌은 꿈쩍도 하지 않는다. 꽃들에게는, 개구쟁이들이 와서 그 꽃을 따기도 하겠지만 돌은 거기에 쓸모없이 그대로 놓여 있을 것이다. 땅거미가 내려앉으면 꽃은 시들겠지만 돌은 황혼의 아름다움에 대한 아무런 반응도 없이 그 자리에 있을 것이다. 이런 식으로, 돌이 안전하다는 이유 하나만으로 돌멩이가 되고 싶은가? 그대가 선택한 상황은 바로 돌멩이의 상황에 다름 아니다! 그대는 돌멩이처럼 굳어져 버렸다. 꽃은 항상 위험 속에 산다. 사랑이 꽃이다. 사랑보다 더 위대한 꽃은 없다. 사랑보다 더 의미 있는 꽃은 없다. 또한 사랑만큼 위험 속에 존재하는 것도 없다.

사랑이 삶이다. 사랑은 그대 문이 열려 있음을 의미하며, 그대가 드넓은 하늘 아래 서 있음을 의미한다. 그러한 상황에 처하면 위험 또한 커지겠지만, 그러한 것이 바로 삶의 정수이다. 이렇게 무방비 상태에 놓여 있을 때 일어나는 일은 두 가지다. 하나는 적의를 가진 상대가 그대를 공격하는 것이요, 다른 하나는 친구가 찾아와 그대를 껴안는 것이다. 적으로부터 자신을 보호한다는 것은 곧 친구로부터 자신을 보호하는 것과 매한가지다. 자신의 주위에 장벽을 쌓는 것은 곧 스스로 무덤을 파는 짓이다. 이런 상황에서는 항상 불안해 할 수밖에 없다. 항상 무엇인가를 잃어버렸다는 상실감에 시달릴 것이다. 그러나 사실은 무엇을 상실한 것이 아니다. 그대 가슴이 열리지 않고 사랑할 수 없기 때문에 상실감에 시달리는 것이다.

우리는 아이들에게 별 탈 없는 인생을 살아가도록 교육 시킨다. 그런 교육은 사랑이 메말라 가는 결과만을 낳을 뿐이다. 그런 다음 부정한 수단을 써도 괜찮다고 가르친다. 그러면 이제 사랑은 더욱 메말라 간다.

그런 다음 이기주의자가 되는 법을 가르친다. 그때 사랑은 죽는다. 사랑으로 넘쳐흘러서 남을 사랑할 수 있는 방법은 딱 한 가지이다. 그것은 자기 자신을 사랑하는 것이다. 우리는 자식들에게 인생에서 승리하라고 가르치지 결코 패배하라고 가르치지는 않는다. 우리는 자식들에게 '우리 가문, 우리 사회, 우리 국가의 명예가 걸린 문제'이니 열심히 싸우라고 가르친다.

한 번은 물라 나스루딘(Mulla Nasruddin: 수피 신비주의자. 오쇼가 농담에 가공의 인물로 자주 등장시킴)의 장남이 가출을 했다. 물라는 몹시 마음이 아팠다. 나중에 물라는 아들이 극단(劇團)에 들어가서 명배우가 되었다는 소식을 듣게 되었다. 그러자 물라는 가출했던 아들을 자랑하기 시작했다. 얼마 후 아들이 속한 극단이 물라가 사는 읍내로 공연을 온다는 소식이 전해졌다. 물라는 친구들을 몽땅 초대해 1등석 티켓을 사서 나누어 주었다. 물론 그는 나도 초대했다. 물라는 사람들에게 자신의 아들이 얼마나 대단한 배우가 되었는지를 보여주고 싶었던 것이다. 그는 몹시 들떠 있었다. 물라의 위신을 세울 수 있는 참으로 좋은 기회였다.

공연하는 날 저녁 우리는 함께 극장에 갔다. 공연이 시작되고 1막이 거의 끝나 가는데도 물라의 아들은 나오지 않았다. 물라는 좌석에 걸터앉아 아들이 나오기만을 초조하게 기다렸다. 1막이 끝나고 2막이 시작되었다. 아들은 2막에서도 나오지 않았다. 이제 물라는 약간씩 풀이 죽기 시작했다. 3막, 4막이 시작되었지만 아직도 무대에서 물라의 아들은 볼 수 없었다. 거의 막이 내릴 무렵 물라의 아들이 손에 총을 들고 무대로 뛰어나왔다. 그가 맡은 역은 보초였던 것이다. 아들은 무대 입구 바로 앞에서 총을 들고 앞뒤로 왔다갔다하고 있었다. 그때 천천히 막이 내리기 시작했다. 그에게는 단 한마디의 대사도 없었다! 물라는 더 이상 참을 수가 없었다. 그는 벌떡 일어나서 소리를 질러 댔다.

"이 바보 같은 녀석아! 할 말이 없어도 가문의 명예를 위해 총이라도

The Great Secret

쏘아야 할 게 아니냐! 집안 망신이다, 이 멍청한 놈아!'

　우리는 아이들에게 명예와 위신과 허영을 가르친다. 가문의 위신과 명예를 더럽혀서는 절대 안 된다고 늘 훈계한다. 자신과 남을 사랑하라고는 결코 가르치지 않는다. 그대는 아이가 반에서 1등이라도 하는 날에는 그렇게도 좋아하지 않는가? 그런 날에는 아이에게 더없이 상냥하게 대해 준다. 그리고 친구나 이웃에게는 떡을 돌리기도 한다.

　그대는 자신이 무엇을 하고 있는지 알고 있는가? 그대는 아이에게 항상 1등만 하라고 주입시킨다. 꼴찌가 될 줄 아는 자만이 사랑을 받을 줄 안다. 하지만 그대는 아이에게 야망을 품고 경쟁하고 싸워서, 어떤 수를 써서라도 항상 1등을 하라고 가르친다. 이렇게 그대는 아이에게 야망과 술수를 가르쳐서 정상배(政商輩)로 만든다. 이렇게 해서 그대의 아이는 일생 동안 어떤 일이 됐든 1등만 하려고 발버둥이 칠 것이다. 훗날 아이는 정치나 경제 등의 분야에서 최고 위치에 오르게 될지도 모르겠지만 삶의 알짜배기를 잃어버렸음을 알고 후회하게 될 것이다. 사랑할 수 있는 가슴과 삶의 가장 소중한 것들을 놓쳐 버렸음을 알고 한탄할 것이다.

　정치꾼은 그 누구도 사랑할 줄 모른다. 그에게는 친구가 없다. 친구가 있을 수 없다. 인디라 간디(Indira Gandhi, 1917~1984 : 인도의 첫 번째 수상이었던 자와하를랄 네루(Jawaharlal Nehru)의 딸, 그녀 역시 인도 수상 역임)에게 친구가 있을 수 있다고 생각하는가? 그녀처럼 권력을 쥐고 있는 자에게는 친구가 있을 수 없다. 그녀 주변을 맴도는 자들 모두가 그녀의 적들이다. 그녀를 몰아내려고 바둥대는 자들이다. 이러한 정적들 때문에 인디라 간디는 그렇게도 자주 개각(改閣)을 단행했던 것이다. 한 직위에 같은 사람을 오랫동안 놔두는 것은 그로 하여금 힘을 키울 수 있는 충분한 시간적인 여유를 주기 때문에 위험하다. 오랫동안 같은 자리에서 세력을 키운 자는 기회만 오면 인디라 간디 정권을 무너뜨리고 권좌에 오르려고 할 것이다. 바로 이것이 권좌에 오르는 모든 자들의 술수다. 정치꾼들에

게 사랑이라……. 이것이 가능하다고 보는가? 정치는 권모와 술수, 갈등과 경쟁으로 가득 차 있다. 그대가 자식에게 사회 경쟁에서 최고가 되라고 외치는 것은 자식에게 원한과 반감, 그리고 적개심을 간접적으로 가르치는 것이다.

또한 우리는 자식들이 돈을 싹싹 긁어 모아서 갑부가 되기를 바란다. 집에 엄청난 돈을 쌓아 놓고 사는 사람들의 인생에는 사랑이 없음을 그대는 아는가? 그들의 삶에서는 사랑을, 눈을 씻고 찾아볼래야 찾아볼 수 없다. 진짜 부자는 참된 사랑을 가슴에 지닌 이들이다. 참된 사랑을 지닌 사람은 세상의 부(富)를 얻기 위해 그렇게 발버둥이 치지 않는다.

이 점을 분명하게 이해하라. 돈은 사랑의 대용물에 지나지 않는다. 구두쇠나 인색한 자의 삶에서는 사랑을 찾아볼 수 없다. 사랑이 없기 때문에 인색한 것이다. 구두쇠는 사랑 대신 돈을 쫓아다닌다.

그대의 삶에 사랑이 찾아오면 그 사랑은 사방으로 퍼져 나간다. 그대의 사랑을 받은 사람들은 나중에 그대가 어려움에 처했을 때 그대를 도와줄 것이다. 그대의 삶이 사랑으로 넘쳐흐르면 그 사랑은 기도가 되어서 신이 그대를 돌보게 된다. 신이 자연의 나무와 새들을 그렇게 잘 돌보는데, 나를 푸대접할 이유가 없는 것이다.

삶에 사랑이 없으면 은행 통장 말고는 자신에게 마음 써줄 사람이 아무도 없다는 것을 절감해야 한다. 돈만이 그대의 유일한 친구가 된다. 사랑 없이 늙으면 누가 그대를 돌봐 줄 것인가? 누가 그대 등을 긁어 줄 것인가? 누가 신경 써주고 도와줄 것인가? 그대 삶에 사랑이 없으면 아무도 그대를 돌봐 주지 않을 것이다. 그러면 그대에게 남는 것은 돈밖에 없게 된다. 친구라곤 돈뿐이다. 사랑이 없는 인색한 삶에는 돈을 제외하곤 애정도 보살핌도 없다. 부자는 자신이 돈을 많이 가지고 있는 만큼, 가슴에는 사랑이 없다.

사랑의 본질은 나누는 것이다. 사랑은 긁어 모으기만 하는 것을 모른다. 긁어 모으기만 하는 사람은 나눌 용기가 없다. 그래서 그에게는 사랑하는 것이 어려운 일이 된다. 그에게는 가슴도 없고, 나누고자 하는 따뜻함도 없다. 사랑은 아낌없이 주는 것이요, 그 자체로 자선이다. 사랑은 모든 이들과 나누는 것이다.

그대는 자식에게 돈을 벌고, 높은 자리에 오르고, 이름을 날리고, 알렉산더가 되고 나폴레옹이 되라고 가르친다. 이는 자식이 그저 한 사람의 인간이 되는 것을 막는 어리석은 짓이다. 그렇게 가르쳐서야 어떻게 자식이 참된 인간이 되는 것을 바랄 수 있겠는가? 자식이 참된 인간이 되면 나폴레옹이 되고 대통령이 되려고 발버둥이 치지 않는다. 그저 한 인간이 되면 비인간적이고 야만적이며 짐승만도 못한 것들을 추구할 수 없다. 그러한 것들은 인간적인 속성들과는 거리가 멀다. 증오와 폭력은 그대를 비인간적인 사람으로 만들지만, 사랑은 그대를 신의 문으로 인도한다.

그대가 아이에게 주입하는 욕망과 야망으로 인해 아이는 사랑을 잃어버리게 된다. 하나하나 자신과의 관계가 깨지기 시작한다. 가슴과 이어져 있던 것들이 하나하나 잘려져 나가기 시작한다. 이제 아이는 뿌리가 잘려 나간 채 살아야만 한다. 잃어버린 것들을 찾아 여기저기 떠돌기 시작한다. 하지만 자신이 잃어버린 것이 무엇인지를 깨닫지 못한다. 아이가 커서는 무엇을 언제 잃어버렸는지에 대한 기억이 전혀 나지를 않는다. 아주 어려서 잃어버린다. 그대가 아이를 사랑으로부터 멀어져 가도록 교육시킬 때 아이는 너무 어려서 자신이 무엇을 하고 있는지를 깨닫지 못한다. 아이는 그냥 그대를 믿고 따를 뿐이다. 부모님이 시키는 대로 믿고 하라는 대로 따라 할 뿐이다. 아이는 이제 사회·문화에 순응해 나가기 시작한다. 어른이나 선생님이 시키는 대로 따라 한다. 아이는 무엇이 어떻게 진행되는지, 그 전체적인 모습을 알 수 없다. 아이의 무지 속에서 자신과의 관계가 단절된다. 아이의 무의식 속에서 아이의 뿌리가 잘려져 나간다.

　일본에는 나무를 자신들만의 독특한 방법으로 가꾸는 정원사들이 있다. '분재(盆栽)'라는 것이 일본 정원사들이 특별한 방법으로 가꾸는 것이다. 스와미(swami : '주인'이란 뜻으로 인도 수행자나 구도자에게 붙여주는 존칭) 람(Swami Ram)이 처음으로 일본에 갔을 때 그는 그런 나무들을 보고 무척 놀랐다고 한다. 그는 어떻게 그런 나무가 존재하는지 의아해 했다는 것이다. 2, 3백 년씩이나 된 나무들의 키가 겨우 15에서 20센티밖에 안 되는 것이었다! 3백 살 먹은 나무가 겨우 15센티라니 그는 정말 믿을 수가 없어서 그 비결이 무엇이냐고 일본 정원사에게 물어 보았다. 분재는 자라기는 하지만 크지는 않는다고 했다. 줄기가 통통해지기는 하지만 위로는 크지 않는다는 것이었다!

　정원사는 스와미 람에게 그 비결은 계속해서 뿌리를 잘라 주는 것이라고 말해 주었다. 나무를 밑이 터진 화분에다 심어서 뿌리를 깊이 내리지 못하도록 막을 뿐만 아니라 뿌리 끝을 주기적으로 잘라 준다는 것이었다.

　나무는 땅속 깊이 뿌리를 내리지 못하면 높이 자랄 수가 없다. 나무가 자라면서 줄기가 굵어지고 나중에는 시들어 가면서 늙어 보이겠지만 위로는 크지 않는다. 나무를 위로 자라게 하려면 나무로 하여금 땅속 깊이 뿌리를 내리도록 해야 한다. 나무는 뿌리를 깊이 내린 만큼 위로 크게 자란다. 그 비율은 항상 일정하다. 규칙적으로 나무 뿌리를 잘라 버리면 나무는 위로 클 도리가 없다. 발육 부진 상태에 머물고 만다. 일본에서는 아주 많은 사람들이 분재를 키우고 있다. 그날 스와미 람은 자신의 일기장에 "악마는 이와 같은 식으로 인간의 뿌리를 잘라 내어 성장하지 못하도록 막고 있다"라고 적었다.

　누군가 인류의 뿌리를 계속해서 자르고 있는지, 인류는 이렇게 발육이 부진한 상태에 머물고 있다. 나무 뿌리는 땅속에 묻혀 있기 때문에

The Great Secret

나무는 자신에게 어떠한 일이 일어나고 있는지 모른다. 이처럼 그대 가슴에서도 사랑의 뿌리가 잘려 나가고 있다. 이러한 상황을 시정하지 않으면 그대는 다시 사랑의 뿌리에 도달할 수 없다. 절에 가고 성당에 간다고 해도 소용없다. 예불을 드리고 예배를 본다고 하더라도 소용없다. 아무리 열심히 기도를 한다고 하더라도 그 기도는 하늘에, 신에게 가 닿지 않는다. 오직 사랑의 기도만이 신에게 가 닿는다. 사실은 사랑이 현존하고 있다면 기도조차 할 필요가 없다. 사랑이 현존하고 있으면 아무 말 하지 않더라도 신은 그대를 듣는다. 하지만 사랑이 없으면 그 어느 것도 신에게 가 닿지 않는다.

자 이제, 까비르의 말을 들어보자.

한마디 한마디가 더없이 소중하다. 까비르 앞에서는 우파니샤드(Upanishad : 인도 고대 기원전 8세기경부터 기원 후 2세기 사이에 성립된 것으로 보이는 신비주의 종교서적의 통칭)도 빛을 잃는다. 까비르 앞에서 베다(Veda : 고대 힌두교 경전. '베다' 라는 말은 '지식', 혹은 '앎'을 뜻함)는 가련하게도 2류로 전락하고 만다. 까비르는 독특하다. 까비르에게는 까비르 자신밖에 없다. 비록 그는 문맹이었지만 삶을 생생하게 체험함으로써 삶의 에센스를 뽑아 내는 데 성공했다. 그는 학자가 아니었기 때문에 아주 상세하게 파고들어서 표현하지 않는다. 간략하게 에센스만을 표현할 뿐이다. 까비르의 말들은 곧 꽃망울을 터트리려고 하는 꽃씨와 같다.

　사랑은 정원에서 자라는 것이 아니다.
　사랑은 저잣거리에서 사고 팔 수 있는 것도 아니다.
　왕이든 평민이든, 사랑을 원하는 자는
　자신의 머리를 내주고 사랑을 받는다.

사랑의 세계에서는 왕이냐 평민이냐 하는 구별이 있을 수 없다. 사랑

Talks on the songs of Kabir

에 관련된 것이라면 거기에는 빈부귀천(貧富貴賤)의 문제가 있을 수 없다. 사랑 안에서는 거지든 왕이든 모두 똑같은 차원에 놓이게 될 뿐이다.

사랑을 얻는 데에는 딱 한 가지 방법이 있으니, 사랑을 원하는 자는 자신의 머리를 내주고 사랑을 받는다. 사랑을 원하는 자는 자신을 내주고 자신을 희생해야만 한다. 자신의 겉치레와 가면을, 에고(ego)와 '나(I)'라는 생각을 희생해야만 한다. 이러한 것들이 까비르가 말하는 '머리'이다. 일단 머리를 희생해야만 한다. 자신의 머리를 내놓을 준비가 아직 되어 있지 않다면 그대 안에서 사랑은 자랄 수 없다.

좀더 깊이 들어가 보자. 자신의 머리를 내주는 데에는 두 가지 차원이 있다. 첫 번째 차원은 그대의 에고가 떨어져 나가야만 한다는 것이다. 에고가 사라져야만 한다는 것이다. 에고는 머리에 있다. 에고가 머리에 존재하기 때문에 그대는 다른 사람들 앞에서 목에 힘을 주고 머리를 빳빳이 세운다. 사람들은 자신의 대단한 면을 보여 주거나 상대로 하여금 고개를 숙이게 함으로써, 상대를 얕잡아 보거나 무시하고 때론 경멸하고 싶어한다. 머리는 에고의 심벌이다. 그래서 사람들은 누군가에 귀의(歸依)할 때 엎드려 그의 발 앞에 머리를 숙이는 것이다. 왜 하필이면 머리를 숙이는가? 팔도 있고 다리도 있는데……. 왜 그런가 하면 머리가 에고를 대변하게 때문이다. 그래서 우리는 어느 누군가에게 완전히 귀의할 때, 엎드려서 그의 발 앞에 머리를 숙이는 것이다. 누군가에 잔뜩 화가 나면 머리를 쥐어박는다. 머리는 에고의 또 다른 말이다. 머리는 에고의 영토이다.

까비르는 말한다.

"에고만 없어지면 빈부귀천이 없어진다. 인종 차별이 없어진다. 그러면 그대 내면에 사랑이 드러난다. 자신이 원하는 만큼의 사랑을 얻을 수 있다."

그대는 저잣거리에서 사랑을 살 수 없다. 만약 사랑이 저잣거리에서

사고 파는 것이라면 빈자(貧者)와 부자(富者) 사이에는 사랑의 차별이 생길 것이다. 부자는 사랑을 원하는 만큼 살 수 있게 되고 빈자는 소외될 것이다. 하지만 사랑을 얻는 데에는 아무런 조건이 없다. 결코 사고 파는 것이 아니다.

조건이 있다면 딱 하나 있는데……. 딱 하나 장애물이 있다. 에고로 가득 찬 마음(mind)은 사랑에 빠지기가 힘들다. 자신이 전부라고 생각하기 때문이다. 자기가 세상의 중심이라고 생각하기 때문이다. 그런 마음은 상대를 자기 중심으로 받아들이기 때문이다. 타인을 사랑하게 되면 상대방이 자신에게 너무나 소중해지기 때문에 항상 상대방을 중심으로 생각하게 된다. 사랑이 흘러 넘치는 사람은 기꺼이 "당신을 위해 살고 당신을 위해 죽겠습니다. 숨조차 당신을 위해 들이쉬고 내쉬겠습니다. 필요하다면 나 자신을 희생시키고 당신을 구하겠습니다"라고 말한다.

사랑은 중심의 변화를 뜻한다. 에고이스트(egoist)는 자신을 중심으로 생각한다.

"세상 전체를 희생시켜서라도 나 자신을 구해야만 한다. 전체를 몽땅 희생시켜서라도 나는 나 자신을 구하겠다."

에고는 저돌적이다. 그래서 에고이스트는 자신의 사랑을 남에게 보여 줄 때조차 상대방에게 해(害)를 준다. 에고이스트는 이렇게 사랑을 오해하고 상대방의 개성을 구속함으로써 자신의 개성마저도 상실한다.

자신의 아내를 사랑하고 남편을 사랑한다고 말들 하지만, 그 모든 말들은 상대방의 개성을 구속하는 것으로 귀결되고 만다. 남편은 아내의 개성과 자유를, 심지어 아내의 존재를 구속하고 억압하려 든다. 아내의 자유와 의지와 능력을 파괴하고, 자신이 원할 때는 언제나 이용할 수 있는 시녀로 만들려고 한다. 남편에 대한 아내의 자세도 마찬가지다. 서로 정치꾼의 놀음을 하는 것이다. 아내는 시도 때도 없이 남편에게 바가지를 긁음으로써 남편을 공처가로 만들기에 정신이 없다.

　미국에서 한 여성이 남편을 상대로 소송을 걸었다. 그녀는 교통사고로 자신의 손가락이 잘려 나가자 백만 달러를 요구하고 나선 것이다. 판사도 손해 배상 액수를 들었을 때 기절초풍하고 말았다. 판사가 말했다.

　"그 교통사고의 책임이 당신한테 있는 것은 아니니까 손해 배상을 받아야 하는 데에는 전적으로 동의합니다. 하지만 당신이 당한 사고의 경중(輕重)을 생각한다면 그 액수는 가히 천문학적인 숫자입니다."

　그녀가 대답했다.

　"제가 잃은 손가락은 그냥 보통 손가락이 아닙니다. 그 손가락 끝에 제 남편을 올려놓고 놀았으니까요."

　아내는 바가지를 박박 긁어 대어 남편을 공처가로 만들려고 하고, 남편은 남편대로 아내를 손아귀에 쥐려고 한다. 그러니까 항상 싸울 수밖에. 세상에서 결혼보다 더 치열한 전투를 찾아보기는 어렵다. 이 전투는 영원한 것이다. 모든 전투나 전쟁이란 어느 시점에 가면 끝나기 마련이다. 최종적으로 평화조약을 맺으면 전쟁은 끝나는 것이다. 하지만 남편과 아내 사이에서 벌어지는 전쟁에 평화조약이란 존재하지 않는다. 그저 끊임없이, 영원히 계속되는 것이다.

　한 번은 경찰이 신호 위반을 한 신부를 붙잡았다. 그래서 신부는 약식재판을 받게 되었다. 신부가 판사에게 말했다.

　"신호등이 제대로 작동하는지 몰랐습니다. 선처를 빕니다. 제 잘못만이 아닙니다. 저를 잡은 경찰에게 설명한 대로 신호등에 이상이 있었던 게 틀림없습니다. 물론 어제까지 신호등에 아무 이상이 없어서 오늘도 그냥 그러려니 했던 것입니다."

　"경미한 위반인데요. 신부님을 믿습니다. 저로선 담당 경찰관도 믿지 않을 수 없습니다. 담당 경찰관이 신부님이 미워서 체포를 했다고 생각하십니까? 그 경찰관과 안 좋은 일이라도 있었습니까? 아니면 그가 기분

나빠할 일을 했다거나……."

"그런 일은 없었습니다. 제가 3년 전 그 경찰관 결혼식에서 주례를 선 것 외에는. 제가 주례를 섰다고 복수를 한 것인지도 모르죠."

결혼은 끊임없는 싸움의 연속이다. 그래서 결혼 제도는 불행이요, 고통이다. 부부 싸움의 원인은 무엇인가? 한 사람이 다른 사람 위에 서고자 하기 때문이다. 다른 사람을 자기 마음대로 하고자 하기 때문이다. 상대 우위에 서고자 하는 마음은 일종의 폭력이 될 수 있다. 상대의 우위에 서고자 하는 욕망은 사랑하고는 아무런 관계가 없다.

부부들은 서로를 사랑하지 않으면서 마지못해 살아가는 경우가 많다. 그런 가운데 아이가 태어난다. 이번에는 아이를 상대로 똑같은 소유와 지배의 게임이 되풀이된다. 부모는 아이를 억누르고 아이를 지배하려고 든다. 아이들을 억누르는 것은 아이들을 죽이는 것이다. 어른들은 아이들을 놓아 기르면 큰일 날 것처럼 생각한다. 부모는 "내가 하는 것은 무엇이든 옳으니까 어른들의 말을 들어라"고 아이에게 강요한다. 하지만 그대는 분명 옳고 그름을 가릴 줄 아는가! 그대는 진리를 모른다. 자기 자신의 삶도 주체 못하면서 어린아이를 지배하려 든다?

부모는 아이에게 이렇게 주입시킨다.

"아빠가 말하는 건 무엇이든지 옳다. 그러니까 항상 아빠 말을 들어야 한다."

왜 그러는가? 왜 아버지는 자신을 지배자의 위치에 놓고 싶어하는가? 부모는 단지 부모라는 이유 하나만으로 아이를 물건 취급하고 아이의 자유와 존엄성을 왜 죽이려고 하는가?

항상 말없이 기(氣)가 죽어 있는 아이는 부모의 말을 잘 듣는다고 칭찬받는다. 그리고 능동적이고 생기발랄하게 노는 아이는 꾸중을 듣는 것이 보통이다. 왜 학교의 우등생이 사회의 우등생이 되지 못하는지 우리네 부모는 전혀 이해하지 못한다. 개구쟁이같이 활달한 아이는 생기가 돌고 기운이 넘치기 때문에 보통 얼굴이 밝다. 부모가 이런 아이를 통제하고 자기 마음대로 하려고 해도 활달한 아이는 구김살 없이 자란다.

아이에 대해 지배자로 군림하려고 하는 부모의 집착과 욕망으로 인해 아이는 사랑의 싹조차 틔우지 못한다. 사랑은 에고를 녹이는 예술이다. 자식을 진정으로 사랑한다면 부모는 아이에게 자신의 에고를 강요할 수 없다. 자식을 정말 사랑한다면 부모는 아집에 빠지지 않는다. 아이에게 지배자로 군림하려고 하는 집착을 놓고 나서 아이가 노는 것을 지켜보라. 아이가 얼마나 자연스럽게 반응을 보이는지를 보면 그대는 감탄하지 않을 수 없을 것이다. 부모가 자신의 아집을 내세우지 않으면 아이도 자신의 아집을 고집하지 않는다. 그러면 이제부터는 서로를 아껴 주게 된다.

마음의 상처를 받고 슬퍼하는 아이는 자신이 커서 독립하게 될 날을 손꼽아 기다린다. 아이는 아버지 어머니가 늙고 자신이 어른이 되면 자유로울 것이라고 스스로를 위로하면서 참고 산다. 이렇게 성장한 아이는 어른이 되면 부모를 함부로 대할 것이다. 부모는 이런 자식이 버릇없는 놈이라고 생각한다. 하지만 사실, 부모는 자신이 뿌린 씨앗을 스스로 거두고 있는 것이다. 자식이 어렸을 때는 부모가 아이를 귀찮게 굴지만, 부모가 늙으면 자식은 부모를 못살게 군다. 뿌린 대로 거둔다는 것, 이것은 영원불변의 인과율(因果律)이다. 자식을 자신의 에고로 키우지 않으면, 자식은 늙어서 힘없는 부모를 자신의 에고로 대하지 않게 된다.

우리는 서로를 괴롭힐 수 있는 아주 좋은 수단과 방법들을 만들어 냈다. 우리는 그러한 수단과 방법을 겉으로 보기에 아주 아름답게 치장하고 훌륭한 이름 딱지들을 붙여 변장시킨다. 우리는 사랑이란 이름으로 파괴와 살인을 자행한다. 우리는 수양(修養)이라는 이름으로, 순종이라는 아름다운 이름으로 파괴적인 행위를 서슴없이 자행한다. 이러한 모든 것은 에고일 뿐이다.

왕이든 평민이든, 사랑을 원하는 자는
자신의 머리를 내주고 사랑을 받는다.

　사랑을 탐하는 자는 누구나―사랑을 바라든 바라지 않든―언제나 빈 항아리처럼 공허 속에 있게 될 것이라는 점을 명심하라. 그는 슬픔과 눈물로 가득 차 있다. 그에게서는 생기를 찾아볼 수 없다. 사랑 없이는 기뻐하고, 삶을 찬미할 수 없다. 그것은 결코 가능하지 않다. 그것은 영원 불변의 법(法)이다.
　'자신의 머리를 내주고', 이 구절의 뜻은 에고를 포기하라는 말이다. 사랑이 현존하면 에고는 물러가게 되어 있다. 자신보다 나이 어린 사람에게도, 심지어 자기 자식에게도 자신의 에고를 내세우지 않는다. 사랑이 현존하면 에고는 더 이상 존재할 수 없기 때문이다. 아내에게도 에고로 가득 찬 모습으로 폼 잡지 않는다. 아내에게 상전(上典)처럼 굴지 않는다. 자신을 하늘같은 존재로 떠받들라고 강요하지도 않는다. 아내를 한 사람의 인격체로 받아들인다. 이렇게 사랑이 오고가면 부부는 한쪽이 다른 한쪽 앞에서 주눅 들 필요가 없어진다. 둘은 사랑이라는 신에 순종하는 것이다. 둘 다 사랑으로 양보할 뿐 한쪽이 다른 한쪽에게 복종을 강요하지 않는다. 이를 두고 '서로에게 순종한다'라고 표현할 수 있다. "가슴속의 사랑이라는 보이지 않는 신에 순종하는 것이다"라고 말할 수도 있다.
　'머리'는 에고와 마음과 생각을 의미한다. 머리는 수많은 생각들의 집합이다. 그 생각들은 서로 연결되어 있을 수도 있고 아니면 따로따로 떨어져 있을 수도 있다. 마음은 셀 수 없이 많은 생각들이다. 마음은 항상 분주하게 움직인다. 인간은 마음에 자신의 에너지의 거의 전부를 소모해 버린다. 그래서 사랑에 쓸 에너지가 남아 있지 않은 것이다. 머리는 착취자다. 머리로 인해 자신의 에너지가 엄청나게 고갈되어 버린다.

그래서 에너지가 가슴에까지 가 닿을 수 없는 것이다. 인간은 생각하는 데 자신의 에너지를 거의 다 써 버린다. 생각의 99퍼센트는 쓸데없는 것들이다. 생각의 99퍼센트는 부질없는 것들이다. 생각을 멈춘다고 해서 해가 되는 것은 전혀 없다.

그대는 잠들어 있다. 의식 속에서 깨어 살지 않는다는 말이다. 조용히 앉아 자신이 무엇을 생각하고 있는지 관찰해 본 적이 있는가? 마음속에서 부질없는 잡념들이 지나가는 것을 지켜본 적이 있는가? 이러한 부질없는 잡동사니를 모아서 무엇을 성취할 수 있는가? 그대는 밤낮없이, 자나깨나 계속해서 생각하고 또 생각한다. 생각은 꼬리에 꼬리를 물고 쉴새 없이 돈다. 아주 조그마한 생각이라도, 가장 하찮은 생각이라도, 생각은 많은 에너지를 소모한다는 것을 명심하라.

"15분 동안의 생각이나 걱정하는 데 소비되는 에너지의 양은 1시간 동안 막노동을 하는 데 쓰이는 에너지의 양과 맞먹는다."

이것은 과학적인 연구 조사가 밝혀 낸 바이다. 정신 노동에 쓰이는 에너지는 육체 노동을 하는 데 쓰이는 에너지보다 4배나 더 소모된다는 것이다.

근래에 와서는 육체 노동이 줄어들고 정신 노동이 확연히 증가하고 있다. 머리는 착취자가 되어 버렸다. 머리는 거의 모든 에너지를 소비하면서, 에너지가 다른 곳으로 흘러갈 수 있는 여유를 주지 않는다. 가슴은 머리처럼 저돌적이거나 공격적이지 않다. 가슴은 그저 기다린다. 가슴은 기다릴 줄 알기 때문에 에너지가 없으면 없는 대로 살아간다. 에고와 생각으로 흘러가는 에너지의 공급을 끊어 주지 않는 한 에너지의 물은 가슴에 가 닿을 수 없다. 가슴은 사막처럼 황량해질 수밖에 없다. 사랑의 씨앗이 말라 가고 있다. 에너지의 물이 가슴에 가 닿아야만 가슴은 그 꽃을 피운다.

'자신의 머리를 내어주고' 구절의 뜻을 음미해 보라. 에고와 생각이

The Great Secret

사라지면 머리는 사라지게 되어 있다. 머리가 사라져야만 사랑이 가능하다. 그리고 사랑의 꽃을 피울 수 있다. 머리가 사라지면 사랑의 씨앗을 말려 죽이던 장애물도 사라진다. 오직 머리밖에, 다른 장애물은 존재하지 않는다. 머리는 사랑의 시냇물에 커다란 바위처럼 들어앉아 사랑의 흐름을 막고 있는 것이다.

> 위대한 학자들이 도(道)를 터득하는 것은 아니다.
> 모두 그냥 죽어갔을 뿐.
> 두 글자 반(半)으로 이루어진 '사랑'을 배우는 이는
> 도를 터득하고 있다.

까비르는 수많은 사람들이 책을 읽는 데 너무나 많은 시간을 허비하고 있다고 말한다. 수없이 많은 책을 읽고 경전을 읽고 많은 것을 머리 속에 집어넣는다 해도 누구나 죽음 앞에서는 그만이다. 그렇다고 지혜를 완성하고 죽는 것도 아니다. 지혜란 정보나 지식과는 아무 관련이 없다. 그저 사실을 읽기만 하고 듣기만 하고 정보를 축적하기만 한다고 해서 지혜가 얻어지는 것은 아니다. 물론 수많은 책들을 연구하면 머리는 많은 정보들로 가득 찰 것이다. 하지만 학자들은 무엇을 제대로 알지도 못하면서 안다고 생각할 뿐이다. 사람들은 산더미 같은 말들을 머리에 집어넣고, 자신은 지혜를 얻었다는 미망(迷妄)에 사로잡혀 산다.

까비르의 말에 의하면 글을 알고 수많은 지식을 안다고 해도 그는 학자에 불과하다. 사랑의 가슴 없이 글을 대하고 있을 뿐이다. 까비르는 책 속에 씌어 있는 두 글자 반(半)으로 된 '사랑'에 관해 수없이 읽는다고 해도, 그것은 무의미하다고 말하고 있다.

"우리는 삶이라는 책을 통해 직접 체험해야만 한다. 삶이라는 우주 속에 직접 들어가야 한다. 삶이라는 대학을 직접 다녀야만 한다"

까비르는 이렇게 말하고 있다. 삶 그 자체야말로 까비르의 말을 직접 배울 수 있는 유일한 학교이다.

사랑을 뜻하는 힌두어(Hindi), '쁘렘(prem)'은 두 글자하고 반으로 이루어져 있다. 이 '두 글자 반'은 상당히 깊은 의미를 지니고 있다. 한 사람이 다른 사람과 사랑에 빠질 때만 두 글자 반으로 이루어진 쁘렘(사랑)은 완성된다. 한 글자는 사랑하는 이를 위한 것이요, 다른 한 글자는 사랑 받는 이를 위한 것이요, 나머지 반(半) 글자는 두 사람 사이에 존재하는 미지(未知)의 대상을 위한 것이다.

그럼 왜 두 글자면 두 글자지 두 글자 반인가? 사랑을 '두 글자 반'으로 부르는 데는 크나큰 의미가 담겨 있다. 이는 사랑이 불완전함을 뜻한다. 아무리 열심히 사랑하려고 해도 사랑은 결코 완성될 수 없으며 완벽하게 충족될 수 없다. 사랑 속에서 만족이란 가능하지 않다. "이제 더 이상 행복해질 수 없을 거야"라고 느낄 수 없다는 것이다. 자신이 얼마나 사랑을 하고, 받고, 보여 주고에 관계없이 사랑은 항상 불완전하다. 그것은 신(神)과 같다. 신이란 계속 확장하는 존재이다. 완전을 향해 가는 존재이다. 신은 끊임없이 넓어지는 존재라는 말이다.

사랑은 항상 불완전한 상태에 있다는 사실은 사랑이 영원토록 생생하게 살아 있다는 말을 함축하고 있다. 무엇이든지 완성에 도달하는 것은 죽는다는 사실을 명심하라. 완성은 죽음이다. 왜냐하면 이제는 더 이상 할 것도 없고 존재할 것도 없기 때문이다. 거기에는 더 이상 생생한 움직임도 없고 성장도 없다. 무엇이든지 완벽에 도달하는 것은 죽게 되어 있다. 모든 것을 완성해 버렸다면 이제는 더 이상 존재해야 할 이유마저 없어지는 것이다. 불완전한 존재만이 영생(永生)한다. 오직 반쪽만이 불멸의 존재이다. 아무리 사랑을 채운다 해도 사랑은 불완전한 상태로 남는다.

불완전함이 사랑의 본질이다. 완벽한 만족을 위해 제아무리 발버둥이

처봤자 하나의 만족은 또 다른 불만족을 낳을 뿐이다. 더 많은 것을 갈망하게 만들 뿐이다. 물을 많이 마시면 마실수록 갈증은 더 심해진다. 이 물은 갈증을 풀어 주는 물이 아니라 갈증을 더욱 심하게 하는 물이다. 사랑하는 이는 만족하는 일이 없기 때문에 그의 기쁨은 끝이 없다. 기쁨은 일이 완성되었을 때 끝난다. 하지만 사랑하는 이의 기쁨은 끝이 없다.

섹스에 사로잡힌 자는 만족할 수도 있을는지 모른다. 하지만 사랑하는 이는 만족하지 않는다. 섹스에는 끝이 있지만 사랑에는 끝도 없고 경계도 없다. 사랑은 신처럼 시작도 없고 끝도 없다. 이 땅에 신의 화신이 있다면 그것은 사랑이다. 사랑은 시공(時空)을 초월한 차원으로 열린 문이다. 사랑은 속인(俗人)의 세계에서 초인(超人)의 세계로 날아가는 화살이다.

사랑은 신을 상징한다. 따라서 사랑의 본질은 신의 본질과 같다. 신은 결코 완성에 도달하는 일이 없다. 만약 신이 완성에 도달하는 존재라면 이 세상과 우주는 조금 있다가 막을 내려야 할 것이다. 신의 완성은 곧 미완성이다. 우파니샤드는 이렇게 쓰고 있다.

"신의 완성에서 무엇을 빼낸다고 하더라도 신은 완전한 모습으로 남아 있을 것이다. 신의 완성에 무엇을 보탠다고 하더라도 신은 전과 똑같은 모습으로 남아 있을 것이다. 신은 신이다. 신 속에서는 증감(增減)이 가능하지 않다."

사랑도 이와 같다. 사랑은 시작도 끝도 똑같은 사랑일 뿐이다.

닳아지는 사랑, 소모되는 사랑은 참된 사랑이 아니다. 그러한 사랑은 강렬하고 때론 저돌적인 성욕에 불과할 뿐이다. 그러한 사랑은 오직 몸과 관련된 사랑이며 오직 몸에서만 그 절정을 이룰 뿐이다. 영혼과 관련된 것에는 끝도 종말도 없다. 몸도 죽고 마음도 죽지만 영혼은 결코 죽는 일이 없다. 영혼으로 떠나는 여행에는 휴게소가 없다. 무한하다. 만약 휴게소가 있다면 그 휴게소는 여행의 종착지가 되어 버릴 것이다.

까비르는 사랑이라는 말, '쁘렘' 이 두 글자 반으로 이루어져 있다고 노래하고 있다. 이는 '사랑의 미완성' 이라는 심원한 의미를 함축하고 있다. 사랑하는 이와 사랑받는 이 사이에는 둘을 하나로 묶는 보이지 않는 흐름이, 보이지 않는 다리가 있다.

> 사랑의 길은 좁아서
> 둘이 함께 갈 수 없다.
> 내가 존재할 때 주(主)는 없었지만
> 주가 존재하는 지금은 내가 없구나.

사랑의 길은 좁다. 다른 어떤 길도 사랑의 길만큼 좁지 않다. 그 길은 두 사람이 함께 걸어갈 수 없을 만큼이나 좁다.

사랑하는 두 사람이 처음 만났을 때는 '두 글자 반'이 존재했지만, 나중에 둘은 사라지고 사랑만이 남는다. 사랑하는 이는 자신이 없어지고 상대방만 존재하는 것을 느낀다. 사랑받는 이도 역시 자신은 없어지고 상대방만이 존재하는 것을 느낀다. 사실은, 둘 다 없어지고 오직 사랑만이 남는다. 둘의 머리가 사라지고 오직 한가운데 있는 것만이 남는다. 사랑만이 남는다. 이러한 연유로 신과 인간의 만남은 일어나지 않는다. 일어날 수 없다. 신과 인간이 만나는 순간이 찾아오면 인간은 신 속으로 녹아들기 때문이다. 그래서 우리 인간 쪽에서 보면 신과의 만남은 결코 가능하지 않다.

물방울이 바다에 떨어질 때를 예로 들어 이 과정을 구체적으로 살펴보자. 물방울이 바다에 닿기 전까지는 자신의 주체성을 그대로 유지한다. 물방울이 떨어지고 있는 과정 속에서는, 바다와의 거리가 아주 가까워진다 해도 바다에 닿기 전까지, 물방울은 자신의 존재를 유지한다. 이 순간 바다도 존재하고 물방울도 존재한다. 이 순간이 바로 두 글자 반(半)으로 이루어진 사랑—물방울, 바다, 그리고 떨어짐—이다. 물방울은 떨어지는 과정 속에 있지만 아직도 자신의 생명을 유지하고 있다. 물방울과 바다 사이의 거리가 가까워진다. 둘 사이의 틈에 사랑이 들어와 가득 찬다. 아직도 물방울은 떨어지고 있지만 물방울과 바다의 만남은 일어나지 않았다. 둘이 만나는 순간 둘은 하나가 된다. 바다와 물방울이라는 존재가 사라진다. 이때 물방울이 바다가 되고 바다가 물방울이 된다.

구하고 구하고 또 구했다.
이제 까비르를 어디서 찾을 수 있는가?
바다가 물방울 속으로 떨어져 들어가는데
그걸 다시 어떻게 끄집어낼 수 있는가?

먼저 까비르의 관점을 이해해야만 한다. 까비르는 물방울의 관점에서, 인간의 입장에서 이야기를 하고 있다. 까비르는 바다가 물방울과 하나가 되는 것을 보고 놀란다. 그리고 바다를 어떻게 다시 끄집어낼 수 있는지를 묻고 있다. 여기에서 까비르는 바다의 입장에서 보고 있다.

바라보는 관점은 항상 두 가지로 존재한다. 하나는 물방울의 관점이다. 자신이 사라지고 바다만이 남는다. 또 하나는 바다의 관점이다. 자신은 없어지고 오직 물방울만이 존재하게 된다. 물방울이 드넓은 존재가 되고, 바다가 물방울에 융합된다.

이를 제대로 이해하고 중도(中道)의 관점에서 바라보게 되면, 바다도 물방울도 사라졌다는 것을 깨닫게 된다. 물방울과 하나가 되기 전에 바다는, 그 한 방울이 모자란 상태였다. 그 한 방울이란 바다에 비하면 정말 보잘것없는 것일 수 있다. 하지만 바다는 그 한 방울이 모자란 상태였다. 이제 물방울과 바다는 이전의 존재들이 아니다. 둘 다 사라져 버렸다. 이제 오직 하나만이 존재한다. 사랑만이 존재하며 '반쪽' 만이 존재한다. 사랑하는 이도 사랑받는 이도, 헌신자(獻身者)도 신도, 까비르도 사라져 버렸다. 그리고 오직 사랑만이 남아 있다.

그처럼 무한하고 영원한 사랑을, 경전만 읽으면 체험할 수 있다고 생각하는가? 베다를 읽어서 사랑을 얻을 수 있겠는가? 코란(Koran : 이슬람교(敎)의 경전)을 보고 성경에 의지한다고 해서 없는 사랑이 생기는가? 심지어 스승조차도 사랑을 설명할 수 없다. 스승이 제자에게 무엇을 줄 수 있다고 생각하는가? 스승은 그저 제자로 하여금 사랑을 직접 체험할 수 있도록 밀어 주고 도와줄 수 있을 뿐이다. 하지만 제자는 자신이 직접 사랑을 맛보지 않는 한, 달리 사랑을 알 도리가 없는 것이다.

사랑의 길은 좁아서
둘이 함께 갈 수 없다.
내가 존재할 때 주는 없었지만
주가 존재하는 지금은 내가 없구나.

신을 찾거나 보고 싶어하는 사람들이 있다. 그들은 "신은 어디에 존재하는가? 나는 신을 보고 싶다"라고 말한다. 그들은 다른 이들에게 신의 존재를 증명해 보라고 요구한다. 그들은 자신들이 무슨 말을 하고 있는지조차도 모르고 있다. 신을 찾는 데는 오직 한 가지 길이 있으니, 그 길은 자신을 잃어버리는 것이다. 끝까지 자신을 잃지 않으려고 하면 신을 체험할 수 없다. 오직 자신이 없을 때만 신을 체험할 수 있다. 신이 존재하느냐 안하느냐에 대한 증거를 제시할 수 없다. 오직 자신이 사라졌을 때, 자신이 더 이상 존재하지 않게 되었을 때, 신의 존재에 대한 증거를 몸소 체험할 수 있게 되는 것이다.

신의 존재에 대한 증거를 찾는 이는 백이면 백 "신은 존재하지 않는

The Great Secret

다"라는 결론에 도달할 수밖에 없다. 수많은 경전과 성전들을 섭렵해 보라. 결국에는 유신론(有神論)을 폐기하고 무신론(無神論)을 믿게 될 것이다. 경전을 통해서는 '신은 없다'고 생각할 수밖에 없다. 글이나 말을 통해서 '신은 있다'라는 결론을 이끌어 낼 수 없다는 것이다.

오마르 카이얌(Omar Khayyam, 1048~1112 : 페르시아 시인이자 수피(Sufi) 신비주의자로서, 저서로는 《루바이야트(Rubaiyat)》가 유명하다)은 도(道)를 구하기 위해 박식한 사람들을 찾아 다녔다. 그들의 박학다식한 가르침을 들어도 보았다. 토론이나 논쟁에 참여해 보기도 했다. 하지만 결국에는 언제나 빈손으로 돌아와야만 했다. 진리는 안개 속에서 오리무중이었다. 박학다식하거나 학식이 풍부한 이들에게서 얻을 수 있는 것이라곤 아무것도 없었다. 그들이 하는 말을 모두 주워 모은다고 해도 아무 소용없다. 항상 집에는 빈손으로 돌아와야 할 뿐이다.

말은 가장 낮은 차원의 것이다. 그런데 세상은 참 이상하게도 말만 산더미처럼 긁어 모은 자가 어깨에 힘을 주고 다닌다. 그리고 자신이 무엇을 안다고 믿는다. 참으로 어리석은 것이 지식이다.

위대한 학자들이 도(道)를 터득하는 것은 아니다.
모두 그냥 죽어갔을 뿐.
두 글자 반(半)으로 이루어진 '사랑'을 배우는 이는
도를 터득하고 있다.
그리고,

까비르는 말한다, 사랑의 비구름이
나에게 와, 사랑을 퍼부어
내 가슴을 흠뻑 적시니
내면의 숲에 푸르름이 넘쳐흐르누나.

'구름'이라는 말에서 비가 내리는 건 아니다. 과연 '구름'이라는 말에서 비가 퍼부어 꽃과 나무가 푸르러질 수 있는가? 나무를 속일 수는 없다. '말'의 소나기로 나무를 속일 수는 없다. 나무가 꽃을 피우는 데에는 진짜 비가 필요하다. 그렇다면 어떤 비가 진짜 비인가? 체험의 비가 진짜 비이다.

> 까비르는 말한다,
> 사랑의 비구름이
> 나에게 와,
> 사랑을 퍼부어

머리 없이 살아 보라. 그러면 당장 사랑의 비가 내리기 시작할 것이다. 자신의 에고가 사라지면 비구름은 사랑의 단비를 퍼붓기 시작한다. 비구름은 항상 그대 위를 떠다닌다. 사랑은 인간 내면의 가장 깊은 곳에 자리한 본성이다. 그래서 사랑의 비구름은 한순간도 그대를 저버릴 수 없다. 사랑은 인간 혼(魂)의 알맹이다. 사랑이란 바깥 세상으로부터 긁어 모아서 타인에게 나누어 줄 수 있는 성질의 것이 아니다. 마치 열(熱)이 불의 본성이요, 시원함이 물의 본성이듯, 사랑은 인간 혼의 본성인 것이다. 하지만 그대는 사랑의 비구름에 눈길조차 주지 않는다. 항상 땅만을 보고 산다. 어쩌다가 그대 위를 떠다니는 구름이 부르는 소리를 듣기도 한다. 하지만 마음은 사랑이 부르는 소리를 달리 해석해 버리고 만다.

라빈드라나트 타고르(Rabindranath Tagore, 1861~1941 : 인도 벵골 지방의 시인이자 소설가. 유명한 시집 <기탄잘리(Gitanjali)>로 1913년 노벨상 수상)는 자신의 시(詩)에서 커다란 신전(神殿)에 대해 읊은 적이 있다. 이 신전에는 백여 명의 사제(司祭)가 살고 있었다. 식사와 의식을 거행하는 비용 등에 어마어마한 돈이 들어가는 커다란 신전이었다. 어느 날 밤 사제장(司祭長)

The Great Secret

이 꿈을 꾸었다. 그 꿈속에 신전에서 모시는 신(神)이 나타나, 다음날 신전에 갈 터이니 준비를 하라는 것이었다.

　이 사제장은 다음날 아침 일어나서 '꿈은 꿈이야. 설마 내가 현실을 본 건 아니겠지' 하고 생각해 버렸다. 신도들은 신전에서 모시는 신에 대한 믿음이 경우에 따라서는 조금씩 있을지 모른다. 하지만 사제장이라는 사람들은 자신이 섬기고 있는 신에 대한 믿음이 털끝만큼도 없는 사람들이다. 사제들도 직업적인 사제들일 뿐 신에 대한 믿음은 거의 없었다. 그런 사람들은 그저 또 하나의 생활인일 뿐이다. 그렇기 때문에 신에 대한 참된 믿음이란 생겨날 수가 없는 것이다.

　하여튼, 사제장은 설마 현실을 본 것은 아니겠지 하고 생각해 버렸지만 시간이 지날수록 불안해지기 시작했다. '누가 아는가? 만에 하나 꿈이 현실로 나타날지' 라는 생각이 자꾸 드는 것이었다. '신을 영접할 준비를 안했다가 신이 진짜 오시기라도 하면, 정말 큰일이 아닐 수 없다.' 그래서 사제장은 사제들에게 자신의 꿈 내용을 알려주는 것이 좋을 것 같다는 생각이 들어, 모두를 불러 모아 꿈 이야기를 해주었다.

　사제장이 말했다.

　"그것은 꿈에 불과하니까 믿을 필요는 없지만 만에 하나 진짜로 신이 오시기라도 하는 날에는 큰일이 아닐 수 없습니다."

　다른 사제가 말했다.

　"걱정할 게 없지요. 그냥 영접할 준비를 하면 되는 겁니다. 신이 오시지 않으면 신전을 청소한 지도 오래 됐으니 신전을 오랜만에 청소해서 좋고요. 또 우리가 준비한 음식으로 잔치를 벌일 수 있어서 좋고요."

　사제란 항상 이렇다. 그들은 신에게 바치는 음식을 만들어서 자신들이 먹어 버린다.

　꿈을 믿는 사람은 없다. 그저 "현실로 나타난 꿈은 한 번도 없잖아?" 라고 말할 뿐이다. 아무튼 사제들은 신전을 청소하는 등 신을 영접할 준비를 했다. 곳곳에 등을 내걸고 향을 사르고 이곳 저곳을 꽃으로 아름답게 장식했다.

해가 서쪽으로 넘어갔어도 신이 올 기미는 보이지 않았다. 밤이 깊어 가는데도 신은 오지 않았다. 그러자 사제들은 "우리가 정말 멍청했지. 꿈을 믿다니! 차린 음식이나 먹고 잡시다"라고 수군거리기 시작했다. 하루 종일 일에 지친 사제들은 저녁을 푸짐하게 먹고 잠자리에 들었다.

한밤중이 되어서야 신의 마차 소리가 들리기 시작했다. 한 사제가 마차 소리에 잠이 깼다. 마차 소리가 점점 크게 들려왔다. 그는 옆에 있는 사제를 깨웠다.

"일어나세요. 이 소리 들리세요? 신이 마차를 타고 오시는 것 같습니다!"

다른 사제가 대답했다.

"이 멍청한 양반, 무슨 소릴 하는 거요? 신의 마차라고요? 그것은 신의 마차 소리가 아니라 바람 소리예요."

모두들 그 사제의 소심함을 야단치고는 다시 잠에 빠져 들었다.

마차가 신전의 정문에 멈추자 신은 내려서 계단을 오르기 시작했다. 신의 발소리가 점점 똑똑히 들려왔다. 신이 문을 두드렸다. 한 사제가 다른 사제를 흔들어 깨우면서 말했다.

"들어 보시오. 누군가 문을 두드리고 있어요. 신이 오신 것 같아요."

그러자 다른 사제는 화를 냈다.

"하루 종일 부산을 떠느라 지금 얼마나 피곤한지 아시오? 무슨 소리를 하는 거요, 대체? 꿈은 꿈이오. 문을 두드리는 소리가 났다고요? 그것은 문 두드리는 소리가 아니라 천둥 치는 소리요. 딴 말 말고 잠이나 잡시다."

다음날 아침 일어나서 사제들은 신전 앞에 난 신의 발자국과 마차 자국을 보게 되었다. 정문 계단에 신의 발자국이 나 있었다. 타고르는 시

The Great Secret

에서 "때는 늦었다. 그들은 기회를 놓치고 말았다"고 말하고 있다.

　그대 주위가 온통 사랑의 비구름이다. 눈 있는 자는 볼 수 있지만 그대는 보지 못한다. 머리가 장벽이다. 머리가 중간에서 가로막고 있기 때문에 사랑의 비구름이 사랑을 퍼부어 줄 수 없는 것이다. 설령 비구름이 사랑을 퍼부어 준다고 해도 가슴에 가 닿지 않는다. 머리는 유약을 발라 구운 도자기 같아서 비구름에서 떨어진 물방울들이 사방으로 튀기고 마는 것이다. 이 단비는 가슴에까지 가 닿지 못한다. 가슴은 숲이다. 여기에 대해 까비르는,

　까비르는 말한다,
　사랑의 비구름이
　나에게 와,
　사랑을 퍼부어
　내 가슴을 흠뻑 적시니
　내면의 숲에 푸르름이 넘쳐흐르누나.

　라고 노래하고 있다.
　가슴은 자연 그대로의 숲이지만 지성은 갈고 닦은 것이다. 가슴은 숲이다. 원시적이며 야성적이고 문명의 때에 물들어 있지 않다. 가슴은 야생 동물과 같고 나무와 같으며 하늘의 구름과 같다. 인간의 손은 가슴을 터치할 수 없다. 인간의 손은 가슴에 가 닿을 수 없다. 사회는 머리를 넘어갈 수 없다. 오직 신만이 가슴에 가 닿을 수 있다. 머리를 포기한 사람이, 에고와 생각을 버린 사람이 사랑의 비구름에 흠뻑 젖을 수 있다고 까비르는 말한다. 자신의 영혼이 흠뻑 젖어 내면의 숲이 푸르름으로 흘러 넘친다.

신을 맛보지 못한
사랑에 메마른 가슴,
세상 사람이 다 그러하니
세상의 성공조차도 헛되구나.

인간은 죽을 때 삶을 그냥 허비해 버렸음을 깨닫게 된다고 까비르는 말하고 있다. 그대 입술로 신을 부르지 않으면, 그대 가슴이 신에 대한 사랑으로 가득 차지 않으면 삶의 종착역에 도착해서야 삶을 낭비해 버렸음을 깨우치게 된다. 그대는 인생의 종말에 가서야 신의 마차가 수도 없이 가슴이라는 신전에 들어오려고 했음을 알게 될 것이다. 죽음이 문 앞에 왔을 때서야 그대는 자신의 문을 열고 문 앞에 난 신의 발자국을 볼 것이다. 그리고 신이 수없이 자신의 문을 두드렸지만 자신은 매번 자기 편한 대로 해석해 버렸다는 것을 깨닫게 될 것이다. '그것은 바람 소리야.' '그것은 천둥 소리야.' '그것은 지나가는 나그네의 발길 소리야.' 이렇게 자기 편리한 대로 해석함으로써 그대는 수없이 많은 기회를 그냥 흘려 보내고 말았다. 이러한 사실, 그대는 수없이 많은 기회를 그냥 흘려 보냈다는 사실을 죽음이 그대의 문을 두드릴 때서야 깨닫는다.

한 사람이 임종을 맞이하면 식구와 친척들은 커다란 슬픔에 잠기게 된다. 울면서 비통해한다. 임종을 맞이한 이는 자신이 죽어 사랑하는 이들을 떠나야 하기 때문에 비통해하는 것이 아니다. 그들은 죽을 때야 비로소 삶을 허비했다는 것을 깨닫기 때문에 비통해하는 것이다. 사실, 기회는 수없이 찾아왔지만 기회가 자신의 손아귀에서 빠져 나가는 것을 수수방관만 했던 것이다.

아무도 죽음에 대해 신경 쓰지 않는다. 죽음에 대해 아무것도 모르기 때문이다. 따라서 죽음에 대해 신경을 쓰지 않는 것은 당연하다. 우리는 죽음과 대면해 본 적이 없다. 죽음을 경험해 본 적이 없다. 그래서 우리

는 죽음에 대해 신경을 쓰지 않는다. 관심 없는 낯선 이에 대해 신경을 쓰지 않는 것처럼 우리는 죽음에 대해 신경 쓰지 않는다. 죽음이 그대에게 무슨 잘못을 저질렀는가? 죽음이 그대에게 해(害)를 끼친 적이 있는가? 그대는 죽음으로 인해 울고 짜고 두려움에 떤 적이 있는가? 아마 그런 적이 없을 것이다. 왜 그런 적이 없는가? 죽음이 그대의 문을 두드리기 전까지는 자신이 삶을 허비하고 있음을 깨닫지 못하기 때문이다. 죽음이 그대 문을 두드릴 때서야 그대는 "어쩌지? 시간이 없어. 죽음이 문 앞에서 기다리고 있잖아." 하고 망연자실하게 된다. 이러한 낭패감은 실패한 인생의 결과이다.

  자신의 삶을 올바르게 산 사람은, 신성(神性)에 취해 삶을 산 사람은, 내면 가장 깊은 곳에 자리한 왕좌에 앉아 본 사람은, 자신의 삶이 사랑으로 가득 찬 사람은, 자신의 입술에서 신의 이름이 떠나지 않은 사람은 죽음을 기쁜 마음으로 흔쾌히 받아들인다. 삶의 비밀을 체득(體得)한 사람은 죽음을 모른다. 삶의 비밀을 체득한 사람은 죽음을 휴식처로 받아들인다. 삶의 수고 뒤에 오는 안식처로 받아들인다. 하지만 보통의 경우, 사람들은 죽음을 두려워한다. 현재, 이 순간 자신의 삶을 낭비하면 그대는 죽는 순간에 불안에 떨게 된다.

  신을 맛보지 못한
  사랑에 메마른 가슴,
  세상 사람이 다 그러하니
  세상의 성공조차도 헛되구나.

살면서 끊임없이 자신의 가슴이 사랑으로 차 있는지를 들여다보라. 인생은 덧없는 것이다. 그 누구도 시계 바늘을 정지시킬 수 없다. 시간을 거꾸로 되돌릴 수는 더더욱 없다. 시간은 강물처럼 끊임없이 흐를 뿐이다. 순간 순간이 자신의 손아귀로부터 빠져 나가고 있다. 매순간 우리는 한 발자국 한 발자국 죽음에 다가가고 있다. 죽음은 때를 가리지 않고 찾아온다. 죽음은 '용서' 나 '자비' 라는 말을 모른다. 죽음의 발을 부여잡고 아무리 애원하고 사정해도 우리는 죽음을 단 한 순간도 연장시킬 수 없다.

따라서 끊임없이 자신의 가슴을 찾으라. 자신의 가슴이 사랑으로 넘쳐흐르고 있는지 살펴보라. 아직도 자신의 가슴이 사랑으로 넘쳐흐르지 않는다면, 비 한 방울 떨어지지 않는 사막이라면 자신의 머리를 잘라 버려라. 에고의 뿌리를 뽑아 버려라. 이것이 바로 명상이요, 기도라는 것이다. 이렇게 머리를 자르는 예술이, 에고의 뿌리를 뽑는 예술이 요가(yoga : 인도의 수행 법에 대한 총칭. 산스크리트(Sanskrit)어로써 우주와의 '결합', 혹은 '연합'을 뜻한다)다. 에고가 사라지는 순간 사랑이 가슴속에 쏟아진다. 생각이 없어지는 순간 사랑이 가슴으로부터 넘쳐흐른다. 신은 끊임없이 사랑의 단비를 쏟아 붓는다. 하지만 머리는 사랑이 가슴에 가 닿는 것을 끊임없이 차단하고 있다.

신을 맛보지 못한
사랑에 메마른 가슴,

가슴이 사랑으로 넘쳐흐르는 이의 입술은 언제나 신의 이름으로 촉촉이 젖어 있다. 주문을 외우듯 신의 이름을 복송(復誦)해야 된다는 말이 아니다. 입으로, 입술로, 혀로 신을 직접 맛보라는 말이다. 혀로 느낄 수 있는, 그 이상의 맛은 존재하지 않는다. 그것은 사탕이 혀 속에서 녹아 그 달콤함이 온몸으로 번지듯이 신성(神性)의 맛이 혀 속에서 녹아 들어가는 것이다. 신의 이름은 그것만의 감미로움을 지니고 있다.

신의 이름을 써서 붙여 놓을 필요는 없다. 염불하듯 신의 이름을 복송

The Great Secret

할 필요도 없다. 정말 하등의 쓸데없는 짓들이다. 그저 신의 이름이란 맥박으로, 전율로, 온몸으로 느껴야 하는 그 무엇이다.

> 신의 이름으로 깨어나 황홀경을 노닐며
> 신 앞에서, 사랑에 취하고
> 사랑이 넘쳐흐르는 흥겨운 잔치
> 해탈(解脫)을 집착하는 이는 누구인가?

까비르는 여기서 아주 독특한 것에 대해 말하고 있다. 신의 이름에 취한 이는 잠든 상태에서 깨어나 더 없는 황홀경을 거닐기 때문에 신의 이름에 취한 이에게는 사랑이 넘쳐흐른다고 말하고 있다. 타인을 사랑한다는 것은, 신의 사랑에 도취되어 그 사랑이 깊은 존재의 내면으로부터 넘쳐흐를 때만 가능한 것이다. 이것이 황홀경이요, 엑스터시이다. 내면으로부터 엄청난 사랑이 쏟아지기 때문에 이 사랑을 나누지 않으면 미쳐 버릴 것 같은 순간이 찾아온다. 자신이 사랑으로 가득 차 있기 때문에 이를 비워 내지 않으면 엄청나게 힘든 때가 찾아온다. 이 구절에서 까비르는 두 손으로 자신을 비워 내라고 말하고 있다.

하지만 인간의 현 상황은 그와 정반대이다. 모두가 빈 그릇들이다. 모두가 거지처럼 빈 그릇을 들고 다니면서, 자신의 빈 그릇에 사랑을 채워 달라고 구걸하고 다닌다. 모두가 거지다. 만나는 사람마다 한 움큼의 사랑을 빈 그릇에 던져 달라고 애원한다. 모두가 사랑을 구걸하는 눈빛을 하고 있다. 다른 사람이 자신에게 엷은 미소를 짓기만 해도 흥분한다. 인간의 거지 근성은 끝이 없다. 누군가 자신의 동냥 그릇에 돌을 던지면 다이아몬드를 받았다고 좋아한다.

연인들끼리도 마찬가지다. 노상 서로에게 사랑을 구걸한다. 자신은 사랑을 찾고 있다고 떠들고 다닌다. 우리가 항상 유념해야 할 것은, 자신이 사랑을 구걸하는 상대조차도 자신처럼 사랑에 메말라 있다는 사실이다. 상대가 자신을 위로해 줄 수 있을지는 모르지만 진정한 사랑은 줄 수 없다. 상대가 사랑을 주고 싶어해도 줄 수가 없다. 없기 때문이다. 모두가 다른 거지들 앞에서 동냥그릇을 들고 서 있는 거지들이다.

모든 사람은 에고이스트요, 거지다. 거지는 언제나 자신이 황제라고 생각한다. 하지만 내면은 가난하기 짝이 없다. 거지는 타인에게 사랑을 적선(積善)하라고 구걸한다. 하지만 실제 타인에게 사랑을 적선하는 데는 아주 인색하다. 대가를 바라고 주는 사랑은 그럴 수밖에 없다. 그것은 사랑이 아니다. 그것은 장사일 뿐이다. 항상 상대가 주는 만큼만 상대에게 사랑을 주고, 자신이 사랑을 준 만큼 상대로부터 사랑을 기대한다. 이는 상대를 이용해 먹는 것이다.

세상 사람들 모두가 마찬가지다. 모두들 사랑을 구걸하고 다닌다. 자식이 부모로부터, 부모가 자식으로부터, 친구끼리……. 자신이 사랑을 구걸하는 사람 역시 자신에게 사랑을 구걸하러 왔다는 사실을 알고 있는 사람은 세상에 아무도 없는 것 같다. 따라서 세상의 사랑은 실패할 수밖에 없는 사랑이다. 이런 식으로 서로가 서로를 속이는 사랑은 오래 갈 수가 없다. 조금만 지나면 상대도 역시 거지라는 사실을 깨닫고 실망하게 된다.

남자는 아름다운 여자를 보면 사랑이 넘치는 여자라고 생각한다. 이와 같이 여자는 매력 있는 남자를 보면 사랑이 넘치는 남자라고 생각하는데……. 자신을 감추고 서로가 서로를 속이려고 한다. 그것은 고기를 잡기 위해 미끼를 던지는 것과 같다. 미끼로 자신의 겉모습을 장식하고 안으로는 바늘을 숨기고 있다. 그래서 그런 사랑은 며칠만에 끝나고 만다. 서로에게 가까이 다가가면 곧장 상대 역시 거지라는 사실을 깨닫게 되기 때문이다. 둘 다 말로는 "사랑은 주는 것이야." 하고 말하지만 실제로는 사랑을 구걸하기 위해 접근한다. 모두가 하나같이 사랑을 주겠노

The Great Secret

라고 약속한다. 사랑을 하겠노라고 맹세한다. 하지만 구걸할 뿐이다.

심지어는 어린아이에게조차 사랑을 구걸한다! 정말로 거지 근성에는 한계가 없다. 엄마는 갓난아기를 간지럽혀서라도 억지로 웃게 만든다. 웃음조차도 아기에게 강요되는 것이다. 엄마가 아기를 자꾸 웃게 만들면 얼마 지나지 않아서 아기는 영악해지는 방법을 배우게 된다. 웃는 것이 여러 가지로 좋다는 사실을 알게 된다. 아기는 자신이 웃으면 엄마가 좋아하고 웃지 않으면 엄마가 좋아하지 않는다는 것을 알게 되었을 때부터는 좀더 자주 웃기 시작한다. 하지만 그것은 강요된 웃음이요, 꾸며낸 웃음이다. 쇼에 불과한 것이다.

부모의 영향을 받은 어린아이들은 눈치를 잘 보고 약삭빠르게 된다. 스승의 지도 아래 수행하는 제자도 그와 별반 다르지 않다. 아이는 자신을 위해 이기적으로 웃거나 미소를 짓는다. 아이는 부모로부터 무엇을 얻어내기 위해 웃는다. 얻어낼 필요가 없을 때는 결코 웃지 않는다. 부모가 웃기려고 해도 웃지 않는다. 아이는 '내가 답답할 게 없는데 무엇하려고 웃어!' 하고 생각한다. 아이가 부모로부터 무엇인가를 타낼 때 얼마나 약삭빠르게 행동하는지 종종 보았을 것이다. 아이는 부모로부터 무엇인가를 원할 때는 웃고, 춤추고, 즐거운 표정을 짓는 등, 자신이 할 수 있는 모든 방법들을 동원해 부모를 기쁘게 해주려고 한다.

거지가 아닌 사람이 없다. 세상 사람 모두가 거지다. 가슴에 사랑이 메말라 있는 사람은 누구나 거지일 수밖에 없다. 자신을 아는 사람은, 자신의 모습을 정확히 인식하는 사람은, 생각과 에고로부터 벗어난 사람은 사랑에 메말라 있지 않다.

왜 생각과 에고를 놓는 것이 그렇게도 어려운가? 생각과 에고로 살아온 그대 인생의 열매는 무엇인가? 아무것도 없다. 그저 생각과 에고를 맹목적으로 부여잡고 있을 뿐! 보통 사람들의 형국은 물에 빠져 허우적거리면서 지푸라기를 붙잡고 있는 형국이다. 그런 사람을 보고 "멍청한

Talks on the songs of Kabir

사람! 지푸라기를 잡아서 어쩌자는 거요? 그걸 잡아서는 빠져 죽는단 말이오!'라고 말을 해도 아무 소용이 없다. 그는 그냥 눈을 감아 버릴 것이다. 왜냐하면 그가 지푸라기를 지푸라기로 보게 되면 그의 유일한 희망은 산산조각이 나버리기 때문이다. 우리는 희망만을 바라보고 살아간다. 곧 좋은 일이 일어날 것이라는 희망 속에서 좀더 참고 버틴다. 여태껏 이루어진 희망은 없지만, '혹시 누가 아나? 내일 기적이라도 일어나서 내 희망이 실현될지?'라는 공상 속에서 살아간다.

오늘 이루어지지 않은 희망이 내일 이루어질 수 있다고 생각하는가? 그대의 희망을 실현시키고 싶은가? 그러고 싶다면 자신을 변형(變形)시켜야만 한다. 자신이 변형되지 않는 가운데서는 아무것도 일어나지 않는다. 그대는 이것을 지금까지 수없이 보아 왔다. 수없이 많은 생(生)을 거듭하면서 자신의 꿈을 성취하려고 하였다. 하지만 번번이 실패와 좌절만 거듭해 왔다. 인간은 참으로 어리석게도 생을 거듭하면서 같은 게임을 무의식적으로 반복한다.

> 신의 이름으로 깨어나 황홀경을 노닐며
> 신 앞에서, 사랑에 취하고
> 사랑이 넘쳐흐르는 흥겨운 잔치
> 해탈을 집착하는 이는 누구인가?

왕이 됐든 평민이 됐든, 머리를 놓은 자는 기쁨으로 충만해 있다. 에고를 버린 자는 엑스터시로 넘쳐흐른다. 사랑이 자신의 숨구멍 하나 하나를 통하여 퍼져 나간다.

> 해탈을 집착하는 이는 누구인가?

사랑으로 충만한 사람은 해탈을 구하지 않는다. 사랑으로 충만한 사람은 해탈을 얻게 해달라고, 열반에 이르게 해달라고 신에게 기도하지 않는다. 그는 "해탈에 신경 쓰는 이는 누구입니까? 저는 마음에 두지 않습니다. 당신만을 보고 싶습니다"라고 기도한다. 신을 향한 참다운 헌신자는 해탈에 대해 묻지도 요구하지도 않는다. 참다운 헌신자는 "당신을 보고 싶습니다. 당신을 한 번만이라도 본다면 완전한 충만 속에 있게 될 것입니다. 해탈에는 관심이 없습니다. 해탈에 대한 마음이 전혀 일어나지 않습니다"라고 기도한다.

이를 제대로 이해해야만 한다. 왜냐하면 해탈에 대한 바람은 아주 미묘한 형태를 띤 에고가 될 수 있기 때문이다. 해탈을 향한 바람의 99퍼센트는 이렇게 아주 미묘한 형태를 띤 에고이다. "나는 해탈하고 싶다"라고 말할 때, 해탈을 바라는 주인은 아직도 '나'요, 에고이다. 이때의 모크샤(moksha), 즉 해탈을 바라는 주인공은 또 다른 에고이다. 아주 미묘한 에고일 뿐이다. 아직도 '나'가 주인공이고 이 '나'를 끝까지 버리고 싶어하지 않는 것이다. 육체를 초월하는 것은 걱정하지 않지만 '나'는 끝까지 남아 있어야 한다? 해탈도 '나의 해탈'이라고 말한다. 하지만 해탈이란 딱 한 가지밖에 없다. 그것은 '나로부터 해탈'이다. 에고로부터 해탈이다. 그 외에 다른 해탈은 있을 수 없다.

'나의 해탈' 같은 것은 있을래야 있을 수 없다. '나'가 어떻게 해탈을 할 수 있단 말인가? '나'는 굴레다, 속박이다! '나'라는 것은 결코 자유로워질 수 없다. '나'가 자유로워진다는 것은 있을 수 없다. '나'로부터 자유로워짐만이 있을 뿐이다. 그래서 요가 수행자인 요기(yogi)들도 해내지 못하는 해탈을, 종종 헌신자들이 성취해 내는 것을 볼 수 있다. 요기는 보통 "나는 해탈을 원한다. 나는 해탈하고 싶다"라고 말한다. 요기는 '나'와 관련 지어서 해탈을 생각한다. 요기가 해탈하기 전까지는 '나'라는 에고가 끝까지 버티고 서 있는 것이다. 해탈에 대한 바람을 아무리 정화해서 순수하게 만들지라도 바람은 바람일 뿐이다. 족쇄를 금으로 만들어 보라. 제아무리 족쇄를 치장한다 하더라도 족쇄는 족쇄일 뿐이다.

> 신의 이름으로 깨어나 황홀경을 노닐며
> 신 앞에서, 사랑에 취하고
> 사랑에 넘쳐흐르는 흥겨운 잔치
> 해탈을 집착하는 이는 누구인가?

이러한 경지를 맛본 사람은 "나는 해탈에 신경 쓰지 않는다. 나는 해탈을 구하지도 않는다. 나는 신의 얼굴을 보고 싶다"라고 말한다. 해탈에 신경 쓰지 않는 사람이 해탈하게 된다. 해탈마저 넘어가고자 하는 사람이 해탈을 얻게 된다. 그것만이 유일하고 참된 해탈이다. 거기에는 어떠한 바람도 욕망도 없다. 그런 사람은 신을 보고 싶어할 뿐이다. 한 번만이라도 신을 일별(一瞥)하고자 할 뿐이다. 헌신자는 아주 작은 것들에도 만족한다. 헌신자는 모든 것을 받아들인다. 하지만 요기는 이것저것 수많은 것들을 바라고 요구한다. 점점 작은 것들에 만족하게 될 때 더 많은 것들을 받게 된다는 사실을 명심하라. 주어지는 모든 것들에 만족하게 될 때…….

내 그대에게 말하노니, 신의 얼굴조차 구하지 마라. '신의 얼굴을 일별하고 싶다'라고도 생각하지 마라. 그런 바람이나 욕망에 집착할 필요가 무엇인가? '신이 어떠한 것이든 나는 좋다. 내가 일별을 해도 좋고, 안해도 좋다'라고 마음 먹으라. 바로 그러한 순간에 해탈은 찾아올 것이다.

The Great Secret

단 한마디도 전해진 것이 없으니
벙어리의 꿀
그는 맛을 보고 미소 짓는다.

　이 수트라(sutra : 산스크리트어로써 경전 혹은 경문을 뜻함)는 사랑으로 넘쳐 흐르고 있다. 머리만 버리면 사랑을 얻는다. 그리고 사랑의 비구름이 몰려와 사랑을 퍼붓고 그의 영혼을 흠뻑 적신다고 까비르는 노래하고 있다. 내면의 풍요로운 사랑은 다른 사람과 나누기 위해 넘쳐흐른다고 노래하고 있다. 사랑은 더없이 드넓은 자유이기 때문에 해탈에 대한 마음조차도 일어나지 않는다고 까비르는 말하고 있다. 사랑이야말로 해탈의 최고 경지이다. 그래서 모크샤에 대한, 궁극의 자유에 대한 바람조차 사라져 버리는 것이다.
　까비르가 사랑을 말로 옮겨 놓고 싶어한다고 말하기는 곤란하다. 그렇지 않다. 아는 자만이 안다. 사랑으로 삶을 살아 본 자만이 안다. 그것은 생생한 체험의 문제이다. 이런 연유로 까비르는 사랑이 벙어리가 맛본 꿀과 같다고 말하는 것이다. 꿀을 맛본 벙어리는 그저 그 맛을 음미하고 미소 지을 뿐이다. 만약 벙어리에게 "왜 그래? 왜 웃는 거야?" 라고 물으면 벙어리는 할 말이 없다. 그냥 미소 지을 뿐. 순수한 사랑에 취한 사람도 역시 그와 같이 웃을 뿐이다. 사랑에 취한 자도 벙어리가 되어 버린다. 그래서 그 기쁨을 표현할 길이 없는 것이다. 그는 심지어 체험자조차 사라져 버리는 사랑의 경지로 흘러 넘친다. 그의 미소를 이해하게 될 때, 자신의 엄청난 기쁨을 표현하는 방법은 그저 미소 짓는 것밖에는 달리 도리가 없다는 것을 깨닫게 된다.
　깨달은 이를 찾아가 보라. 참다운 지혜를 얻은 이를 찾아가 보라. 그가 말하는 것에 집착하지 마라. 그저 깨어 있으라. 그리고 그의 내면을 들여다보라. 깨달은 존재는 피안의 세계를 가리키고 있다. 깨달은 이의 참

존재는 말로서 설명할 수 없다. 깨달은 이는 꿀을 맛본 벙어리와 같다. 그는 그저 깨달음을 맛보고 미소 지을 뿐이다.

'사트상'(satsang : 사트(sat)는 진리를, 상(sang)은 모임이나 회합을 뜻함)이라는 말은 깨달은 이의 발 아래 앉아 있는 것, 스승의 발 아래 앉아 있는 것을 뜻한다. 꿀을 맛본, 사랑의 꿀을 맛본 이의 발 아래 앉아 있으라. 사랑을 맛본 이의 삶은 엑스터시로 넘쳐흐른다. 삶의 꽃이 만발(滿發)해 있다. 그 향기에 취해 보라. 그 맛에 빠져 보라. 그 기쁨 속으로 철저히 녹아 들어가라. 그가 말하는 것에 매달리지 마라. 깨어 있으라. 그의 참존재를 들여다보라. 그러면 그 비밀을 이해하게 될 것이다. 이 소중한 비밀을 이해하게 되면 이제 그대는 내면으로 떠나는 여행에서 의식이 진화하게 될 것이다.

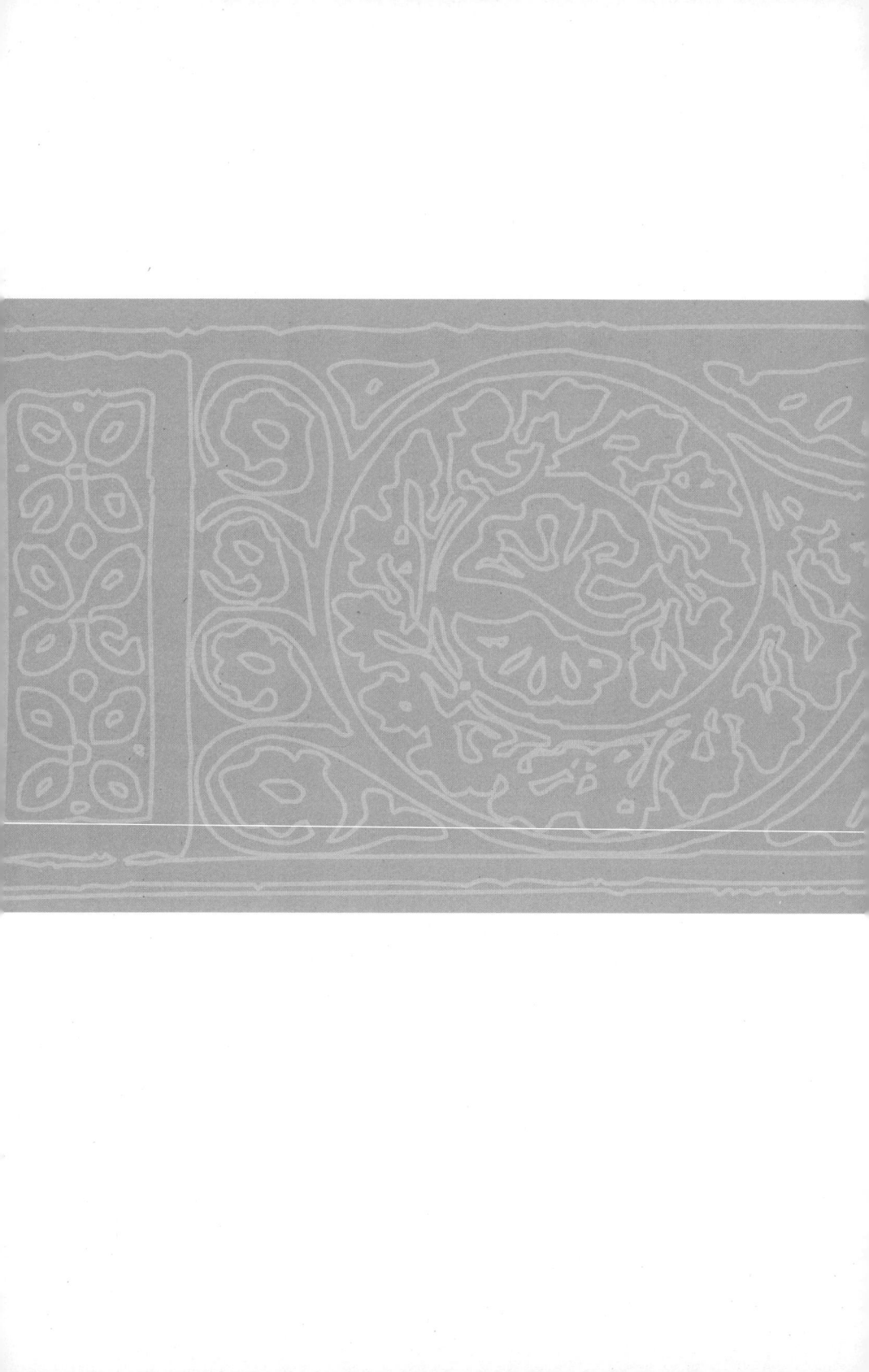

2
말해 보라, 그래도 신비 속에 있나니

내면의 체험에 대한 지혜를
많은 사람들이 물으러 온다.
꿀맛을 본 이는 벙어리가 되고 마는데,
어떻게 꿀맛에 대해 얘기할 수 있을까?

벙어리의 표정은
벙어리만이 안다.
이와 같이, 현자(賢者)의 기쁨은
현자만이 안다.

말이 아니라
체험으로……
님이 신부를 껴안으면
손님은 모두 떠나간다.

보는 것을 말할 수 없고
말하는 것은 들을 수 없으며
듣는 것은 설명할 수 없다.
혀와 눈과 귀…… 어떻게?

찬 것은 비워지고
빈 것은 채워진다.
차고 비고 한다 해도 찾을 수 없어……
이것이 바로 체험이다.

하, 신비하도다, 말할 수 없는 그것!
말해 보라, 그래도 신비 속에 있나니
코란과 베다도 그건 쓸 수 없어
내 그걸 말하면, 듣는 이는 누구인가?

 The Great Secret

Tell and still it's hidden
— 말해 보라, 그래도 신비 속에 있나니

까비르의 시(詩), 한 구절 한 구절의 뜻을 깊이 새겨 보자. "물병에 바닷물을 모두 담는다"라는 말이 있다. 까비르야말로 물병에 바닷물을 모두 담고 있다. 까비르는 우리가 일상 속에서 쓰는 말을 가지고, 아주 사소한 말을 가지고 무한(無限)한 것을 담아 내고 있다. 그리고 거기에 아주 독특한 의미를 불어넣고 있다. 그대는 이 까비르의 시를 대할 때 '뭐, 이건 내가 다 아는 거잖아!' 하고 생각할지도 모르겠다. 그렇다면 그것은 까비르의 거죽만 보고 그 깊이를 꿰뚫어 보지 못하는 것이다. 한마디 한마디가 힘에 넘친다. 까비르의 노래를 통해 영원을 향한 여행을 떠나 보자.

내면의 체험에 대한 지혜를
많은 사람들이 물으러 온다.
꿀맛을 본 이는 벙어리가 되고 마는데,
어떻게 꿀맛에 대해 얘기할 수 있을까?

우리는 사물에 대해 많은 정보들을 긁어 모은다. 이는 외부로부터 주위 모은 지식에 불과하다. 우리는 사방으로부터 사물을 지각한다. 예를 들어보자. 힌두(Hindu) 신전에 가면 누구나 신상(神像) 주위를 돌게 되는데 이것은 그저 피상적인 의식에 불과하다. 외부로부터 아무리 많은 것들을 긁어 모은다고 하더라도 그런 지식의 내면적인 것과는 아무런 관련이 없다. 자신의 고유한 체험과는 아무 관련이 없다.

무엇이든 깊이 들어가지 않으면 우리가 긁어 모은 지식은 표피적인 것으로 끝날 수밖에 없다. 그것은 바다에 가서 파도만 보고 돌아오는 것과 같다. 이 진짜 바다의 심원(深遠)한 보물은 파도 속에 감추어져 있다. 바다 표면에서는 거품밖에 보이지 않는다. 바다 표면에서는 갈등과 살벌한 경쟁과 싸움밖에 볼 수 없다. 파도에는 불행과 재난밖에 없다. 진짜 바다는 파도 밑에 숨겨져 있다. 그 바다를 알려면 바다 속으로 뛰어드는 길밖에 없다. 뛰어드는 것은 오직 자기 자신 속으로 뛰어드는 것밖에 없다.

우리가 제아무리 다른 사람 속으로 뛰어든다고 해도 그의 영혼을 터치할 수는 없다. 그저 겉돌 뿐이다. 바다를 제대로 알려면 뛰어드는 것만으론 충분하지 않다. 바다를 제대로 알려면, 마치 소금을 바다에 뿌리면 녹아서 바다와 하나가 되는 것처럼 바다와 하나가 되어야만 한다. 무한한 바다의 깊이를 알려면 이렇게 바다와 하나가 되어야만 한다. 그 외에 다른 방법은 없다.

타인을 상대로 '앎(knowledge)'에 대한 참다운 체험을 할 수 없다. 오직 자아를 상대로만 앎에 대한 참다운 체험을 할 수 있는 것이다. 우리는 서로 항상 일정한 간격을 둔 채로 살아간다. 서로에게 가까이 다가가지 못하는 것이다. 심지어 육체적인 관계를 가질 때조차도 상대의 내면 깊은 곳까지 가 닿지 못한다. 항상 주위에서 맴돌 뿐이다. 이것이 바로 사랑하는 이들에게 문제가 되는 것이다. 보통 사랑하는 이들은 서로에게 아주 가까이 다가간다고 느낀다. 하지만 사실은 서로를 경험하다 보면 서로에게 더 깊이 다가갈 수 없음을 뼈저리게 느껴야만 한다. 항상 멀리 떨어져 있는 것이다. 연인들은 때때로 서로에게 가까이 다가가지만 진정으로 가까워지는 것은 거의 불가능하다는 것을 나중에야 깨닫기 시작한다. 둘 사이에는 항상 거리가 존재한다. 그렇기 때문에 상대에 대한 사랑이 만족스럽지 못한 것이다.

사랑이 신(神) 속에 들어앉을 때만 사랑은 만족스러운 것이 된다. 그대가 곧 신이다. 신은 다른 어느 곳에 있지 않다. 신과 함께 존재하게 되면 거리는 사라진다. 까비르는 그러한 체험을 앎이라고 부르고 있다. 그러한 체험은 오직 자아를 통해서만 가능하다. 자각(自覺)만이 참다운 앎이다. 나머지는 모두 정보에 불과하다. 앎은 본인 스스로 검증할 수 있는 유일한 것이다. 체험이 없으면 검증할 수 없다.

세상에는 타인을 통해서 알 수 있는 것들이 수없이 많다. 개인적인 체험 없이도 알 수 있는 것들이 수없이 많다. 인생과 사회에 대해 알고 있는 모든 지식이란 타인으로부터 얻어들은 것들뿐이다. 우리는 과학자를 통해 많은 과학 지식을 습득한다. 우리는 지리학자를 통해 히말라야나 티벳이 어디에 있는지를 알 수 있다. 이런 식으로 우리는 지식과 정보를 모은다. 타인으로부터 배우는 세상 정보나 지식은 우리가 아무 이의 없이 받아들인다. 하지만 타인이 일러 준 자기 자신에 대한 지식은 무턱대고 받아들일 수 있는 성질의 것이 아니다.

타자가 그대 자신에 대해 이야기하는 것은 무엇이나 그릇된 것들이다. 그대가 온갖 학자나 성자, 혹은 우파니샤드나 베다, 코란이나 성경을 통해 자기 자신에 대해 알려고 해도 그 모든 것은 하등의 믿을 만한 것이 아니다. 그대는 자기 자신에게 이방인이 될 수 있다고 생각하는가? 결코 그럴 수는 없는 일이다. 다른 누군가가 그대에게 그대의 참된 모습을 보여 줄 수 있다는 생각은 웃기는 것이다. 자기 자신을 모르는 무능함이 가장 큰 무능함이다! 자기 자신도 모르는 무지가 가장 큰 무지이다!

자신은 어둠 속에 갇혀 있기 때문에 자신에게 빛을 보여 줄 사람이 필요하다고 생각하는가? 자신의 참모습을 보여 줄 타인이 필요하다고 생각하는가? 타인이 필요하다는 생각은 자신이 진정으로 누군가에 대해 전적으로 무지하다는 것을 의미한다. 어떻게 타인이 자신에게 지혜를 줄 수 있겠는가? 그러한 체험은 스스로 하는 수밖에 달리 도리가 없다.

스승은 제자에게 자기 자신 속으로 뛰어들라고 이야기해 줄 수는 있다. 하지만 제자 자신에 대해서는 아무런 말도 해줄 수 없다. 아무것도 보여 줄 수 없다. 스승은 제자를 강가로 데려갈 수는 있다. 하지만 물은 제자가 마셔야 한다. 아무도 물을 대신 마셔 줄 수가 없다. 제자가 스스로 물을 마시면 자신의 목마름이 사라질 것이다. 그것이 제자 자신의 체험이 된다.

물에 관한 지식을 좀 알고 있는 사람은 물이 이렇다 저렇다고 말할 수 있다. 물은 산소와 수소가 결합해서 만들어지며, 몇 도에 끓고, 몇 도에 어는지 등, 물에 관한 모든 화학 지식을 그대에게 말해 줄 수 있다. 내가 이렇게 말해 준다고 해서 그대의 목마름이 사라질 것이라고 생각하는가? 그저 계속해서 목이 탈 뿐이다. 주어지는 정보가, 얻어듣는 지식이 제아무리 완벽하고 위대하다 할지라도 그대의 목마름을 채워 줄 수 없다. 물에 관한 화학 지식은 그대의 목마름을 없애 주는 데 아무런 도움이 되지 못한다.

스승은 진리를 가리킬 뿐이라는 사실을 항상 명심하라. 스승이 진리를 가리키면 물을 찾아서 마시라. 그러면 스스로 체험하게 될 것이다. 목마름이 사라지고 목이 시원하게 뚫릴 것이다. 그러면 상실감과 불안감의 불이 꺼지고 평화와 충만함이 내면으로부터 솟아오를 것이다. 어느 누구도 이러한 체험을 대신해 줄 수 없다. 누구나 원하기만 하면 스스로 체험할 수 있다.

지금까지 그대는 다른 누군가로부터 이런 체험을 얻으려고 노력해 왔다. 스스로 물을 마셔 보겠다는 마음도 없이 그냥 얻으려고만 해왔다. 지금 그대가 목마르다면 내가 가지고 있는 물이 도움이 될 수 있다고 생각하는가? 아니다. 그대는 자신의 물을 찾아야만 한다. 그래서 깨달은 스승들은 모두, 지혜를 얻은 사람은 모두, 체험 외에는 어떠한 앎도 없다고 말하는 것이다.

자신이 지금껏 어떠한 지식을 모으고 어떠한 정보를 쌓아 왔던지간에, 그런 굴레로부터 자신을 풀어 놓으라. 그런 지식과 정보들은 체험이 될 수 없다. 그대는 모르면서 안다고 생각하는 환영 속에 살기 때문에, 참으로 얻지 못하고 얻었다고 착각하는 미망(迷妄) 속에 살기 때문에, 참으로 성취한 것 없이 무엇인가를 성취했다고 생각하는 환상 속에 살기 때문에, 신선한 샘물을 찾아 떠나지 않는 것이다. 나에게 있어서 이는 믿기 어려운 사실이다.

사람들은 보통 많은 책을 읽고 지식을 많이 습득하고 거기에 만족해 버린다고 까비르는 말하고 있다.

까비르는 학자가 득실거리는 까쉬에서 살았다. 까쉬의 학자들은 책을 많이 읽고 지식을 많이 습득하면 충분하다고 생각했다. 베다나 우파니샤드, 그리고 수많은 경전에 정통해 있던 까쉬의 학자들은 까비르를 글도 모르는 무식쟁이로 취급했다. 어떤 의미에서 까비르는 글도 모르는 문맹이었다고 할 수도 있다. 학자를 글 잘하는, 학식 있는 사람으로 생각한다면 확실히 까비르는 문맹이었다. 하지만 학자들이 쌓아올린 지식이란 어떤 쓸모가 있는가? 학자는 영생(永生)과 영혼 불멸에 대해 떠들어대지만 죽음이 눈앞에 오면 두려움에 떨면서 비통해한다. 영혼 불멸에 대한 학자의 떠들어댐도 죽음 앞에서는 휴지 조각에 불과하다. 영혼 불멸을 직접 체득(體得)하지 못하면 그럴 수밖에 없다. 학자는 영혼 불멸에 대한 책이나 논문을 읽기만 할 뿐, 다른 사람들로부터 주워듣기만 할 뿐, 자기 것이 없다. 그것은 다른 사람의 체험일 뿐 자신의 체험이 아닌 것이다.

그대가 직접 체험이라는 순금(純金)을 지니고 있다면 그대는 삶의 시험을 받아들일 준비가 되어 있을 것이다. 하지만 다른 사람의 금(金)은 끝에 가서 흙으로 변하고 만다. 타인의 체험은 삶을 살아가는 데 아무런 쓸모가 없는 것이다. 타인의 지식은 논증과 추론을 하는 데, 대학교 학위를 얻는 데, 학자로서 명성을 얻는 데에만 도움이 될 수 있다. 그렇게 타인의 지식으로 산다고 하더라도 언젠가는 자신의 내면에 참다운 지혜가 없다는 사실을 깨닫게 될 것이다. 내면의 등불에 불꽃이 활활 타오르지 않고 있는 것이다.

학자나 지식인은 다른 사람들을 속일 수는 있다. 하지만 자신을 속일 수는 없다. 그들이 습득한 지식이란 붓다(Buddha)가 종종 말한 다음 이야기와 같다.

한 마을 사람이 있었는데, 그는 조석으로 자기 집 앞에 앉아서 이웃집 소들이 지나가면 그 숫자를 세곤 했다. 그래서 그는 '누구누구 집의 암소가 몇 마리, 수소가 몇 마리' 하는 등 마을 소에 대해 훤히 꿰뚫고 있었다. 하지만 자신에게는 소가 한 마리도 없어 우유 한 잔 짜 마실 수 없었다. 붓다는 항상 제자들에게 이 촌사람처럼 자신의 인생을 허비하지 말라고 엄중히 경계하곤 했다.

학자들이란 모두 이 마을 사람과 같이 다른 사람의 소를 세며 사는 사람들이다. 베다의 말들을, 코란의 말들을, 성경의 말들을 머리 속에 지니고 산다. 그들은 자신 스스로 한 방울의 우유도 짜 마실 수 없다. 그럼에도 불구하고 타인의 소를 세면서 자신의 인생을 허비한다. 그대가 직접 체험해야만 한다.

내면의 체험에 대한 지혜를

The Great Secret

많은 사람들이 물으러 온다.
꿀맛을 본 이는 벙어리가 되고 마는데,
어떻게 꿀맛에 대해 얘기할 수 있을까?

진리를 안 사람이 그 진리를 다른 사람에게 전해 주기란 어렵다. 비록 진리를 안 사람이 진정으로 자신의 것을 전해 주고 싶어해도 참으로 어렵다. 사람들은 지혜로운 현자의 고뇌를 이해할 수 없다. 그저 어리석은 자의 고뇌를 알 뿐이다. 깨달은 사람은 참 진리를 알게 된 사람이다. 깨달은 이는 사람들이 어둠 속에서 헤매는 것을 볼 때 자신이 깨달은 것을 전해 주고 싶어한다. 하지만 전해 줄 도리가 없다. 바로 이것이 깨우친 자의 고뇌이다.

꿀맛을 본 이는 벙어리가 되고 마는데,
어떻게 꿀맛에 대해 얘기할 수 있을까?

이 사람은 이미 자신의 꿀을 찾아서 맛을 보았다. 그리고 이제는 다른 사람들이 꿀을 찾아 온 세상을 헤매는 것을 지켜보고 있다. 그리고 사람들이 산더미 같은 삶의 문제와 근심 걱정과 고통 속에서 점점 기(氣)가 죽어 가는 것을 지켜보고 있다. 사람들의 불행이 점점 더 깊어지는 것을 지켜보고 있다. 꿀맛을 본 사람은 다른 사람들도 그 꿀맛을 보길 바란다. 천국의 문을 열고 들어간 사람은 천국의 문이 다른 사람들에게도 열리기를 바란다. 사람들을 돕고 싶어한다. 거리에 나서서 "이 꿀맛은 더없이 달콤합니다!" 하고 외치고 싶어힌다. 그렇지만 벙어리가 말을 하고 싶어도 할 수 없듯이, 깨달은 사람의 목구멍은 막혀 버린다. 입술이 움직이질 않는다. 그래서 깨달은 사람은 벙어리와 같은 처지가 되고 만다.

깨달은 사람의 어려움은 벙어리의 말 못하는 고민보다 훨씬 크다. 벙어리가 말을 못하는 것은 의학으로 고칠 수도 있지만 깨달은 사람에게는 전혀 방도가 없다. 벙어리의 말못함은 신체적인 것이어서 언젠가는 치료법이 발견될 수도 있을 것이다. 하지만 깨달은 사람에게는 자신의 깨달음을 전할 수 있는 방법이 전혀 없다. 그것은 깨달음의 속성이다. 그대도 자기를 알게 되는 체험을 하면 이런 어려운 입장을 이해하게 될 것이다.

깨달은 사람이 아무리 다른 사람들에게 깨달음을 전하려고 해도 실패할 수밖에 없다. 실패만 하면 좋다. 깨달은 사람은 실패할 뿐만 아니라 다른 사람들로부터 오해까지 받아야 한다. 그는 '가'를 말하고 싶은데, 상황은 그로 하여금 '나'를 말하게 한다. 깨달은 사람은 명확하게 전달하고 싶어할 것이다. 하지만 안에 있는 체험이 말을 통해 밖으로 나올 때 체험은 변질되고 만다. 그는 사람들을 자신이 원하는 곳으로 인도하고 싶어한다. 하지만 실제로 부닥쳤을 때는 사람들이 다른 곳으로 인도되고 있는 것을 지켜보아야만 한다. 사람들이 자신을 오해하는 것을 지켜볼 수밖에 없다.

이러한 연유로 세상에는 수많은 종교와 종파들이 존재한다. 각자(覺者)는 종교를 설파한다. 순수 종교를 설파한다. 하지만 결국에는 그의 순수 종교도 종파로 타락한다. 깨달은 이의 이야기가 사람들에게 제대로 이해된 적이 없다. 깨달은 사람의 말이 사람들의 귀에 가 닿을 때, 그 말은 진리가 아닌 무엇이 되어 버린다. 사람들은 깨달은 이의 말을 듣자마자 거기에 자기 마음을 투사(投射)한다. 그리고 자기 멋대로 해석해 버린다. 자기 멋대로 해석해서, 자기 편리할 대로 받아들여서, 결국에는 자기 식대로 곡해(曲解)해 버린다. 이렇게 해서 사이비 종교가 태어나는 것이다.

깨달은 사람은 종교의 참된 본질이 사람들에게 가 닿기를 바란다. 하지만 실제 현실에서는 사이비 종교쯤으로 매도되어 버린다. 그는 사람들이 보다 자유로워지기를 바란다. 하지만 현실 속에서 사람들은 더 강한 속박 속으로 움츠러든다. 이제 또 다른 어려움이 나타난다. 깨달은 사람은 사람들의 일상 생활 속에서 사랑이 드러나길 바란다. 하지만 깨달은 사람의 눈에는 사랑의 이름으로 치고 박는 사람들의 마음이 보인다. 크리스천을 예로 들어보자. 예수는 "하나님은 사랑이다"라고 줄기차게 외쳐 댔다. 그런데 서양 역사를 보면 기독교만큼 전쟁을 많이 일으킨 종교도 없다. 예수는 "오른 뺨을 맞으면 왼 뺨도 내주라"고 말했다. 그런데 기독교인들은 엄청나게 많은 사람들을 죽였다. 왜 그토록 많은 사람들을 살해했는가? 기독교인들은 한 손에는 검을 쥔 채 다른 한 손에 성경을 쥐고 기독교를 전파했던 것이다!

베다나 우파니샤드에 나오는 리쉬(rishi)들, 즉 성자들은 "만물(萬物)에 똑같은 브라흐만(Brahman : 절대자, 신성, 우주 창조자. '브라흐만' 이라는 말은 '우주의 근본원리' 를 뜻함)이 깃들어 있다. 브라흐만은 만물에 거주한다. 브라흐만은 온 세상에 자신을 전개한다. 브라흐만은 가장 작은 입자 속에도 존재한다"라고 말한다. 인도 고대의 리쉬들이 이렇게 말했음에도 불구하고 힌두교인들이 한 짓은 그와 정반대다. 우파니샤드를 들먹이는 학자들도 낮은 계급에 속한 사람이나 불가촉(不可觸) 천민들과 상대조차 하지 않으려고 한다. 그러면서 그들은 만물에 브라흐만이 거주한다고 떠들어댄다. 그들이 불가촉 천민을 천시하는 것은 브라흐만을 불가촉 천민으로 천대하는 것에 다름 아니다. 만약 브라흐만이 만물에 존재한다면 누구를 손도 대서는 안 될 불가촉 천민이라고 멸시할 수 있는가? 감히 누구를 비천하고 더럽다고 할 수 있는가? 하지만 참으로 괴이하게도 이런 일들이 붓다들의 땅에서 일어났었고 지금도 진행되고 있다. 불가촉 천민은 손도 대서는 안 될 계급일 뿐만 아니라 불가촉 천민의 그림자가 브라만 계급을 스치기만 해도 불가촉 천민은 엄청난 형벌을 받는다. 그림자가 브라만을 스치기만 해도! 아니, 그림자도 부정(不淨)한 존재인가? 그림자는 그림자일 뿐이다. 그 실체가 없다. 그래서 실존하지 않는다! 자, 한 브라만이 한 곳에 앉아 있고 불가촉 천민이 그 곁을 지나가고 있다고 가정해 보자. 만약 불가촉 천민의 그림자가 브라만을 스치기만 해도 그 불가촉 천민은 심하게 두들겨 맞거나 심지어는 맞아 죽을 수도 있다. 인도인들은 그 죄가 사형에 처해도 무방할 만큼 무겁다고 생각한다. 참으로 믿기 어려운 일이 현실에서 벌어지고 있다! 브라흐만을 절대자로 안다는 이들이 그림자를 두려워한다?

브라흐만은 만물에 스며 있다고 떠드는 이들의 마음이 왜 그다지도 병들어 있는가? 대체 어찌된 일인가?

"브라흐만은 만물에 깃들어 있다"는 말은 절대적으로 옳다. 하지만 그것을 듣는 사람은 자기 멋대로 해석해 버리고 만다. 스승의 입에서 나간 말이 제자의 귀에 들리기까지 그 거리는 아주 짧다. 그런데 그 짧은 거리를 통해 모든 것이 왜곡되어 버리고 만다. 이러한 곡해가 몸과 마음과 지식에 관련된 것이라면 고칠 수도 있겠지만……. 그럼에도 불구하고 스승과 제자 사이에 일어나는 곡해는 어느 면에서 보면 자연스러운 것이라고 볼 수도 있다. 가르침과 법(法)의 전등(傳燈)은 실로 엄청난 것이다. 그래서 스승과 유사한 체험의 경지에 오른 사람만이 그것을 이해할 수 있다. 그래서 까비르는,

벙어리의 표정은
벙어리만이 안다.
이와 같이, 현자(賢者)의 기쁨은
현자만이 안다.

라고 말하고 있다.

스승은 자신의 경지에서 말을 하고 제자는 자신의 위치에서 듣는다.

The Great Secret

따라서 둘 사이에서 진정한 대화란 불가능하다. 스승은 의식의 정상에 서 있지만 제자는 어둠의 심연 속에서 허우적거리고 있다. 이런 상황 속에서 스승과 제자의 대화가 어떻게 가능하겠는가? 황금빛 정상에서 울려 나오는 스승의 말은 칠흑같이 어두운 심연으로 내려가야만 한다. 스승의 말은 제자에게 가 닿기도 전에 어둠에 물들고 만다. 이러한 전달 과정에서 스승의 말은 그 빛을 잃어버리고 오직 어둠만이 제자에게 전달될 뿐이다.

제자가 스승과 같은 경지에 오르기 전까지는 제자는 결코 스승의 말들을 온전히 이해할 수 없다고 까비르는 말한다. 벙어리도 다른 사람의 말을 들을 수는 있다. 벙어리가 다른 사람의 말을 전하려면 손을 이용해 수화(手話)를 해야만 한다. 수화는 둘 사이의 공통 언어가 된다. 이는 둘 다 똑같은 체험을 했고 똑같은 경지에 있다는 말이다. 그래서 둘 사이에 의사소통이 가능해졌다는 말이다.

서로가 같은 경지에 이르기 전까지는 토론이나 논쟁이 가능할지는 모르지만 참다운 대화나 교감은 불가능하다. 내가 무엇인가를 그대에게 말하면 그대는 곧바로 내가 한 말이 맞는지, 틀리는지 마음속으로 생각한다. 내 말이 맞는가, 틀리는가에 대한 자신의 논리를 전개할 수 있다. 하지만 나와 그대 사이에 대화는 일어나지 않는다. 참다운 대화가 가능하게 되면 내가 한마디 한마디를 던질 때 그대는 단 한치의 오차도 없이 온전하게 이해한다. 그대가 나를 온전하게 이해하려면 나와 같은 경지에 올라오라. 말하는 이와 듣는 이가 똑같은 경지에 올라섰을 때만 참다운 대화는 가능한 것이다. 오직 그때만이 둘 사이의 경계가 사라지고 구별이 사라진다.

깨달은 자만이 깨달은 자와 이야기할 수 있다. 하지만 깨달은 자가 깨달은 자를 만났을 때는 이야기할 필요를 못 느낀다. 이야기하는 자체가 쓸모없는 것이 되고 만다. 이것이 삶의 역설이다. 말은 삶을 이해하지 못한 자에게 필요한 것이지 삶을 이해한 사람에게는 필요 없는 것이다. 문제는 깨달은 자가 삶을 이해하지 못한 자에게 깨달음을 설명한다는 것이 불가능하다는 것이다.

그러면 어떻게 해야 하는가? 아는 자는 자신의 지혜를 어떻게 전달할 수 있는가? 자신의 귀중한 보물들을 어떻게 하면 나누어 가질 수 있는가? 어떻게 하면 아는 자가 모르는 자를 앎의 경지로 이끌어 줄 수 있는가? 진리를 맛본 자가 어떻게 하면 맛보지 못한 자를 구도의 여행으로 초대할 수 있는가?

세상에는 수많은 방법과 방편들이 있다. 요가의 모든 방편들은 깨달은 사람과 깨닫지 못한 사람 사이에 다리를 놓기 위해 발견된 것들이다.

파탄잘리(Patanjali : 기원전 2세기 경 사람으로 《요가 수트라(Yoga Sutra)》 저술을 통해 요가를 체계화하여 요가학파의 개조(開祖)가 됨)는 "신뢰가 길을 밝혀 줄 것이다. 그러면 논쟁도 토론도 필요 없게 된다"라고 말했다. 자신이 어느 정도 각성을 하고 있지만 진리를 완전히 받아들일 준비가 되어 있지 않았을 때 '신뢰'는 길잡이가 되어 줄 수 있다. 그대는 아직도 어둠 속에 있다. 파탄잘리의 말은 자기가 들은 바를 복음(福音)으로 받아들인다는 말이다. 의심하고 추론하고 토론하지 않는다는 말이다. 의심하고 머리로 생각하기 시작하면 듣는 바의 참된 의미를 놓치게 된다. 자신이 듣는 말에 해석을 붙여 버리면 그것은 자신의 말이 되어 버린다. 더 이상 스승의 말이 아닌 것이다.

신뢰는 딱 한 가지 의미를 지니고 있는데……. 신뢰는 스승과 제자의 거리를 이어주는 다리 역할을 한다. 제자는 스승의 말을 듣는 자리에서 그대로 받아들인다. 스승의 말을 어떻게 받아들일까 이리저리 궁리하지 않는다는 말이다. 그냥 스승이 가리키는 것을 바라보라. 그리고 자신의 구도 여행을 떠나라. 단 한 순간도 주저하지 마라. '내가 어디로 가는 거지?'라거나 '내가 왜 이리 가는 거지?'라고 생각하지 마라. 마음이 떠

The Great Secret

드는 말에 귀를 기울이지 마라. 그저 마음에게 휴가를 주어 떠나 보내라. 신뢰란 마음에 휴가를 주어 떠나 보내는 것을 의미한다. 그저 마음에게 "조용히 하라"라고 부탁하라. 마음에게 이렇게 말하라.

"이 말을 있는 그대로 듣게 나를 놔둬라. 끼여들지 마라. 간섭하지 마라. 네 마음대로 판단하거나 해석하려 들지 마라. 필요 없다. 필요할 때 부탁하겠다. 하지만 여기에서는 끼여들지 마라. 부탁하지 않은 충고를 하려고 들지 마라."

마음은 항상 끼여들려고 한다. 그것이 마음의 본성이다. 그대가 무엇을 하든 마음은 먼저 "이걸 해서는 안 돼"라거나 "그걸 하면 좋아.", 혹은 "나는 너를 위해서, 네가 잘되라고 하는 말이야"라고 계속해서 떠들어댄다. 세상을 살아가려면, 사회에 적응하려면 마음을 잘 이용해야만 한다. 하지만 세속을 초월하는 데, 영적인 세계로 가는 데 마음은 방해가 될 뿐이다. 마음은 아무것도 모르고 아무것도 체험할 수가 없다. 따라서 마음을 신뢰할 수 없는 것이다. 구도를 시작하면 마음은 처음에 아무것도 신뢰하지 말라고 말할 것이다. 그런 일은 전에 일어난 적이 없기 때문에 앞으로도 일어날 일이 없다는 것이다. 그러니 신뢰하지 말라는 것이다. 어떤 각도에서 보면 맞는 말이다. 그대는 그와 같은 체험을 전에 한 일이 없으니까.

마음이란 과거에 일어난 것들을 모아 놓은 창고에 불과하다. 지금까지 자신이 경험한 바의 결산이다. 그렇기 때문에 마음은 당장 "이런 일은 전에 없었다. 그와 같은 체험은 불가능했다"라고 말한다. "이 사람이 너를 속이고 있는 거야. 이 사람이 너를 꼬드기는 거야"라고 말한다. "이런 일은 결코 일어날 수 없어. 말도 안 돼. 그러니 조심해. 이 사람의 말을 듣지 마. 이 사람을 안 만나는 것이 좋아. 이 사람의 말은 안 듣는 것이 좋아." 마음은 그대를 위해서 이렇게 말한다. 마음의 입장에서 보면 틀린 것이 아니다. 마음이 안 것이나 경험한 것에는 그러한 맛, 그러한 체험이 없기 때문이다. 마음에게는 그러한 체험이 어떤 것인지 도무지 종잡을 수 없다. 그럼 어떻게 해야 한다?

그저 마음이 하라는 대로 하면 미지(未知) 세계의 문들은 닫혀 버린다. 그렇게 되면 자신이 알 수 없었던 것들은 영원히 미지의 것으로 남는다. 마음은 이미 알고 있는 것들만 좋아한다. 마음은 성욕을 알고 섹스의 맛을 알는지는 모른다. 하지만 브라흐마차리아(brahmacharya : 독신, 獨身)가 무엇인지는 모른다. 누가 브라흐마차리아에 대해 이야기를 하면 마음은 허무맹랑한 소리로 받아들인다. 마음은 결코 독신이 무엇인지 모른다. 마음은 에너지가 섹스로 하강(下降)하는 것만을 알 뿐이다. 마음은 생명력이 하강할 때 느끼는 덧없는 엑스터시만을 알 뿐이다. 마음은 에너지가, 생명력이 위로도 상승할 수 있다는 사실을 모른다. 그래서 마음은 이렇다 저렇다 따진다. 마음은 에너지가 상승할 수 있다는 사실을 상상조차 못한다. 마음은 "전에 일어난 적이 없는 일은 결코 일어날 수 없다"고 맹신한다. 마음은 '그게 가능하다면 왜 전에 일어나지 않았는가? 일어날 수 있는 것은 이미 다 일어났다'라고 생각하는 것이다.

마음은 '가능성 있는 모든 것은 이미 다 일어났어. 새로운 것은 더 이상 있을 수 없어'라고 생각한다. 하지만 스승은 제자에게 "모든 것은 미완성인 채로 남아 있다. 지금까지 일어난 것은 아무것도 아니다. 그저 제로에 가깝다"라고 말한다. 그대는 씨앗일 뿐, 아직 나무가 아니다. 하지만 마음은 그대로 하여금 자신이 나무라고 맹신하게 한다. 마음은 "세상에 어떤 가능성이든 존재해야 될 것은 이미 다 태어났다. 더 이상의 가능성은 존재하지 않는다"라고 이야기한다. 마음은 '가능한 모든 것은 이미 다 실현되었다'라고 생각한다.

이래서 마음은 말썽꾼이다. 이래서 마음은 그렇게도 싫증을 잘 내는 것이다. "네가 체험하고 싶은 것은 이미 다 체험했다. 따라서 나머지는 다 반복하는 것에 지나지 않는다"라고 말한다. '네가 즐기고 싶어했던

The Great Secret

것은 모두 즐겼다. 이제 똑같은 것을 계속해서 되풀이하는 것밖에 없다'
라고 마음은 생각한다. 마음은 자신이 다람쥐 쳇바퀴 돌듯 같은 자리를
계속 돌고 있다는 것을 너무나도 잘 안다. 하지만 마음은 전 존재계(存
在界)와 우주가 마음이 지어낸 것보다 무한히 넓다는 사실은 모른다. 미
지의 세계는 기지(旣知)의 세계보다 무한히 넓은 것이다.

스승은 "지금까지 일어난 일은 단지 시작에 불과하다. 그대는 자신의
집 밖에 나와 있다. 그대는 집을 찾아보려고 한 적이 없다. 진짜 집은 궁
전이다. 이 궁전은 멀리 떨어져 있다"고 끊임없이 말해 준다.

문제는 어떻게 수수께끼를 풀 것이냐인데……. 자신의 마음에 귀를
기울이면 스승의 말이 들리지 않는다. 진정으로 스승의 말을 듣고 싶다
면 그대의 마음을 버려라. 파탄잘리가 그토록 신뢰를 강조하는 이유는
바로 여기에 있다. 그래서 파탄잘리는 신뢰가 첫 계단이라고 생각했던
것이다. 깨달은 사람은 모두 파탄잘리와 같은 눈으로 신뢰를 본다.

왜 신뢰가 첫 단계인가? 신뢰가 첫 단계인 이유를 까비르는 이렇게 말
하고 있다.

내면의 체험에 대한 지혜를
많은 사람들이 물으러 온다.
꿀맛을 본 이는 벙어리가 되고 마는데,
어떻게 꿀맛에 대해 얘기할 수 있을까?

이어서 까비르는 말한다.

벙어리의 표정은
벙어리만이 안다.
이와 같이, 현자(賢者)의 기쁨은

현자만이 안다.

　인간의 언어에는 그러한 엑스터시를 표현할 수 있는 말이 없다. 우리의 말로서는 암시조차 가능하지 않다. 언어는 언어일 뿐이다. 인간 경험의 산물일 뿐이다. 깨달은 이에게는 언어가 없다. 그의 체험은 모두 침묵으로부터 나오고 공(空)으로부터 나온다. 절대 평화로부터 나온다. 그의 체험은 생각이나 사념으로부터 나오지 않는다. 생각이 사라질 때의 무념무상(無念無想)으로부터 나온다.
　깨달은 사람이 아는 것은 무엇이나 언어가 사라지고 공(空)만이 남았을 때 알게 된 것들이다. 공 속에서 알게 된 것은 말로써 표현할 수 없다. 공에서 우러나오는 것들은 오직 공의 경지로 들어가서만 체험할 수 있는 것이다. 벙어리끼리는 서로 말을 주고받지 않아도 통하는 법이다.
　동시대에 살았던 붓다와 마하비라(Mahavira, B. C. 448~376경 : 고타마 붓다와 동시대에 활동한 인도 자이나교(Jainism)의 개조, 開祖)는 같은 마을에 머무를 때가 많았다. 심지어 같은 숙소에 머무를 때도 있었다. 그럼에도 불구하고 둘이 만난 적은 한 번도 없었다. 서로 만날 필요가 없었던 것이다. 자이나교 신자나 불교 신자에게 있어서 이는 풀리지 않은 수수께끼였다. '둘은 왜 만나지 않았던 것일까?'라고 생각하기도 하고 "둘 다 자존심이 굉장히 강했던 것 같다"라는 의견도 있었다. 혹자는 "둘이 같은 숙소에 머물렀을 때만큼은 만났어야 했다. 못 만날 이유가 무엇인가? 누가 아는가? 둘이 만남으로써 생각지 못했던 아름다운 사건이 일어났을지?"라고 주장하기도 했다.
　단언하지만, 둘은 만날 필요가 전혀 없었다. 둘 다 꿀맛을 본 이후로 벙어리가 되었다. 무엇 하러 구차하게 말을 주고받겠는가? 붓다나 마하비라가 몸짓만 했더라도 어리석은 짓이 되고 말았을 것이다. 말을 하려고 했다면 실수를 한 것이 되었을 것이다. 서로를 검증하려고 했다면 상대가 피안(彼岸)에 도달한 것을 모르는 무지를 드러내는 것이 되었을 것이다. 그래서 둘 사이의 만남은 이루어지지 않았다.

만남에는 세 가지가 있다. 첫 번째 만남은 깨닫지 못한 무지한 자들간의 만남이다. 무지한 자 둘이 만나면 거창한 논쟁을 한다. 토론에, 토론에, 토론……. 끝없는 논쟁이 계속되지만 그 논쟁은 무익할 뿐이다. 잡담이나 뒷공론에 불과할 뿐이다.

두 번째 만남은 깨달은 사람간의 만남이다. 거기에는 논쟁도 토론도 없다. 절대 침묵만이 흐를 뿐이다. 둘 사이에 공(空)이 흐른다. 이는 마치 한 사람이 이쪽 기슭에 서 있고 다른 한 사람이 저쪽 기슭에 서 있는 가운데, 공이라는 강물이 둘 사이에 흐르는 것과 같다. 거기에는 어떠한 소리도, 소음도, 이야기도 없다.

세 번째는 깨달은 사람과 깨닫지 못한 사람간의 만남이다. 깨닫지 못한 두 사람이 만나면 거창한 논쟁이 벌어지지만 거기에는 아무 내용도 없다. 깨달은 두 사람이 만나면 내용은 있지만 논쟁이 벌어지지 않는다. 세 번째의 경우, 깨달은 사람과 깨닫지 못한 사람이 만나면, 깨닫지 못한 사람은 계속해서 수많은 이야기를 하고 묻고 논쟁을 걸어 온다. 하지만 깨달은 사람은 그저 침묵 속에서 듣기만 한다.

많은 사람들이 나를 찾아온다. 사람들은 대부분 무엇인가를 묻기 위해 찾아온다. 자신의 문제에 대한 해답을 얻기 위해 찾아온다. 하지만 그들은 곧 자신이 왜 왔는지는 잊어버리고 자신에 대해 온갖 것들을 늘어놓기 시작한다. 그리고 떠나면서 "참으로 좋은 말씀을 해주셔서 정말 좋았습니다"라고 말한다.

바알(Baal Shem, 1700~1760 : 유대교 신비주의인 하시디즘(Hassidism) 스승 중의 한 명)이라는 성자가 있었다. 어느 날 아주 수다스러운 사람이 그를 찾아왔다. 정말 말도 안 되는 말을 계속해서 지껄여 댔다. 바알은 귀찮아서 어떻게 하면 쫓아 버릴 수 있을까 궁리하기 시작했다. 숨도 돌리지 않고 떠들어댔다. 그는 바알에게 "됐소! 할 일이 있어서 나는 이만 가봐야겠소"라고 말할 틈조차 주지 않았다.

그러다가 얼마 후 그 사람은 바알에게, 이러이러한 성자를 만나기 위해 다른 마을에 갔던 이야기를 하기 시작했다. 그는 바알에게 "저는 그분과 당신에 대해 이야기했습니다. 그분은 당신에 대해 아주 많은 이야기를 하셨습니다"라고 말했다.

이 기회를 놓치지 않고 바알이 큰소리로 말했다.

"틀렸소. 전혀 가당치 않은 말이오."

그 남자는 어안이 벙벙해졌다.

"아니, 그 성자가 말씀하신 것은 꺼내지도 않았는데 어떻게 가당치 않다고 말씀하실 수 있습니까?"

바알이 대답했다.

"그래 분명히 가당치 않은 것이오. 당신은 그 성자에게도 지금처럼 단 한마디 말할 틈도 주지 않았을 것이오! 그러니 그 성자가 나에 대해 많은 말을 했다는 것은 가당치 않은 것이란 말이오. 지금 이 경우를 보면 그 성자에게도 말할 기회가 없었을 것은 뻔한 일이오."

이것이 바로 세 번째 유형의 만남이다. 깨닫지 못한 자가 계속 떠들어대고 깨달은 사람은 그저 듣기만 한다. 대부분의 경우가 이렇다. 깨달은 사람은 자비로운 마음으로 듣는다. 깨달은 사람은 깨닫지 못한 사람으로 하여금 느낌이나 생각의 배출구를 만들어 줌으로써 삶의 무게를 덜어 주고자 한다. 깨닫지 못한 사람의 근심 걱정과 고통을 조금이라도 경감시켜 주고자 한다. 이렇게 깨닫지 못한 사람으로 하여금 자신의 이야기를 쏟아 놓도록 하면 깨닫지 못한 사람에게는 일종의 카타르시스 (catharsis : 인위적 경험에 의한 감정의 정화)가 일어난다. 그래서 깨달은 사람은 말도 안 되는 것을 그냥 들어주는 것이다.

서구 사회에서는 다른 사람의 말을 들어주는 일이 하나의 직업이 되

The Great Secret

었다. 그것도 아주 잘 나가는 직업이 되었다. 이 직업은 "자신의 문제에 대해 터놓고 말하는 것은 일종의 카타르시스가 될 수 있다"라는 이론에 입각한 것이다. 정신분석이 그것이다. 근래에 들어와서는 정신분석 전문의(專門醫)가 가장 높은 소득을 올리는 직업이 되었다. 정신분석 치료비는 대단히 비싸다. 하지만 정신분석 전문의가 하는 일이란 그저 듣는 것뿐이다.

무지한 자들에게 있어서 프로이트(Sigmund Freud, 1856~1939 : 정신 분석학을 수립한 오스트리아의 의사)의 정신분석학 발견은 대단한 혜택이요, 대단한 위안이었다. 프로이트는 정신분석 치료를 할 때 환자를 침상에 눕히고 침대 옆에 앉아 치료에 들어간다.

"무엇이든지 하고 싶은 말이 있으면 하세요. 그저 마음속에서 나오는 대로 이야기해 보세요. 말을 논리 정연하게 할 필요는 없습니다. 앞뒤가 맞지 않아도 상관없어요. 잘하고 못하고에 신경 쓰지 마십시오. 그저 나오는 대로 이야기하시면 됩니다. 마음으로 하여금 생각들을 쏟아 놓을 수 있도록 마음을 편안하게 하십시오."

이런 식으로 치료에 들어간다.

정신분석의 치료비는 엄청나다. 치료에 걸리는 시간도 다양하다. 치료 기간은 환자의 상태에 달렸다. 어떤 환자의 경우에는 치료가 3년씩이나 걸리기도 한다. 하루에 한 시간씩, 일주일에 두세 번을 하기도 한다. 하여튼 정신분석 전문의는 그저 듣기만 한다. 대부분의 환자는 한 2, 3년 동안 이렇게 지껄이고 나면 안정을 되찾는다.

정신분석 전문의는 듣는 것을 업(業)으로 삼는 사람이다. 그는 듣는 것 이외에는 아무것도 하지 않는다. 누구나 한두 번쯤은 연설을 업으로 삼는 사람의 연설을 들어 봤을 것이다. 연설자와는 반대로 정신분석 전문의는 듣는 것을 업으로 삼는 사람이다. 프로이트는 늙어서도 매일같이 여덟, 아홉 사람의 고민 거리를 여덟, 아홉 시간씩 들어주어야만 했다. 한 번은 이제 막 들어온 학생이 프로이트에게 물었다.
"질리지 않으세요? 두세 명의 환자 이야기를 들으면 피곤하지 않으세요? 저 같으면 굉장히 피곤할 거예요. 더러는 녹초가 될 것 같기도 하구요. 아침부터 밤중까지 환자들의 이야기를 계속 들어주시는 걸 보면 정말 대단하십니다."
프로이트가 대답했다.
"이 친구 머리가 안 돌아가는구먼. 듣긴 누가 들어? 물론 환자는 계속 이야기를 하겠지. 그냥 이야기하는 대로 내버려 두면 돼. 듣긴 누가 듣는다고 그래? 아마 그 얘기 다 들어주면 금방 나가떨어지고 말걸!"
서양에서 정신분석은 날로 인기를 더해 가는 직종이 되었다. 거기에는 그럴만한 이유가 있다. 현대인은 잡담을 하거나 가볍게 한담을 나눌 여유가 없다. 아무도 다른 사람의 말을 들으려고 하지 않는다. 아내는 남편의 말을 듣지 않고 남편은 아내의 말을 들으려고 하지 않는다. 여유나 여가가 없는 것이다. 그래서 현대인들은 자신의 문제를 전문적으로 들어줄 사람을 필요로 한다. 그걸 업으로 삼는 사람을 필요로 하는 것이다. 그렇게 해서 고민과 고뇌를 덜어 보고자 하는 것이다.
깨달은 사람은 깨닫지 못한 사람이 자신의 삶의 무게를 더는 데 조금이라도 도움을 주고자 들어준다. 하지만 진리의 입장에서 보면 역으로 깨닫지 못한 사람이 깨달은 사람의 말을 들어야만 한다. 둘 사이에 참다운 신뢰가 생겨야만 깨닫지 못한 사람은 깨달은 사람의 말을 경청하게 된다. 그렇지 않으면 깨닫지 못한 사람은 깨달은 사람이 하는 말을 하나도 믿지 않게 된다. 신뢰가 없으면 깨달은 사람이 무슨 말을 하든 그의 마음속에서는 의심이 생기기 마련이다. 그는 무엇인가 틀린 것을 잡아내려는 마음으로 가득하다. 저항하는 마음으로 가득하다.
'이게 어떻게 그럴 수가 있어! 그건 가능한 일이 아니야. 미지의 세계라고, 그런 게 어디 있어? 이런 데 정력 낭비할 필요 없어. 내가 왜 그 사

람 말을 들어야 해?

깨닫지 못한 사람의 마음은 항상 이런 식으로 돌아간다. 깨닫지 못한 사람이 깨달은 사람의 말을 듣고 이해하기 위해서는 일단 마음을 접어 두어야만 한다. 그러기 위해서는 신뢰가 필요한 것이다.

마음은 그대가 미지의 세계를 체험하는 것을 방관하지 않는다. 마음은 그대를 해변가에 묶어 두고 그대가 바다 속으로 뛰어드는 것을 막으려고 할 것이다. 마음은 이렇게 의심한다.

'피안이라고? 내가 탄 배가 피안에 도착할 수 있다는 보장이 어디 있어? 피안이라고, 보이지도 않는데……. 피안이 존재한다는 것은 정신 세계에 관심 있는 사람의 생각에 불과하지, 사실은 아니야. 누가 거기에 가본 사람이 있기라도 하나? 내가 왜 거기에 신경을 써야 하지? 피안에 도달한 다음 다시 이 세상으로 돌아와서 피안의 존재를 증거할 수 있는 사람이 있기라도 하나? 내가 따라야 된다고 하는 이분은 나에게 길을 보여줄 지도를 가지고 있을까? 이분이 말하는 미지의 세계에 대한 근거는 무엇인가? 진짜 미지의 세계에 대한 증거를 가지고 있을까?

아니다. 스승은 어떤 증거도 제시하지 않는다. 증거가 없기 때문이다. 체험 자체가 증거이다. 가슴으로 믿으면 스승이 했던 체험을 할 수 있다. 제자의 신뢰는 진정으로 깊어져야 한다. 그때 스승과의 거리는 사라진다. 제자의 신뢰가 참으로 강해져야 한다. 그때 증거를 스스로 보게 될 뿐만 아니라 자신의 감각과 지각을 통하여 스승의 체험과 똑같이 하게 된다. 제자의 신뢰는 참으로 강해지지 않으면 안 된다. 제자의 신뢰가 참으로 강해졌을 때, 그때 제자는 스승의 내면에서 울려 나오는 조화로운 멜로디를 들을 수 있다. 신뢰가 참으로 깊어져야만 한다. 제자의 신뢰가 충분히 깊어졌을 때, 그때 제자는 자신의 입으로 직접 한입 맛볼 수 있게 된다. 제자의 신뢰가 참으로 확고해졌을 때 스승의 향기가 제자를 터치하게 된다. 활활 타오르는 스승의 불빛에 의해 제자의 어둠이 걷히고 순간이나마 자신의 참모습을 보게 된다. 이런 일을 체험하려면 스스로 기회를 찾아야만 한다. 그 기회는 신뢰를 통해 온다.

꿀맛을 본 이는 벙어리가 되고 마는데,
어떻게 꿀맛에 대해 얘기할 수 있을까?

벙어리의 표정은
벙어리만이 안다.
이와 같이, 현자(賢者)의 기쁨은
현자만이 안다.

이를 명심하라. 항상 명심하라. 스승이나 현자, 혹은 성자가 자신의 마음에 들지 않으면 당장 떠나라. 하지만 스승이나 성자가 가짜라거나 돌팔이라고 단정하지는 마라. 그대에게는 스승을 알아볼 수 있는 눈이 없다. 스승이 자기 마음에 들지 않으면, 그 길이 자신의 길과는 다름을 받아들이고 조용히 떠나면 될 일이다. 하지만 비판하거나 판단하려 들지 마라. 붓다의 시대, 많은 사람들이 붓다를 떠나면서 "그는 가짜다" 라고 말했다. 사람들은 예수에게도 그랬다. 예수가 십자가에 매달린 것도 그들 때문이다. 자신의 머리가 좋다고 내세우지 마라. 다들 그대와 같이 머리가 좋은 사람들이었다. 그들의 언행을 보라! 머리가 좋은 자들이 붓다는 가짜요, 붓다가 한 말은 믿을 수 없는 것들이라고 말하지 않았는가? 그들 모두 그대만큼이나 머리가 좋았다. 하지만 마음은 그들이나 그대나 똑같다. 그들은 그대처럼 판단하고 비판해 버렸다. 그들은 그대처럼 똑같은 세상살이에 시달렸다. 그런 그들이 붓다와 같은 사람의 말을 믿지 못한 것은 어쩌면 당연한 일이었다. 그들은 초월의 세계를 체험한 적도 없었고 피안의 세계를 본 적도 없었다. 붓다는 피안의 세계, 저 너

The Great Secret

머의 세계에 대해 말했다. 그래서 사람들은 붓다의 말을 쉽게 믿을 수 없었던 것이다.

피안(彼岸)은 '알려지지 않은(unknown)' 세계일 뿐만 아니라 '알 수 없는(unknowable)' 세계이기도 하다. 설령 한 번 알았다고 하더라도 한 번에 다 끝나는 것이 아니다. 계속해서 알고, 또 알고, 알아내야만 한다. 앎은 항상 미완성인 채로 존재한다. 앎의 전체성(totality)은 무한(無限), 그것이어서 끊임없이 확장한다. 전체성과 비전체성(nontotality)은 상호 모순적인 것이 아니다. 붓다가 말하는 것은 인간의 지성을 초월한 것이다. 그래서 사람들은 붓다의 말을 믿지 않은 것이다. 사람들이 붓다를 불신한다고 해도 붓다 편에서는 잃을 것이 아무것도 없다. 반대로 소중한 것을 놓치고 진리를 실현할 기회를 놓치는 이들은 붓다를 불신하는 자들일 뿐이다. 그대가 어떤 대상을 의심하고 불신한다고 해서 상대가 밑지는 것은 아무것도 없다. 그대만 손해 볼 뿐이다. 이 점을 명심하라. 그대는 자신의 영적인 성장을 스스로 방해하고 있는 것이다.

따라서 스승이든 성자든, 누군가가 자신의 눈에 들지 않을 때는 판단하려는 마음을 놓고 조용히 떠나라. 다른 사람을 찾으면 될 것이다. 문제 될 게 없다. 떠나는 마음에는 두 가지 유형이 있을 것이다. '이 사람은 틀려먹었다. 그래서 떠나야겠다.' 하는 마음과 '이 사람의 길은 내 길이 아니다. 그래서 떠나야겠다' 라고 하는 마음이 그것이다. 그 차이가 명확하지 않은가?

그대가 나를 찾아왔다. 내가 하는 말이 마음에 들지 않으면, 내가 하는 말이 틀렸다고 생각되면, 그저 조용히 떠나라. 왜? 조용히 떠나서 자신의 길에 맞는 사람을 찾으면 될 일이다. 내 말이 틀렸다고 결론을 내리면 그대 마음은 굳어지기 시작한다. 그런 마음을 가지고 스승을 찾아 다니면, 다른 사람을 찾아가서도 그 스승이 틀렸다고 쉽게 결론을 내려 버린다. 또 다른 사람을 찾아가도 마찬가지다.

이렇게 판단하는 마음이 굳어져 가면 나중에는 그대의 길에 커다란 장애가 될 것이다. 그대의 성장을 방해하게 될 것이다. 항상 누군가를 트집 잡는 완고한 사람이 되어 버릴 것이다. 이렇게 되면 이제는 깨달은 사람을 알아보기란 거의 불가능해진다. 까비르는 말한다.

…… 현자의 기쁨은
현자만이 안다.

그대 스스로가 붓다가 되는 것 말고는 붓다를 알아볼 수 있는 방법은 없다. 크리쉬나(Krishna : 인도에서 가장 추앙 받는 신 중의 하나. 비쉬누(Vishnu)의 아홉 번째 화신)를 알고 싶으면, 크리쉬나를 이해하고 싶으면, 그대가 크리쉬나처럼 되어야 한다. 그 외에는 방법이 없다. 우리는 너무나 성급히 판단하고 결론을 내려 버린다. 그대는 칠흑같이 어두운 골짜기에서 허우적거리며 정상에 대해, 자신의 눈으로 볼 수 없는 저 너머의 세계에 대해 찰나적으로 결론을 내려 버린다. 그대는 판단하는 마음으로 여러 길들을 알아보지도 않고 자신의 길을 서둘러 결정해 버린다. 이상한 일이다. 자신이 한 번도 본 적이 없는 것에 대해 그렇게도 쉽게 결론을 내리고 마음을 굳혀 버리는 것은 정말 이상한 일이다.

이렇게 판단하는 마음에는 이유가 있다. 마음은 자신의 세계를 절대로 떠나고 싶어하지 않기 때문이다. 그래서 만나는 스승마다 '가짜다' 라고 결론을 내려 버리는 것이다. 이러한 마음을 가지고서는 어두운 골짜기에서 계속 헤맬 수밖에 없다. 참된 스승을 만나면 그 여정은 오르막길이 될 것이다. 그래서 이 오르막길, 때론 힘들고 때론 많은 인내를 필요로 하는 이 길을 마음은 원치 않는다. 마음은 게으름을 너무도 사랑한다. 마음은 무기력을 너무도 사랑한다. 마음은 늘 '그냥 이불 속에 있자. 오늘은 나갈 필요 없어' 라고 생각한다.

그대는 인생의 어둠과 골짜기에서 헤매고 있다. 돈 벌고, 아이들을 기르고, 자신의 이름이 신문지상에 오르내리는 것을 지켜보고, 결국에는 몇백 명이 자신의 장례식에 참석할 것이고……. 이것이 그대 인생의 전부다. 그러면 자신은 출세했다고 생각한다. 참으로 대단한 출세다!

그대가 깨달은 사람을 믿지 않는 것은 나로서는 도저히 이해가 되지 않는다. 그대는 깨달은 사람을 마음 내키는 대로 의심하고 불신한다. 하지만 자신을 그토록 천하고 초라하게 만드는 자신의 마음에 대해서는 절대적으로 맹신한다. 자신의 마음에게 "돈 벌고, 아이 낳고, 명예를 얻고 하는 게 다인가? 이게 내 인생의 목표였던가? 이게 참된 성공인가?"라고 물어보지 않는다. 마음은 무릎 꿇고 기도를 할 때도 가게 걱정을 한다. 기도하는 시간에 일을 하면 얼마를 벌 수 있나 생각하는 것이다. 예배에 참석하거나 예불을 드릴 때도 마음은 끊임없이 밀고 들어온다. 마음은 '창녀촌에 간 날 밤 좀더 오래 할 수 있었는데' 하고 공상에 빠진다. 우리는 마음에 대해 손톱만큼도 의심해 보지 않는다.

무엇인가에 대해 의심하고 싶은가? 그러면 그대 마음을 의심해 보라! 하지만 불행하게도 그대는 마음에 대해 의심할 생각조차 하지 않는다. 그대는 마음과 너무 밀착되어 있다. 그래서 마음이 참자아가 아니라는 것을 잊어버렸다. 자신이 마음과는 떨어져 있는 존재라는 사실을 망각해 버렸다. 그대는 마음과 너무 밀착된 나머지 그냥 자신과 마음을 동일시해 버린다. 마음이 곧 '나'라고 생각한다. 깨달은 사람 밑에 가면 각고의 수행을 해야만 하기 때문에 깨달은 사람을 보면 의심이 꼬리를 물고 흘러 나오는 것이다. 깨달은 사람 밑에서 명상을 하다 보면 이전의 모습은 사라져 버린다. 그리고 그대는 완전히 뒤바뀌어 버린다. 그래서 깨달은 사람을 따르고 싶지 않으니까 온갖 구실을 다 늘어놓는 것이다.

말이 아니라

체험으로……
님이 신부를 껴안으면
손님은 모두 떠나간다.

　이보다 위대한 말을 들어본 적이 있는가?
　진리란 언어로 담을 수 있는 성질의 것이 아니다. 책 속에도, 경전 속에도 진리 그 자체는 존재하지 않는다. 진리란 언어의 잣대로 잴 수 있는 성질의 것도 아니다. 어디를 간다고 해서 찾을 수 있는 성질의 것이 아니다. 베다를 읽고 암송한다고 해서 진리가 굴러 들어오는 것이 아니라고 까비르는 말하고 있다. 진리는 쓸 수 있는 것도 아니다. 진리는 직접 보고 체험해야만 하는 것이다.
　이런 식으로 한 번 보자. 눈먼 자가 빛에 관해 씌어진 모든 것을 암기했다고, 빛에 관한 이론을 전부 마스터했다고 가정해 보자. 이러한 지식이나 학식이 눈먼 자를 위해 단 한 줄기의 빛이라도 만들어 낼 수 있다고 생각하는가? 이러한 지식이나 학식이 눈먼 자가 아주 희미한 빛이라도 좋으니까, 단 한 번만이라도 빛을 보는 데 도움을 줄 수 있다고 생각하는가? 지식이 눈먼 자의 몇 발자국 앞이라도 빛을 밝혀 줄 수 있을까? 정말 가당치 않은 이야기다. 진리는 직접 보고, 직접 체험해야만 한다. 눈을 떠야만 한다.
　우리가 사물을 보는 눈을 말하는 것이 아니다. 내면의 눈을 말하는 것이다. 우리 내면에도 또 다른 눈이 있다. "외면적으로 많은 가능성이 있는 만큼이나 내면적으로도 많은 가능성이 있다." 이는 요가의 심오한 통찰이다. 이를 이해하라. 그리고 명심하라. 그렇다, 틀림없이 그렇다. 강물이 하나의 둑으로 존재할 수 있다고 생각하는가? 강물이 흐르려면 두 개의 강둑이 있어야만 한다. 우리는 몸에 달린 눈으로 외부 세계를 보고 인식한다. 이 몸에 달린 눈이 하나의 강둑이라고 생각한다면 내면에 또

The Great Secret

하나의 감독이 존재해야만 한다. 그래서 또 하나의 감독, 내면의 눈으로 우리는 내면 세계를 바라볼 수 있는 것이다. 우리에게는 머리에 달린 귀뿐만 아니라 내면에도 귀가 있어 내면의 소리를 들을 수 있다. 우리는 손으로 사물을 터치해서 그 촉각을 알게 되는데 내면에도 터치의 기능이 있어서 내면의 체험을 느낄 수 있다. 외부 세계만 보고 만질 수 있을 뿐, 내부 세계는 보고 만질 수 있는 기능이 없다면 이는 뭔가 이치에 맞지 않는 느낌이다. 다른 모든 것은 볼 수 있지만 자기 자신을 볼 수 없다는 것은, 우리가 세상의 수많은 소음들을 들을 수는 있지만 내면의 멜로디를 들을 수 없다는 것은 이치에 맞지 않는다.

그렇지 않다. "감각기관은 항상 양면(兩面)을 지니고 있다"고 요가는 말한다. 감각기관의 한 면은 육체의 것으로 거칠며 항상 외부 세계로 향해 있다. 감각기관의 또 다른 한 면은 보다 섬세하고 미묘하며 내면 세계로 향해 있다. 하지만 이들 내면의 감각기관에 대해서는 쓰여진 것이 없다. 여기에는 책도 경전도 없다.

베다나 코란, 성경 모두는 외부 세계에 대해 이야기하고 있다. 내면 세계에는 경전도 성전(聖典)도 있을 수 없다. 오직 영혼만이 존재할 뿐이다. 내면에는 오직 자신만이 존재할 뿐이다. 내면에 있는 그대가 곧 경전이다. 까비르는 "내면의 경전을 들여다보는 일이 곧 체험하는 일이다"라고 말한다. 자기 자아 앞에 섰을 때, 자아를 송두리째 들여다봄으로써 더 이상 알 것이 남아 있지 않을 때, 체험은 일어난다.

말이 아니라
체험으로……

그대가 지금까지 말과 언어에 허비한 시간만으로도 충분하다. 지금까지 읽은 경전만으로도, 지금까지 머리 속에 집어넣은 지식과 정보만으

로도 충분하다. 아직도 더 읽을 것이 남아 있는가? 생(生)에 생을 거듭하면서 말과 언어의 숲을 그 정도로 헤매 다닌 결과가 무엇인가? 그래서 그대는 깨달았는가?

말이란 가을에 나무가 떨군 낙엽과 같다. 경전의 말이란 원래 깨달은 이에게서부터 내려오는 것이다. 깨달은 이의 체험이라는 싱싱한 이파리들이 떨어져서 말라비틀어진 것이 경전의 말들이다. 우리는 거리를 산책하다가 떨어진 낙엽을 보면 주어 모은다. 더러 추운 밤에는 낙엽을 태워 몸을 데운다. 낙엽이 타는 불 옆에 앉아 있을 때의 그 따뜻함과 아늑함……. 말이라는 낙엽을 태울 줄 아는 사람은 체험의 강물 속으로 뛰어들 줄도 아는 사람이다.

말이 아니라
체험으로……

임제 의현(臨濟義玄, ?~867 : 중국 당나라 때 스님. 황벽 희운(黃檗希運)의 법을 이어받음)에 관한 일화다. 그는 나무 아래서 참선을 하다가 깨닫게 되었다. 그는 깨닫자마자 곧바로 자기 방으로 들어가 〈삼장(三藏)〉 등 가지고 있던 불경 모두를 밖으로 꺼내 와 불을 질렀다. 사람들이 모여들었다. 사람들은 그가 돌았다고, 완전히 미쳐 버렸다고 생각했다. 그들은 더없이 귀중한 불경을 불살라 버리는 것보다 더 큰 불경죄를 상상할 수 없었다. 임제는 계속해서 크게 웃고 있었다. 몇 사람이 불을 끄고 아직까지 타지 않은 불경을 꺼내려고 하자 임제가 웃으면서 말했다.

"어리석은 짓 마시오! 그것들을 꺼낼 필요 없소. 아무 가치가 없는 것들이오!"

얼마 있다가 사람들이 그에게 물었다.

"잠깐 동안 정신이 나갔던 것 아니오? 왜 그렇게 소중한 책들을 불 속에 던져 버렸던 거요?"

임제가 대답했다.

"불경 속에는 실제로 아무것도 없다는 것을 오늘에서야 깨우쳤소."

당시 임제가 까비르의 말을 들었다면 까비르의 말에 전적으로 공감하면서 이렇게 말했을 것이다.

"진리란 경전에서 얻을 수 있는 것이 아니다. 몸으로 체득(體得)해야만 하는 것이다."

하지만 그는 왜 불경을 태웠냐고 물어보는 사람들에게 "내가 하는 모습을 보고 배우라고, 그리고 깨어 있으라고 불경을 불 속에 던져 버린 거요"라고 말했다.

경전에는 진짜로 아무것도 없다거나 배울 만한 것이 하나도 없다는 말은 아니다. 경전이란 몸소 진리를 보고 체험한 이들이 적어 놓은 것이다. 문제는 그 체험이 그대의 것이 아니라 그들, 몸소 체험한 이들의 거라는 것이다. 그것은 말로써 전해질 수 없는 것이다. 말은 체험을 온전히 담아 내지 못한다. 말은 체득한 것을 완벽하게 표현해 내지 못한다. 말은 다 써 버린 볼펜이다. 그런데 그것을 모아서 어쩌겠다는 것인가? 아무 쓸데없다. 진리에 이르고 싶은가? 그러면 말로부터 자유로워져라. 말로부터 자유로워져야만 마음으로부터 자유로워질 수 있다. 마음으로부터 자유로워지는 것이 참된 체험으로 가는 첫 단계이다.

님이 신부를 껴안으면
손님은 모두 떠나간다.

참으로 아름다운 말이다.

우리네 결혼식을 한 번 보자. 신랑이 신부집을 향해 출발하면 피로연이 시작된다. 모두 기쁨에 들뜨기 마련이다. 모두가 잔치 기분에 즐거워한다. 신랑이 신부집으로 가는 동안 내내 밴드가 뒤따라가면서 신명 나는 음악을 연주한다. 결혼식에서 이 행렬은 상당히 중요한 부분 중의 하나이다. 그래서 신랑측은 결혼 행렬에 많은 손님들을 초대한다. 신랑의 친척들과 친구들이 이 행렬을 이루면서 간다. 신랑이 신부집에 도착하면 신부와 나란히 앉은 다음 결혼식이 엄숙히 거행되기 시작한다. 결혼식이 끝나면 신부집으로 향했던 신랑 행렬에 신경을 쓰는 사람은 없다. 신랑은 결혼 행렬에 초대한 손님들에게 별로 관심을 보이지 않게 마련이다. 신부와 신랑이 결혼식을 마치기 전까지는 모두들 결혼 행렬을 아주 중요하게 생각했다. 하지만 결혼식이 끝나면 손님은 모두 떠나간다.

까비르는 "말과 경전이란 결혼 행렬에 참가한 사람과 같다"고 말한다. 결혼식이 끝나면 결혼 행렬은 이내 잊혀지고 만다. 그때 베다가 무슨 소용이 있는가? 아무 쓸데없는 것이 되고 만다. 진리를 성취하면 모든 경전은 무용(無用)한 것이 되고 만다. 신부집 앞에 당도하기까지는 좋다. 경전은 신부집 앞에까지 데려다 주는 것으로 족하다. 경전이 결혼 행렬의 역할을 해냈다면 그것으로 족한 것이다. 신랑이 신부집에 당도하여 신부를 만나면 신랑은 더 이상 결혼 행렬에 대해 신경 쓸 필요가 없다. 손님의 역할도 끝이 나고 모든 일이 끝난다. 강 건너에 도착했을 때, 피안에 이르렀을 때, 강물에 대해, 배에 대해 누가 신경을 쓰는가? 이미 지나온 다리에 대해 누가 마음을 두는가? 누가 이미 밟고 올라온 사다리를 들고 다니는가?

님이 신부를 껴안으면
손님은 모두 떠나간다.

그런 다음 까비르는 이어 말한다.

The Great Secret

보는 것을 말할 수 없고
말하는 것은 들을 수 없으며
듣는 것은 설명할 수 없다.
혀와 눈과 귀…… 어떻게?

해부학자나 생리학자는 여기 까비르의 말에 동의할 수밖에 없다. 현대과학이 까비르의 말을 입증해 주고 있다. 까비르는 "눈은 보는 일을 하지만 말할 수 없으며, 혀는 말하는 일을 하지만 들을 수 없으며, 귀는 듣는 일을 하지만 설명할 수 없다"고 말하고 있다. 그런 다음 까비르는 눈, 귀, 코, 혀 등 모든 신체기관이 어떻게 융합되는지에 대해 묻고 있다.

각각의 감각기관은 제각기 자기 일을 하지만, 이러한 감각기관 모두가 하나로 만나는 중심이, 내면 어디엔가 틀림없이 있을 것이다. 그러한 내면의 중심이 없다면 감각기관들이 하나로 유기적인 기능을 할 수 없다. 예를 들어보자. 내가 지금 말을 하고 있다. 그대는 귀로 내 말을 듣고, 눈으로는 나를 보고 있다. 그대 내부 어딘가에 보고 듣는 것이 만나는 지점이 있다. 그래서 그대는 지금 보고 있는 사람과 말하고 있는 사람이 같다는 것을 안다.

눈과 귀는 각기 감지한 정보들을 내면 어딘가에 있는 중심으로 전달한다. 그 중심에서 각각의 정보들이 만난다. 그 정보들은 감각기관에 숨겨진 자아, 혹은 의식 속에서 만난다. 눈은 보고, 귀는 듣고, 코는 냄새를 맡고, 손은 촉각을 느끼고 하는 등 모든 감각기관은 각기 고유한 정보를 지각한다. 마치 하인이 집안 구석구석에 있는 물건들을 모아 주인에게 갖다 바치는 것처럼 감각 정보들은 자아의 중심에 모인다.

감각기관은 독립해서는 아무것도 할 수 없다. 새가 노래를 부르다가 날아가 버렸다. 눈은 정상적으로 작동을 함에도 불구하고 새를 더 이상 볼 수 없다. 귀에도 아무 문제가 없지만 새의 노래를 들을 수 없다. 새가 날아가 버렸기 때문이다.

  이는 염주의 실과 같다. 실은 염주 알을 이어서 하나의 염주로 만들어 준다. 실은 잘 보이지 않지만 실이 없으면 염주 알은 낱낱이 흩어지고 만다. 감각기관은 염주 알이요, 자아는 실이다. 자아는 각각의 기관을 하나로 꿰어 주는 구실을 한다.

  그대는 하인을 상전처럼 모시고 있다. 누가 진정으로 주인인지 모른다. 눈이 말하는 대로 끌려 다닌다. 눈이 어떤 여인이 아름답다고 말해 주면 그대는 당장 그 여인을 쫓아다니기 시작한다. 귀가 듣고 있는 음악이 좋지 않다고 말하면 그대는 당장 그 음악을 꺼 버린다. 그대는 각각의 감각기관이 스스로는 설 수 없는 무력한 존재들이라는 사실을 인식하지 못한 채 감각기관이 시키는 대로 끌려 다닌다. 감각기관들은 정말 무력한 존재들이다. 그것들은 또 다른 실체로 말미암아 움직일 뿐이다. 감각기관의 에너지 원천은 또 다른 실체에 있다. 내면에 보이지 않는 누군가가 운전석에 앉아 있다. 그 실체는 보이지 않는다. 염주의 실처럼 보이지 않는 존재다. 염주 알은 겉으로 드러난 존재이지만 내면의 생명력이 떠나가면 흩어지고 만다.

    보는 것을 말할 수 없고
    말하는 것은 들을 수 없으며
    듣는 것은 설명할 수 없다.
    혀와 눈과 귀…… 어떻게?

  눈과 귀와 코는 어떤 쓰임새를 가지고 있는가? 어떻게 유용한가? 왜 우리는 눈과 귀와 코에 그렇게 큰 의미와 중요성을 부여하는가? 눈과 귀와 코를 고용한 이는 누구인가? 주인을 찾으라! 자아를 찾으라!

찬 것은 비워지고
빈 것은 채워진다.
차고 비고 한다 해도 찾을 수 없어……
이것이 바로 체험이다.

체험에 대한 이러한 정의는 참으로 소중한 것이다. 위대한 사람들과 현자들이 체험에 대해 정의를 내리려고 했지만 체험이란 어떤 것인지를 우리에게 설명해 주려고 했지만 제대로 해낸 사람은 아무도 없었다. 까비르만이 제대로 해내고 있다. 자, 까비르를 제대로 이해하기 위해서 까비르의 정의를 깊이 살펴보자.

그대는 비어 있다고도 말할 수 없고 차 있다고도 말할 수 없는 상태를 내면에서 체험한 적이 있는가? 자신이 불행하다고도 말할 수 없고 행복하다고도 말할 수 없는 상태를 맛본 적이 있는가? 자신이 고요하다고도 말할 수 없고 시끄럽다고도 말할 수 없는 상태를 체험한 적이 있는가? 자신이 살아 있다고도 말할 수 없고 죽었다고 말할 수도 없는 그런 상태를 체험한 적이 있는가? 정확히 한가운데[中道]에서 초월은 일어난다. 양극단의 중앙에 도달한 사람, 음과 양의 중앙에 서서 동요하지 않는 사람이 까비르의 체험을 한 사람이다. 이는 자아에 대한 체험이다. 다른 모든 체험은 마음으로 하는 체험일 뿐이다.

마음은 이중성(二重性)의 세계에서 산다. 마음은 양극단 사이에서 오고간다. 마음은 행복하거나 불행하거나, 기분이 좋거나 나쁘거나, 승리에 도취하거나 패배로 낙담하거나, 항상 둘 중 하나이다. 시계추처럼 끊임없이 왔다갔다한다. 마음은 중앙에 멈추는 법을 결코 모른다.

시계추가 한가운데 정지하면 시계는 멈추듯이 그대가 한가운데 있으면 마음이라는 시계는 멈춘다. 그 순간부터는 시간이 더 이상 존재하지 않게 된다. 그날부터 탄생과 죽음은 더 이상 존재하지 않게 된다. 시간의 묶임으로부터 해방된 것이다. 중앙에 존재하는 것이 해방이요, 해탈이다. 중앙에서는 변화가 일어나지 않는다. 음과 양이 존재하지 않는다. 그래서 붓다는 이 길을 '중도(中道)'라고 불렀다. 이 중앙에 있으면 모든 것을 성취할 수 있다.

까비르의 표현 스타일은 참으로 독특하다. 사실 그와 같은 표현 스타일은 세상 어디를 둘러봐도 존재하지 않는다.

깨달은 이가 진리를 표현할 때는 하나의 극단을 선택할 수밖에 없다. 베다는 "그대를 전체성(全體性)으로 가득 채우라. 가득 채워서 넘쳐흐르게 하라"라고 말한다. 반면에 붓다는 "아집을 놓으라. 비우라. 내면에 있는 모든 것을 비우라. 그리고 공(空)이 되라"라고 말한다. 붓다는 '비움'을 통해서 자신의 가르침과 진리를 가리키고 있다. 베다는 '충만함'을 통해서 똑같은 진리를 드러내고 있다. 베다나 붓다가 가리키고 있는 것은 똑같은 것이다.

붓다는 마음을 비우고 아집으로부터 자유로워지라고 가르친다. 그래서 그의 가르침을 '수냐와드(shunyavad)'라고 부른다. 공의 길이요, 무아(無我)의 길이라는 말이다. 그의 가르침의 중심은 공에 있다. 붓다는 에고(ego)로부터 자유로워진 상태를 표현하기 위하여 '없다'나 '아니다'라는 말을 자주 사용한다. 붓다는 "신과 하나가 되어야 한다"거나 "신으로 충만해야 한다"라고 말하지 않는다. 그는 "먼저 에고라는 속박으로부터 그대 자신을 풀어 놓으라. 그러한 상태는 저절로 일어나게 되어 있다. 거기에 대해 염려하지 마라"고 말한다. 이와는 반대로 베다나 베단타(Vedanta : 인도의 정통 육파철학(六派哲學) 가운데 하나. '베단타'라는 말은 '베다의 결론'이라는 뜻), 샹카라(Shankara, 788~820년 경 : 남인도 베단타 학파의 위대한 철학자. 불이론(不二論, advaita)이 그의 철학의 중심)는 이 점에 대해서 "신으로 충만하라. 공에 대해 신경 쓰지 마라. 완전히 충만해서 흘러 넘칠 때 에고는 자동적으로 떨어져 나간다. 신으로 충만해 있을 때 내면에

The Great Secret

는 에고가 들어설 자리가 없게 된다"라고 말한다.

 나는 까비르와 비견할 만한 표현을 들어본 적이 없다. 까비르는 참으로 독특하다. 체험의 참다운 뜻을 밝히는 데 있어서 까비르는 붓다나 베다보다 낫다. 체험에 대해 붓다나 베단타 철학이 했던 것보다 까비르가 더 잘, 더 정확하게 표현해 내고 있다. 까비르는 말한다.

 하, 신비하도다, 말할 수 없는 그것!
 말해보라, 그래도 신비 속에 있나니

 까비르는 스스로 이러한 체험이 얼마나 경이롭고 얼마나 독특한 것인지를 깨우쳤다. 그것은 결코 서술할 수 없는 것이며 말로 옮겨 놓을 수 없는 것이라는 걸 깨우쳤다. 까비르는 "그것은 너무나 경이로워서 비밀로 간직할 수밖에 없다. 말로 해서 알아들을 수 있는 사람을 만났을 때 얘기하겠다"고 말하고 있다.

 코란과 베다도 그건 쓸 수 없어
 내 그걸 말하면, 듣는 이는 누구인가?

 까비르는 "베다나 코란이라는 이유 하나만으로 거기에 씌어 있는 모든 것을 그냥 믿어 버린다"고 말하고 있다. 하지만 진리란 이런 경전들에 기록될 수 있는 성질의 것이 아니다.

 하, 신비하도다, 말할 수 없는 그것!
 말해보라, 그래도 신비 속에 있나니
 코란과 베다도 그건 쓸 수 없어
 내 그걸 말하면, 듣는 이는 누구인가?

까비르는 "이 경이롭고 신비로운 것을 함께 나누고 싶다"고 말한다. 마음속으로는 사람들에게 말하고 싶지만 비밀로 간직한다. 까비르는 "내, 누구에게 말해야 하는가? 설령 말한다고 하더라도 누가 믿어 줄 것인가? '그것'에 대한 믿음을 가진 이가 있는가?" 하고 묻고 있다. '그것'은 베다에도 코란에도 씌어 있지 않다. 베다에 씌어 있다면 힌두교인들은 그것을 믿을 것이다. 그것이 코란에 씌어 있다면 이슬람교인들은 믿을 것이다. 하지만 까비르는 자신이 그것을 말한다 해도 아무도 믿어 주지 않을 것이라는 걸 너무나도 잘 알고 있다.

힌두교인도 이슬람교인도 종교의 참된 면에 대해서는 아무것도 믿지 않는다. 힌두교인도 이슬람교인도 아닌 사람만이, 자이나교인이나 기독교인이 아닌 사람만이, 배화교도(拜火敎徒, Parsi : 8세기에 회교도의 박해를 피해 페르시아에서 인도로 피해온 조로아스터교도. 불을 숭배함)나 시크교도(Sikh : 구루 나나크(Guru Nanak)가 16세기에 인도 펀잡 지방을 중심으로 창설한 시크교(Sikhism)의 신도)가 아닌 사람만이 종교의 골수를 신뢰한다. 어느 종파에도 속하지 않은 사람만이 종교의 참되고 순수한 면을 신뢰한다. '종교'라는 말 앞에는 어떠한 수식어도 올 수 없다. 수식어를 붙이지 마라. 이름이 다른 각 종파는 한 면만을 강조한다. 한 종파는 '충만함'이 최고라고 내세우고 또 다른 종파는 '텅 빔'이 최고라고 내세운다. 하지만 까비르는 "'충만함'이나 '텅 빔', 어느 것도 취하거나 주장하지 마라. 그저 한가운데를 찾아 한가운데 있으라"라고 말한다.

그런 곳이 분명 존재한다. 하지만 어떻게 그런 곳을 찾을 수 있는가?

불행할 때, 고요히 앉아 그 불행을 관찰해 보라. 불행을 쫓아내려고 애쓰지 마라. 불행과 싸우려고 하지 마라. 불행이 오면 오게 놔둬라. 눈물이 나오면 나오도록 놔 둬라. 가슴으로 하여금 울도록 놔 둬라. 그저 홀로 앉아 내면에서 일어나는 모든 것을 지켜보라. 불행한 마음을 없애려고 애쓰지 마라. 불행을 없애려고 한다는 것은 행복을 바라고 있다는 말이 된다.

　무엇인가가 없는 것이 불행이라면 무엇인가가 있는 것이 행복이 될 것이다. 행복이 온다 해도 고요히 앉아 그 행복을 관찰해 보라. 행복에 빠지지 마라. 집착하지 마라. 행복한 순간을 연장하려고도 하지 마라. 그저 지켜보라. 완전히 그 느낌 속으로부터 빠져 나와 초연하라. 오면 오는 대로 놔둬라. 가면 가는 대로 놔둬라. 행복을 붙들려고 하거나 행복에 집착하면 그러한 집착으로 인하여 불행은 배가 된다. 행복과 불행은 끊을래야 끊을 수 없는 관계이다. 하나를 추구하면 다른 하나가 그림자처럼 따라온다.

　줄타기 곡예사를 본 적이 있는가? 삶의 비밀이 몽땅 이 줄타기 속에 숨겨져 있다. 줄타기 곡예사는 균형을 잡기 위해 대나무를 들고 줄을 탄다. 그는 생명의 위험을 무릅쓰고 한발 한발 내딛는다. 곡예사는 자신의 몸이 왼쪽으로 기울었을 때는 대나무를 오른쪽으로 약간 기울임으로써 균형을 유지한다. 균형을 유지하는 것은 정지된 상태가 아니다. 순간 순간 균형은 지속적으로 유지되어야 한다. 한발 한발 내딛을 때마다 균형을 다시 잡아야만 한다. 자, 이번에는 줄타기 곡예사가 오른쪽으로 약간 기울어져 있다고 생각해 보자. 그대로 있다면 그는 오른쪽으로 떨어질 것이다. 따라서 그는 대나무를 왼쪽으로 약간 기울인다. 계속해서 그는 오른쪽에서 왼쪽, 왼쪽에서 오른쪽으로 균형을 잡아 나가기 때문에 계속 줄을 탈 수 있다. 즉 오른쪽이나 왼쪽, 어느 쪽으로도 기울지 않고 중앙을 유지하기 때문에 떨어지지 않고 줄을 탈 수가 있는 것이다. 바로 행복과 불행이라는 것도 줄타기에서 오른쪽, 왼쪽인 셈이다.

　고요하게 내면에 있으라. 오른쪽이나 왼쪽으로 기울지 말고 고요히 앉아 있으라. 계속 관찰하라. 관조자(觀照者)가 되라. 불행이 오면 오는 대로 보라. 그것이 좋다, 나쁘다 판단하지 마라. 그냥 '불행이 거기 있구나.' 하고 깨어 있으라. 행복해지려고 노력하지 마라. 그러한 노력 자체가 오른쪽, 왼쪽으로 기우는 것이다. 행복이 오면 오는 대로 놔둬라. 오는 행복을 붙잡는 것은 한편으로 기우는 것이다. 불행으로 되돌아가는 것이다.

계속해서 지켜보라. 계속해서 행복과 불행을 관찰하라. 그러면 어느 날 갑자기 자신이 행·불행과 하나가 아니라는 것을 깨닫게 될 것이다. 자신이 행·불행과 떨어져 있는 존재라는 것을 깨닫게 될 것이다. 현재 진행되고 있는 행·불행을 지켜보고 있는 존재가 따로 있음을 깨닫게 될 것이다. 갑자기, 그리고 순간적으로 행·불행은 자신의 주변에서 일어나는 일이요, 자신은 행·불행을 초월해 있는 존재라는 것을 깨닫게 된다. 이 초월이 바로 우주 영혼이다.

이러한 초월 현상이, 이러한 행·불행에 집착하지 않고 관찰하는 것이 텅 비어 있지도, 충만하지도 않은 순간이다. 이제 행복도 불행도 자신이 아니라는 것을 깨닫게 되면 자신은 '텅 빔'도 '충만'도 초월하게 된다. 이것이 참된 지혜다. 까비르는 말한다.

하, 신비하도다, 말할 수 없는 그것!
말해보라, 그래도 신비 속에 있나니
코란과 베다도 그건 쓸 수 없어
내 그걸 말하면, 듣는 이는 누구인가?

3
가없는 젊음에 취하여

오, 여인들이여,
혼례의 축가를 부르라!
나는 사랑하는 님, 주(主) 라마(Rama)와 함께
집에 돌아왔다.

몸과 마음, 그리고 지수화풍(地水火風)까지
모두를 환대하고 사랑했다.
라마는 나와 더불어 살기 위해 오고
나는 가없는 젊음에 취해 있다.

몸이 곧 베다, 브라흐마 자신이
이를 염송(念誦)하는구나!
라마와 하나가 되어 돌고 도니
이 얼마나 복(福)된 일인가?

신은 수만(數萬)의 모습으로 내려오고,
현자는 수천(數千)의 모습으로 내려오니
까비르는 말한다. "나는 님과 혼례를 올렸다.
그리고 불멸의 존재가 되었다."

The Great Secret

Drunk with boundless youth
— 가없는 젊음에 취하여

　삶은 준비 과정이다. 매순간이 준비 과정이다. 인간은 자각하든 못하든, 더없이 즐거운 축제 속으로 나아가고 있다. 어쩌다가 넘어지기도 하지만 곧 다시 일어난다. 어쩌다가 길을 잃기도 하지만 곧 다시 자기 길을 찾는다. 어떤 강력한 운명이 있어, 어떤 어마어마한 인력(引力)이 있어, 그대를 거대한 축제 속으로 끌어당긴다. 그대에게 곧 무엇인가가 일어날 것이다. 아니 이미 일어나고 있다.

　그대는 내면에서 불완전함을 느낀다. 이는 그대가 아직 씨앗으로 존재하기 때문이다. 지금 씨앗은 땅을 뚫고 나오려고 어둠 속을 헤매고 있다. 씨앗은 두터운 지층(地層)을 지나서 때로는 암석을 뚫기도 하고 모든 장애물들을 이겨 내며 태양을 향하여 위로 위로 올라간다. 하지만 자신이 무엇을 하고 있는지는 깨닫지 못했다. 만약 씨앗에게 "무엇을 하는 기요? 이디로 가고 있는 거요?" 하고 물으면 씨앗은 대답을 찾지 못할 것이다. 씨앗 속에 있는 어떤 본능이 씨앗의 길을 인도하고 있다. 씨앗은 틀림없이 태양을 볼 것이다. 하늘에 가 닿을 것이다. 다른 목적은 없다. 씨앗이 태양을 보지 못하면 꽃을 피울 수 없다. 씨앗이 태양을 보지 못

하면 자신의 삶 속에서 축제를 누릴 수 없다.

　나무는 하늘을 향해 가지를 뻗으면서 위로 위로 자란다. 그러다가 자신의 절정에 다다랐을 때 꽃을 피운다. 그리고 얼마 있다가 꽃은 땅에 떨어져 다시 씨앗이 된다. 그러면 똑같은 여정이 다시 시작되는 것이다. 나무의 삶은 이러한 반복의 연속이다. 이렇게 자연 만물은 순환한다.

　인간의 경우는 이와 다르다. 인간은 어느 지점까지 진화를 하다가 어느 시점에 이르면 의식의 꽃을 피운다. 그러면 더 이상 자신의 삶을 반복하지 않아도 된다. 하지만 자신의 의식을 꽃피우지 못한 채 잠들어 있으면 반복과 순환은 계속해야만 한다. 계속 윤회의 수레바퀴에 매여 돌아가야만 하는 것이다.

　이를 위해 몇 가지 살펴보자. 첫째, 우리가 지금 보고 있는 무한한 우주는, 태양과 달, 별과 행성들은 원인 없이 존재하는 게 아니라는 것이다. 우주 진화의 전 과정은 거대한 운명의 틀 속에 존재한다. 마치 아주 조그마한 씨앗에 꽃이 숨어 있다가 꽃을 피우는 것처럼, '신의 개화(開花)'라는 가능성도 광대무변한 우주 속에 숨겨져 있다. 우주 만물은 신의 개화를 향하여, 신의 현현(顯現)을 향하여 나아가고 있다. 인간도 역시, 죄인이 됐든 성인이 됐든, 신의 개화와 현현을 향하여 나아가고 있다. 어떤 사람은 좀 빠르고 어떤 사람은 좀 더딜 뿐이다. 하지만 우주 만물은 하나도 빠짐없이 도착하게 되어 있다.

　진화에는 두 종류가 있다. 첫 번째 유형의 진화는 무의식적인 것이다. 그대는 삶 속에서 무엇이, 왜 벌어지고 있는지 모른다. 그대는 지금 자신이 무엇을, 왜 하고 있는지를 진정으로 아는가? 하지만 자신이 하고 있는 바를 멈출 수 없다. 그대는 자신이 무엇을, 왜 하고 있는지를 진정으로 모른다. 그 안에 어떤 힘과 운명이 있는 것이다.

　자연은 무의식적인 진화요, 신은 의식적인 진화이다. 인간은 둘 사이에 놓여 있다. 인간을 보면 신이 어떻게 자연과 연결되어 있는지 알 수

있다.

 인간은 참으로 고귀한 피조물이다. 이 고귀함을 함부로 더럽히지 마라. 인간으로부터 자연은 거룩해지며 신성(神性)으로 변형된다. 형상(形狀)을 입은 존재가 형상 없는 존재로 탈바꿈한다. 그래서 인간은 신과 자연을 연결하는 존재라는 것이다. 그래서 인간은 더없이 고귀하다는 것이다.

 현재 인간의 고귀함은 미래라는 자궁 속에 씨앗으로 존재한다. 하지만 자신의 꽃을 아직 모른다. 자연은 무의식에 잠겨 있다. 그래서 자연은 눈먼 여행이요, 눈먼 경주(競走)다. 인간은 둘 사이를 잇는 '다리'이다. 하지만 그냥 인간으로 태어났다고 해서 자동적으로 그러한 '다리'가 되는 것은 아니다. 그러한 '다리'가 되기 위해서는 깨어서 열심히 노력해야만 한다. 요가를 통하여, 탄트라(tantra : 밀교(密敎). 불교와 힌두교의 신비주의)를 통하여, 종교를 통하여 깨어서 열심히 노력하지 않으면 안 된다.

 요가, 탄트라, 종교 등을 통하여 열심히 노력한다는 말은 무슨 말인가? 이는 이제부터는 눈을 감은 채로 해왔던 여행을 멈추고 눈을 뜬 채로 여행을 계속한다는 말이다. 모든 생활을 깨어서 한다는 말이다. 자신이 어디로, 왜 가고 있는지를 자각하고 간다는 말이다. 이제부터는 호흡을 할 때도 깨어서 한다. 한발 한발 내딛을 때도 깨어서 내딛는다. 이제는 자연의 '눈먼 경주'로부터 빠져 나온다. '눈먼 경주'를 하면 그 귀결은 여행의 원점으로 돌아가게 되는 것이다.

 먼저 씨앗은 나무가 되고 그런 다음 나무는 다시 씨앗이 된다. 인간은 태어나서 죽고 다시 태어난다. 나무도 순환하고 인간도 순환하는 것이다. 세계는 멈추지 않고 돌고 도는 수레바퀴다. 그렇게 돌고 돌아서는 우리의 영원한 집으로 귀향(歸鄕)할 수 없다.

 인간은 깨어나야만 한다. 완전히 각성(覺醒)된 의식을 가지고 구도 여행을 해야만 한다는 것이다. 자연은 인간을 인간의 의식 수준까지 데리고 왔다. 이제는 인간이 스스로의 힘으로 여행을 계속해야만 한다. 여기에는 엄청난 책임감이 뒤따른다. 혼자 여행을 계속하다 보면 두려울 것이다. 바로 이러한 연유로 말미암아 인간은 항상 두려움과 불안 속에 놓여 있는 것이다. 하지만 두려워할 필요가 없다. 자연 만물 속에 인간처럼 불안해하는 존재는 없다. 동물도, 새도, 나무도, 돌도, 냇물도, 그 어느 것도 인간처럼 불안해하고 두려워하지 않는다. 근심 걱정할 이유가 없기 때문이다. 무의식 속에 있기 때문이다. 인간은 주위에서 일어나는 일들이 모두 불확실하기 때문에 불안해한다. 내면의 결핍을 느끼기 때문에 불안해한다. 어떠한 위치에 있든 뭔가 부족한 것을 느낀다. 이러한 부족감, 불완전한 느낌이 번민을 낳고, 고통을 낳는다. 깨어나지 않으면 평생 동안 인간은 번민과 고통 속에 살게 된다. 각성하지 않으면 여기에서 헤어날 길이 없다.

자연과 함께 하는 여행은 인간에서 끝났다. 자연은 이만큼 인간을 데려온 것이다. 참으로 길고 긴 여행이었다. 그 자체가 무의미했던 여행은 아니었다. 참으로 오랜 시간이 걸렸다. 과학자들은 "지구의 연령이 24시간이라면 인간의 나이는 단지 2초에 불과하다"라고들 말한다. 인간이 이 지구에 존재하기 시작한 것은 지극히 짧은 시간에 불과하다는 이야기다. 지구는 엄청나게 오래됐지만 지구의 나이를 24시간으로 친다면 의식을 지닌 인간의 나이는 2초에 불과하다. 온 우주를 통틀어서 인간 의식은 최상의 개화(開花)이다.

자연과 함께 하는 어두운 여행은 끝났다. 인간은 경계 선상에 도달했다. 교차로에 도달했다. 다시 자연으로 돌아가면 윤회의 수레바퀴에서 빠져 나올 수 없다. 하지만 대부분의 인간은 윤회의 수레바퀴를 계속해서 돌고 돈다. 그들은 이 땅에 속한 이들이다.

'세상'이라는 말에 해당하는 힌두어는 '산사라(sansara)'다. 산사라

The Great Secret

의 원뜻은 '바퀴'를 의미한다. 바퀴처럼 뱅뱅 도는 인간은 세속으로부터 빠져 나오지 못한다. 그러한 사람은 날이면 날마다 똑같은 일상사를 반복할 뿐이다. 아침에 일어나서 어제 했던 것과 똑같은 일을 한다. 오후에도 어제 오후에 했던 일을 빠짐없이 그대로 반복한다. 그의 삶은 시계처럼 뱅뱅 도는 삶이다. 그리고 저녁에도, 밤에도, 똑같은 생활 패턴을 반복할 뿐이다. 이러한 똑같은 생활 패턴 속에서 자아를 상실해 버린다. 그러다가 어느 날 홀연히 세상을 떠난다. 그는 다시 씨앗의 존재로 새로운 자궁 속으로 들어간다. 그리고 '눈먼 여행'을 똑같이 반복할 것이다.

힌두인은 의식과 깨달음의 분야에서 가장 오래된 역사를 지니고 있다. 힌두인이 처음으로 종교에 대해 사색하기 시작했다. 그들은 자유롭고자 하는, 생사(生死)를 초월하고자 하는, 해탈하고자 하는, 윤회의 수레바퀴로부터 빠져 나오고자 하는, 깨달음을 얻고자 하는 거대한 열망을 지니고 있다. 심장에서 고동치는 단 하나의 열망. 힌두인들은 '우리는 정말 너무나도 많이 '눈먼 여행'을 해왔다. 우리는 씨앗이 되었다가 다시 나무가 되었다가, 씨앗이 되었다가 나무가 되었다가, 수없이 반복해 왔다. 정말 무의미하고 무익한 일이다'라고 생각해 왔던 것이다.

의식이 인간 수준에 도달하면 긴장이 시작된다. 근심 걱정이 태어나는 것이다. 비종교적인 사람은 종교적인 사람만큼이나 불안해하지 않는다. 종교가 없는 사람에게는 걱정할 것이 없다. 그는 그저 세속에서, 클럽이나 술집이나 시장에서 재미있게 산다. 그런 사람은 삶의 근심 걱정에 별로 신경을 쓰지 않는다. 설령 걱정 근심이 생긴다고 해도 금방 벗어난다. 돈이 없으면 돈을 빌면 될 일이다. 명예를 원하면 명예도 얻을 수 있다. 집 평수가 작으면 평수를 늘릴 수도 있다. 그다지 심각하거나 해결할 수 없는 문제는 없다. 그래서 세속인은 삶에 대한 번뇌가 별로 없는 것이다. 그들이 웃고, 떠들고, 재미있어 하는 것을 보라! 하지만 피상적인 것들에 속지 마라.

'이 지겨움을 언제까지 반복해야 될까? 라고 생각하는 종교인은 깊은 근심에 싸인다. 이렇게 그의 근심은 시작된다. 이제 생사의 수레바퀴에서 벗어나고자 근심한다. '진짜 많이 돌고 돌았다. 이미 때는 지나가고 있다. 대체 언제면 깨달을 수 있을까? 라고 생각하기 시작하는 것이다.

그래서 종교인은 번민과 근심 속에서 첫발을 내딛지만 마지막에는 안식(安息)과 평화의 세계로 들어서게 된다. 하지만 이 길은 멀고도 먼 길이다. 종교인이 근심을 떠나 평화에 도달하기 위해서는 피나는 노력을 해야만 한다. 출발지를 떠나 목적지에 도달하기 위해서는 각고의 노력을 해야만 한다.

자연은 이미 '무의식적인 진화 과정'을 통해 그대를 데려올 만큼 데려왔다는 것을 유념하라. 이제 자연의 역할은 끝났다. 이제 그대가 직접 무엇인가를 할 차례이다. 한동안 아버지가 아들의 손을 잡고 걷는 연습을 시켜 주었다. 그렇다고 아버지가 아들의 손을 영원히 잡아 줄 수는 없는 노릇이지 않은가?

때가 오면 아버지는 "스스로 걸어 보라. 혼자서 걷는 연습을 하라. 너는 혼자 걸을 만큼 자랐다. 혼자서 너만의 여행을 떠나야 한다. 네 인생은 네가 스스로 책임져야만 한다. 혼자 힘으로 일어서라"라고 말해 준다. 인간이 이러한 삶의 도전들을 받아들일 수 있게 될 때 철이 들고 성숙해진다. 스스로 일어서는 것은 자신이 얼마만큼 노력하느냐에 달려 있다.

자연은, 아버지가 아들에게 해주는 말을 인간에게 해준다. 이제 그대 스스로 성숙하고 스스로의 노력으로 진화해야만 한다. 이제 그대는 스스로 생각할 수 있고 사물을 분별할 수 있게 되었다. 자신에 대해 걱정하고 염려하게 되면 근심 걱정을 벗어날 수 있는 길을 가고자 여러 문을 두드려 보라. 이제 자연의 일은 끝이 났다. 이제 그대는 구도자가 되어야만 한다. 당당히 앞장 서서 삶을 이끌어 나가야만 한다.

구도자는 자신의 삶을 당당히 앞장 서서 이끌어 나가는 사람이다. 구도자는 "이제 됐습니다. 지금까지 보살펴 주셔서 참으로 고맙습니다. 이제 제 발로 일어서겠습니다"라고 아버지에게 말하는 아들과 같다. 그대가 자연에게 "혼자 설 수 있다"라고 말할 때 그대는 성숙한 젊은이가 되는 것이다. 그 순간 처음으로 성숙이 무엇인지를 알게 된다. 이제부터는 그대 스스로 책임을 지고 사다나(sadhana : 수행, 혹은 수행법)를 본격적으로 시작하면 자연히 불안함이나 번민이 뒤따르게 될 것이다.

'수행한다' 함은 진화의 방향으로 나가는 것을 말한다. 이는 '밝은 눈'을 얻고자 하는 여행이다. 결코 '눈먼 경주'가 아니다. 그래서 '수행한다' 함은 오직 하나의 목표에 온 정력과 에너지를 쏟아 붓는 것을 말한다. 이러한 연유로 나는 종종 "눈이 온전히 신으로 향해 있지 않으면 삶 전체는 무의미해진다"고 말하는 것이다. 눈이 신으로 향하는 것은 단지 입문이요, 서론에 불과하다. 아직 진짜가 남았다. 시타르(sitar : 인도의 대표적인 현악기 중의 하나)를 조율하기 위해 시타르 줄을 고르는 음악가를 생각해 보자. 음악회가 시작되기 전, 시타르 주자(奏者)는 줄을 맞춘다. 그런데 이 조율은 항상 오래 걸린다. 청중은 '대체 언제까지 조율만 하고 있을 것인지' 지루해한다. 시타르 주자는 시타르가 완벽하게 조율이 되었을 때서야 연주에 들어간다. 이와 같이 그대도 그대라는 악기가 완전히 조율이 될 때까지 준비를 해야만 한다.

자연은 그대를 인간의 단계까지 준비시켜 왔다. 자, 이제 송가(頌歌)를 불러라. 우주의 소리가 그대 위로 내려오도록 하라. 우주의 소리가 그대 삶을 감격시키도록 하라. 악기를 조율하는 것과 연주하는 것은 별개의 문제이다. 조율이 끝났을 때 연주회마저 끝났다고 생각한다면 그대의 모든 것은 이미 끝나 버린 셈이다. 더 이상 그대에게는 말해 줄 것이 없다. 음악가가 조율을 끝내 놓고 연주회가 끝났다고 생각한다면 그

Talks on the songs of Kabir

것은 미완성이다. 음악회가 될 수 없는 것이다.

나는 그대에게서 그러한 미완성을 본다. 그대는 돈을 벌 만큼 벌었고, 좋은 집도 장만했고, 처자식을 부양하고 있고……. 그대의 악기는 조율이 되었다. 더 이상 무엇을 바라는가? 무엇을 더 하고 싶은가? 그대는 모든 것이 공허하고 허무하다는 것을 깨달았다. 인생의 고해(苦海) 속에서 그렇게 발버둥이 쳐봐도 아무것도 얻을 것이 없다는 걸 깨달았다. 이전에는 할 일들이 많았다. 그래서 정신없이 바쁘게 지냈다. 자, 지금 그대 앞에 놓여 있는 것은 무엇인가? '지금'이 헤아릴 수 없는 심연(深淵)처럼 그대 앞에 서 있다.

인간으로 태어난 것은 단지 서론이었다. 그대는 삶의 여정에서 아직 출발도 하지 않았다. 지금까지 해온 것은 준비에 불과하다. 그대는 순례를 위해 출발조차 하지 않았다. 지금껏 순례의 여행을 준비해 왔을 뿐이다. 그대는 가방, 먹을 양식, 텐트 등짐을 다 꾸리고 여행을 떠나기 위해 기다리고 있는 상태에 있다. 인간은 바로 이 시점에까지 와 있다. 이 단계에까지 와 있다.

인간의 참모습이 무엇인지를 알고자 하는가? 인간은 어디로 가는 존재인지를 알고자 하는가? 그러면 짐을 다 꾸리기는 했지만 자신이 어디로, 왜 가야 할지를 몰라서 길가에 우두커니 앉아 있는 사람을 바라보면 된다. 이것이 그대의 현재 모습이다. 그대는 모든 준비를 마쳤다. 그대는 인간으로까지의 진화를 완전히 마쳤다. 이제 순례 여행을 떠나라. 부족한 것은 아무것도 없다. 악기는 제대로 조율이 되었다. 연주를 시작하라.

까비르는 이를 결혼 행렬에 비유했다. 그는 인간이 지금까지 준비해 온 과정을 결혼 행렬에 비유한 것이다. 하지만 결혼 행렬은 그 자체로 목적이나 전부가 아니다. 결혼 행렬은 결혼식으로 이어지는 전주곡일 뿐이다.

오, 여인들이여,
혼례의 축가를 부르라!
나는 사랑하는 님, 주(主) 라마(Rama)와 함께
집에 돌아왔다.

지금처럼 무의미하게 다람쥐 쳇바퀴를 계속 돈다면 지금까지 준비해 온 것은 모두 무의미해지고 말 것이다. 무엇 때문에 이 고생을 하면서 준비를 해왔는지 종잡을 수 없을 것이다. 그대는 짐을 꾸리고 준비를 다 마쳤다. 그런데 그대는 어디로 가기 위해 준비를 해온 것인지, 왜 스스로 준비를 해온 것인지, 누가 부른 것인지, 미지의 세계로부터 어떤 초대장이 왔던 것인지를 전혀 헤아리지 못하고 있다. 그대는 너무 오랫동안 준비만 해왔기 때문에 출발 자체를 잊어버리고 말았다. 떠나는 것을 두려워하고 있다. 그대는 나중에 다시 쌀 수 있으니까 짐을 푸는 사람과 같다. 계속 짐을 꾸리는 일에 매달려야만 그대는 직성이 풀린다. 무엇인가를 하긴 해야 하기 때문에 끊임없이 짐을 풀었다 꾸렸다, 풀었다 꾸렸다만 하고 있는 것이다.

그대는 수없이 여행 준비를 해왔다. 그대는 대체 몇 번이나 여행 준비를 했었는가? 그대는 아직도 인간이 되지 않았다! 수없이 이런 상황을 반복해 왔다. 매번 준비가 다 되었을 때마다 그대는 무엇을 더 준비해야 되나 고민하기 시작한다. 그런 다음 다시 꾸려 놓은 짐을 푼다. 자신이 쉽게 볼 수 있도록 물건을 여기저기 늘어놓는다. 그대는 얼마 후 다시 짐을 꾸리기 시작한다. 그대는 언제쯤에야 여행을 떠나려고 하는가?

먼저 구도자가 되라. 자신이 구도자가 되었을 때시야 비로소 여행은 시작된다. 그 전까지는 아니다. '시작이 반' 이라는 말이 있다. 여행이 시작됐다면 반은 이미 성공한 셈이다! 여행을 시작하기만 하면 목적지는 한층 가깝게 다가오는 것이다.

도(道)를 구하는 사람과 그렇지 않는 사람 사이에는 별반 차이가 없다. 그처럼 구도자와 깨달은 사람 사이에도 별 차이가 없다. 자신이 지금 살고 있는 집 밖으로 나오기만 하면 된다. 단 한 번만이라도 집 밖으로 나오기만 하면 목적지가 아무리 멀다 해도 목적지에의 도달은 보장된 셈이다. 따라서 집 밖으로 나오는 것이 문제다. 항상 첫발을 떼는 것이 가장 어려운 법이다.

노자(老子)는 말한다.

"한 번에 한 발자국씩 내딛음으로써 수만 리의 멀고 먼 여행을 마칠 수 있다."

한 번에 두 발을 뗄 수 있다고 생각하는가? 한 번에 오직 한 발만 들어 올릴 수 있다. 이렇게 한발 한발 내딛음으로써 수만 리 여행을 마치게 된다. 첫발을 내딛으면 변형은 시작된다. 이때부터 신이 첫발을 내딛는 사람에게 한발 한발 다가오기 시작한다. 신의 은총이 내려오기 시작한다.

자연은 무의식을 통한 진화요, 신은 의식을 통한 진화이다. 인간은 둘 사이의 연결 고리이다. 인간 의식의 차원부터는 자신이 하기에 달렸다. 인간은 문지방에 서 있다. 자연이 그의 뒤에 있고 신이 그의 앞에 있다. 인간은 그 가운데, 자기 집의 문지방에 서 있다. 세상에 정체해 있는 것은 아무것도 없다. 무기력하게 살면 뒤로 물러나게 된다. 앞으로 전진하지 않으면 퇴보하게 된다. 세상에서 기다림이란 존재하지 않는다. 정지해서 기다리고자 해도 할 수 없다. 그것은 가능하지 않다. 삶은 끊임없는 움직임이다. 쉼 없이 여행길을 걸어가야만 한다.

앞으로 나아가지 않으면 뒤에 처지고 만다. 자신을 위로 성장시키지 않으면 밑으로 떨어지고 만다. '적어도 현상(現狀)은 유지할 수 있겠지'라고 생각하지 마라. 자연법칙에 결코 '현상 유지'라는 말은 없다. 현재의 모습을 유지하고 싶다 하더라도 앞으로 밀어붙이지 않으면 안 된다. 노력하지 않으면 안 된다. 멈추지 마라. 멈추는 것은 삶의 흐름을 거스르는 일이다.

물살이 아주 센 강물 속에 서 본 일이 있는가? 물살이 센 강물 속에서 움직이지 않고 서 있으려면 발에 힘을 주고 버티지 않으면 안 된다. 물살이 발 밑의 모래를 휩쓸어 가기 때문이다. 물살과도 싸우지 않으면 안 된다. 존재계에서 '현상 유지'나 '정지'라는 말은 존재하지 않는다.

존재계는 지속적인 흐름이요, 영원한 움직임이다. 그래서 매순간 앞으로 나가거나 뒤로 나가는 것만이 있을 뿐이다. 정지해서 서 있을 수 있다는 생각을 믿지 마라. 우주 만물에 정지해 있는 존재는 아무것도 없다. 문지방에 서서 뒤를 돌아보고 있으면 자연의 흐름은 그대를 퇴보시킨다.

과거를 잊으라. 과거는 잊어야만 한다. 결혼 행렬은 잠시일 뿐이다. 신랑은 결혼 행렬에 있지만 결혼 행렬의 다른 사람들과는 떨어져서 말을 타고 앞장 서서 간다. 결혼 행렬은 신랑을 위해 존재할 뿐이다. 신랑은 결혼 행렬의 일부가 아니다. 결혼 행렬이 신랑을 수행해 가는 것이지, 신랑이 결혼 행렬을 위해 존재하는 것이 아니라는 말이다. 결혼 행렬이 끝나는 순간 신랑은 새로운 여행을 떠나야만 한다. 신랑과 신부가 서로 만나면 결혼 행렬은 끝난다. 그리고 결혼식을 마치면 신랑은 여행을 떠난다.

자연은 그대를 문까지, 문지방까지 데리고 왔다. 자연은 하나의 결혼 행렬이다. 이제 자연을 통한 여행은 끝났다. 그저 자연을 향해 돌아서서 지금껏 자신과 함께 해준 것에 대해 고마운 마음을 표하라. 자연은 그대가 두 발로 설 수 있는 지점까지 데려다 주었다. 결혼 행렬에 참석해 준 사람들에게 감사하라. 그 사람들로 인해 그대는 이 지점까지 올 수 있었다. 결혼 행렬에 참여한 사람들은 각자 스스로를 즐겼을 뿐이다. 그대를 위해 대단한 일을 해준 것은 아니다. 결혼 행렬이 끝나면 그대의 여행길을 떠나라.

어제 까비르는 이렇게 말했다.

말이 아니라
체험으로……
님이 신부를 껴안으면
손님은 모두 떠나간다.

오늘 수트라는 이 구절을 더 구체적으로 노래하고 있다. 잘 음미해 보라. 오늘 수트라는 결혼 행렬이 끝나는 지점부터 시작하고 있다.

오, 여인들이여,
혼례의 축가를 부르라!
나는 사랑하는 님, 주(主) 라마(Rama)와 함께
집에 돌아왔다.

그러고 나서 까비르는 이어 말하고 있다.

몸과 마음, 그리고 지수화풍(地水火風)까지
모두를 환대하고 사랑했다.

몸을 사랑하고 마음을 사랑한다는 까비르의 말을 듣게 되면 왜 영혼에 대한 사랑은 언급하지 않느냐고 물을 수 있을 것이다. 이 점을 제대로 이해해야만 한다. 까비르는 "몸도 사랑하고 마음도 사랑했다. 하지만 심신(心身)을 구성하고 있으며 인간을 이 단계까지 데리고 온 지수화풍은 이제 신의 발 아래 제물로 바쳐져야 할 운명에 있다"고 말하고 있다. 까비르는 영혼에 대해 말하지 않는다. 전혀 언급하지 않는다.

그대는 여인에게 사랑에 빠지면 "'내 영혼을 다해' 사랑할게요"라고 말한다. 하지만 까비르는 몸과 마음에 대해서만 이야기한다. 까비르에게는 영혼이란 다름 아닌 신이기 때문이다. 여기서부터는 차별이 없어진다. 몸과 마음의 차원까지는 구별이 있었고 차별이 있었다. 이 지점까지 산 생물을 잡아 신에게 제물로 바치는 희생(犧牲)이 존재한다. 사물과 사물 사이에 구별이나 차별이 존재한다. 신께 제물을 바치는 존재와 제물로 바쳐지는 존재가 서로 다르지 않은데 어떻게 산 생물을 잡아 신에게 제물로 바칠 수 있겠는가? 영혼 속에서는 사랑을 하는 자도, 사랑을 받는 자도 하나다. 까비르의 시에서는 라마와 그 연인 사이에 조그마한 틈새기조차도 존재하지 않는다. 아주 희미한 구별조차도 존재하지 않는다. 진리가 이러할진대 누가 사랑을 주고 누가 사랑을 받는가?

"지금까지 기다려 온 님이 나타났으니, 사랑하는 이는 가지고 있는 모든 것을 희생한다. 이 님을 위해 길고 긴 결혼 행렬을 준비하고 마쳤다"라고 까비르는 읊고 있다. 수많은 생(生)을 거듭한 뒤, 오늘에서야 자신의 구도가 끝났다고 까비르는 노래하고 있다. 그는 지금껏 그렇게 가슴을 조이며 바래 왔던 절대자를 보았다. 이제 그는 모든 것을 희생할 준비가 되었다.

라마는 나와 더불어 살기 위해 오고
나는 가없는 젊음에 취해 있다.

몸에 의존하는 젊음이 있다. 젊음이란 싱싱하기 때문에 사람을 취하게 하는 성질이 있다. 반면에 '늙음'이란 물이 말라 버린 강물과 같다.
건기(乾期)가 끝나갈 때의 강물을 본 적이 있는가? 이때쯤이면 강물은 거의 메말라 있다. 강물이 너무 말라 몇 개의 작은 물줄기로 나누어지고, 강바닥의 모래가 드러나 강이 죽은 것처럼 보인다. 이전에 물이 넘실대던 흔적은 거의 찾아볼 수 없다. 강바닥에 쌓인 쓰레기만 보일 뿐이다. 천재지변이 아니고서는 그렇게 도도히 흐르던 강물이 이렇게까지 변할 수 없다고 생각될 때도 있다. 하여튼 강물은 우기가 시작될 때까지 바싹바싹 타 들어간다.

우기(雨期)에 강물이 넘쳐흐르는 것을 본 적이 있는가? 강물은 마치 술에 취한 것처럼 바로 흐르지 않고 제멋대로 넘실댄다. 우기 때 불어난 강물은 술 취한 사람과 같다. 불어난 강물은 젊음에 취해 있다. 육체적인 젊음 또한 이와 같다. 젊음의 에너지가 넘쳐흐르는 젊은이에게는 신에 대한 믿음에 관심이 없기 마련이다. 젊은이는 자기 자신을 믿을 뿐, 정신적인 것에 대해 관심을 두지 않는다. 젊은이에게는 에너지가 넘쳐흐르기 때문에 이 에너지에 휩쓸려 가기 마련이다. 그래서 젊은이는 다른 사람 앞에 엎드리지 않는다. 그 누구에게도 순종하려 들지 않는다. 누구나 젊었을 때는 사소한 것에 눈이 멀고 미치게 마련이다. 그것을 나무랄 수는 없는 일이다. 젊은 사람들은 에너지가 넘쳐흐르기 때문에 그 에너지를 통제할 수 없는 것이다.

젊음은 왔다가 간다. 그것은 위에서 아래로 흐르는 강물과 같다. 물은 위에서 흘러내려 왔다가 아래로 흘러내려 간다. 물은 어느 한 지점에서 멈출 수 없다. 몸의 에너지 또한 이와 같다. 육체도 왔다가 가는, 덧없는 존재이다. 젊었을 때만이라도 육체가 젊음을 보존하는 것은 거의 기적 같은 일이다.

우기에는 산의 급류가 콸콸 넘쳐흐르다가, 건기에 그렇게도 빨리 메말라 버리는 것은 신비 중의 신비이다. 육체적인 에너지의 범람도 곧 메마르게 된다. 몸에서 발산되어 나오는 빛은 곧 어둠이 된다. 몸에서 흘러나오는 아름다운 음악은 곧 불협화음이 되고 만다. 육체적인 아름다움은 곧 백일몽처럼 사라진다. 아름다운 오아시스로 여겨졌던 몸은 얼마 안 있어 사막으로 변해 버린다. 그러한 덧없는 것들을 진짜로 보는 것은 취했을 때 느끼는 착각이요, 환영일 뿐이다. 그러다가 노년에 이르면 우리는 슬픔에 잠긴다. 이전에 존재했다고 믿었던 환영이 사라져 버린 것이다.

젊음은 우리가 밤에 꾸는 꿈과 같은 것이다. 꿈속에서 그대는 한 나라의 황제가 되기도 한다. 거대한 궁궐을 짓고 산더미 같은 재화를 모으고 거대한 땅덩어리를 지배한다. 그러다가 꿈에서 깨면 그 모든 것은 사라진다. 꿈에서 깨어 궁전도 재화도 없는 자신의 모습을 발견하면 꿈의 허망함에 시달린다. 하지만 어쩌겠는가? 모든 것이 물거품처럼 사라져 버린 것을.

늙으면 누구나 놀라고 당혹스러워하는 것 같다. 지나온 삶이 무엇을 의미했던 것인지 이해할 수 없는 것이다. 철철 넘쳐흐르던 에너지는 다 어디로 가 버렸는가? 그 튼튼했던 발은 어디로 가 버렸는가? 그 자신감에 넘쳐흐르던 모습은 다 어디로 가 버렸는가? 항상 활기차게 생활하던 모습은 어디로 가 버렸는가? 이제 그대의 에너지는 황혼녘에 와 있다. 사방이 온통 공허함뿐이다. 그래서 늙은 사람들은 내면의 공허함에 어쩔 줄 몰라하는 것이다. 몸은 자꾸 여위어 가고 세상을 떠나야 할 날이 한발 한발 다가온다. 그래서 노인들은 속절없이 인생의 허망함 속에서 죽음을 기다릴 뿐이다.

육체적인 젊음은 덧없는 것이다. 육체는 흙으로 돌아갈 운명을 지니고 태어난다. 따라서 육체적인 젊음에 모든 것을 거는 사람에게는 종국에 좌절과 실망만이 기다리고 있을 뿐이다. 몸을 믿으면 몸에 속는다. 몸에 대한 믿음이 말년에 가서 완전히 깨어지면 커다란 슬픔에 잠긴다. 젊음이란 젊었을 때도 자신을 괴롭힐 뿐만 아니라 늙어서도 자신을 괴롭힌다. 젊었을 때는 젊음이 있어서 문제가 되고 늙었을 때는 젊음이 없어서 문제가 된다. 노인의 마음은 항상 젊은 시절을 되새기고 젊은 시절로 되돌아가고 싶어한다.

다른 종류의 젊음이 있다. 그것은 지금 까비르가 말하고 있는 젊음이다. 그것은 영혼의 젊음이다. 그리고 또 다른 젊음이 있다. 그것은 영원무궁한 한얼(supreme soul)의 젊음이다. 한얼의 강물은 넘치거나 줄어드는 법이 없다. 항상 그대로이다. 거기에는 변화가 없다. 영원무궁하다. 이러한 영원성(永遠性)에 취(醉)한다는 것은 전적으로 다르다. 그대가 알고 있는 '젊음의 도취(陶醉)'와 관련시켜 이해하려고 들면 오해하기 십상이다. 일반적인 젊음에 취하는 것과는 너무나도 다르기 때문이다. 오해하기 십상일 뿐만 아니라 나아가서 '참된 도취'와는 정반대로 생각할 가능성이 있다. 영원성에 취하는 것은 그대가 이해하는 것과 다르다. 아니다. 그대가 이해하는 것과는 정반대의 도취다.

육체와 무의식에 취하는 것은 술에 취하는 차원과 똑같다. 그대는 그저 무의식 속에서 취한다. 그대가 깨어나지 못했기 때문이다. 영혼에 취하는 것은 완전한 각성 상태에서 취하는 것이다. 각성이 깊어지면 그대는 엑스터시로 넘쳐흐른다. 이 술은 각성의 술이다. 아, 그러한 술이 존재하기만 한다면!

도취에는 붓다나 마하비라의 도취가 있고, 나폴레옹이나 알렉산더의 도취가 있다. 둘은 완전히 다르다. 나폴레옹이나 알렉산더의 도취는 곧 사라진다. 하지만 붓다나 마하비라의 도취는 영원하다. 자신의 도취가 육체에 의존하는 경우라면 그리 오래갈 수 없다. 육체 자체가 곧 썩어 문드러질 존재이기 때문이다. 토대가 무너졌는데도 불구하고 건물이 살아 남을 수 있다고 생각하는가?

　　라마는 나와 더불어 살기 위해 오고
　　나는 가없는 젊음에 취해 있다.

개인 혼(魂)이 우주 혼과 만나면 도취의 상태가 찾아온다. 이러한 도

취 상태는 각성이 대단히 깊어졌을 때 찾아온다. 이 도취 상태는 그대를 엑스터시에 빠져 들게 한다. 그럼에도 불구하고 도취 상태는 그대를 완전히 빠져 들게 할 수는 없다. 왜냐하면 내면에서 각성의 불이 활활 타오르고 있기 때문이다.

라마는 나와 더불어 살기 위해 오고
나는 가없는 젊음에 취해 있다.

그대가 일별(一瞥)을 했을 때만 그대는 까비르를 이해할 수 있다. 각성 상태에서 도취의 맛을 보았을 때만 까비르를 이해할 수 있다.

때때로 그대는 마음이 차분히 가라앉은 상태에서 평정을 느낄 때가 있다. 살면서 누구나 한 번쯤은 이러한 평정과 평화를 맛보게 된다. 그러한 평화로운 순간을 체험하지 않으면 살아갈 수가 없다. 그러한 평화와 평정이 삶의 자양분이 되어 주기 때문이다.

그대의 마음이 가라앉았을 때는 언제나 눈을 감고 내면을 들여다보라. 조금이라도 고양이 됐을 때는 언제나 자신의 내면을 지켜보라. 그런 고요한 순간에 그대와 존재계가, 그대와 신이, 비록 아주 짧은 시간이기는 하지만 하나로 고동친다. 그래서 그런 순간에는 깊은 고요함을 느끼는 것이다. 고요함을 느낄 때는 언제나 신이 그대에게 가까이 다가와 있음을 느껴라.

"그대와 신이 하나로 조율이 되어 고동칠 때마다 그대는 고요와 평화를 체험하게 된다."

이 수트라를 항상 명심하라. 이 수트라를 그대 삶의 시금석으로 삼아라. 가슴속 깊은 곳에 묻어 두어라.

미국에서는 좀처럼 찾아보기 힘든, 초절(超絶)주의자이며 저술가인 헨리 소로(Henry Thoreau, 1817~1862)라는 사상가가 있었다. 그의 임종이 가까워졌을 때 늙은 작은어머니가 그의 임종을 지키고 있었다. 그녀는 신앙심이 아주 돈독했다. 하지만 소로는 성경을 읽는다거나 교회에 다닌 적이 없었다. 그녀가 조용하고 사랑스러운 목소리로 물었다.

"헨리, 하나님과 화해를 했니? 그리고 하나님을 너의 주님으로 받아들였니?"

침대에 누워 있던 소로가 눈을 뜨고 대답했다.

"저는 하나님과 다툰 적이 없는데요. 그러니 화해라는 말이 있을 수 없어요."

헨리 소로는 하나님과 다투거나 싸우는 타입의 사람이 아니었다. 그는 교회에 다녀야 할 필요성을 전혀 느끼지 못했다. 그래서 교회에 다니지 않았다. 분쟁이 존재하지 않는다면 일을 법정으로까지 가지고 갈 이유가 전혀 없는 것이다. 그에게는 묵주를 들고 하나님의 이름을 불러 본 일이 없었다. 그러나 그의 내면에서는 하나님에 대한 찬가가 끊임없이 울려 퍼지고 있었다. 그래서 굳이 묵주를 들고 하나님의 이름을 부르면서 기도해야 할 필요성을 전혀 느끼지 못한 것이다. 인류사를 통틀어도 헨리 소로와 비견할 만한 인물은 드물다. 그의 마음은 항상 차분히 가라앉아 고요 속에 있었다. 하나님과 다툰다는 것은 그에게는 상상조차 할 수 없는 일이었다. 무엇을 위해, 어떻게, 왜 기도하고 예배를 드려야 하는가? 그에게는 그럴 필요가 전혀 없었다. 그대가 오직 평화로울 때만 그대와 신 사이의 불화나 다툼은 사라진다. 그렇지 않으면 24시간 내내 갈등이요, 긴장의 연속이다. 갈등이 심하면 심할수록 그대의 마음은 더 들뜬다. 더 불안해진다.

땅과 싸우는 나무가 어떻게 고요한 평정 속에 있을 수 있겠는가? 나무는 뿌리를 땅속에 묻고 있다. 나무가 땅과 싸운다? 그것은 자신의 뿌리와 싸우는 것이다. 그대가 이렇게 자신의 뿌리와 싸운다면 항상 불안에 휩싸여 있을 것이다. 삶은 혼란에 빠진다. 쉽게 당황하게 된다. 땅과 싸우는 나무는 미쳐 버릴 것이다. 왜냐하면 땅은 나무의 자궁이기 때문이다.

    나무가 그 뿌리를 땅에 내린 것처럼 인간은 신에게 그 뿌리를 내리고 있다. 신과 싸우고 싶은가? 하지만 현실에서 인간은 신과 24시간 동안 싸우고 있다! 신이 인간으로부터 이것을 기대하면 인간은 저것을 원한다. 인간의 기도란 그저 "제 기도를 들어주십시오. 제 욕망을 채워 주십시오."라고 외치는 것이다. 그것은 올바른 기도가 아니다. 그러한 기도는 신에게 감히 하는 충고에 다름 아니다. 어떤 이는 "제 아들이 아픕니다. 고쳐 주십시오."라고 기도한다. 아들의 병을 만든 이가 신인데, 아들의 병을 낳게 해달라고 함으로써 신의 일을 방해하는 그대는 누구인가? 더러는 이렇게 기도한다. "저는 가난합니다. 부자가 되게 해주십시오." 신은 그저 주는 자이다. 신은 인간보다 훨씬 더 분별이 있고 지혜가 있는 존재임에도 불구하고 인간은 대체 누구를 상대로 이래라 저래라 하고 있는 것인가? 다른 사람들의 기도를 유심히 들어보면 모두가 신에게 "제가 요구하는 대로 해주십시오. 저는 당신의 말을 들을 준비가 되어 있지 않습니다"라고 기도하고 있다. 우리는 자신이 바라는 바를 이루기 위해 이리저리 모든 방법을 동원해서 열심히 노력한다. 그러다가 자신의 노력이 실패했을 때에는 신을 찾고, 신에게 기도한다. 하지만 그러한 모든 노력은 자기 자신의 승리를 위한 것이다. 그것은 곧 신을 이기려는 무모한 행위이다. 신을 이길 수 있다고 생각하는가? 신을 이기려고 하는 그 자체가 곧 패배이다. 신은 인간의 토대요, 인간의 존재계이다. 신은 인간의 호흡이요, 대(大)생명 그 자체이다.

    신이 그대 문을 두드리면 잔잔한 고요가 하염없이 내리기 시작한다. 이전에는 들어 본 적도 없는 도취감이 몸과 영혼과 가슴에 스며든다. 이러한 도취의 아름다움은 술이 주는 도취보다 수천 배 강렬한 것이다. 술에 취해 무의식 속에 빠져 드는 것과는 전혀 다르다. 이것이 새로운 도취가 주는 아름다움이다. 수피(Sufi) 신비가(神祕家)들이 술을 찬양하는 이유는 바로 여기에 있다.

서구의 작가들이 오마르 카이얌의 시(詩)들을 여러 차례 번역했지만 제대로 번역된 것이 없다. 오마르 카이얌의 시 번역 중에서는 영국의 시인 에드워드 피츠제럴드(Edward Fitzgerald, 1809~1883)의 번역이 정평이 나 있다. 하지만 불행하게도 그는 수피가 아니었다. 수피 신비가가 아니었던 그는 체험의 언어들을 그대로 옮길 수 없었다. 예를 들어보자. 그는 '술(wine)'이라는 말을 그대로 직역했다. '연인(lover)'이라는 말도 그렇고, '술집(wineshop)'이라는 말도 그대로 직역해 버렸다. 그는 〈루바이야트(Rubaiyat)〉를 읽으면서 이 말들을 대했을 때 사전을 찾아보았을 것이다. 오마르 카이얌은 수피 파키르(fakir : 수피의 탁발승, 은자, 혹은 신비가)였다. 카이얌이 '술'이라는 말을 썼을 때는, 까비르가 말하는 '술'을 말하고자 한 것이다. 사람들이 술집에서 마시는 '술'이 아니었다.

나는 가없는 젊음에 취해 있다.

오마르 카이얌은 바로 이것을 말하고 있었다. 술집은 신전을, 연인은 스승 혹은 구루(guru : '스승'을 뜻하는 힌두어)를, 술은 신주(神酒)를 각각 의미한다. 따라서 피츠제럴드의 직역은 아주 심각한 오역이었다. 수많은 서양 사람들로 하여금 카이얌은 술주정뱅이였으며 카이얌의 시들은 술을 찬양하는 노래들이라고 생각하게 만들었기 때문이다.

이 피츠제럴드의 번역본을 토대로, 수많은 번역본들이 전세계적으로 쏟아져 나왔다. 그래서 오마르 카이얌의 '술집(?)'이 세계적으로 유명해졌다. 이는 피츠제럴드의 커다란 실수다. 깨달은 사람을 이해하려면 자신이 직접 깨닫지 않으면 안 된다. 따라서 피츠제럴드와 같은 실수는 필연적이었다. 미친 사람을 알려면 자신이 미쳐 보아야만 하듯이, 깨달은

The Great Secret

사람을 이해하려면 자신이 깨닫지 않고서는 가능하지 않은 것이다. 벙어리들이 쓰는 수화(手話)는 벙어리만이 이해할 수 있다. 그러나 피츠제럴드는 이 점을 깨닫지 못했다. 오마르 카이얌이 세상에 다시 온다면 에드워드 피츠제럴드에 대해 더없이 불쾌하게 생각할 것이다. 피츠제럴드는 카이얌을 전세계적으로 유명한 시인으로 만드는 데 공헌했다. 하지만 그의 오역 자체에는 커다란 문제가 있음을 지적하지 않을 수 없다.

라마는 나와 더불어 살기 위해 오고
나는 가없는 젊음에 취해 있다.

마음이 고요해졌을 때, 평화로워졌을 때, 고양되었을 때 그 순간을 놓치지 마라. 이는 더없이 소중한 손님이 그대에게 가까이 다가오고 있음을 암시해 주는 것이다. 더없이 소중한 손님이 그대 주위에서 떠돌고 있음을 암시해 주는 것이다. 그래서 갑자기 그대는 고양된 기분을 느끼게 되는 것이다. 그런 순간이 명상하기에 더없이 좋은 순간이다. 하지만 일반적으로 보면 그대는 정반대로 하고 있다. 세상사에 지쳐 있거나 힘들 때 그대는 명상을 한다. 힘들 때 그대는 신과 멀리 떨어져 있다. 그래서 그대는 그렇게도 불행을 느끼는 것이다.

신이 엄청나게 멀리 떨어져 있으면 무슨 수로 신을 부를 것인가? 설령 신을 본다고 해도 무슨 수로 신을 알아볼 것인가? 사람들은 불행 속에 있을 때 신을 떠올리지만 기쁠 때는 까맣게 잊어버린다. 하지만 인간과 신과의 관계에 있어서 진실은 그와 반대다. 행복하고 기쁜 순간에 우리는 신에 더 가까이 다가가 있다.

아주 커다란 집을 짓고 호사스럽게 산다고 해서 행복이 찾아오는 것은 아니다. 복권에 당첨됐다고 해서 행복이 찾아오는 것은 아니다. 아마 그 반대일 가능성이 많다. 불행해질 가능성이 많다는 것이다. "야, 참 좋다. 안 좋은 게 하나도 없구나'라고 말할 수 있는 것이 행복이다. '있는 그대로가 다 좋구나'라고 생각되는 마음이 곧 행복이다. 행복한 상태에서는 무엇을 더 보태려고 하지 않는다. 있는 그대로의 모든 것들을 기쁜 마음으로 바라볼 뿐이다. 그저 내면에는 평화와 감사하는 마음이 충만하다. 이러한 상태를 힌두어로는 '따타따(tathata)'라고 한다. "모든 것이 있는 그대로가 좋다"라는 말이다.

그런 순간에 내면으로부터 아름다운 음악이 흘러 나온다. 그런 순간에 기도하라. 명상하라, 경배하라. 신전에 갈 필요 없다. 그대가 신전이요, 신은 그대 내면에 앉아 있다. 그대 내면에 감추어져 있다. 님은 사랑하는 이 속에 감추어져 있다. 길 자체가 목적이다. 참된 구도자는 자신을 구할 뿐이다.

고요히 앉아 눈을 감고 침묵 속으로 깊이깊이 들어가라. 들떠 있는 마음을 놓으라. 들떠 있는 마음은 피상적인 것들에 머문다. 내면의 평화 속으로 뛰어들라. 그러면 그대는 참된 '젊음'을 일별하게 될 것이다.

이 젊음은 결코 꺼지는 법이 없다. 결코 늙는 법이 없다. 이는 참으로 싱싱한 젊음이다. 그래서 결코 맥빠진 젊음이 아니다. 이는 영원히 지속되는 아침이다. 결코 밤을 모르는 아침이다. 이는 생사(生死)를 초월한 새로운 탄생이다. 이는 죽음을 모르는 탄생이요, 밤이 오지 않는 싱싱한 아침이다.

그때 그대의 밤이 사라지면 춤이 저절로 흘러 나올 것이다. 각성 속에서 춤을 출 것이다. 아니 사실은 각성 자체가 춤이 될 것이다. 그러한 춤은 붓다나 미라(Meera : 중세 인도, 라자스탄의 왕비로 크리쉬나 헌신자였음)의 지혜요, 각성이다. 그래서 그대는 붓다처럼 된다. 미라처럼 된다. 까비르 속에서 붓다와 미라가 만난다. 까비르는 붓다의 침묵 속에 있는 동시에 미라의 춤을 추기도 한다.

몸이 곧 베다, 브라흐마 자신이
이를 염송(念誦)하는구나!
라마와 하나가 되어 돌고 도니
이 얼마나 복(福)된 일인가?

까비르는 자신의 몸이 제단(祭壇)이 될 것이라고 말하고 있다. 소중한 손님이 문 앞에 도착했다. 그래서 까비르는 손님 맞을 준비를 하고 있다. 육신공양(肉身供養)으로 소중한 손님을 맞을 준비를 하고 있다. 여기에 육신공양 외에 다른 것은 어울리지 않는다. 그래서 까비르는 자신의 온몸이 희생제(犧牲祭)를 위한 제단이 될 것이라고 말하고 있다. 까비르는 자신의 몸을 공양으로 바치고 있다. 이는 님에게 완전히 순종하는 것이다.

이를 염송하는구나!

신이 스스로 염송을 한다! 참으로 드문 일이다. 자신의 육신을 공양물로 바칠 때, 베다 염송을 위해 브라만의 사제를 부를 필요가 없다. 자신의 육신을 공양물로 바치면 브라흐마, 즉 신이 사제가 되어 베다에 나오는 찬가를 부를 것이다.

이러한 상징적인 표현은 아주 깊은 의미를 지니고 있다. 힌두인들은 브라흐마가 우주를 창조했다고 믿고 있다. 따라서 자신의 몸을 공양물로 바칠 때는 브라만 사제를 불러 의식을 거행할 필요가 없다. 다른 모든 희생물과 공양물은 다 가짜다. 베다의 찬가를 염송하는 것은 아무 쓸모없다. 찬가를 염송하는 자는 누구인가? 그대가 돈을 주고 산 브라만이 찬가를 염송하는가? 이러한 상황에서는 베다도 가짜요, 브라만도 가짜다. 자기를 속이는 자기 기만이다. 베다와 브라만, 둘 다가 가짜라면, 가짜 브라만이 가짜 베다를 염송하는 것이 되고 만다.

자신의 몸을 공양물로 바칠 때는 브라만 사제를 부를 필요가 없다고 까비르는 말한다. 까비르는 "창조주 브라흐마가 스스로 베다의 찬가를 노래 부른다"고 말한다. 온 존재계가 찬가로 흘러 넘친다. 스스로 온전히 순종할 때 온 존재계가 고양되며 온 존재계가 엑스터시로 흘러 넘친다. 존재계 전체가 감사함의 노래를 부른다.

이를 염송하는구나!

존재계는 나눌 수 있는 성질의 것이 아니다. 존재계는 하나의 전체일 뿐이다. 영국 시인 테니슨(Alfred Lord Tennyson, 1809~1892)은 한 책에서 "한 송이 꽃을 꺾기만 해도 머나먼 곳의 별들이 놀란다"라고 노래하고 있다. 존재계는 하나이기 때문이다.

어젯밤 이탈리아의 극작가인 우고벳티(Ugovetti)의 책을 읽다가 내가 참으로 좋아하는 글을 보게 되었다. 베다처럼 그 문장은 참으로 의미 깊은 말이었다. 우고벳티는 "존재계에 물이 단 한 방울만 모자란다 해도 우주 전체가 목말라할 것이다"라고 말한다. 조그마한 물 한 방울조차도 존재계와 분리되어 있지 않다는 것이다. 우주는 자신의 목마름을 채우기 위해 그 작은 한 방울이 필요하다는 것이다. 존재계는 있는 그대로 완벽하게 충만하다. 존재계에 그 어느 것도 보태거나 뺄 수 없다. 존재계는 있는 그대로가 충만한 것이다. 자신의 마음이 이런 경지에 있을 때, 전 존재계의 충만함을 체험할 때, '지금 있는 그대로'가 더 이상 좋을 수 없을 때, 자신의 가슴이 '이것이야말로 참된 충만이다'라고 말할 때, 신이 그대의 문을 두드린다. 그러한 순간에 브라흐마가, 존재계에 감추어진 브라흐마가, 절대 존재인 브라흐마가, 절대 의식인 브라흐마가 그대의 문을 두드린다. 그날부터 그대는 절대 안식(安息) 속으로 들

어간다. 그날부터 손님은 그대 문 앞에 서 있다.

몸이 곧 베다, 브라흐마 자신이
이를 염송하는구나!

까비르는 "나는 내 육신을 제단의 장작 위에 올려놓고 불을 붙입니다. 나는 내 육신을 브라흐마의 현존 앞에 공양합니다. 나는 브라흐마를 기꺼이 받아들입니다"라고 노래하고 있다.

힌두인은 결혼식을 거행할 때 제단을 준비한다. 제단 가운데 불을 붙이고 신에게 공양을 바친다. 그리고 신랑과 신부는 제단을 일곱 바퀴 돈다. 이런 제단은 참된 것이 아니다. 가짜다! 제단의 불 주위를 도는 것도 가짜다! 일곱 번을 돌든 칠십 번을 돌든 아무런 차이가 없다. 자신의 목숨을 바치기 전까지는 그 모두가 가짜다! 자신의 모든 에너지를 태우기 전까지는 그러한 모든 것들은 쇼에 불과하다! 이렇게 쇼를 함으로써 자기 자신을 속이고 있다! 사제를 불러서 독경(讀經)을 시키는 것은 아무 의미가 없는 짓이라는 것을 깨우치라. 베다는 책일 뿐이다. 서점에 가면 얼마든지 구할 수 있는 것이다. 다음 까비르가 말한 것을 유념하라.

사랑은 정원에서 자라는 것이 아니다.
사랑은 저잣거리에서 사고 팔 수 있는 것도 아니다.
왕이든 평민이든, 사랑을 원하는 자는
자신의 머리를 내주고 사랑을 받는다.

자신의 머리를 내주어야만 하는 것이다. 그 이하로는 안 된다. 그대는 사랑을 사기 위해 너무나 오랫동안 흥정을 해왔다. 언제까지 흥정만 하고 있을 것인가? 그대 머리를 내놓으라!

몸이 곧 베다, 브라흐마 자신이
이를 염송하는구나!

자신의 육신을 제단으로 변형시킬 때 온 존재계가 베다의 찬가를 노래 부른다. 마치 브라흐마 자신이 베다를 염송하는 것처럼 온 존재계가 옴(Aum : 우주 소리)의 소리로 충만하게 된다.

라마와 하나가 되어 돌고 도니
이 얼마나 복된 일인가?

까비르는 '라마의 신부가 되어 제단의 불을 도는 것이 얼마나 복된 일' 인지 노래하고 있다.

라마와 하나가 되어 돌고 도니
이 얼마나 복된 일인가?

라마로부터 사랑받는 자가 되는 것보다 복된 일은 없다.
왜 까비르는 라마를 사랑하는 자가 되기보다는 라마로부터 사랑을 받는 자가 되기를 원했는가? 그 반대로 라마를 사랑하는 자가 될 수도 있을 터인데……. 수피는 '자신은 신을 사랑하는 자로, 신은 자신의 님으로' 표현한다. 양쪽 다 의미심장하다. 다 나름대로 이유가 있는 것이다.
까비르는 자신을 '사랑받는 자' 로 표현하고 있다. 까비르는 '명상이란 절대적인 무위(無爲)' 라고 생각하기 때문이다. 여성은 수용적인 무위의 길을 간다. 남성의 본성은 능동적이다. 남성은 적극적이지만 여성은 복종하는 편이다. 그래서 인도의 여성은 누군가를 사랑하게 됐을 때, "당신을 사랑해요" 라고 말하지 않는다. 그런 식으로 표현하지 않는다.

인도 여성들은 그 정도의 표현마저도 도가 지나친 적극적인 표현으로 생각한다.

인도에서는 여성이 남성을 쫓아다니지 않는다. 그저 가만히 앉아서 남성을 기다릴 뿐이다. 여성은 좋아하는 감정을 눈짓으로 표현할 뿐, 말로 표현하지 않는다. 여성이 남성을 능동적으로 리드하는 법이 없다는 말이다. 여성이 먼저 사랑하는 남성의 손을 잡는 법도 없다. 먼저 사랑하는 남성의 손을 잡는 여성은 매력이 없는 여성이다. 대부분 교양이 없는 여성으로 간주된다. 너무 적극적이고 남자 같은 여자로 간주된다. 그래서 인도에서는 여성이 결코 리드하는 법이 없다. 자신이 기다리고 있다는 것을 느낌으로 전달할 뿐이다.

우리는 연애 기간 동안에 여성이 남성을 리드할 수 있다고 생각하지 않는다. 아가씨는 미래에 자신의 남편이 될 사람 집에 결코 가지 않는다. 그래서 나중에 결혼해서 아내에게 "당신이 날 따라다녔잖아!"라고 말하는 남편은 적어도 인도에서는 있을 수 없다. 인도에서는 그런 일이 있을 수 없다. 애인 집에 가는 쪽은 남자 편이다. 연애할 때 온갖 야단 법석을 피우는 쪽도 남자 편이다. 프로포즈를 하는 쪽도 남자 편이다. 여성이 하는 일이란 딱 한 가지, 구애를 받아들이거나 거절하는 일이다. 인도에서 여성이 리드하는 법은 절대로 없다.

그래서 까비르는 이렇게 말하고 있다.

"어떻게 제가 리드를 할 수 있겠습니까? 어떻게 제가 따라다닐 수 있겠습니까? 저는 당신의 주소조차 모릅니다. 제가 할 수 있는 것은 기다리고 기다리는 일뿐입니다. 오고 싶을 때 오세요. 기다리고 있겠습니다."

까비르에 따르면 신이 헌신자를 찾아간다. 그렇다면 헌신자가 신을 찾아가고 싶다고 가정해 보자. 신을 찾아가고 싶다고 해도 헌신자에게는 신을 찾아갈 방도가 없다. 어디로, 어떻게……. 그래서 헌신자는 앉아서 기다릴 뿐이다. 상한 가슴으로 신을 부를 뿐이다. 헌신자의 삶은 송두리째 헌신으로 흘리는 눈물이 된다. 그의 삶 전체가 '기다림'이 된다. 이러한 기다림은 여성적이다. 그리고 신이 찾아온다. 신은 남성적이다. 자신의 헌신자를 찾아 헌신자의 몸 속으로 들어간다. 헌신자의 내면 가장 깊은 곳에까지 가 닿는다. 그때 헌신자는 "이 얼마나 복된 일인가요!" 하고 감사의 눈물을 흘리게 된다. 그때 '절대 하나됨'이 이루어진다. 이를 찬미하기 위해 브라흐마는 베다의 찬가들을 염송한다.

수피의 길도 이와 똑같다. 하지만 서로의 역할이 바뀌어 있다. 수피에게 있어서 자신은 '사랑하는 자'이고 신은 '사랑받는 자'이다. 수피의 수행 방법이나 구도의 길은 능동적이고 적극적이다. 수피는 신을 휘장 속에 앉아 있는 여성으로 본다. 수피에게 신은 휘장을 걷어내고 찾아야 할 대상이다. 신을 찾기 위해서는 이 정도의 노력이 필요하다. 수피는 신과 숨바꼭질을 하고 있는 것이다. 수피에게 있어서 신은 스스로 자신의 모습을 드러내는 법이 없다.

신을 찾으려면 이리저리 많은 곳을 두루 살펴봐야만 한다. 그러나 허탕을 칠 때가 대부분일 것이다. 하지만 계속해서 찾아봐야만 한다. 남성이 되어 적극적으로 구석구석 살펴봐야만 한다. 사랑하는 이에게 다가가기 위해 수없이 많은 난관과 역경을 뚫고 지나가야 하는 연인이 되어야만 한다. 마즈누(Majnu : 아라비아의 러브 스토리에 나오는 남주인공)가 라일라(Laila : 아라비아의 러브 스토리에 나오는 여주인공)를 찾았던 것처럼, 파르하드(Farhad : 페르시아의 러브 스토리에 나오는 남주인공)가 쉬리(Shiri : 페르시아의 러브 스토리에 나오는 여주인공)를 찾았던 것처럼 신을 찾아야만 한다. 이들은 수피의 러브 스토리에 나오는 인물들이다. 여기에서 마즈누는 헌신자요, 구도자이며, 라일라가 신이다. 마즈누가 라일라에게 가야만 한다.

자신의 길이 남성적이면 수피의 비유가 더 매력이 있을 것이다. 그리고 자신의 구도가 남성적이지 않다면 까비르의 상징성이 더 마음에 들

The Great Secret

것이다.

라마는 나와 더불어 살기 위해 오고
나는 가없는 젊음에 취해 있다.
라마와 하나가 되어 돌고 도니
이 얼마나 복된 일인가?

그대의 육신을 이루고 있는 지수화풍(地水火風)이 떨어져 나갔을 때, 그대의 자연이 떨어져 나갔을 때, '무의식적인 진화'가 떨어져 나갔을 때, 자신을 온전히 신에게 바칠 때, 더없이 깊은 가슴속에서 전 존재계는 그대의 공양과 참회와 희생(犧牲)과 선물을 찬미하기 위해 베다의 찬가들을 노래하기 시작한다.

가슴속 깊은 곳에서 브라흐마 홀로 베다의 의식(儀式)을 거행한다. 존재계가 베다의 찬가를 노래 부른다. 제단의 불 주위를 도는 의식이 진행된다. 이것은 헌신자와 신과의 만남이다. 이곳에서 사랑하는 자와 사랑받는 자가 하나가 된다. 이때 모든 이중성이 사라진다. 두 연인이 하나가 된 것이다. 누가 헌신자고 누가 신인가 하는 구분이 사라진 것이다. 이러한 의식(儀式)이 일어나기 전까지는 분별이 남아 있다.

이러한 의식은 이 나라에서 누구나 다 알고 있는 '타파디(saptapadi)'이다. 이는 제단의 불 주위를 일곱 바퀴 도는 의식이다. 뿐만 아니라 이는 내면에서 일어나는 것에 대한 상징이기도 하다. 왜 일곱 바퀴를 도는지 생각해 본 적이 있는가? 위대한 요기(yogi : 요가 수행자)들은 "내면의 의식은 일곱 센터에서 움직인다"는 사실을 발견했다. 에너지는 이 일곱 개의 센터 모두를 거치면서 이동한다.

강물에 소용돌이가 일어나는 것을 지켜본 적이 있는가? 겉에서 보기에는 소용돌이가 일어날 일이 없어 보인다. 하지만 강물의 특정 장소에는 어떤 에너지가 있어 물을 빙빙 돌게 만든다. 우리 몸에도 그러한 일곱 개의 소용돌이가 있어 에너지가 이 소용돌이를 거치면서 움직인다. 에너지의 강물이 육체내 일곱 군데에서 회전하며 움직인다. 신성한 에너지가 내려올 때도 이 일곱 군데를 거치면서 내려온다. 그래서 일곱 센터라고 부르는 것이다. 결혼식에서 신랑과 신부가 제단의 불 주위를 일곱 바퀴 도는 의식은 이러한 내면의 현상을 상징하는 것이다. 이러한 내면의 현상을 까비르는 다음과 같이 노래하고 있다.

이 얼마나 복된 일인가?

이보다 더한 축복은 없다. 이것이 인간의 운명이다. 이제 자신이 도달하고 싶은 곳에 도달한 것이다. 씨앗은 궁극의 것을 성취했다. 그 아름다움으로 꽃피어난 것이다. 이제는 떨어지거나 뒤로 돌아가는 일은 없다. 성취해야 할 모든 것을 성취했다. 존재의 집에 돌아온 것이다. 이제부터는 영원한 안식(安息)이다.

자신과 신 사이에서 '타파다', 즉 제단의 불 주위를 도는 의식이 일어날 때만, 영원한 안식의 경지에 도달하게 된다. 이런 경지를 성취할 때까지 자신의 여행을 계속하라.

신은 수만(數萬)의 모습으로 내려오고,
현자는 수천(數千)의 모습으로 내려오니
까비르는 말한다. "나는 님과 혼례를 올렸다.
그리고 불멸의 존재가 되었다."

지금 까비르는 내면의 시타(Sita : 인도의 대표적인 서사시인 〈라마야나(Ramayana)〉에 나오는 라마의 아내)가 외면의 라마를 만나는 순간을 묘사하고 있다. 내면의 여성이 외면의 남성을 만나는 순간을 이야기하고 있다. 그대가 존재계를 만나는 순간을 말하고 있다. 그러한 순간에는 어떤 일이 벌어지는가? 그러한 순간에는 온 존재계가 찬미(讚美)한다. 우리는 서로 연결되어 있는 존재들이다. 단 하나의 물방울이 부족해도 온 존재계가 목말라 하는데, 그대가 신성(神性)을 성취했을 때 온 존재계가 얼마나 기뻐할지를 상상해 보라.

그대의 성취는 존재계의 성취이다. 존재계는 하나다. 하나로 이어진 존재이다. 존재계는 온전한 실체(實體)이다. 결코 부분들로 나뉘어져 있거나 떨어져 있지 않다. 우리는 바다에 떠 있는 섬들처럼 떨어져 있지 않다. 서로 이어져 있는 존재들이다. 그렇기 때문에 한 명의 붓다가 태어나면 수없이 많은 사람들이 붓다가 될 수 있는 것이다.

신은 수만의 모습으로 내려오고,
현자는 수천의 모습으로 내려오니

온 존재계가 이 거대한 축제에 참여한다는 말이다. 힌두어 원전에는 33꺼로르(crore : 1꺼로르는 1천만)의 신으로 나와 있다. 까비르가 살던 당시의 인도 인구가 3억 3천만이었기 때문이다. 궁극적으로는 모든 사람이 신이 될 것이기 때문에, 모든 사람 안에는 신이 숨어 있기 때문에 힌두인들은 3억 3천만의 신이 존재한다고 믿었다. 오늘날 신의 숫자가 훨씬 많아진 것은 물론이다.

하여튼 여기에서 그 숫자는 상당히 상징적이다. 까비르의 이 시구는 온 존재계 전부가 찬미와 축제에 참여한다는 말이다. 이제 깨어나는 중에 있는 사람들도 올 것이다. 하지만 아직도 잠들어 있는 사람들은 오고 싶어도 오지 못한다. 온전히 깨닫지는 못했지만 이제 깨어나고 있는 사람들도 온다. 완전히 깨어난 붓다들도 물론 온다. 이 위대한 일에 참여하기 위해 모두가 모인다.

 위대한 일이 일어날 때 자신의 내면에 얼마간이든 각성의 의식이 있으면 그 일을 지켜보러 가게 된다. 붓다가 태어날 때 모든 이가 그 일을 보기 위해 가는 것은 아니다. 그 신비로운 끌림에 자신의 가슴이 반응을 보이는 사람만이 거기에 간다. 거대한 자석에 이끌려 가듯 거기에 이끌려 간다. 거기에 저항하기란 거의 불가능하다. 거기까지 가는 데에는 수많은 장애물들이 있을 것이다. 하지만 그를 무릅쓰고 간다. 그들에게는 수없이 많은 일들이 산더미처럼 쌓여 있지만 그것들을 던져 버리고 간다. 그들은 거대한 자석의 힘에 의해 끌려갈 뿐, 아직도 일종의 최면 상태 속에 있다.

 까비르는 "이런 어마어마한 일이 내면에서 일어나면 그야말로 수백만의 신과 수천의 현자와 붓다들이 이를 보기 위해 내려온다"고 노래하고 있다.

 까비르는 말한다. "나는 님과 혼례를 올렸다.
 그리고 불멸의 존재가 되었다."

 이제 까비르는 "불멸과 혼례를 올리고 있다"고 노래한다. 이제 영원한 안식의 경지에 들어간다. 그대가 영원한 안식의 경지에 들어가는 순간 온 존재계가 감사하며 엑스터시와 지복(至福) 속에 휩싸인다. 그대가 곧 존재계의 아이요, 아들이기 때문이다.

 자식이 결혼을 하게 되면 부모는 자식보다 더 기뻐한다. 부모는 더없이 즐거워하고 한없이 좋아한다. 자식을 낳은 부모는 복받은 사람들이 된다. 부모는 자식의 결혼을 항상 염려하기 마련이다. 자식이 언제 결혼을 할지, 자신들이 정해 준 신부를 마음에 들어할지 항상 노심초사한다. 결혼을 시켜 놓아야만 마음을 놓는다. 심지어 붓다의 부모들도 자식을

결혼시켜 놓을 때까지는 마음이 편치 않다. 자식이 결혼을 해야만 마음을 놓는 것이다.

　세상 부모들, 자신의 몸을 낳아 준 부모들도 그렇게 자식의 결혼을 바라고, 결혼을 하면 기뻐하고 즐거워한다. 하지만 자신이 가장 행복한 상태에 이르게 되면, 라마와 결혼을 하게 되면, 불멸과 결혼을 하게 되면, 신과 결혼을 하게 되면, 자신을 진정으로 낳아 준 존재계가 찬미하는 것을 아는가? 궁극적으로 돌아가야 할 이 땅과 이 하늘이 노래를 부르고 춤을 춘다는 사실을 아는가?

　그대가 받은 축복으로 말미암아 온 존재계가 축복을 받게 된다는 사실을 명심하라. 그대의 절망과 좌절 속에서 온 존재계도 절망하고 좌절한다는 사실을 항상 명심하라.

4
진실한 연인은 죽는 것을 모른다

죽고, 죽고, 모든 게 죽어가지만
아무도 제대로 죽는 법을 몰라.
까비르는 죽음을 만나
죽는 걸 잊어버렸다.

다시 생각할 필요 없이
죽고, 죽고, 모든 게 죽어가지만
오직 나의 죽음만이 예술적인 죽음
사람은 모두 죽어, 흙으로 돌아가누나.

죽을 수밖에 없는 운명이라면, 죽으라!
죽음마저도 사라져 간다.
죽음도 그러하거늘,
왜 하루에도 수백 번씩 죽는가?

죽음을 두려워하면
사랑은 느낄 수 없다.
사랑이 머무는 곳은 너무 멀리 있구나.
이를 깨달으라.

무(無)도 죽고, 침묵도 죽고
무한자(無限者)마저도 죽지만
참으로 님을 사랑하는 이는 죽는 걸 모른다.
까비르는 말한다, "이를 깨우치라."

죽음, 온 세상이 다 두려워 떨지만
죽음, 나의 가슴은 기쁨으로 넘쳐흐른다.
죽어 나 자신을 무아경(無我境)에
온전히 내줄 날은 언제인가?

The Great Secret

A true lover never dies
— 진실한 연인은 죽는 것을 모른다

어제 까비르는,

라마는 나와 더불어 살기 위해 오고
나는 가없는 젊음에 취해 있다.

까비르는 말한다. "나는 님과 혼례를 올렸다.
그리고 불멸의 존재가 되었다."

라고 노래했다. 오늘 까비르는 죽음에 대해 노래한다. 사랑과 죽음은 아주 뿌리 깊이 연결되어 있다. 죽음을 모르는 사람은 사랑이 무엇인지 알 수 없다. 사랑을 체험해 보지 못한 사람은 죽음이 무엇인지 알 수 없다. 이를 바로 이해하라. 자, 까비르의 아름다운 시구들을 보자. 이 아름다운 말들을 잘 음미해 보라.

사랑은 죽음의 가장 깊은 차원이다. 사랑은 '나' 라는 자아가 완전히 없어져 버려야만 그 싹을 틔우고 꽃을 피운다. '나' 가 계속 존재하는 한 사랑은 태어날 수 없다. 사랑하는 자가 계속 존재하는 한 사랑은 있을 수 없다. 에고가 그 장애물이다. '나'라는 존재가 거대한 댐처럼 우뚝 서 사랑을 가로막고 있다. 그래서 사랑이란 샘물이 내면에서 흘러 나오지 못하는 것이다. 사랑의 길에 있어서 유일한 장애물은 '나'이다.

사람들은 님을 만나면 사랑할 수 있을 것이라고 생각한다. 하지만 이는 환상이다. 님은 이미 그대 눈앞에 있다. 항상 거기에 있다. 곳곳에 님이 있지만 '나'라는 존재가 그대의 눈을 가리고 있다. 에고로 인해 님을 알아볼 수 있는 눈이 멀어 버렸다. 자신의 에고가 계속 존재하고 있는데 어떻게 가슴속의 님을 만날 수 있겠는가? 설령 만난다고 하자. 그대가 님을 만났을 때 님을 알아볼 수 있다고 생각하는가?

그대는 수없이 많은 생(生)을 거듭하면서 사랑을 찾아 헤매 다녔다. 하지만 아직도 사랑을 찾지 못해 헤매고 있다. 그대는 수없이 '이제 사랑을 찾았어'라고 자신을 속였다. 사랑을 찾았다고 생각할 때는 언제나 자신의 손이 비어 있음을 보아야만 했다. 그대는 수없이 감로수(甘露水) 한 방울을 발견했다고 생각했다. 하지만 나중에 그 감로수가 가슴속에서 사랑의 진주로 변형되지 않았을 때 그 감로수 한 방울은 그냥 평범한 물방울이었음을 깨닫는다.

그대는 이렇게 수없이 자신을 속인다. 지금도 마찬가지다. 지금도 그대는 자신이 느끼고 있는 것이 환상이 아니라 참된 사랑이기를 바란다. 그대는 사랑에 대해 수없이 꿈꾸어 왔을 뿐이다. 하지만 참된 사랑을 체험해 본 적이 없다. 사랑의 행위를 할 때도 꿈꾸듯 할 뿐이다. 그대는 사랑의 행위를 깨어서 해본 적이 아마 없을 것이다. 각성이 활짝 꽃핀 사람만이 죽음과 대면할 수 있다.

에고가 유일한 장애물이다. 에고를 놓는 것은 죽음보다 더한 죽음이다. 사람이 죽으면 그저 육체를 떠날 뿐이다. 곧 다른 육체 속으로 들어간다. 다른 육체로 옮겨가는 데는 시간이 그리 많이 걸리지 않는다. 다

른 육체로 옮겨 가도 '나'는, '나의 마음'은 그대로 남는다. '나'는 그대로 남는다. 마음도 에고도 그대로 남는다. 오직 흙으로 된 단지만이 부서질 뿐이다. 그것은 별로 돈 드는 일도 아니다. 새 단지를 하나 사면 그만이다. 새 단지는 튼튼하고 오래갈 것이다. 그대는 그저 무너진 집을 떠나 새집을 장만한다. 새로운 육체의 옷으로 갈아입는다는 말이다. 그래도 '나'는 남는다. 그대가 죽으면 마음과 에고는 그대를 따라간다. 죽음은 그대로부터 아무것도 앗아갈 수 없다.

하지만 사랑에 죽으면 마음은 떨어져 나간다. 사랑에 죽으면 에고는 떨어져 나간다. '내가 있다' 라는 생각이 사라지고 '나 없음', 즉 공(空)이 그대 내면에 싹트기 시작한다. 그리고 깊디깊은 고요와 침묵이 그대를 휩싸면 그대는 자신을 찾으려고 애를 써도 찾을 수 없게 된다. '나' 가 없어지고 '님' 이 나타나는 것이다. 님과의 만남을 체험하게 되면 그대는 사라진다. 님이 있고 그대는 없다. 그래서 까비르는 이렇게 말한다.

　　내가 존재할 때 주(主)는 없었지만
　　주가 존재하는 지금은 내가 없구나.

세속에서 사는 사람들의 경우에도 자아를 잃어버리게 되는 때가 있긴 하다. 하지만 그것은 오직 사랑의 행위를 할 때뿐이다. 일상 생활 속에서도 사랑을 하고 자신의 사랑을 보여주지 못하는 상황에서, 신성한 사랑에 대해 말해서 무엇하랴? 그대에게 신성한 사랑은 너무 멀리 떨어져 있다. 까비르가 말하는 것처럼 사랑이 머무는 곳은 너무 멀리 있다. 그대는 아주 평범한 사랑도 못한다. 가까운 이들과, 아내와, 남편과, 친구와도 사랑을 나누지 못한다. 일상 속에서 접할 수 있는 사랑은 아주 가까이 있다. 사랑이 머무는 곳은 이웃집에 있다. 이웃집에 가기만 하면 된다. 하지만 그대는 그 이웃집에도 가지 못한다. 에고가 장벽처럼 그대를 가로막고 있기 때문이다.

그대는 나에게 묻는다. "어떻게 하면 귀의(歸依)할 수 있습니까?" 하지만 나는 이렇게 되묻고 싶다. "그대는 몸을 굽히지도 않고 강물을 떠 마실 수 있다고 생각하는가?" 그대가 지금 목말라서 강가에 서 있다고 가정해 보자. 그대가 목이 마르고 강물이 거기에 있다고 해서, 강물이 그대 입으로 폴짝 뛰어오를 것이라고 생각하는가? 목마른 쪽은 그대이지 강이 아니다. 그럼에도 불구하고 그대는 아주 뻣뻣이 서 있다. 에고 덩어리로 뻣뻣이 서 있다. 몸을 구부려서 두 손을 모아 강물을 직접 떠 마시지 않는 한 그대의 목을 축일 도리는 없는 것이다. 몸을 굽혀 강물을 떠 마시라.

사랑의 강물도 모든 이들의 가슴속에서 흐르고 있다. 누구든 마시고 싶으면 마실 수 있다. 그대는 내면에 흐르고 있는 사랑의 강물을 마시기 위해 몸을 굽힐 수 있는가? 장애물은 몸을 굽히지 못한다. 수많은 생을 거듭해 오면서 그대의 등은 굳어질 대로 굳어져서 이제는 거의 마비가 된 상태이다. 그대는 자신을 굽히는 문제가 나올 때마다 난처한 상황에 빠져 버린다. 에고는 이렇게 말한다. "내가? 나를 굽히라고? 차라리 죽는 게 낫겠다!" 에고는 굽히는 것보다는 차라리 부러뜨리는 것이 낫다고 생각한다. "구부리지 말고 부러뜨려 버려라." 이것이 에고가 배운 교훈이다. 이러한 독은 골수까지 스며들었다. "구부리지 말고 부러뜨려 버려라." 바로 이것이 용감하냐, 용감하지 않느냐를 알아볼 수 있는 바로미터인 것처럼 사람들은 자신을 굽히려 하지 않는다.

그러나 사실 굽히는 것에 대한 두려움은 옹졸한 자의 두려움이다. 체면이나 위신을 잃는 것에 대한 두려움이란 겁쟁이들의 두려움이다. 진정 용감한 자는 굽히는 것을 두려워하지 않는다. 진정으로 용감한 자는 자신을 굽힌다고 해도 아무것도 잃지 않는다는 것을 안다. 태풍이 몰아치면 키가 큰 나무들은 구부릴 줄 몰라 나자빠지지만 작은 나무들은 자신을 구부릴 줄 안다. 태풍이 지나가면 큰 나무들은 다시는 일어설 수 없지만 작은 나무들은 구부러졌어도 쉽게 일어선다. 작은 나무들은 구부리는 법을 안다. 겸손할 줄 안다. 뻣뻣하게 서 있던 큰 나무들은 태풍과 맞서 싸우지만 결국에 가서는 부러지고 만다. 그리고 다시는 일어서지 못한다.

노자는 이런 나무의 길을 설파했다.

"바람이 불면 몸을 구부릴 줄 알라."

누구하고 싸우려 드는가? 무엇과 싸우려 드는가? 태풍은 그대의 때를 씻어 내고 정화해 줄 것이다. 태풍이 지나가고 나면 그대는 싱싱한 모습으로 다시 일어설 것이다. 보다 푸르른 모습으로 다시 태어날 것이다.

항상 뻣뻣이 서 있지만 마라. 구부리는 법을 배워라. 에고이스트(egoist)가 되지 마라. 겸손함을 배우라. 뻣뻣이 서 있는 것은 늙고 낡았다는 것을 의미한다. 구부릴 줄 알고 휠 줄을 안다는 것은 젊고 싱싱하다는 말이다. 늙은 사람은 구부릴 줄을 모른다. 뼈가 굳어서 딱딱해졌기 때문이다. 어린아이들은 뼈가 연해서 쉽게 구부린다. 아이들은 넘어져도 쉽게 털고 일어선다. 왜 늙고 싶어하는가? 왜 내면의 생명을 마비시키고 싶어하는가? 왜 어린아이 같이 되고 싶어하지 않는가? 사랑에 빠지는 사람을 보라. 그는 다시 어린아이가 된다. 사랑에 빠지는 이는 구부리고 휘는 법을 배우기 때문에 부드러워진다. 그러면 딱딱하게 굳은 것, 경직된 것, 두려움 등이 모두 사라진다.

두려움이 무엇인지 아는가? 왜 무릎 꿇는 것을 두려워하는지 아는가? 위신과 체면 때문이다. 보통 사람들에게 있어 몸을 굽히고 무릎을 꿇으면, 그건 커다란 망신이다. 자신의 체면을 걱정하는 것은 아무것도 가진 게 없기 때문이다. 자신의 성공을 확신하지 못하는 것은 패배를 두려워하기 때문이다. 다른 사람들에게 자신의 승리를 보여주고 싶어하는 것은 내면에서 이미 패배했기 때문이다.

우리는 항상 남자는 자신을 굽혀서는 안 된다고 배운다. 무릎을 꿇어서도 안 되고 굴복해서는 더더욱 안 된다고 배우면서 자란다. 우리가 보통 알고 있는 용감한 사람이란 사실 아집이 강한 겁쟁이에 지나지 않는다. 그런 사람은 자신을 굽히면 체면이나 위신을 잃을까봐 두려워하는 자들이다. 위신을 잃을까봐 조바심을 내는 자에게는 진정한 위신이 존재하지 않는다. 참다운 위신을 지니고 있는 자는 혹시 위신을 잃게 되지는 않나 하고 겁을 내지 않는다. 우리는 진정으로 무엇을 가지고 있다면 그것을 잃을까봐 두려워하지 않는다. 왜냐하면 자신이 진정으로 가지고 있는 것을 결코 잃어버릴 수 없기 때문이다. 이 점을 명심하라. 자신이 가지고 있지 않은 것만 잃을 뿐이다. 역설적으로 보일지 모르나 이것이 진리이다.

그대는 자신이 가지고 있지도 않은 것을 잃을까봐 두려워한다. 자신이 소유하고 있지도 않은 것을 남이 가져 갈까봐 노심초사한다. 자신이 진정으로 무엇인가를 가지고 있다면 풍요로움 속에서 자신이 가지고 있는 것을 남이 가져 가도록 눈감아 준다. 무엇인가를 잃는 것에 대한 두려움은 자신이 가지고 있지도 않으면서 가지고 있다고 생각하는 그릇된 관념 속에서만 존재한다.

겁이 없는 사람은 자연스러움을 거스르지 않는다. 두려움을 모르는 사람은 존재계의 흐름과 맞서 싸우지 않는다. 그 존재계는 타인의 존재계일 뿐만 아니라 자신의 존재계이기도 하기 때문이다. 태풍도 그대의 것이다. 태풍도 그대의 적이 아니라 그대 편이다. 참으로 두려움이 없는 사람은 전 존재계가 바로 자신이라는 것을 뼈에 사무치게 체험한다.

구부릴 줄 알게 되면, 무릎을 꿇을 줄 알게 되면, 에고를 놓을 줄 알게 되면 곧 사랑이 흘러 들어온다. 자신의 이웃과 사랑을 체험할 수 없으면 신과도 사랑을 체험할 수 없다. 신과의 사랑을 체험하는 것이 마지막 내 맡김이다. 그 다음에는 없다. 그 다음에는 결코 되돌아올 수 없다. 그러

한 경지에 도달하면 자신의 진아(眞我)를 찾게 된다. 하지만 결코 되돌아올 수 없다. 그것은 절대의 경지로 사라져 가는 것이다. 신 속으로 녹아 들어가 하나가 되는 것이다. 그대 자신을 놓으라. 자신을 단 한 번만이라도 놓아 볼 용기가 있다면 그대는 진정으로 용감한 사람이다. 진정으로 그대가 자신을 놓는다면 두려움과 에고가 떨어져 나간다. 그리고 영원히 늙지 않는 생명을 얻는다.

라마는 나와 더불어 살기 위해 오고
나는 가없는 젊음에 취해 있다.

단 한 번만이라도 자기 자신을 놓아 보았다면 그대도 이 까비르의 노래를 부를 수 있을 것이다. 신이 찾아온 후로 내면에 영원한 젊음-태어난 적도 없고 그냥 그대로 존재하는 젊음-이 태어났다고 말할 수 있을 것이다. 그러한 순간 그대는 사라진다. 그러한 순간 신에게 그대를 내준다.

산야스(sannyas : 구도계, 求道戒)란 죽을 준비가 되어 있는 마음가짐을 말한다. 죽는 법을 배우는 것이 산야스다. 궁극의 완성을 위해서는 하나의 조건이 따른다. 죽는 것이 그것이다. 사랑은 죽음이다. 사랑은 위대한 죽음이다. 그냥 평범한 죽음을 맞이하는 사람은 세상으로 다시 되돌아와야만 한다. 하지만 진정한 사랑 속에 죽는 사람은 결코 되돌아오지 않는다. 더 이상 성취할 것이 남아 있지 않기 때문이다. 되돌아와야 할 원인도 끊어졌고, 이유도 없어졌다. 성취해야 할 모든 것을 성취한 것이다.

까비르는 말한다. "나는 님과 혼례를 올렸다.
그리고 불멸의 존재가 되었다."

불멸의 존재와 혼례를 올린 사람이 왜 되돌아와야 하는가? 자신의 님

을 찾은 남성은 님의 얼굴을 꿈에서 보지 않는다. 우리가 꿈을 꾸는 대상은 자신이 일상 생활에서 성취하지 못한 것들이다. 가난한 사람은 부자가 되는 것을 꿈꾸고 거지는 왕이 되는 것을 꿈꾼다. 배고픈 자는 밥을 꿈꾼다. 이런 식으로 우리는 꿈을 통해 만족을 얻는다. 꿈이란 가짜요, 거짓이다. 위안이요, 대리 만족일 뿐이다.

꿈에서 본 음식으로 자신의 배를 채울 수는 없는 노릇이다. 기껏 해야 숙면을 취하는 것, 그것뿐이다. 굶은 채로 잠이 들면 실제로는 밤새도록 배가 고플 것이다. 하지만 무의식은 왕궁의 잔치에 초대받는 꿈을 지어낸다. 그러면 배고픔을 견디며 잠을 잘 수 있을 것이다. 하지만 왕궁의 잔치에서 본 음식은 그대의 배고픔을 가시게 해줄 수 없다. 꿈속에서 마음은 자꾸 "너는 배불리 먹었다"고 말할 것이다. 그러면 그대는 배가 부르다고 속는다. 그리고 배고픔으로 잠을 깨지 않고 잘 잘 수 있다. 꿈이 숙면을 취하는 데 도움이 되는 것은 사실이다. 하지만 그대는 잠을 깨면 다시 배고픔에 시달려야만 한다.

자신에게 없는 것을 바라면 그 욕구가 이루어질 때까지 그대를 끈질기게 괴롭힌다. 모든 욕구가 사라져 버렸다면 그 사람은 더 이상 세상으로 되돌아올 필요가 없다. 인간은 욕구와 욕망을 채우지 못한 채 죽기 때문에 세상으로 되돌아오는 것이다. 수없이 되돌아온다. 그대는 아직도 세속적인 행복에 끄달린다. 아직도 욕망이 남아 있다는 말이다. 그러한 욕망은 "너, 어딜 가는 거야? 돌아와!" 하고 말하면서 그대를 쫓아다닌다. 그대를 이 사바 세계에 되돌려 보내는 데 관심이 있는 사람은 아무도 없다. 그대를 되돌아오게 만드는 것은 그대의 욕망이다. 다른 누가 아니다. 그대 스스로 욕망이라는 다리를 건너서 되돌아오는 것이다. 새로운 육체의 옷으로 갈아입은 다음 똑같은 에고를 갖고 새로운 여행을 다시 시작한다. 그리고 세상사 번잡한 일들을 똑같이 되풀이한다.

그대의 죽음은 또 다른 탄생의 통로일 뿐이다. 진짜 죽음이 아니다. 이를 두고 까비르는 "충분히 성숙하지 못한 채 맞이하는 죽음은 때 이른 죽음이다. 그것은 불완전한 죽음이다"라고 말한다. 삶의 지혜를 완성하기도 전에 때 이른 죽음을 맞이하는 것이다.

나이가 든다고 해서 무조건 지혜로워지는 것은 아니다. 누구나 다 일정한 때가 되면 머리가 희어진다. 하지만 지혜를 터득하는 것과 나이를 먹는 것은 아무런 관계가 없다. 욕구나 욕망이 무너져 내려 사라질 때 지혜로움을 터득하게 된다.

나무도 나이를 먹고 동물도 나이를 먹고 사람도 나이를 먹는다. 그리고 어느 날 늙어서 죽는다. 욕망이 무엇인지를 깨닫고 그 욕망이 죽은 사람이 삶의 지혜로움을 터득한 사람이다. 그런 사람의 죽음은 다른 사람의 죽음과는 전적으로 다르다. 까비르도 죽고, 붓다도 죽고, 그대도 죽지만 거기에는 질적인 차이가 있다. 그대의 죽음과 까비르와 붓다의 죽음에는 질적인 차이가 있는 것이다.

다음 수트라를 잘 음미해 보라. 이 수트라의 뜻이 이해되면 그 질적인 차이를 이해할 수 있을 것이다.

죽고, 죽고, 모든 게 죽어가지만
아무도 제대로 죽는 법을 몰라.
까비르는 죽음을 만나
죽는 걸 잊어버렸다.

까비르는 세상 사람 모두가 죽지만 제대로 죽는 법을 아는 사람은 아무도 없다고 말하고 있다. 깨달은 사람들이 말하는 것처럼 죽음도 하나의 예술이라고 말하고 있다.

그대는 아마 죽음을 이런 식으로 생각해 본 적이 없을 것이다. 그대는 삶조차 예술로 생각하지 않는다. 그저 강물에 자신의 몸을 맡기고 떠내려가는 통나무처럼 되는 대로 산다. 강물의 흐름에 끌려가는 삶을 산다. 그 삶은 비극적인 삶이다. 삶도 예술이 될 수 있다는 것을 꿈조차 꾸어 본 적이 없다. 한 발자국 한 발자국 생각없이 기계적으로 걷는다. 누군가 "왜 그걸 하시지요?"라고 물으면 대답을 못한다. 물론 대답을 하긴 하지만 그 대답이 진짜가 아니라는 것을 자신은 잘 알고 있다. 그대는 어둠 속에서 헤매는 삶을 살고 있다. 그대는 아직도 예술적인 삶을 모른다. 그래서 죽을 때까지 아름다움이 무엇인지도 모르고 삶을 허비한다. 진리가 뭐고 법열(法悅)이 무엇인지도 모른다. 체험한 바가 없기 때문이다. 죽을 때야 비로소 황야를 떠돌듯 살았구나 하고 느낀다. 인생에서 아무것도 얻은 것이 없다는 사실을 죽을 때 가서야 깨닫는다.

그대의 삶이 예술적인 작업이 되지 못했기 때문에 이는 아주 당연한 것이다. 자신의 삶을 예술로 승화시켰다면 자신의 삶을 재료로 해서 아름다운 조각품을 만들 수 있었을 것이다. 의미 있는 삶을 살 수 있었을 것이다. 자신의 삶을 잘 닦아 그 아름다운 광채를 드러낼 수도 있었을 것이다. 인생에서 잡다한 것들을 던져 버렸다면 지금쯤은 순금의 삶을 성취했을 것이다. 인생의 불필요한 부분들을 쪼아내 버렸다면 기막힌 조각품을 탄생시킬 수도 있었을 것이다. 자신의 삶을 재료로 해서 훌륭한 예술 작품을 만들어 낼 수 있었을 것이다. 아니다! 그대는 이러한 모든 가능성에도 불구하고 아무것도 성취한 것이 없다.

그대의 삶은 예술이 아니다. 전혀 예술이 아니다. 까비르는 죽음조차도 완전한 예술이 되어야 한다고 말하고 있다. 죽음도 삶만큼이나 예술이 될 수 있다. 죽음은 하나의 검증이다. 그대가 올바로 살았다면 올바로 죽을 수 있다. 올바로 살지 못했다면 올바로 죽을 수 없는 노릇이다. 죽음은 최후의 공양이요, 최상의 공양이다. 죽음은 삶의 절정이요, 극치이다. 죽음은 삶의 정수요, 꽃이다. 삶을 몽땅 허비해 버렸음에도 불구하고 올바른 죽음을 맞이할 수 있다고 생각하는가? 자신의 삶을 몽땅 낭

The Great Secret

비해 놓고 자신의 죽음이 뜻 있는 죽음이 될 수 있다고 생각하는가? 뿌리가 썩은 나무가 좋은 열매를 맺을 수 있다고 생각하는가? 전혀 불가능한 일이다.

삶을 예술로 승화시킬 수 있는 비밀은……. "완전히 깨어서 살라"는 것이 그 비밀이다. 어둠 속에서 헤매지 마라. 잠자면서 걷지 마라. 깨어서 걸어라. 무엇을 하든, 어떤 것을 하든─눈을 뜨고, 감는 등 어떠한 사소한 일이라도─사려 깊은 마음으로 하라. 깨어서 각성 상태 속에서 하라. 어쩌면 모든 일이란 이렇게 눈을 뜨고 감는 것 같은 사소한 일에 달려 있을 수 있다. 누가 아는가? 뜨고 감는 눈으로 인하여 길을 걷다가 한 여성을 보고 반해 평생을 같이 살게 될지! 눈을 뜨고 감을 때에도 깨어 있으라.

붓다는 제자들에게 "걸을 때 두세 발자국 앞을 보고 걸어라. 그것만으로 충분하다"고 말하곤 했다. 고개를 이쪽 저쪽으로 돌릴 필요 없다. 계속해서 두세 발자국 앞만을 보고 걸으라. 그것으로 충분하다. 두세 발자국 앞만 보고도 천리만리 걸어갈 수 있다. 무엇 때문에 여기저기 고개를 돌리는가? 너무 여기저기 기웃거리지 마라. 그렇게 되면 여행은 끝이 없게 된다.

자신의 삶 속에 일어나는 일들을 잘 살펴보라. 대개가 우발적이다. 우발적으로 일어나는 일들로 인해 자신의 인생 방향이 이리저리 바뀐다. 예를 들어보자. 그대는 지금 신전으로 가고 있다. 그런데 한 여인이 그대를 보고 미소를 짓는다. 그렇게 해서 그대는 신전에 가지 않고 다른 엉뚱한 곳에 간다. 그대가 그녀에게 반해 버렸다고 하자. 그러면 그대는 그녀와 결혼하고 싶어서 안달을 한다. 그리고 결국에는 결혼을 하고 자식을 낳는다. 그대는 이제 또 계속해서 돌고 도는 거대한 수레바퀴에 걸려 들었다. 이런 모든 일들이 너무도 우발적으로 일어나고 있다는 생각이 든 적은 없는가? 만약 붓다의 말대로 두세 발자국 앞만 보고 걸었다

면 그런 일은 없었을 것이다.

  삶을 예술로 승화시키는 방법을 터득하고 싶다면 무의식적으로 행동하지 마라. 우발적인 삶을 버리라. 행동을 하기 전에는 항상 지혜로운 분별력으로 살펴보라. 깨어서 살면 그대의 삶은 보다 아름다워질 것이다. 깨어서 살면 물아일체(物我一體)를 체험하게 될 것이다. 조각가와 돌이 떨어져 있지 않은 경지를 맛보게 될 것이다. 그대는 조각가가 되고 조각품이 된다. 그대는 돌이 되고 정이 된다. 전체가 된다.

  각성은 조각에서 쓰는 정과 같다. 정은 돌의 불필요한 부분들을 쪼아 내는 도구이다. 조각가는 정으로 돌의 넘치는 부분을 쪼아서 돌 안에 숨어 있는 정수를 뽑아 낸다. 이렇게 그대도 각성으로 불필요한 부분들을 쪼아 내면 신성한 조각이 될 것이다. 미래의 어느 날 신전에 도달할 것이다. 삶의 아름다움을 일구어 내고 드넓은 의식을 성취할 것이다.

  죽을 때까지 깨어서 살면 죽을 때 올바로 죽을 수 있다. 제대로 죽음과 조우(遭遇)할 수 있다.

  죽고, 죽고, 모든 게 죽어가지만

  죽음은 매일 벌어지는 일이며 세상 사람은 모두가 죽기 마련이라고 까비르는 말하고 있다. 죽음은 매순간 일어난다는 것이다. 우리 모두는 죽음의 바다에 둘러싸여 있다는 것이다. 모든 것이 이 바다 속에서 계속 가라앉고 있다.

  아무도 제대로 죽는 법을 몰라.

  아무도 제대로 죽는 법을 모른다. 아무도 깨어서 죽지 못한다는 말이다.

까비르는 죽음을 만나
죽는 걸 잊어버렸다.

이것이 예술이다. 이제는 더 이상 죽지 않는다. 확실하다. 한 번만이라도 무엇을 제대로 했다면 다시 할 필요가 없다. 제대로 하지 못하면 제대로 할 때까지 계속 되풀이해야만 하는 것이다. 신은 우리가 제대로 할 수 있는 기회를 수없이 준다. 신은 결코 서두르지 않는다. 시간이 넉넉해서 기다릴 줄 안다. 그대가 삶에서 실수하면 신은 그대를 세상에 다시 되돌려 보낸다.

온전하게 충만한 삶을 살았을 때만 신은 그대를 품에 안는다. 우리는 낙방을 하면 다음 학년으로 진급할 때까지, 같은 학년을 계속 다녀야 하는 학생과 같다. 인생이라는 학교도 이와 같다. 그대가 삶의 시험을 통과할 때까지 인생이라는 학교를 계속 다녀야만 한다. 삶의 예술이란 삶이라는 시험에 합격하는 것이다. 삶의 시험에 합격한 사람은 세상에서 더 이상 배울 것이 없다. 세상에서 배울 수 있는 것은 모조리 다 배워 버린 것이다. 욕망이라는 불(火)과 갈망이라는 시련을 모두 통과한 것이다. 이제 상급반으로 진급할 차례다. 세상에서 배울 수 있는 것은 모두 배워 버린 이에게는 세상 문이 닫히고 사랑으로 통하는 문이 열린다. 그는 더 이상 되돌아오지 않는다.

까비르는 죽음을 만나
죽는 걸 잊어버렸다.

이런 식으로 살라. 그러면 더 이상 태어나지 않아도 된다. 이런 식으로 죽으라. 그러면 더 이상 죽지 않아도 된다. 태어나면 죽게 마련이다. 탄생이 있으면 죽음이 자동적으로 따라오게 마련이다. 까비르처럼 살라.

그러면 다시 태어나고 싶어도 태어날 수 없다. 죽고 싶어도 죽을 수 없다.

세상 사람이면 누구나 죽음의 잔을 피하려고 한다. 죽음의 잔을 기꺼이 마시는 사람을 본 적이 있는가? 왜 죽음을 피하는가? 죽음은 누구나 피할 수 없는 것이다. 먼저 탄생을 피하지 않으면 죽음을 피할 수 없다. 탄생과 죽음은 동전의 양면이기 때문이다. 계속해서 다시 태어나고 싶다고 말한다면 그것은 터무니없는 말이다. 왜냐하면 그 말은 계속해서 다시 죽고 싶다는 말이기 때문이다.

태어나면 죽어야만 한다. 시작이 있는 것은 끝이 있기 마련이다. 만약 끝이 없다면 시작도 있을 수 없다. 종말을 원치 않는다면 시작도 바라지 말아야 한다. 시작도 끝도 없는 것을 바란다면, 무한성(無限性)을 바란다면 시작도 바라지 마라. 시작으로부터 벗어나라. 시작으로부터 자신을 구하라.

탄생으로부터 벗어나고 싶으면 삶의 조그마한 체험들을 소중히 여겨라. 사람들은 나에게 와서 "분노로부터 벗어나고 싶습니다. 어떻게 했으면 좋겠습니까?"라고 묻곤 한다. 나는 그들에게 처음부터 줄곧 깨어 있으라고 말해 준다. 분노에 사로잡히면 깨어 있다는 것이 대단히 어려워진다. 분노를 벗어나는 것이 거의 불가능하다. 진정으로 분노로부터 벗어나고 싶으면 분노를 통과해서 지나가야만 한다. 분노를 피하기만 해서는 분노를 벗어날 수 없다. 속도는 문제가 안 된다. 누가 빨리 지나가고 누가 늦게 지나가느냐 하는 것은 전혀 문제가 아니다. 하여튼 통과해서 분노를 지나가야만 한다. 시간이 많이 걸릴 수도 있을 것이다. 하지만 시작을 한 것에는 언제나 끝이 있게 마련이다. 따라서 빠르고 더딤에 신경 쓰지 마라.

분노로부터 벗어나고 싶은가? 그러면 처음부터 깨어 있으라. 분노에 휩싸이기 전부터 깨어 있으라. 아직 분노에 휩싸이지 않았다고 방심하

The Great Secret

지 마라. 언젠가는 오게 되어 있다. 누가 그대를 욕했다고 가정해 보자. 물론 그대는 그 자리에서 당장 화를 안 낼 수도 있다. 하지만 계속 마음에 걸리기 마련이다. 그래서 '지금'이 깨어 있기에 가장 좋은 순간이다. 분노가 찾아와도 그대가 주인이 될 수 있다. 분노가 그대 집에 들어오는 것을 막을 수 있다. 분노가 그대 안에서 일어나지 않는 한 그대가 주인이다. 일단 분노가 일어나면 어쩔 수 없다. 일단 분노가 일어난 가운데 그것을 피하는 건 불가능하다. 그래서 자신이 싫어하는 것이 오기 전부터 깨어 있어야만 한다.

죽음으로부터 벗어나고 싶은가? 하지만 그대는 죽음이 언제 찾아올지조차 모른다. 사람들은 보통 늙으면 죽는다고 생각한다. 몸이 너무 노쇠해서 약도 의사도 더 이상 소용이 없을 때 죽음은 찾아오는 것이라고 생각한다. 이렇게 생각한다면 그것은 잘못이다. 이렇게 생각한다면 그대는 수없는 죽음을 반복해야만 한다. 삶의 진리를 깨우칠 때까지 수없이 죽음을 되풀이해야만 한다.

죽음이란 태어나면서부터 시작하는 것이다. 인간의 삶과 죽음을 자세히 들여다보라. 그러면 죽음은 수태(受胎)에서부터 시작한다는 것을 알게 될 것이다. 태아는 9개월 동안 어머니의 뱃속에 있다가 나온다. 막 태어난 아기의 나이는 이미 9개월인 것이다. 따라서 아기는 태어나자마자 9개월만큼 죽음에 가까이 다가가는 것이다. 그대가 자궁 속에 들어가자마자 탄생은 시작된다. 죽음도 역시 그 순간에 시작된다. 그대는 매일 죽어가고 있다. 죽음이란 말년에 가서 겪어야 하는 무엇이 아니다. 죽음은 기적도 아니요, 마술도 아니다. 죽음은 계속 진행되는 과정이다. 그대는 천천히 매일매일 죽어간다. 어느 날 이렇게 죽어가는 과정이 멈출 때가 온다. 죽음은 이러한 과정의 피날레일 뿐이다. 죽음은 '시작의 끝'이다. 그저 한참 동안, 한 70년 간 진행될 뿐이다!

죽음으로부터 벗어나고자 하는가? 그러면 먼저 탄생으로부터 벗어나

라. 자궁 속으로 들어가는 것으로부터 벗어나야만 한다. 다시는 자궁 속으로 들어가고 싶지 않다면 자신의 내면 속으로 깊이깊이 들어가라. 이렇게 자신의 내면 속으로 깊이 들어가면 삶과 죽음의 예술을 이해하고 깨우치게 될 것이다. 참으로 삶과 죽음이 무엇인지를 알게 될 것이다. 다시는 자궁 속으로 들어가고 싶지 않다면 욕망으로부터 벗어나라. 갈망으로부터 벗어나라.

임종을 맞이하는 노인은 대개 이렇게 생각한다.

'아, 시간이 조금만 더 있다면 하고 싶었던 것들을 다 할 수 있을 텐데. 지금 짓고 있는 집을 다 지을 수 있을 텐데. 아들을 결혼시켜야 한다. 이제서야 내가 하고 싶던 것들을 하기 시작했는데. 지금 내가 세상을 떠야 하는 게 과연 공정한 것인가? 최근에 와서야 일들이 잘 풀리기 시작했는데. 이제 일손을 놓고 여행 떠나는 것을 생각하고 있었다. 애들은 이제 다 커서 제 밥벌이를 하고 있다. 그래서 나는 교회에 가서 예배를 드리고 찬송가를 부르고 싶었다.'

죽음이 찾아오면 모두가 이렇게 한탄할 뿐, 실제로 이렇게 살아가는 사람은 아무도 없다. 죽음이 다가오면 사람들은 대부분 '아, 조금만 시간이 있다면 신을 찾고 예불을 드릴 수 있을 텐데. 내가 하고 싶은 것을 하지 못하도록 지금 신이 나를 부르는 것은 공정하지 못하다'라고 생각한다.

이것이 임종을 맞이하는 사람들의 문제다. 자신의 욕구를 다 이루지 못했는데 몸은 이제 떠나려 하고 있다. 이런 충족되지 못한 욕구나 욕망으로 인하여 인간은 몸을 떠나는 즉시 새로운 자궁을 찾는다. 새로운 몸을 받아서 욕망을 충족시켜야만 하는 것이다. 그전에는 세상으로부터 자유로워질 수 없다. 좀더 살고 싶어서 다시 태어나는 것이다. 좀더 살아서 못 다 채운 욕구를 이루고 싶어서 다시 태어나는 것이다.

그러므로 진정한 죽음의 출발은 자궁에서 시작되는 것이 아니라 새로운 자궁 속에 들어가기 전부터 시작되는 것임을 알라. 누구나 죽을 때 좀더 살고 싶어한다. 이 살고 싶은 욕망으로 인하여 또 다른 죽음의 수레바퀴가 시작되는 것이다. 이러한 사실을 깊이 사색해 보라. 그러면 죽음과 죽음을 이어주는 연결고리가 욕망임을 자각하게 될 것이다. 누구나 젊었든 늙었든 상관없이 욕망을 지니고 있다. 이 욕망이 생사(生死)와 윤회(輪廻)의 원인이다. 붓다는 끊임없이 "욕망으로부터 벗어나라. 그러면 사바(娑婆) 세계로부터 자유로워질 수 있다. 어떠한 욕망에도 신경 쓰지 마라. 지금 있는 그대로의 모습에 기뻐하라. 그대, 있는 그대로의 모습에 만족하라. 그러면 다시 태어나지 않아도 된다"라고 말했다.

지금 당장 목적을 성취한 것처럼 만족하라. 더 이상 아무것도 할 것이 없는 것처럼 만족하라. 무엇을 이루든, 무엇을 성취하든 그것은 더없이 만족스러운 것이다. 지금 가지고 있는 것 이상을 성취하려고 애쓰지 마라. 이를 참으로 깨우치면 다시 태어날 필요가 없다. 자신의 삶에 완전히 충족한 가운데 죽을 수 있다. 완전히 충족한 가운데 죽는 사람에게는 다시 돌아올 이유가 없다. 그러한 사람은 죽음의 예술을 터득한 사람이다. 아무런 욕망 없이 죽을 줄 아는 사람은 죽음의 예술을 터득한 사람이다.

까비르는 죽음을 만나
죽는 걸 잊어버렸다.

까비르는 말한다.

다시 생각할 필요 없이
죽고, 죽고, 모든 게 죽어가지만

그대는 수없는 윤회를 되풀이했음에도 불구하고, 왜 자신이 윤회의 거미줄에 갇혀서 옴짝달싹 못하고 있는지에 대해 전혀 생각해 보는 일이 없다고 까비르는 말한다.

오직 나의 죽음만이 예술적인 죽음
사람은 모두 죽어, 흙으로 돌아가누나.

까비르 자신은 지혜를 완성하고 죽었지만 다른 사람들은 절망 속에서 죽는다고 까비르는 말한다. 이것이 바로 까비르와 그대와의 차이이다. 이것이 바로 깨달은 사람의 죽음과 무지한 사람의 죽음과의 차이이다. 그 차이는 질적인 차이이다. 외과의사가 판별할 수 있는 차이가 아니다.
 까비르와 그대가 병원에서 임종을 맞이하고 있다고 하자. 누가 의사에게 "두 사람의 죽음에는 어떤 차이가 있습니까?" 하고 묻는다면 의사는 두 사람의 죽음에는 아무런 차이가 없다고 대답할 것이다. 의사는 그저 "두 사람 모두, 심장의 박동이 느려지고 호흡이 얕아지고 혈액순환이 서서히 멈추고 있습니다. 두 사람 모두, 그러다가 죽는 게지요. 거기에는 아무런 차이가 없습니다. 사람의 죽음에는 질적인 차이가 있을 수 없습니다"라고 말할 것이다.
 죽음의 차이에 대해 잘 이해해 보라. 까비르의 죽음과 그대의 죽음 사이에는 분명한 차이가 있다. 까비르는 그것을 말하고 있는 것이다.

오직 나의 죽음만이 예술적인 죽음
사람은 모두 죽어, 흙으로 돌아가누나.

까비르는 지혜를 완성하고 완전히 자족한 상태에서 죽는다. 그는 진리와 실체를 알고 죽는다. 그러나 그대는 아무것도 모른 채 죽는다. 그

대는 삶에 자족하지도 못하고, 깨어 있지도 못하고, 지혜를 완성하지도 못하고 죽는다. 그대는 그저 나이를 먹고 늙으면 죽지만 깨달은 사람은 지혜를 완성하고 죽는다. 까비르가 말하는 것은 바로 이것이다. 그대는 거의 절망적인 상태에서 의사를 부르고 식구를 부르고 다른 누군가의 도움을 부르짖으면서 죽는다.

미국에서는 억만장자들이 죽으면 죽은 이의 몸을 냉동 보관하는 실험이 더러 행해진다. 시체를 냉동 보관하는 일은 너무나 비싸서 억만장자가 아니고서는 꿈도 꿀 수 없다. 과학자들은 미래의 언젠가는 죽지 않는 약이 개발될 수 있다고 믿고 있다. 그런 믿음하에 냉동 보관을 시도하는 것이다. 1950년 캘리포니아에 사는 한 사람은 30년 안에 약이 개발될 수 있을 것으로 생각하고 자신이 죽기 전에 죽으면 냉동 보관해 줄 것을 부탁했다. 그 사람 생각대로라면 1980년 전에 약이 개발될 것이다(오쇼가 본서를 강의한 때는 1975년이다). 그는 1980년까지만 자신의 몸이 냉동 보관되면 다시 살아날 수 있을 것으로 믿었다. 뇌세포나 모세혈관의 손상과 부패를 방지하는 데는 하루에 만 달러나 든다고 들었다. 이렇게 시체를 보관하려면 시체를 완전한 냉방 설비를 갖춘 건물내, 특별 냉동 보관소에 넣어야만 한다. 전기가 나가기만 해도 시체는 그 자리에서 끝이다. 시체를 일체의 손상 없이 그대로 보관하려면 대단한 설비와 시설이 필요한 것이다. 그래서 캘리포니아에서 죽은 억만장자를 위해 사람들은 1980년이 오기만을 기다리고 있다.

인간은 죽는다. 그것이 법(法)이다. 하지만 죽고 싶어하는 인간은 없다. 인간은 한계적인 존재이기 때문에 죽을 수밖에 없다. 그대는 죽지 않으려고 온갖 수단 방법들을 동원한다. 점쟁이나 관상쟁이의 말을 믿고 부적을 지니고 다닌다. 그대는 죽지 않기 위해 무슨 일이든 다 할 준비가 되어 있다.

나이를 먹는다는 것과 지혜로워지는 것과는 아무런 관계가 없다. 지혜로워진다는 것은, 인간 세상에는 참다운 것이 없다는 사실을 깨닫는 것이다. 지혜를 완성한다는 것은, 인생의 욕망과 애욕을 직접 경험해 보고 그 모든 것이 허망하다는 것을 깨닫는 것이다. 사랑을 직접 해보고, '아, 그것은 정욕이었구나' 라고 깨우칠 수도 있다. 자연이 그대를 단순한 종자번식의 수단으로 사용하고 있다는 사실을 깨우칠 수도 있다. 모든 사람들이 그렇게도 원하는 돈을 벌려고 바둥대며 벌어도 보지만 돈은 휴지 조각에 불과하다는 사실을 깨달을 수도 있다. 사장이 되고 장관이 되어서 수많은 사람들의 사랑과 존경을 한 몸에 받아도 보지만, 그러한 지위마저도 삶에 참 만족을 줄 수 없다는 사실을 깨달을 수도 있다. 자신의 에고를 한껏 부풀려서 저울에 달아보지만 자신의 초라함과 천박함만을 깨우칠 수도 있다. 대궐 같은 집에 살아도 보지만 내면의 거지 근성은 그대로 있음을 깨우칠 수도 있다.

그대는 많은 것을 얻을 수도 있고 성취할 수도 있다. 하지만 이렇게 얻고 성취하는 모든 것들조차 죽을 때는 놓고 가야 한다는 사실을 깨닫게 될 때 그대는 지혜[道]를 터득한다. 이렇게 그대만의 지혜를 터득했을 때 인생의 모든 것들이 허망하다는 사실을 깨닫게 된다. 인생에서 참된 것이란 아무것도 없다는 사실을 깨닫게 된다.

우리는 삶을 하나하나 체험하면서 삶을 배워 나아간다. 누구의 말을 듣는다고 해서, 까비르의 글을 읽는다고 해서, 혹은 내 말을 듣는다고 해서, 자신이 무지 속에서 살아왔다는 것을 깨달을 수 있는 것은 아니다. 자신이 하나하나 직접 해보고 검증하면서 깨달을 수 있는 것이다.

이 세상은 깨달은 자를 위한 곳이 아니다. 여기 세상에서 깨달은 사람이 할 수 있는 일이란 아무것도 없다. 이 세상은 아이들 장난감과 같다. 장난감을 가지고 노는 것에 빠져서 자신이 무엇을 하고 있는지 모르는 게 이 세상이다. 그대가 깨달으면 웃을 것이다. 그리고 세상이 장난감에 불과한 것이었음을 보게 될 것이다. 세상이 장난감이었음을 알게 될 때 그대는 깨닫는다. 이를 깨우칠 때 욕망의 쇠사슬이 끊어진다. 파탄잘리는 이러한 경지를 '사마디(samadhi : 깨달은 경지. 한자로 '삼매(三昧)' 라고 음역)' 라고 불렀다. 특히 모든 것이 다 꺼진 '니르비칼파 사마디(nirvikalpa samadhi : 무종삼매(無種三昧))' 라고 불렀다. 거기에는 '이것을 해야 하나? ' 저것을 해야 하나? 하는 모든 생각이 없어진다. 혹은 '이것을 얻어야 하나?' '저것을 얻어야 하나? 하는 모든 마음이 꺼진다. 모든 것이 사라진다.

'사마디' 라는 말은 참으로 아름답다. '사마디' 라는 말은 절대 지혜의 경지를 표현할 때 쓸 뿐만 아니라, 산야신(sannyasin : 구도계(sannyas)를 받은 구도자, 혹은 출가 수행승)의 무덤을 가리킬 때도 이 '사마디' 라는 말을 쓴다. 절대 지혜의 경지를 가리키는 '사마디' 라는 말을 산야신의 무덤을 가리킬 때도 쓰는 데는 숨은 뜻이 있다. 죽기 전에 자신의 모든 욕망을 놓아야만 사마디를 얻을 수 있다는 말이다. 그래서 더 이상 살려는 욕망을 놓고 죽은 사람, 깨달음을 얻은 사람의 무덤을 '사마디' 라고 부른다.

죽음이 다가오면 그대는 죽지 않기 위해 몸부림을 친다. 떨면서 공포에 휩싸인다. 혼돈과 불안의 바다 속으로 빠져든다. 마지못해 죽음에 끌려간다. 자신의 생명력이 몸을 떠날 때는 공포를 느낀다. 그래서 자신의 육체에 그토록 집착을 하는 것이다. 어찌할 수 없는 힘에 의해 그대는 육체를 떠난다. 실패와 좌절 속에서 죽는다. 비통과 비탄 속에서 죽는다.

임종을 맞이한 사람 옆에 앉아, 그 사람이 얼마나 자신의 생명에 강한 집착을 보이는지 지켜보라. 그대 자신의 임종시에는 이를 지켜보기 힘들 것이다. 따라서 다른 사람의 임종을 가만히 눈여겨 보라. 죽어가는 사람은 조금이라도 생명을 부지하기 위해, 조금이라도 삶을 연장하기 위해 지푸라기라도 잡는 심정으로 발버둥이 친다. 저승의 사자가 와서 이쪽 강가에 배를 대고 그대를 기다리고 있다. 저승 사자는 "이제 때가 왔소. 왜 이승에 그렇게도 집착하는 거요?" 라고 물으면서 손짓을 하면 그대는 "쪼끔만 더 기다려 주십시오. 쪼끔만 이승의 행복을 더 누리게 해주십시오. 제 인생에서 아무것도 얻은 게 없습니다"라고 말한다. 그대는 살면서 참 행복을 느낀 적이 있는가? 없다. 그럼에도 불구하고 가야 할 때가 왔을 때, 손톱만한 행복이라도 맛보고 싶어서 조금이라도 더 살고자 한다. 이것은 비극이 아닐 수 없다.

그대는 불만에 가득 차 죽는다. 타는 애욕 속에서 죽는다. 이강 저강에 가서 물을 마셨겠지만 그대의 목마름은 여전히 그대로다. 배고픔도 그대로다. 욕망도 하나 채워지지 않은 채 그대로다. 삶의 모든 것들을 경험해 본다고 할지라도 그대의 욕망은 채워지지 않는다. 욕망은 그대가 죽는 순간까지도 따라다니면서 그대를 괴롭힐 것이다. 이러한 죽음은 무지한 자의 죽음이요, 어리석은 자의 죽음이다.

모든 것을 경험해 보라. 그래야만 그대는 욕망을 통과해서 지나갈 수 있다. 욕망이 사라지기 시작하면 웃음이 터져 나올 것이다. 세속적인 인생에서 행복을 짜내려고 하는 것은 마치 모래를 가지고 기름을 짜내려고 하는 것과 매한가지라는 것을 깨달으라. 세속적인 인생에서 참된 관계란 존재할 수 없다는 사실을 깨달으라. 세속적인 인생에서 진정한 행복은 가능하지 않다는 것을 깨달으라. 모든 것이 꿈이었다는 것을 자각하라. 그러면 그대는 지혜의 경지에 도달한다. 죽음이 찾아오기 전에 지혜를 완성할 수 있다. 그대는 이미 수없는 생을 반복해 왔다. 살 만큼 넉넉하게 살았다.

다시 생각할 필요 없이
죽고, 죽고, 모든 게 죽어가지만

이를 잘 음미해 보라. 그대는 여태껏 죽기 전에 죽음에 대해 잘 음미해 보지 않았다. 죽기 전에 죽음에 대해 잘 음미해 보지 않으면 똑같은 노

예 생활을 처음부터 다시 반복해야만 한다. 온갖 야단법석을 다시 떨어야만 한다. 자, 이번에는 죽기 전에 죽음을 잘 음미해 보라. 아무 생각 없이 살지 마라. 죽음이 찾아오기 전에 깨어서 살라. 깨어 있음의 예술을 배우라. 한 번 한 번 자꾸자꾸 더 깨어 있으라.

죽음이 그대의 문을 두드릴 때 완전히 깬 의식을 지니고 죽음을 따라가라. 깨달은 사람처럼 죽음에 임하라. 마치 장난감을 빼앗긴 어린아이처럼 울고 짜지 마라. 죽음이 찾아올 때 애들처럼 굴지 마라. 미소로써 죽음을 맞이하라. 당당하게 "좋습니다. 준비가 됐습니다"라고 말하라. 이렇게 말할 줄 아는 자에게는 티끌만한 후회도 없을 것이다. 그대가 진정으로 삶을 알았다면 그대의 말은 비탄에 찌들어 있는 것이 아니라 법열과 엑스터시로 넘쳐흐를 것이다.

죽을 수밖에 없는 운명이라면, 죽으라!
죽음마저도 사라져 간다.
죽음도 그러하거늘,
왜 하루에도 수백 번씩 죽는가?

그대가 맞이하게 될 죽음은 무지한 자의 죽음이다. 하루에도 수없이 많은 사람들이 그렇게 죽어간다. 그대가 자각을 하고 있든 못하고 있든, 그대가 하루 24시간 내내 두려워하는 것이 딱 한 가지 있으니, 그것은 죽음이다. 언젠가는 불현듯 다가올 죽음을 두려워하는 것이다. 죽음의 그림자가 항상 그대 뒤를 따라다닌다. 두려움의 가지[枝]들은 다양한 모습으로 나타날 수 있지만 그 뿌리는 하나이다. 물론 그대가 일상적으로 느끼는 두려움에는 여러 원인이 있을 것이다. 하지만 그 원인이 무엇이든간에 자신의 내면을 깊이 들여다보면 모든 두려움의 진짜 원인은 딱 하나이다. 죽음이 모든 두려움의 원인인 것이다.

그대는 재산을 일부 날리기라도 하면 초조하고 불안해한다. 이 점에 대해 잘 생각해 보라. 재산을 날려서 두려워하는지, 아니면 또 다른 이유가 있어서인지 자신의 내면을 깊숙이 들여다보라. 언뜻 보기에는 재산을 날려서, 혹은 자기가 운영하는 회사가 부도가 나서, 아니면 곧 부도가 날까봐 불안해하는 것처럼 보일지 모른다. 하지만 내면을 들여다보라. 내면을 깊이 들여다보면 그러한 불안이나 두려움의 진짜 이유는 죽음이라는 사실을 깨달을 것이다.

돈이란 생활의 보조 수단에 불과하다. 그저 먹고사는 데 필요한 것이다. 그대가 인도에서는 치료가 불가능한 병에 걸렸다고 치자. 만약 그대가 미국에 갈 수 있을 만큼 넉넉하다면 미국에 가서 치료를 받을 수 있을 것이다. 돈이 없으면 치료를 못하고 죽을 날만 기다려야 한다. 집안이 풍비박산 날 수도 있다. 절망적으로 죽음이 찾아오는 날을 기다려야만 한다. 이런 것을 보면 재산을 잃는 데에 대한 두려움 뒤에는 죽음에 대한 두려움이 숨어 있음을 알 수 있다.

아내가 죽을병에 걸리면 남편은 정신 나간 사람처럼 될 것이다. 아내의 죽음은 자신의 일부의 죽음이기 때문이다. 남편은 아내를 자신의 반쪽으로 생각한다. 따라서 아내의 죽음은 자신의 반쪽이 죽는 아픔인 것이다. 그래서 아내가 죽으면 남편은 정신 나간 사람이 되어 버린다.

남편이 죽으면 아내는 더 당황하고, 더 두려워한다. 남편은 아내가 죽으면 아내의 죽음으로 생긴 내면의 공백을 재혼으로써 곧바로 채울 수 있다. 하지만 아내는 그러지도 못하고 앞이 깜깜한 인생을 살아가야만 한다. 죽은 것이나 진배없는 삶을 살아야 하는 여자가 과부이다. 과부 인생의 90퍼센트는 이미 저승에 가 있다. 오직 남은 10퍼센트만이 과부의 삶을 끌고 간다. 과부의 인생은 정말로 불쌍한 삶이다. 과부의 인생은 삶도, 죽음도 아닌 인생이다. 마지못해 질질 끌려가는 인생이다.

그래서 옛날에 남편이 죽으면 아내는 남편을 따라 죽었던 것이다. 남편의 화장용(火葬用) 장작더미에 자신의 몸을 던져서 남편을 따라 죽었던 것이다. 아내에게는 어쩌면 과부의 인생을 사는 것보다 차라리 남편을 따라 죽는 것이 더 편했을 것이다. 과부로서 사는 삶은 하루에도 수백 번씩 죽는 것과 같은 삶이었을 것이다. 그래서 차라리 지금 영원히 죽어 버리는 게 나았던 것이다.

그대는 하루에 몇 번씩 죽는가? 하루에 몇 번씩 두려움에 떠는가? 그대가 두려워할 때마다 그대는 죽고 있다. 그대가 두려워할 때마다 죽음의 그림자가 그대 위에 내려온다. 죽음의 음산함이 드리워 온다. 죽음은 모든 이들에게 온다. 죽음을 거부할 수 있는 사람은 아무도 없다. 따라서 한 번에 영원히 죽으라. 제대로 죽으라. 그러면 혼란과 고통으로 뒤엉킨 이 풍진 세상을 영원히 떠날 수 있다고 까비르는 말한다. 무엇을 하든 온전하게 하라. 하는 것마다 온전하게 하면 그것을 두 번 다시 할 필요가 없게 된다고 까비르는 말하고 있다.

한 풋내기 가수가 한 번은 음악가들이 주로 모여 사는 읍내에 왔다. 이 가수의 음악을 듣기 위해 수많은 사람들이 모여들었다. 그는 아직도 음악 수업을 받는 진짜 신출내기 가수였다. 그런데 음악에 대해서는 문외한인 사람들이 모여 사는 곳에 찾아가, 한푼 어치의 실력으로 자신을 뽐내곤 했다. 그러나 그가 지금 찾아온 읍내에는 전문가들이, 고전음악을 하는 사람들이 많이 모여 살고 있었다.

그가 노래를 부르자 청중 모두가 "다시! 다시 해요!"라고 외치는 것이었다. 그 신출내기는 착각했다. "아, 대단한 사람들인데. 진짜로 음악을 아는 사람들이야! 다른 사람들한테서 들었던 말이 맞아. 이곳 사람들은 음악을 제대로 아는구나." 하고 착각했다. 그가 노래를 다시 불렀다. 그러자 또다시 청중들은 "다시!"라고 외치는 것이었다. 그렇게 하기를 일고여덟 번.

이 신출내기 가수는 이제 목이 아프고 지치기 시작했다. 일고여덟 차

레 노래를 다시 부른 후 그는 마침내 "좋습니다. 여러분들의 사랑에 저는 깊이 감동했습니다. 하지만 죄송합니다. 더 이상은 다시 할 수 없습니다. 제 목소리가 거의 쉬었습니다." 하고 청중들에게 말했다.

그러자 청중들은 "당신이 노래를 제대로 부를 때까지 다시 부르시오" 라고 말하는 것이었다. 이 신출내기는 청중이 "다시!"라고 외칠 때마다 자신의 노래가 너무 좋아서 앙코르를 신청하는 줄로 착각했던 것이다. 하지만 거기에 모인 사람들은 전문가들이었다. 청중들이 외친 "다시!"라는 말은 "당신 목소리가 쉬는 것은 문제가 아니오. 노래를 제대로 부를 때까지 다시 부르시오!"라는 말이었던 것이다.

존재계는 그대를 사바 세계로 계속 되돌려 보낸다. 하지만 그대가 중요하고 없어서는 안 될 인물이기 때문에 존재계가 그대를 계속해서 이 세계로 되돌려 보내고 있다고 착각하지 마라. 존재계가 그대를 사바 세계로 되돌려 보내는 것은 "그대가 삶의 노래를 제대로 부를 때까지 계속 다시 불러라"라는 것이다. 그대는 항상 미완성인 채로 신에게 되돌아간다. 그래서 그대는 삶의 노래를 제대로 부를 수 있을 때까지 연습을 계속해야만 한다. 신은 미완성의 작품을 받아들이지 않는다. 신은 오직 완성품만을 받아들인다. 미완성인 그대와는 달리 까비르는 엑스터시로 넘쳐흐른다. 그래서 까비르는 자신이 신에게 다가가는 것을 기뻐하는 것이다. 불멸의 존재와 결혼하는 것에 그렇게 기뻐하는 것이다.

죽을 수밖에 없는 운명이라면, 죽으라!
죽음마저도 사라져 간다.
죽음도 그러하거늘,
왜 하루에도 수백 번씩 죽는가?

까비르는 이어서 말한다.

죽음을 두려워하면
사랑은 느낄 수 없다.
사랑이 머무는 곳은 너무 멀리 있구나.
이를 깨달으라.

죽음을 두려워하는 한, 사랑은 우러나오지 않는다. 사랑은 신을 향해 열린 문이다. 까비르에게 있어서 '사랑'이라는 말은 최상의 말이다. 사랑보다 위에 있는 것도 없고 사랑 너머에 있는 것도 없다. 까비르에게 있어서 사랑은 기도요, 명상이며, 예배요, 경배이다. 참회요, 요가이며 탄트라요, 신비의 만트라이다. 모든 것이 사랑 안에 있다. 이 세상에는 까비르가 말하는 '사랑'에 비견할 만한 말이 없다.

까비르를 좀더 깊게 들여다보라. 좀더 깊이 이해해 보라. 그러면 세상에는 까비르만큼 사랑의 위대함을 노래한 사람이 존재하지 않는다는 것을 알게 될 것이다. 사랑이 삶의 정수 중의 정수이다. 사랑이 인간이 성취할 수 있는 최상의 경지이다.

죽음을 두려워하면
사랑은 느낄 수 없다.
사랑이 머무는 곳은 너무 멀리 있구나.
이를 깨달으라.

그대에게 있어서 사랑이 머무는 곳은 아직도 멀고 멀다는 사실을 알라. 그대가 지금까지 사랑이라고 생각한 것은 참사랑이 아니다. 그대가 쓰는 '사랑'이라는 말은 진짜 사랑이 아니다. 그대는 이것저것 수많은

것들에 사랑이라는 말을 붙인다. 하지만 지금껏 그대가 사랑이라고 생각해 온 것은 참사랑하고는 너무나 거리가 먼 것이다.

참사랑을 안 사람은 신을 안 사람이다. 참사랑을 배운 사람에게는 더 이상 배울 것이 남아 있지 않다. 사랑이 넘쳐흐르는 삶을 살다 간 사람의 죽음은 마지막 죽음이다. 그는 다시 태어나지 않아도 된다. 사랑을 제대로 배운 사람은 다시 이 세상으로 돌아와야 할 하등의 이유가 없다. 그는 사랑을 온전히 배운 것이다. 그는 사랑의 노래를 온전히 터득한 것이다.

죽음을 두려워하면
사랑을 느낄 수 없다.

신을 향해 열린 문을 들어가려면 신의 문 앞에서 자신을 완전히 버려야만 한다. 그대는 항상 신을 소유하려고 든다. 하지만 신을 소유하려고 들면 신을 소유할 수 없다. 사람들이 나에게 와서 종종 "신을 찾고 싶습니다"라고 말하곤 한다. 그러면 나는 그들에게 "그런 터무니없는 말을 나에게는 하지 마라. 그것은 토론의 대상이 아니다. 그대는 먼저 자신을 어떻게 하면 버릴 수 있는지를 묻는 것이 순서다"라고 말해 준다.

신을 찾고 어쩌고 하는 말은, 모두 쓸데없는 이야기들이다. 이야기하고 토론하고 다 부질없는 짓이다. 그리고 거기에는 끝이 없다. 결론도 있을 수 없다. 지금 그대에겐 '나' 자신을 완전히 놓는 법을 알면 충분하다. 그대 자신을 놓았을 때, 그래서 그대가 더 이상 존재하지 않을 때, 그대는 님을 사모하는 자가 된다. 님의 문 앞에 서 있게 된다. 그날 님은, 즉 신은 그대의 노크에 응답하고 문을 열어 준다. '나'가 있는 한, 신을 찾을 수 없다. 그대가 신을 찾기 위해 별짓을 다해도-신전을, 모스크를, 까쉬를, 카바 신전(Kaaba : 메카에 있는 회교도가 가장 신성시하는 신전)을 찾아간다고 해도, 깊은 산속 토굴에서 수행을 한다고 해도, 출가를 한다고 해도-신을 찾을 수 없다. 참회를 해보라, 그저 그대의 에고만 강해질 뿐이다. 출가를 해보라, 또 다른 세속을 만나게 될 것이다. 보시(布施)를 해보라, 그저 명예만 얻을 뿐이다. '나'가 무엇을 하면 '나'라는 에고만 강해질 뿐이다.

그래서 참다운 보시란 '나'가 없을 때만 가능하다. 참다운 출가란 '나'가 완전히 비워졌을 때만 가능하다. 그래서 까비르에게는 사랑이 궁극의 경지이다. 까비르는 말한다. "'나'가 있으면 무엇을 해도 신의 경지에 도달할 수 없다. 죽음에 대한 두려움을 버려라. 왜 그대는 죽고 태어나고, 죽고 또 태어나는가? 왜 하루에도 수백 번씩 죽는가?" 그저 한 번 죽고 끝내 버려라. 단 한 칼로 이 속세의 번민을 끊어 버려라.

사랑이 머무는 곳은 너무 멀리 있구나.
이를 깨달으라.

그대와 사랑과의 거리는 그대의 에고 길이에 비례한다. 그대의 에고가 수천 리면, 그대와 사랑과의 거리도 수천 리다. 그대의 에고가 한치면 사랑과의 거리도 한치에 불과하다. 만약 에고가 전혀 없다면 사랑과 떨어진 거리는 사라진다.

사랑 쪽에서 보면 사랑 그 자체는 그대와 떨어져 있지 않다. 사랑이 머무는 곳이 멀다고 생각하지 마라. 멀다고 생각하면 까비르를 오해하게 된다. 사랑은 오직 에고 때문에 그대와 떨어져 있을 뿐이다. 자신과 신과의 거리는 에고의 길이에 비례한다. 따라서 자신의 에고를 재 보라. 자신의 에고를 정확하게 재 보라. 신을 찾으려고 애쓰지 마라. 그저 자신과 신과의 거리를 줄이라. 그대가 그 거리를 줄인다면 그대는 집에 앉아서도 신의 사원에 들어갈 수 있다.

까비르는 "나는 신을 찾기 위해 떠돌아다니지 않았다. 나는 내 집에서 신과 하나가 되었다"라고 말한다. 어디에 가야 되느냐의 문제가 아니다. 엄밀하게 따져 보면 구도니 순례니 하는 것은 없다. 유일한 장애물은 에고일 뿐이다. 그대가 자신의 에고를 움켜 쥐고 있는 한, 이 사원에서 저 사원으로 이 절에서 저 절로 떠돌아다녀 보았자 아무 소용이 없다.

한 번은 힌두 신비가(神秘家)인 에크나트(Eknath : 인도 마하라슈트라(Maharashtra) 주(州) 태생의 깨달은 스승)가 성지 순례를 떠날 참이었다. 형이 에크나트에게 말했다.

"순례를 떠날 수 있다니, 너는 복받았다. 나는 순례를 떠날 여유가 없다. 동생인 네가 가니 나는 됐다. 이 호리병박을 가지고 가라. 성지에 들를 때마다 이 호리병박을 성스러운 연못이나 강물에 담갔다가 꺼내라. 그러면 이 호리병박이 성스러워질 것이다. 네가 돌아올 때 가져 오면 내가 호리병박의 맛을 보겠다."

형의 말을 들으면서 에크나트는 웃었다. 에크나트는 순례 여행에 형이 준 호리병박을 가지고 갔다. 그는 성지에 들러서 성스러운 강물에 먼저 몸을 담근 다음 호리병박도 담갔다. 순례에서 돌아와 에크나트는 호리병박을 형에게 주었다. 형은 그것을 쪼개서 맛을 보았다. 맛이 아주 썼다. 에크나트가 말했다.

"형님이 준 호리병박이 제 눈을 뜨게 해주었습니다. 이번 순례에서 저는 깨달음을 얻었습니다. 다시는 순례를 떠나지 않을 것입니다. 그 모든 성스러운 물도 아무 소용이 없더군요. 이 쓰디쓴 호리병박의 맛조차 변화시키지 못했으니까 말이에요. 성스러운 강물에 몸을 담그는 일은 쓸데없는 일입니다. 그런 성스러운 물이 호리병박의 쓴맛을 변화시킬 수 없었다면 제가 그 성스러운 물에 목욕재계를 한다 치더라도 제 내면의 쓴맛을 변화시킬 수 없는 노릇입니다. 순례는 아무 소용이 없는 것이에요. 더 이상 신을 찾지 않으렵니다."

The Great Secret

에고가 존재하는 한, 내면의 쓴맛은 변화되지 않는다. 에고는 독이다. 아무리 쓰디 쓴 호리병박이라 할지라도 에고만큼 쓰지 않다! 성스러운 순례지들이 호리병박 하나 어찌하지 못했다면 사람은 말할 필요도 없는 것이다.

그대가 아무리 절을 찾고, 교회에 다니고, 신전을 방문해 보아도 그대는 여전히 똑같은 그대일 뿐이다. 신전에 갈 때나 올 때나 그대로다. 대개 떠날 때는 순수한 마음의 순례자로서 떠나지만 돌아올 때는 에고가 더 강해져서 온다. 더 악화돼서 돌아오는 것이다. 그대는 자신의 에고를 부풀리는 데 중독되어 있다. 심지어 종교인이 돼도 에고를 강하고 크게 만드는 데 온 마음을 다 쓴다.

죽음을 두려워하면
사랑은 느낄 수 없다.

'나'를 버려라. 그것만이 신과 하나가 될 수 있는 유일한 길이다.
그런 다음 까비르는 참으로 위대하고도 혁명적인 것에 대해 이야기한다. 심지어 깨달은 사람에게조차도 놀라운 것에 대해 이야기한다.

무(無)도 죽고, 침묵도 죽고
무한자(無限者)마저도 죽지만
참으로 님을 사랑하는 이는 죽는 걸 모른다.
까비르는 말한다, "이를 깨우치라."

놀라운 말이다. 까비르는 정말 대단하다. 위대하다. 정말 용기 있는 사람이다. 정말 당당하게 말하는 사람이다. 그는 진리를 돌려서 이야기하지 않는다. 있는 그대로 이야기한다. 그만큼 순백의 진리를 이야기하고

자 하는 까비르의 열망이 강한 것이다. 그는 누가 자기 말을 잘못 이해 할까봐 걱정하지 않는다. 신경 쓰지 않는다. 심지어 무(無)도 죽는다고 그는 서슴없이 말하고 있다.

공(空)을 얻으면 우주의 소리 '옴(Aum)'을 듣는다고 깨달은 사람들은 말한다. 무가 되었을 때, 텅 비워졌을 때, 공을 체험했을 때 궁극적인 깨달음을 얻은 것이라고 각자(覺者)들은 말한다. 그런데 까비르는 공도 죽고 침묵도 죽는다고 말하고 있다.

시크교도들이 믿는 바, 나나크는 "우주의 소리인 옴을 체험하면, 이 어마어마한 만트라인 옴을 말로서는 도저히 형용할 길이 없다. 옴은 스스로 계속 소리를 낸다"고 말했다. 시크교도들은 우주의 소리를 듣게 되면 궁극적인 깨달음을 얻게 된다고 믿는다. 나나크는 "옴의 소리, 베다가 그토록 찬양해 마지않았던 소리가 유일한 참소리"라고 말했다. 하지만 까비르는 그것마저도 죽는다고 말하고 있다.

무한자마저도 죽지만

수피는 절대자를 '아나하드(anahad)'라고 부른다. 한계가 없는 무한한 존재라는 말이다. 수피는 이 무한자를 체험하면 모든 것을 체험하게 된다고 믿는다. 그러나 까비르는 무한자도 죽고 '아나하드'도 죽고 모든 것이 다 죽는다고 말한다.

참으로 님을 사랑하는 이는 죽는 걸 모른다.

하지만 신의 사랑을 성취한 사람은 결코 죽는 법이 없다는 말이다. 이를 좀더 깊이 이해해 보자. 이 말은 참으로 의미심장한 말일 뿐만 아니라 그 의미에서도 상당히 혁명적이다.

무도 죽고, 침묵도 죽고
무한자마저도 죽지만

공에 대한 체험조차도 존재하지 않는다. 그대가 침묵 속으로 들어가면, 그대가 사마디 경지에 도달하면, 모든 것이 무(無)라는 것을 자각하게 되면, 공과 무를 체험하게 된다. 하지만 '나'는 아직도 떨어져 있는 존재다. '아는 자'가 아직도 떨어져 있다는 말이다. 아직까지 공은 자각과 지각의 '대상'이다. 자신이 무가 되었다는 것을 아는 놈은 누구인가? 이러한 경지를 체험하는 놈은 누구인가? '나'가, '아는 자'가 아직도 떨어져 있다. 아직도 이중성이 남아 있다는 말이다. 이중성이 있는 한, 죽을 수밖에 없다. 그래서 까비르는 무도 죽는다고 말하고 있다.

과거의 위대한 각자(覺者)들도 이와 같은 말을 했다. 불교의 경우를 예로 들어보자. 임제는 정말 대단한 수행승이었다. 한 번은 자신이 궁극의 진리에 도달했다는 생각이 들었다. 내면이 텅 비어 버렸다. 사념이 하나도 일어나지 않았다. 마음이 전혀 잡히지 않았다. 이를 체험하자마자 그는 스승에게로 달려가서 "공을 얻었습니다"라고 말했다. 스승이 대답했다. "그 공을 던져 버리고 나서 나에게 오라. 공 같은 것은 여기서 쓸데없는 것이다."

임제의 스승이 말하고자 했던 바는 무엇인가? 그가 말하고자 했던 바는 지금 까비르가 말하고 있는 것이다. 스승은 임제에게 "아직 '너'와 '체험'이 분리되어 있다. 너와 체험과의 거리가 존재한다는 말은 아직도 이중성이 남아 있다는 말이다"라고 말한 것이다. "나는 님과 혼례를 올렸다. 그리고 불멸의 존재가 되었다"라고 말하면 이미 빗나간 것이다. 아직도 거리가 존재하기 때문이다. 공이 있다면 아직도 '나'가 존재하는 것이 된다. 아는 자가 존재하면 알려지는 대상이 존재하기 마련이다. 아직도 주관과 객관이 존재하고 있다는 말이다.

무도 죽고, 침묵도 죽고

옴의 소리를 듣는 이는 누구인가? '나'가 듣는다. 세상사의 소음이 가시고 그 대신에 우주의 소리, 옴의 소리가 들린다. 그 소리를 듣는 이는 누구인가? 듣는 이가 아직도 있으면 아직 분리성이 남아 있다는 것이 된다.

무한자마저도 죽지만

'나'라는 존재가 무한자를 안다면 그 무한자는 아직도 한계를 지니고 있는 것이 된다. 지식이나 머리는 한계와 경계를 만든다. '나'가 무한자를 알았다고 하면 그것은 이미 참된 무한자가 될 수 없다. 참된 '경계 없음'이 될 수 없다. 이는 모든 체험마저 죽어 버리는 경지라고 까비르는 말하고 있다.

참으로 님을 사랑하는 이는 죽는 걸 모른다.

오직 사랑만이 죽지 않는다. 사랑 안에서는 먼저 '사랑하는 이'가 죽어야 하기 때문이다. 그래야만 진실한 사랑이 우러나온다. 까비르는 "사랑을 위한 첫째 조건은 자신이 죽어서 더 이상 존재하지 않아야만 한다"는 것을 암시하고 있다. 자신도 신도 더 이상 존재하지 않고 오직 사랑만이 존재하는 순간에 참된 사랑은 태어난다. 그때 라마도 라마의 헌신자도 사라지고 오직 사랑만이 남는다. 강의 양둑이 사라지고 영원한 사랑의 흐름만이 남는다.

참으로 님을 사랑하는 이는 죽는 걸 모른다.

그러고 나서 까비르는 말한다.

죽음, 온 세상이 다 두려워 떨지만
죽음, 나의 가슴은 기쁨으로 넘쳐흐른다.
죽어 나 자신을 무아경(無我境)에
온전히 내줄 날은 언제인가?

삶의 진리를 체득한 자는 죽으면 이 속세의 고해(苦海)로부터 곧 자유로워진다는 것을 안다. 그래서 죽음이 찾아와도 그의 내면은 기쁨으로 넘쳐흐른다. 곧 쓸데없는 장난감을 버릴 때가 온다는 것을 안다. 이러한 사람이 더 이상 되돌아올 필요가 없는 경지로 들어간다.

예수는 말한다.

"어부가 바다에 그물을 던지면 그물 구멍보다 작은 물고기는 빠져 나가고 큰 물고기만 잡힌다. 하나님은 너희가 큰 물고기가 될 때까지 계속해서 너희를 향해 그물을 던진다. 너희가 큰 물고기가 될 때까지, 너희는 세상이라는 바다로 계속 빠져 나온다."

까비르는 말한다.

죽음, 온 세상이 다 두려워 떨지만
죽음, 나의 가슴은 기쁨으로 넘쳐흐른다.

하나님의 그물은 그대에게 내려왔다가 바로 사라진다. 그대는 죽음이 인생의 종말이라고 생각한다. 하지만 까비르는, 죽음은 가없는 삶의 시작이라고 본다. 그대는 죽음을 인생의 종말이라고 생각하기 때문에 두려워한다. 하지만 까비르는 죽음이 더할 나위 없는 삶의 순간이라고 생각하기 때문에 기쁨으로 흘러 넘친다. 이제 수없이 윤회를 거듭하면서 찾아온 신전(神殿)이 그대 곁에 가까이 다가와 있다. 육체로 인한 희미한 경계가 곧 사라질 것이다. 그러면 모든 경계가 사라진다.

> 죽음, 온 세상이 다 두려워 떨지만
> 죽음, 나의 가슴은 기쁨으로 넘쳐흐른다.
> 죽어 나 자신을 무아경에
> 온전히 내줄 날은 언제인가?

까비르는 자신이 죽으면 신을 보게 될 것이라고 말하고 있다. 진정으로 삶을 안 자는 죽음을 신과의 만남으로 생각한다. 삶을 안 자는 죽음을 가장 커다란 복(福)으로 받아들인다. 그들에게 있어서 죽음은 더 이상 죽음이 아니다. 그들에게 있어서 죽음은 혼례요, 하나됨이다. 더없는 경지요, 완성의 경지이다. 지고(至高)한 사랑의 꽃피어남이다. 죽음이 그들을 만나면 죽음의 얼굴이 탈바꿈된다.

그대의 각도에서 보면 죽음은 모든 것을 상실하게 되는 종말이 된다. 그대의 시각은 꿈이다. 까비르의 각도에서 본 죽음은 진리의 문을 열어주는 것이다. 불필요한 것을 제거해 주고 참다운 풍요로움 속으로 안내하는 인도자이다.

그대는 죽음을 칠흑같이 어두운 밤으로 생각한다. 까비르에게 있어서 죽음은 더없이 소중한 약속이 실현되는 여명이다. 밤이 깊어 갈수록, 죽음이 다가올수록 까비르는 기쁨으로 넘쳐흐른다. 이제 곧 태양이 떠오를 것이기 때문이다.

제대로 살면 제대로 죽을 수 있다. 올바른 삶은 올바른 죽음의 토대가 된다. 그래서 삶을 올바르게 산 사람은 더 이상 죽지 않는다.

딱 한 번만이라도 죽음의 열쇠를 찾아보라. 그대는 정말 수없이 신의 그물을 빠져 나왔다. 정말 수없이 사바(娑婆)의 바다 속으로 빠져 나왔다. 이번 생에서만큼은 신의 그물이 내려오기 전에 신 의 그물에 걸릴 수 있는 큰 물고기가 되어라.

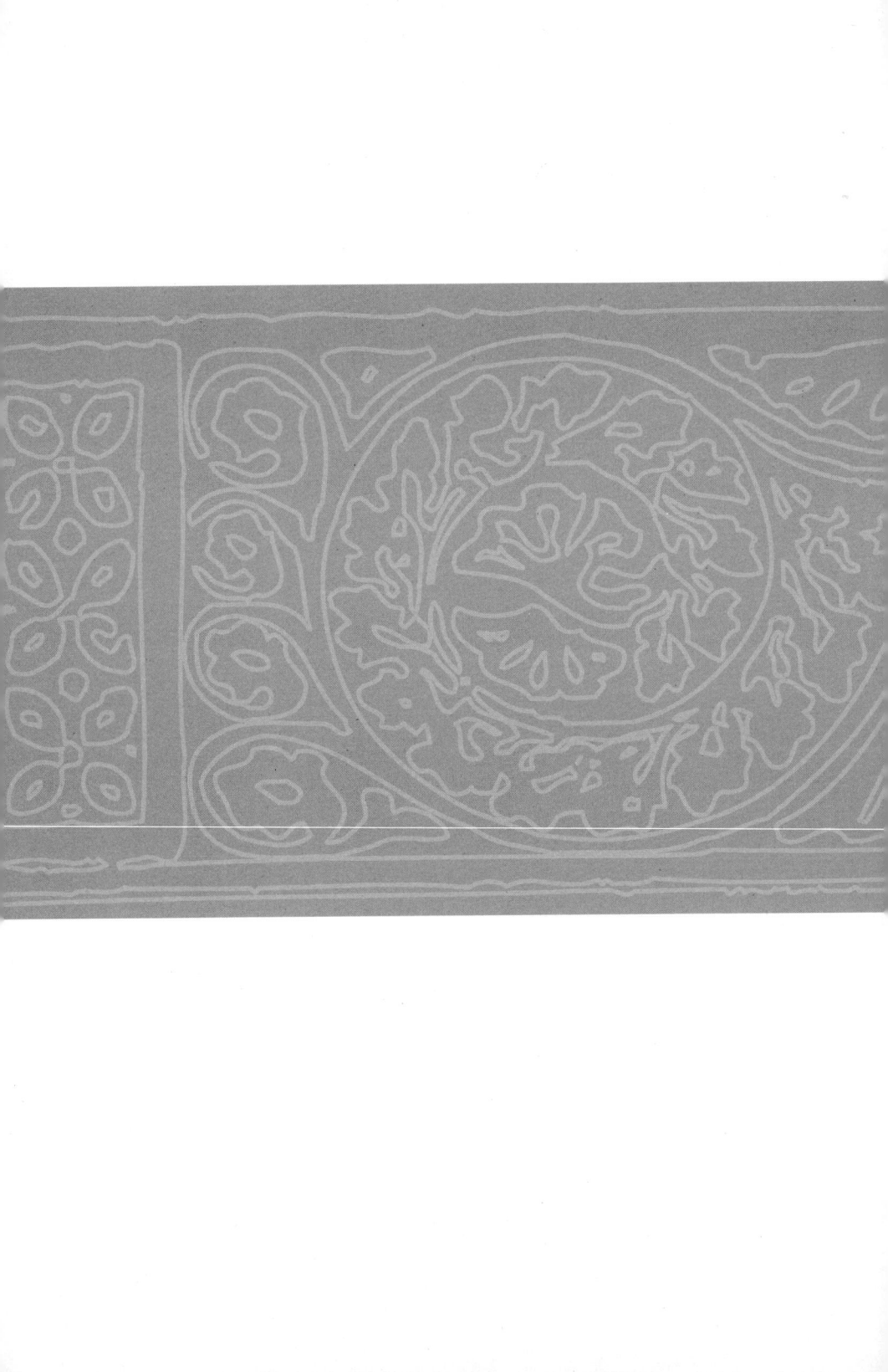

좋고 나쁨을 선택하는 혼미 속에서
온 세상이 방황하는구나.
선택 없이, 신을 찬미하는 이
그이가 참된 사두(sadhu)이지 않은가?

당나귀와 당나귀가 서로 묶여 있는 것처럼
사람들 모두가 서로 묶여 있구나.
내면의 눈이 밝아진 이
그이가 참된 사람.

홀로 걷는 이
그가 홀로 진리를 만난다.
사랑에 흠뻑 젖은 가슴
다시는 돌아오는 일이 없다.

모든 것이 성스럽다고 하는 전체성(全體性)이
온전히 밝아진 눈이야.
까비르는 말한다, 그것은 이해하는 것이 아니라고.
그것은 글로 쓸 수 있는 것이 아니라고.

The Great Secret

One who walks alone
— 홀로 걷는 이

우리가 알고 있는 바, 우리가 성취한 바 모든 것은 죽어가게 되어 있다. 세속적인 재산은 사라지지만 내면에 쌓은 부(富)는 영원하다.

깨달은 사람은 항상 세속적인 부는 썩어 없어질 것이라고 말한다. 까비르는 세속적인 부뿐만 아니라 내면의 부(富)조차 죽는다고 말한다. 언젠가는 내면의 부도 사라지고 그대 홀로 남는다. 체험 자체도 언젠가는 죽게 되고 체험자만이 남는다는 것이다.

세속적인 부에 대한 까비르의 말은 그리 어렵지 않다. 우리가 항상 듣는 말이다. 사람이 죽으면 자신의 재산이나 빌딩, 모든 금은보화도 가지고 갈 수 없음은 당연한 이치다. 하지만 까비르는 한 발 더 나아가서 내면의 부마저도 떠나야 한다고 말하고 있다. 이 말은 자못 받아들이기가 어려울지도 모르겠다. 하지만 까비르의 말은 궁극의 경지에 대한 더할 나위 없는 표현이다. 그 이상의 표현은 가능하지 않다. 까비르의 이 말을 깊이 꿰뚫어 보라.

그대가 무엇인가를 체험하는 순간, 그대 내면에는 이중성이 들어와 자리를 잡는다. "나는 기쁘다"라고 말하면 그대는 '나'와 '기쁨', 즉 둘

Talks on the songs of Kabir

이 되어 버린다. 구별이 생기는 것이다. 경험과 경험자의 구별이 생기는 것이다. 아직도 구별이나 구분이 남아 있으면 신 속으로 들어갈 수 없다. 그대가 홀로 존재할 때만 신(神) 속으로 들어갈 수 있다. 신 속으로 들어갈 때는, 내면으로 들어갈 때는 그 어떤 것도 가지고 들어갈 수 없다. 심지어 영적인 체험조차 가지고 들어갈 수 없다.

무도 죽고, 침묵도 죽고
무한자마저도 죽지만
참으로 님을 사랑하는 이는 죽는 걸 모른다.
까비르는 말한다, "이를 깨우치라."

명상도, 사마디도, 쿤달리니(kundalini : 우리 몸의 회음부, 첫 번째 차크라에 똬리 모양으로 존재하는 생명 에너지)도 모두 죽는다. 영적인 체험도 모두 죽는다. 그대는 홀로 가야만 한다. 따라서 아무리 대단한 체험을 했다고 하더라도 체험에 결코 집착하지 마라. 그렇지 않으면 또 다른 경계를 만들어 내게 된다. 또 다른 세계를 만들어 내게 된다. 전에는 세속적인 부를 탐했지만 지금은 영적인 체험들을 탐한다. 그저 탐하는 대상만이 바뀌었을 뿐이다.

사람들은 내게 와서 자신은 내면에서 빛을 체험했노라고 말한다. 내면에서 빛을 체험하는 것은 매우 흥미로운 현상임에는 틀림없다. 내면의 부는 대단히 미묘한 것이다. 그런 다음 그들은 내게 온몸을 전율케 하는 쿤달리니의 각성을 체험했다고, 엄청난 내면의 평화와 행복을 체험했다고 말한다.

그러한 체험들 역시 아직도 그대의 중심 밖에 있는 것이다. 따라서 체험에도 집착하지 마라. 체험이란 모두 외부 세계에 속한 것이다. 왜냐하면 체험이란 대상에 대한 체험이요, 외부 세계에 대한 체험일 수밖에 없

기 때문이다. 엑스터시가 되었든, 넘치는 평화가 되었든, 해탈이 되었든, 그 어느 것에도 집착하지 마라. 무엇에든지, 어떠한 대상에든지, 집착을 하게 되면 사바 세계를 만들어 내기 때문이다. 집착이 곧 사바 세계다. 어떠한 것에도 집착하지 마라. 자신의 체험이 얼마나 깊고 황홀한 것이었던간에, 이중성이 남아 있다면 아직도 멀고 멀었다는 사실을 항상 명심하라. 체험자는 끄달림을 넘어선 존재요, 위에서 관(觀)하는 존재이다.

그대가 아는 것은 무엇이든지 그대 자신과 떨어져 있다. 그대는 신을 체험의 대상으로 삼을 수 없다. 왜냐하면 체험의 대상이 되는 것은 무엇이든지 죽게 되어 있기 때문이다.

무도 죽고, 침묵도 죽고
무한자마저도 죽지만

신을 체험했다고 생각하면 그 체험과 신은 결국 죽게 되어 있다. 이중성을 잊어버린 사람만이 죽음을 넘어간다. 이중성을 초월한 사람만이 죽음을 넘어간다. 신은 그대와 분리되어 있는 존재가 아니다. 떨어져 있는 존재가 아니다. 신은 그대 내면 가장 깊숙한 곳에 자리를 잡은 존재요, 그대 자신이다. 신은 그대의 노래요, 내면 깊은 곳으로부터 우러나오는 음악이다. 춤과 춤추는 자가 분리되어 있지 않듯, 신의 체험과 그대는 분리되어 있지 않다. 그것을 체험이라고 부르는 것도 적당하지 않다. 우파니샤드가 "나는 안다"라고 말하는 자는 신을 전혀 모르는 자라고 말하는 이유는 바로 여기에 있다.

신을 도대체 어떻게 안다는 말인가? '안다' 는 말은 아는 자와 알려지는 대상 사이에 거리가 아직도 존재한다는 말이다. 어떤 대상을 알기 위해서는 그대가 대상으로부터 떨어져 있어야만 한다. 그대가 나로부터 얼마간이라도 떨어져 있으니까 그대는 나를 볼 수 있다. 그대는 자신을 볼 도리가 없다. 대상을 보려면 거리가 존재해야만 하기 때문이다.

그대는 거울을 볼 때 얼마간 떨어져 거울 앞에 선다. 자, 이제 거울로 더욱 가까이 다가가 그대 얼굴을 보라. 아마 그대 얼굴이 잘 안 보일 것이다. 자신의 얼굴을 조금이라도 볼 수 있다면, 그것은 자신의 눈이 거울로부터 조금이라도 떨어져 있다는 말이다. 자, 이제 그대의 눈을 거울에 대 보라. 거울에 밀착시켜 보라. 이제는 아무것도 보이지 않을 것이다. 희미하게나마 자신의 얼굴이 보인다면, 그것은 그대와 거울이 아직도 하나가 되지 못했다는 말이다. 조금이라도 거리가 존재한다는 말이다.

내면 가장 깊숙한 곳으로 들어가면 그대는 신과 하나가 될 수 있다. 신과 하나가 되면 털끝만큼의 거리도 존재하지 않게 된다. 그렇기 때문에 깨달은 사람은 "'나'가 존재하면 신은 없고 신이 존재하면 '나'가 없다"라고 말하는 것이다. 그대 내면 가장 깊숙한 곳에서 그대와 신은 하나이기 때문이다.

체험이란 모두 죽게 되어 있다. 오직 구제되는 것은 그대뿐이다. 따라서 결코 체험에 집착하지 마라. 심지어 요가나 명상도 마지막에는 떨어져 나가게 되어 있다. "먼저 가지고 있지 않으면 버릴 수도 없다"는 사실을 명심하라. 까비르는 무(無)도 죽는다고 말하지만 그대는 먼저 무가 되고 공이 되어야만 한다. 까비르는 옴도 죽고 심지어 무한자도 죽는다고 말하고 있다. 하지만 그대가 까비르의 경지에 가려면 먼저 무한한 존재가 되어야만 한다. 존재하지 않는 것은 죽을 수도 없기 때문이다.

이 강의를 듣고 난 후에 명상할 필요도 없고, 옴을 성취할 필요도 없고, 무한한 존재가 될 필요도 없다고 오해하지는 마라. '모든 것은 죽어 없어진다고 말씀하셨으니까 무얼 애서 노력해서 얻을 필요는 없어'라고 생각하지 마라. 그대는 아직 무와 무한한 존재를 체험하지 못했다. 먼저 그대는 무와 무한한 존재를 체험해야만 한다. "모든 것은 죽는다"

The Great Secret

는 말은 그대의 에고를 경계하는 말이다. 그대가 에고에 깨어 있지 않으면 아주 조그마한 체험도, 아주 사소한 체험도 사바 세계를 만들어 내고, 또 다른 세속적 집착을 만들어 낸다. 그대는 아주 미묘하지만 세속적인 번뇌에 사로잡히게 된다.

힌두어 '요가브라쉬트(yogabhrasht)'는 바로 이를 두고 한 말이다. 이 말은 '요가로부터 떨어진 사람'을 뜻한다. 그런 사람은 사마디의 경지에 이르렀지만 아직 사마디와 사랑에 빠져 있는 사람이다. 명상의 최고 경지에 올라섰지만 아직도 그 경지에 집착하는 사람이다. 황홀경에 대한 집착을 초월하지 못하고 있는 사람이다. 그는 무아경을 얻었지만 그것을 놓기 싫어하는 사람이다. 요가마저도 놓고, 사마디마저 놓고 한 발자국 더 나아가야 하는 사람이다. 그런 사람을 불러 '요가브라쉬트'라고 한다. 까비르는 바로 이 마지막 단계에 대해서 말하고 있다.

무도 죽고, 침묵도 죽고
무한자마저도 죽지만
참으로 님을 사랑하는 이는 죽는 걸 모른다.

왜 그런가? 사랑만이 그대와 분리되어 있지 않은 유일한 체험이기 때문이다. 사랑 속에서 그대는 체험 그 자체가 되기 때문이다. 그대가 사랑 속에 있으면 자신이 지금 사랑을 체험하고 있다고 느끼지 않는다. 엑스터시 속으로 들어가면 자신이 엑스터시를 체험하고 있다고 느끼지 않는다. 이를 좀더 깊이 들여다보라. 사랑 속으로 들어가면 자신이 사랑을 체험하고 있다고 절대로 느끼지 않는다. 우리는 사랑이 가 버렸을 때서야 비로소 자신이 사랑을 체험했다는 것을 자각하게 된다.

사랑의 엑스터시 속으로 들어가면 이를 자각하지 못한다. 사랑은 엄청난 마력을 지니고 있다. 사랑의 엑스터시는 너무나 깊고 광대하다. 그래서 한 발자국 물러나서 사랑을 바라보거나 사랑에 대해 생각할 수 없다. 사랑이 지속되는 한, 그것을 자각할 수 있는 방법이 없다. 사랑이 지나가 버렸을 때서야 우리는 내면 속에서 무엇인가가 일어났다가 사라졌다는 사실을 알고 놀라게 된다. 그런 다음 사랑을 기억하고 '그게 사랑이었구나' 라고 생각하는 것이다. 사랑의 엑스터시가 일어나는 순간에는 자신이 그것을 체험하고 있다는 것을 자각할 수 있는 방법이 없다.

사랑의 체험은 건강과 같은 것이다. 자신이 아프게 되었을 때만 자신이 건강했다는 것을 기억한다. 병석에 눕게 되면 건강을 생각하게 된다. 세상에 병이 존재하지 않는다면 우리는 건강이 무엇인지 알 도리가 없다. 건강하게 살겠지만 건강이 무엇인지 지각하지 못한 채로 살아간다. 아프면 건강이 생각나는 것이다. 두통이 생기면 '아, 머리가 거기 있었구나.' 하고 자각하는 것이다. 머리가 아프지 않으면 머리에 대해 생각하지 않는다. 몸이 완전하게 건강하면 몸을 전혀 느끼지 않는 상태가 찾아온다.

사랑이 깊디 깊으면 아무 생각도 떠오르지 않는다. 그때 그대는 다른 세계에 존재하게 된다. 그 세계는 지식의 세계도 아니고 체험의 세계도 아니다. 그것은 존재의 세계이다. 그때 그대는 사랑하는 자가 아니라 사랑 그 자체가 되어 버린다. 사랑을 지각하는 사람이 존재하지 않게 되는 것이다. 한 발자국 떨어져서 사랑의 체험을 지켜볼 사람이 존재하지 않게 되는 것이다.

그래서 까비르는 라마 신을 사랑하는 자만이 죽지 않는다고 말한다. 까비르는 어디서나 흔히 볼 수 있는 라마 교의 신도(信徒)를 이야기하고 있는 것이 아니다. 까비르는 참으로 라마 신을 사랑하는 이를 가리키고 있다. 참사랑 안에서는 라마도, 라마를 사랑하는 자도 존재하지 않는다. 신도 헌신자도 존재하지 않는다. 오직 라마의 현현(顯現)만이 있을 뿐이다. 이중성이 사라지고 신과 헌신자가 사라졌을 때, 예배를 드리는 자도 예배를 받는 자도 사라진다. 신과 헌신자가 동시에 사라진다. 양 강둑을 끼고 흐르는 강물은 라마의 사랑이요, 신의 사랑이다. 이미 죽은 것은 모두 죽고 없어졌다. 하지만 신의 사랑은 죽어 없어지는 것이 아니다. 어떠한 체험이 되었든지 그 체험 속에서는 아주 미묘한 에고가 존재하기 마련이다. 하지만 신의 사랑 속에서는 그러한 미묘한 에고마저도 사라져 버린다.

실제 헌신자에게는 아무것도 없다. 그에겐 요가도, 사마디도, 기적도 존재하지 않는다. 텅 비어서 아무것도 발견할 수 없다. 공(空)의 체험조차도 가 버렸기 때문에 헌신자에게는 공마저도 존재하지 않는다. 신 앞에서 눈물을 뿌리며 자신을 온전히 비워 내고 자신을 완전히 놓기 때문에 헌신자는 사라져 버린다. 흔적 하나 남기지 않고 사라져 버린다. 세상 사람들은 이런 헌신자의 사랑을 모르기 때문에 까비르는 온 세상 사람들이 죽지만 어느 누구도 제대로 죽는 법을 모른다고 말하는 것이다.

제대로 죽는 사람은 다시 돌아올 필요가 없다. 참된 헌신자의 죽음만이, 까비르가 말하고 있는 죽음만이 제대로 된 죽음이다. 헌신자는 진리를 알고 죽는다. 그래서 헌신자의 죽음이야말로 바른 죽음이다. 그는 죽음을, 그 너머의 세계로 올라가는 계단으로 본다. 그는 죽음을 궁극으로 이어진 사다리로 본다. 마치 물방울이 자신을 잃어버리고 바다가 되는 것처럼 우리는 죽어서 신과 하나가 된다.

신의 발 앞에 자신을 온전히 내맡긴 사람이 참된 헌신자이다. 그는 살아 있어도 죽은 거나 매한가지다. "이제 당신만이 있습니다. 나는 더 이상 존재하지 않습니다"라고 말하기 때문이다. 그는 자신을 죽여 버렸다. 자신의 에고도 죽여 버렸다. 따라서 그의 체험도 사라졌다. 그는 더 이상 에고의 목소리를 내지 않는다. 그때 죽음도 그로부터 사라진다. 그때 헌신자는 더 이상 존재하지 않기 때문에 죽어야 할 주체도 존재하지 않는 것이다.

요기(yogi)는 죽는다. 그는 수행을 해도 항상 에고로 가득 차 있기 때문이다. 그는 참회를 하고, 테크닉을 배우고, 탄트라를 수행하고, 만트라를 암송하면서 자신의 주변에 엄청나게 많은 것들을 쌓아 놓는다. 이를 보면 그가 아직도 산더미같이 많은 에고 속에 존재하고 있다는 것을 알 수 있다. 하지만 헌신자는 그냥 사라져 버린다. 요기는 기나긴 고행의 마지막에 가서 궁극에 도달한다. 헌신자는 시작하면서 궁극에 도달한다. 하지만 요기에게는 다시 떨어질 가능성이 아직도 남아 있다. 헌신자에게는 다시 떨어질 가능성마저도 사라진다.

아까 '요가브라쉬트' 라는 말에 대해 이야기한 적이 있다. 이 말의 뜻은 이미 설명한 바와 같이 요가의 경지로부터 떨어진 사람을 뜻한다. 하지만 '박티브라쉬트(bhaktibhrasht)' 라는 말은 존재할 수 없다. 헌신의 경지에서 떨어지는 사람은 없는 것이다. 요기는 자신의 사다나(sadhana), 즉 수행의 마지막에 가서야 마지막 남은 에고를 놓는다. 그래서 요기는 얼마든지 다시 떨어질 수 있다. 궁극의 경지에 다다르기 전에는 항상 떨어질 가능성이 있다. 하지만 헌신자에게는 떨어질 수 있는 가능성이 전혀 없다. 왜냐하면 처음 시작할 때 마지막 발을 내딛기 때문이다. 처음 시작할 때부터 에고를 놓기 때문이다. 하지만 요기는 자신의 사다나를 완성할 때 가서야 에고를 놓는다.

요기가 마지막 단계에서 자신의 에고를 놓게 된다는 보장도 없다. 에고가 점점 더 훌륭해지고 미묘해질수록, 에고는 점점 더 매혹적이고 대단해진다. 에고는 더 미묘해질수록 더 달콤해진다. 지금 그대의 에고가 쓰디 씀에도 불구하고 그대는 에고를 놓지 못하고 있다. 하물며 요가의 마지막 단계에 가서 사방으로부터 엑스터시가 끊임없이 쏟아져 내릴 때 요기가 자신의 에고를 놓기란 너무나도 힘들어진다. 그대는 에고가 독이었을 때도 자신의 에고를 놓지 못했다. 하물며 감로수처럼 달콤해졌을 때는 어떻게……. 거의 불가능한 일이다. 요가의 마지막 단계에 가면 요기는 에고를 놓을 것이냐, 마느냐 결단을 내려야만 하는 순간이 찾아온다. 이는 그야말로 엄청나게 힘들다. 그래서 요가의 경지로부터 떨어질 가능성은 언제나 잔존하고 있는 것이다. 하지만 어느 누구도 헌신의 경지로부터 떨어질 수 없다. 떨어질 수 있는 가능성이 여전히 남아 있는 가운데 헌신자가 첫발을 내딛는 것은 불가능하다. 헌신자는 떨어지면 즉시 헌신의 길로부터 자신의 등을 돌린다. 하지만 참된 헌신자에게 있어서는, '나'가 영원히 죽어 버리기 때문에 헌신의 길로부터 등을 돌릴 가능성이 없다. 까비르가 물은 대로 왜 하루에도 수백 번씩 죽는가? 한 번에 영원히 죽어라. 그러면 사바 세계의 고통으로부터 자신을 영원히 건질 수 있다. 처음부터 에고를 놓고 시작하는 것, 이것이 바로 헌신의 길이다.

그대가 요가의 길을 가든, 아니면 헌신의 길을 가든 그대는 자신의 에고를 놓아야만 한다. 요가에서는 먼저 자신을 정화한다. 의식이 완전히 순수해지는 경지에 도달할 때, 에고가 거의 없어지고 아주 희미하게 남았지만 아직도 에고의 불이 타오르고 있을 때, 에고를 놓아야만 되는 순간이 찾아온다. 요가는 먼저 에고를 정화하고 나서 에고를 버리는 길이다. 에고를 언제 놓느냐, 이것이 요가와 헌신의 유일한 차이이다.

헌신의 길은 처음 시작할 때 에고를 버리는 길이다. 에고를 지니고 사는 한, 어떠한 일을 해도 자신의 존재는 에고로 더럽혀지기 때문이다. 한마디로 에고는 독이다. 따라서 그대가 손을 대는 것마다 모두 더럽혀질 것이다. 감로수를 더러운 그릇에 담는다면 감로수는 독이 된다. 따라서 누구도 감로수를 더러운 그릇에 담지 않는다. 그래서 까비르는 말한다.

참으로 님을 사랑하는 이는 죽는 걸 모른다.

까비르의 시(詩)에 나오는 라마 신의 이름에는 별 특별한 의미가 없다. 그대가 라마라는 이름을 들어본 일이 없다고 하더라도 그대는 라마의 연인이 될 수 있다는 것이다. 수피의 신비가들인 파키르(fakir)도 힌두교의 라마 신과는 아무 상관이 없지만, 그들도 라마의 연인들이다. 유대교 하시디즘(Hassidism : 1750년대 폴란드에서 정통 유대교의 이성주의와 종교 의식에 반대하여 일어난 유대교의 신비주의 일파)의 신비가들도 라마의 연인들이다. 이러한 맥락에서 라마를 다샤라타(Dasharatha : 라마의 아버지)의 아들로 간주하지 마라. 까비르가 라마라는 이름을 거론할 때, 그는 힌두교 신화에 나오는 라마를 지칭하고 있는 것이 아니다. 까비르는 지고(至高)한 자와 신을 가리키기 위해 라마라는 이름을 사용하고 있을 뿐이다.

그대도 신의 발 앞에 자신을 온전히 내맡기면 더 이상 이 사바 세계에 되돌아오지 않아도 된다. 신의 발 앞에 그대를 온전히 내맡겨라. 까비르는 말한다.

죽음, 온 세상이 다 두려워 떨지만
죽음, 나의 가슴은 기쁨으로 넘쳐흐른다.

왜 그대는 이 경지를 맛보지 못하는가? 왜 그대의 가슴은 죽음을 맞이하여 기쁨으로 흘러 넘치지 못하는가? 모두가 죽음 앞에서는 어쩔 수 없다. 모두가 죽어야만 하는 것이다. 아무리 발버둥이 친다 해도, 아무리 달아나려고 해도, 제아무리 숨으려고 해도 결국 죽음의 사자는 찾아온다.

산 자는 누구나 죽어야 한다면 왜 죽음을 편안하고 자연스럽게 받아들이지 못하는가? 왜 죽음에 깃들인 기쁨을 맛보지 못하는가? 왜 죽음으로부터 달아나려고만 하는가? 이제 그만 달아나라.

인간이 죽음을 편안하게 받아들이지 못하는 데는 몇 가지 이유가 있다. 첫 번째, 마음이 모든 것을 두 갈래로 나눠서 보는 데에 너무나 강하게 길들여져 있기 때문이다. 마음은 전체를 보지 못한다. 항상 전체의 일부밖에 보지 못한다는 것이 마음의 한계다. 내가 그대에게 돌멩이 하나를 주면 그대는 한눈에 돌멩이의 전체를 다 볼 수 없다. 우선은 한 면밖에 볼 수 없다. 먼저 한 면을 보고, 그런 다음 돌멩이를 돌려야만 다른 면이 보이는 것이다. 돌멩이를 다른 쪽으로 돌리면 처음에 보았던 면은 보이지 않게 된다. 아주 조그마한 모래알조차, 그대는 한눈에 전체를 다 볼 수 없다. 마음도 꼭 그와 같아서 한 번에 사물의 한 면밖에 보지 못한다.

　마음은 또한 자신이 보고 있는 부분만을 집착한다. 마음은 자신이 보았던 부분에 너무 집착한 나머지, 집착하고 있는 그 부분을 빼앗길까봐 맹목적으로 다른 면을 거부한다. 이러한 마음의 두려움으로 말미암아 자신의 인생을 몽땅 긴장과 불안 속에서 허비하고 만다. 그대는 삶에 집착한 나머지 죽음을 피하려고 발버둥이 친다. 그저 살기를 원할 뿐, 죽기를 원치 않는다. 삶과 죽음이란 같은 동전의 양면이라는 사실을 왜 깨닫지 못하는가? 그러니까 죽음을 두려워하는 가운데 삶을 몽땅 놓쳐 버리는 것이다. 죽음으로부터 자신을 구하기 위해 발버둥이 친다. 그런 가운데 그대는 삶을 제대로 살아 볼 기회를 놓치고 있다.

　이런 식으로 해서는 참다운 삶을 살 수가 없다. 그대의 과거를 살펴보라. 지금껏 삶을 제대로 누려 본 적이 있는가? 아니면 그저 불안 속에서 벌벌 떨면서 살아왔는가? 삶을 제대로 살아 본 적이 있는가? 아니면 언젠가 잘살기 위해 준비하는 데 정신이 없었는가? 어떻게 하면 제대로 삶을 살 수 있는가를 배우고 그렇게 삶을 살았다면, 그대는 거의 틀림없이 죽음이란 인생에서 피할 수 없는 한 부분이라는 것을 깨달았을 것이다. 죽음으로부터 도망치는 것은 가능하지 않다는 것을 깨달았을 것이다. 죽음을 그대 삶의 일부로 받아들여라. 그러면 그대는 진정으로 삶을 살 수 있을 것이다.

　마음은 모든 사물을 대립적인 시각으로 바라본다. '이것은 저것과 반대다' 라는 것이다. 마음은 낮과 밤이 전혀 별개의 것이라고 생각한다. 마음은 밤에는 어둡고 낮에는 밝으며, 태양은 낮에 떠서 밤에는 진다고 생각한다. 아니다. 낮과 밤은 하나다. 낮이 밤이 되고 밤이 낮이 되는 것이다. 하지만 그대는 밤을 두려워하여 낮에만 집착한다.

마음은, 사랑과 증오는 전혀 다른 것이라고 믿는다. 나아가서 사랑과 증오는 서로 반대되는 것이라고 생각한다. 아니다. 그런 생각은 잘못된 믿음이요, 환영이다. 사랑과 증오는 같은 동전의 양면에 불과하다. 그대는 행복을 붙들고 불행은 피하고 싶어한다. 하지만 행복과 불행은 동전의 양면이다. 그래서 그대는 당혹스러워하고 혼란스러워한다. 이러한 혼란스러움은 그대 마음 때문이다. 세상 때문이 아니다. 마음이 사물을 바라보는 시각에 문제가 있다. 마음의 시각은 부분적이고 불완전하며, 편파적이고 편향적이다.

오늘 까비르는 이에 대해 이야기하고 있다. 전체를 한눈에 바라볼 수 있을 때 그대는 세속의 끄달림으로부터 해방된다. 그때 그대는 죽음을 기꺼이 맞이할 수 있게 된다. 삶과 죽음이란 똑같은 현상에 대한 두 개의 다른 이름에 불과하기 때문이다. 둘은 한 강(江)의 두 강둑이기 때문이다. 따라서 삶에 집착하지 않는 사람은 죽음을 두려워하지 않는다. 삶에 집착하지 않는 사람은 사는 법도 알고 죽는 법도 안다. 그는 삶에서뿐만 아니라 죽음으로부터도 행복과 기쁨을 수확한다.

이 질문에 대해 까비르는, 삶은 자신에게 감로수를 넘치도록 부어 주었다고 대답하고 있다.

> 죽어 나 자신을 무이경에
> 온전히 내어줄 날은 언제인가?

삶의 맛도 독특하고 신의 은총 또한 독특하다고 까비르는 말하고 있

다. 까비르는 삶과 신, 둘 다를 성취했다. 삶과 죽음, 둘 다를 알았다. 그리고 이제는 죽음을 체험할 준비가 되었다. 죽음은 삶의 끝에서 오는 것이다. 그래서 삶이 독특한 것이라면 죽음은 더욱 독특한 것이 될 것이다. 죽음은 삶의 절정이다. 죽음은 삶의 최고봉이다. 에베레스트다. 삶 속에서 그러한 행복을 성취했을 때, 평범한 삶으로부터 그렇게도 많은 비밀들을 캐어 냈을 때 삶의 마지막 절정에서는 어떤 문들이 열릴 것인가?

좋고 나쁨을 선택하는 혼미 속에서
온 세상이 방황하는구나.
선택 없이, 신을 찬미하는 이
그이가 참된 사두(sadhu)이지 않은가?

온 세상이 다 사물을 제대로 보지 못한다. 모두가 세상을 조각조각 가른다. 모든 것을 좋아하는 것, 싫어하는 것으로 나눈다. "나는 이걸 좋아해", 혹은 "나는 저걸 싫어해"라고들 한다. 행복은 자신이 좋아하는 것이요, 불행은 자신을 괴롭히는 것이라고 생각한다. 이는 틀린 생각이다.

좋고 나쁨을 선택하는 혼미 속에서
온 세상이 방황하는구나.

온 세상이 이러한 복잡한 세상사에 시달리고 있다. 가운데 서라. 가운데 서서 양쪽을 보라. 가운데 선다는 것은 마음으로부터 떨어져 나와 마음 밖에 서 있다는 것이다. 마음은 항상 부분에 집착을 하기 때문에 전체를 보지 못한다. 마음은 먼저 한 사물을 보고 그 일면만을 받아들인다. 그리고 보이지 않는 다른 부분을 자신의 적으로 간주한다. 그런 다음이 보이지 않는 부분과 싸우기 시작한다.

마음에게는 전체를 송두리째 볼 수 있는 방법이 없다. 마음은 마치 전등과 같다. 전등을 켜 보라. 그러면 전등은 한 부분만을 비출 것이다. 나머지 부분은 그대로 깜깜하다. 마음이 방 일부만을 비추는 전등이라면 의식은 방 전체를 밝히는 등불이다.

그대가 마음을 통해서 세상을 바라보면 양면 중 한 면만을 취사 선택하게 된다. 어두운 면은 밝은 면의 반대라는 이유만으로 그대는 항상 어두운 면을 자신의 적으로 간주한다. 그리스의 철학자 헤라클리토스(Heraclitus)는 "신은 낮과 밤이요, 여름과 겨울이다. 전쟁과 평화요, 만족과 불만족이다"라고 말했다. 마음이 없어지고 중도(中道)에 섰을 때 헤라클리토스와 같이 세상을 바라볼 수 있다. 그러면 그대는 신은 탄생이면서 죽음이고 행복이면서 동시에 불행이라는 사실을 깨닫게 될 것이다. 그러면 그대는 불행 속에서도 춤을 추고 사탄도 경배할 수 있게 된다.

그대가 진정으로 불행 속에서도 춤을 출 수 있다면 그 어느 것도 그대를 불행하게 만들 수 없다. 그대가 사탄마저 경배할 수 있게 되면 그 어느 누구도 그대를 속일 수 없다. 악(惡) 속에서도 선(善)을 볼 수 있다면, 죽음 속에서도 삶을 볼 수 있다면, 그대는 양자를 넘어가게 된다. 초월이 일어나는 것이다. 이제 그 어느 것도 그대를 어찌할 수 없게 된다. 이제 윤회할 필요가 없어진다. 배움은 끝났다. 배울 것은 다 배워 버린 것이다. 다시 되돌아올 필요도 없다. 까비르가 말하고자 하는 것은 바로 이것이다.

> 좋고 나쁨을 선택하는 혼미 속에서
> 온 세상이 방황하는구나.

여기 까비르의 시구가 의미하는 또 다른 뜻은 무엇인가? 인간의 마음은 진리에서조차 취사 선택하는 분별심(分別心)을 만들어 낸다는 것이다. 힌두교와 이슬람교, 기독교와 불교, 누가 좋고 누가 나쁘다고 서로를 차별하려 든다. 하지만 신은 모든 존재 속에 내재해 있다. 한 면에만 집착을 하면서 신에게-중도에 있는 신에게, 모든 면에 감추어져 있는 신에게-다가가려고 하면, 거대한 딜레마에 빠지지 않을 수 없다. 일부를 보고 전체라고 생각하면 커다란 딜레마에 빠질 것이다. 경전의 말들과 자신의 편견이 그대를 옥죄어 올 것이다. 그대 자신을 깊이 들여다보라. 베다가 됐든, 코란이 됐든, 아니면 성경이 됐든 모든 경전들이 그대의 목을 죄고 있음을 알 수 있을 것이다. 그대는 그런 짐으로 허덕이고 있다.

존재계는 중도에 있지만 그대는 한쪽으로 기울어져 있다. 그대는 "나는 힌두교도야"라고 말하지만 존재계는 "나는 힌두교도야"라는 말이 무슨 말인지 모른다! 이러한 모든 것들은 심리적이고 지식적인 것들이다. 그대는 자신의 관념을 가지고 신을 지어낸다. 하지만 관념이나 추측은 모두 마음의 산물일 뿐이다..마음을 모두 비워 냈을 때만 신을 볼 수 있다. 마음이 사라졌음에도 불구하고 그대가 힌두교도가 되고 기독교도가 된다는 것이 가능하다고 보는가? 까비르는 말한다.

"사람들은 자신들 둘레에 쳐 놓은 인생관이나 철학, 도그머나 편견으로 진리를 잃어버렸다."

선택 없이, 신을 찬미하는 이
그이가 참된 사두이지 않은가?

신에 대한 진정한 찬가는 그대가 중도에 섰을 때 시작된다고 까비르는 말하고 있다. 참된 찬가는 어느 특정 종교나 종파의 점유물이 될 수 없음을 명심하라. 한데 그대는 찬가나 찬송가를 자기 종교의 독점물로 생각하고 있다. 어떤 사람은 자신이 유신론자로 신을 믿는다고 생각한다. 다른 사람은 자신이 무신론자로 신을 믿지 않는다고 생각한다. 어떤 사람은 자신이 신을 믿기 때문에 신을 찬송한다고 생각한다. 다른 사람은 자신이 신을 믿지 않기 때문에 신을 찬송하지 않는다고 생각한다. 신을 찬송하는 일은 어느 특정 종파나 종교의 점유물이 될 수 없다. 결코 그럴 수 없다.

그대가 종파를 떠날 때, 유신론자도 무신론자도 아닐 때, 힌두교도도 이슬람교도도 아닐 때, 자기 이름 앞에 종교를 지칭하는 수식어가 따라붙지 않을 때, 편견이나 선입관 없이 진리 앞에 벌거벗고 설 때, 자신은 누구누구라고 떠벌리지 않을 때, 오직 그때에만 그대는 신의 참다운 헌신자가 될 수 있다. "나는 이거다" "나는 저거다"라고 말하면서 어떻게 이 '나'를 놓을 수 있겠는가? "나는 힌두교도다" "나는 이슬람교도다" "나는 기독교도다" "나는 브라만이다", 혹은 "나는 불가촉(不可觸) 천민이다", 혹은 "나는 이걸 믿는다" "나는 저걸 믿는다"라고 굳게 믿으면서 어떻게 이 '나'를 놓을 수 있겠는가?

'나'가 사라지면 경전도 사라지고 철학도 사라진다. 그대가 모든 편견을 버리고 벌거벗었을 때만 신과 하나가 될 수 있다. 신과 하나가 된 사람만이 종파를 참으로 초월한 사람이다. 신과 하나가 되지 않으면 속세에서 덧없이 헤맬 뿐이다.

여기 까비르는 참으로 독특한 말을 하고 있다.

선택 없이, 신을 찬미하는 이
그이가 참된 사두이지 않은가?

까비르는 어느 종파에 속하지 않고 신을 경배하는 사람이야말로 참된 구도자라고 말하고 있다. 참된 구도자는 힌두교도도 아니요, 이슬람교도도 아니다. 신자도 아니요, 불신자도 아니다. 참된 구도자에게는 신앙도 편견도 없다. 그는 사랑밖에는 모르는 사람이다. 그는 학문적인 토론에도 관심이 없다. 지적인 생각에 끄달리지 않으며 가슴이 흐르는 대로 산다. 학문의 도움을 받아 신의 경지에 도달한 사람은 아무도 없다. 자, 왜 그런지 알아보자.

신과 하나가 된 사람은 가슴으로 신과 하나가 되었다. 이미 말한 대로 학문은 사물의 반쪽밖에, 일면밖에 보지 못한다. 가슴만이 전체를 볼 수 있다. 신은 전부요, 전체이다. 그대가 신을 반밖에 보지 못하고 있다면 그대는 신을 놓고 있는 것이다. 신은 전부요, 온전한 존재이다. 그대는 이 신을 그대 가슴을 통해서 볼 수 있다. 전체는 가슴을 통해 전체적으로 보인다. 따라서 신과 하나가 되는 것은 사랑의 문제이다.

중도에 선 자만이 주(主)를 경배할 수 있다. 신앙으로 자신을 나누지 마라. "나는 이걸 믿는다"라거나 "나는 저걸 믿는다"라고 말하지 마라. 그저 이렇게 말하라.

"내가 모르는데 무얼, 어떻게 믿을 수 있단 말인가? 오직 깨달은 자만이 믿음을 가질 수 있다. 내가 무지한데 어떻게 진리를 알아볼 수 있단 말인가? 내가 진리를 알게 되었을 때 모든 것이 훤히 드러날 것이다."

이렇게 말하는 것이 옳지 않은가?

아는 자는 결코 이런 믿음, 저런 철학을 가지고 있다고 말하지 않는다. 이를 명심하라. 진리를 성취한 자는 자신의 견해를, 철학을 피력할 필요를 느끼지 않는다. 진리를 성취하지 못한 자가 어떻게 뚜렷한 견해를 가질 수 있겠는가? 진리의 경지에 도달한 자는 자신의 견해나 주관(主觀)을 넘어선다. 하지만 진리의 경지에 도달하지 못한 자는 어떠한 주관도 가질 수 없다. 견해나 주관을 가지고 있다는 말은 자신이 무엇인가를 안다는 말이다. 무엇인가를 믿고 있다는 말이요, 대상에 대한 결론에 도달했다는 말이다. 그래서 그것을 믿게 되었다는 말이다. 따라서 무지한 자에게는 주관이 있을 수 없다. 그저 이렇게 말하라.

"나는 모른다. 그래서 나에게는 주관이 있을 수 없다. 나는 무지하다. 그래서 나는 진리를 구할 뿐이다. 내가 안다면 구할 필요가 없다. 내가 안다면 말할 필요성을 느끼지 못할 것이다."

이렇게 말하는 것이 옳지 않은가?

이래서 소위 배웠다는 사람들은 절대로 진리와 도(道)를 구하지 않는다. 자신이 다 안다고 생각하는 것이다. 그저 경전을 머리 속에다 집어넣고 앵무새처럼 기계적으로 떠들어대면서 다 안다고 생각한다. 이런 생각은 그대가 진리의 길을 가는 데 방해가 된다. 그리고 그대는 다 안다는 고정관념에 너무도 단단히 묶여서 사물을 깊이 들여다보려고 하지 않게 된다.

견해나 주관은 완전할 수 없다. 무지한 자의 견해나 주관이 어떻게 완전할 수 있겠는가? 그의 견해는 사상누각이다. 조금만 흔들려도 무너져 내린다. 그의 믿음 또한 사상누각이다. 바람만 불어도 자빠진다. 그래서 자신의 신앙을 반대하는 이와 마주치는 것을 그렇게도 싫어한다. 그대가 그렇게 오랫동안 고이 간직해 온 토대와 신앙이 무너질까봐 두려워하는 것이다. 이런 신앙이나 믿음이 일말의 가치라도 있다고 생각하는가?

흔들릴까봐 벌벌 떠는 신앙은 신앙이 아니다. 그대는 벌벌 떨면서 다른 종교인의 말을 들으려고 하지 않는다. 힌두교도는 이슬람교의 책을 읽으려 하지 않고, 이슬람교도는 힌두교의 책을 보려고 하지 않는다. 상대편의 책을 읽게 되면 혼란에 빠지거나 자신의 신앙이 흔들릴까봐 두려워하는 것이다. 그만큼 자신의 신앙에 견고한 뿌리를 내리지 못한 까닭이다. 그런 신앙은 하등의 가치가 없다. 흔들리게 놔두라. 무너지게 놔두라! 신앙 없이, 믿음 없이 살아가라. 진지하고 성실하게 살아가라. 조그마한 바람에도 흔들리는 신앙은 자신이나 타인이 억지로 주입한 것이다. 그것은 가짜다. 진짜 신앙이 아니다.

자신의 종파를 버렸을 때만 그대는 종교인이 된다. 종파가 사라질 때 종교가 태어난다. 생각이 둔화되고 가슴이 활발하게 움직일 때 종교는 태어난다. 사랑은 지적인 생각이 쉬고 고요히 가라앉을 때 그 모습을 드러낸다. 사랑이 자신의 모습을 드러내는 것에 대해 까비르는 다음과 같이 읊고 있다.

선택 없이, 신을 찬미하는 이
그이가 참된 사두이지 않은가?

세상에는 셀 수 없이 많은 구도자와 사두가 존재하지만 참된 구도자는 매우 드물다. 이 세상은 정말 대단한 세상이다! 신을 찾는 구도자마저도 자기 종파를 먼저 내세우기에 급급하니 말이다! 심지어 구도자들마저도 자기 편들기에 급급하니 말이다!

나를 종종 찾아오는 구도자가 한 명 있다. 그는 나를 찾아와서 "저는 자이나교 사두입니다"라고 말하는 것이었다. 사두(성자)에도 자이나교 사두가 있고 힌두교 사두가 있는가? 이는 그에게 아직도 사두답지 못한 구석이 남아 있다는 말이다. 또 다른 사람이 나에게 와서 이렇게 말한 적이 있다. "저는 불교 사두입니다." 이 말을 좀 보라! 사두도 자신이 불교도라고 공공연히 선언하고 있는 모습을!

사두가 아닌 사람이 불교도라거나 자이나교도, 혹은 기독교도라면 이해가 간다. 별 무리 없이 봐줄 수 있다. 보통의 종교인들은 분별심을 놓지 못한다. 진리를 맛보지 못한 것이다. 한데 사람들은 자신이 불교 성자요, 기독교 성자라고 당당하게 주장한다. 그들은 집과 가정과 아내와 아이들, 부와 명예를 저버린 사람들이다. 세상 모든 것을 포기한 사람들이다. 하지만 그들은 자신의 종교나 종파를 결코 포기하는 일이 없다. 그런 사람은 산 속으로 들어가든, 히말라야로 들어가든 종교라는 포장지를 놓지 않는다. 자이나교도로서, 힌두교도로서, 이슬람교도로서 수행을 한다. 종교라는 굴레를 놓지 않고서는 참다운 변형이 일어날 수 없다. 여기 까비르는 말한다.

"좋고 나쁨을 선택하지 않는 사두가 참된 사두다."

까비르는 촌사람이었다. 그래서 촌에서 쓰는 상징어들을 사용하고 있다. 까비르는 말한다.

당나귀와 당나귀가 서로 묶여 있는 것처럼
사람들 모두가 서로 묶여 있구나.
내면의 눈이 밝아진 이
그이가 참된 사람.

당나귀를 제대로 눈여겨 본 적이 있다면 까비르의 말에 수긍이 갈 것이다. 내 고향에는 당나귀가 수도 없이 많았다. 그래서 나는 까비르가 무슨 말을 하고자 하는지 이해할 수 있다. 당나귀를 말뚝에 매어 놓으면 당나귀가 말뚝을 뽑아 버리고 달아날 수 있다. 하지만 당나귀와 당나귀를 서로 묶어 놓으면 도망가지 못한다. 왜 그런가? 당나귀들은 각기 다른 방향으로 잡아당기기 때문이다. 한 당나귀가 묶어 놓은 줄을 왼쪽으로 잡아당기면 다른 당나귀는 오른쪽으로 줄을 잡아당긴다. 그래서 당나귀를 서로 묶어 놓으면 전혀 도망가지 못하는 것이다.

당나귀와 당나귀가 서로 묶여 있는 것처럼
사람들 모두가 서로 묶여 있구나.

이런 당나귀는 제대로 움직이지 못한다. 밤새도록 한 당나귀가 왼쪽으로 움직이려고 하면 다른 당나귀는 오른쪽으로 움직이려고 하기 때

The Great Secret

문이다. 참으로 당나귀는 당나귀다. 함께 같은 방향으로 달리기만 하면 자유로워질 수 있는 것을……. 이같이 너무나 쉬운 방법이 당나귀의 눈에는 보이지 않는 것이다.

나는 이러한 당나귀의 모습을 고향에서 보면서 자랐다. 처음으로 당나귀를 서로 묶어 놓은 것을 보았을 때, 나는 이해할 수 없었다. 이상하게 생각됐다. 말뚝에 묶어 놓지 않고 당나귀끼리만 묶어 놓으면 쉽게 도망가 버릴 것 같았다. 나중에서야 당나귀들을 서로 묶어 놓는 것이 도망 못 가게 하는 가장 좋은 방법이라는 것을 알게 되었다. 말뚝을 박아서 매어 놓아도 말뚝을 뽑아 버릴 염려가 있다. 그래서 촌사람들은 당나귀를 말뚝에 매어 놓지 않는다. 내 고향에는 한 옹기장수가 있었다. 그는 하루 종일 그릇을 팔러 이곳 저곳을 다닌 후, 집에 돌아오면 당나귀를 서로 묶어 놓곤 했다. 이 방법이 안전했다. 그것으로 충분했다. 당나귀들은 다른 데로 가지 않고 그 자리에 있는다. 그 옹기장수가 한참만에 돌아와도 그 자리에 그대로 있다. 왜 도망을 못 가는가? 서로 반대 방향으로 잡아당기기 때문이다.

고대 그리스에서 살았던, 아주 철학적인 당나귀에 대해 들어본 적이 있는가? 그 당나귀는 위대한 철학자요, 논리학자였다. 당나귀란 모두 철학자들이요, 논리학자들이다. 머리로 산다는 것은 당나귀처럼 어리석게 산다는 말이다.

한 번은 이 그리스 당나귀가 배고파하는데 장난기 많은 한 사람이 이 당나귀를 놀려 주기로 마음먹고 당나귀 양편에 풀을 수북히 쌓아 놓았다. 오른편, 왼편에 당나귀와 같은 거리를 두고 풀을 놓아 두었다. 이 당나귀는 묶여 있지 않았다. 이 당나귀는 매우 철학적인 당나귀였다. 그래서 오른쪽의 풀을 먹어야 하나 왼쪽의 풀을 먹어야 하나를 놓고 고민에 빠졌다. 철학적이거나 이성적인 사람은 무엇인가를 할 때는 언제나 너무 많은 생각을 한다.

당나귀는 배가 점점 더 고파 왔지만 결론을 내릴 수가 없었다. 양쪽에 풀이 있는 거리도 똑같고, 양도 똑같았기 때문이었다. 그가 오른쪽으로 한발을 내딛으면 '왼편으로 가도 괜찮은데'라는 생각이 들었다. 그래서 이번에는 왼편으로 한발을 떼면 '오른편도 좋은데'라는 생각이 들었다.

그래서 그 당나귀는 결론을 내릴 수 없었다. 서서 생각하고 재고……. 배고픔은 그대가 생각하고 결론을 내리도록 기다려 주지 않는다. 그 당나귀는 너무 배가 고파서 쓰러졌는데도 불구하고 계속 생각만 했다. 결국 그 당나귀는 굶어 죽었다고 한다. 양옆에 풀이 잔뜩 있는데도 불구하고 당나귀는 가운데 서서 고민한다.

좋고 나쁨을 선택하는 혼미 속에서
온 세상이 방황하는구나.

그대가 처한 상황도 이와 똑같다. 신은 그대 양편에 잔뜩 쌓여 있지만 그대는 생각하고 고민하면서 굶어 죽어가고 있다. 그대는 망설이고 있다. 그대는 묻는다.

"나는 무얼 해야만 하나? 힌두교? 이슬람교? 기독교? 불교? 누구를 믿어야만 하나? 누구 앞에 나가 예배를 봐야만 하나? 어떤 경전을 따라야만 하나? 신전에 가야 되나, 절에 가야 되나? 교회에 가야 되나?"

삶은 날아가고 있는데 그대는 망설이고만 있다. 머리의 특징은 결코 결단력이 없다는 점이다. 따라서 그대가 머리를 가지고 아무리 애를 써 봐도 결론은 나지 않게 되어 있다.

지식인은 꼭 인도 의회를 닮았다. 무엇인가 결정을 내려야 할 의회는 죽자살자 싸우기만 한다. 우리가 무엇을 결심하면 마음의 다른 한편은 그 결정을 반대한다. 의회의 결정은 만장일치가 아닌 다수결이다. 만약 '지식인 국가'라는 나라가 있다고 가정해 보자. 이 나라 의회에 국회의

원이 100명 있다면 대체로 60명 정도는 제출된 안건에 찬성하고 40명 정도는 반대한다. 40명은 상정된 안건이 나라에 크나큰 해가 된다고 하면서 온갖 반론을 제기한다.

지식인의 결정은 의회의 의사 결정과 같다. 여기서는 다수결의 원칙이 꼭 통하는 것만은 아니다. 세력 균형이 계속 변하기 때문이다. 오늘의 다수가 내일의 소수가 될 수도 있다. 그러면 상정된 안건도 변해 버린다.

지식인은 결코 의심의 차원을 넘어갈 수 없다. 명확하고 밝은 것은 지식인의 특징이 아니다. 그것은 그들의 본성이 아니다. 의심하는 것이 그들이 본성이다. 사물을 의심해서 명확한 결론에 도달할 수 있다고 생각하는가? 그래서 결심을 하고 결정할 수 있다고 생각하는가? 어떤 결론이나 결정을 내려도 그것은 임시적인 결론이나 결정이 될 뿐이다. 야당이라는 속성은 항상 자기 당을 위해 표를 긁어 모아 여당이 되려고 한다. 그래서 시간이 지나면 여당이 바뀌곤 한다. 새로운 여당이 생긴다고 해도 영원한 것은 아니다. 조금 있으면 또 바뀐다. 그러니 안건에 대한 결정이 계속 번복되는 것이다.

머리는 결코 만장일치에 도달할 수 없다. 사랑만이 만장일치에 도달할 수 있다. 머리는 전체를 보고 행동하지 않는다. 갈래갈래로 갈라져 생각하고 행동한다. 서로 나뉜 부분들이 싸운다. 설령 어떤 한 가지를 하기로 마음 먹어도 수천 가지 다른 생각들이, 다른 대안들이 떠오른다. 그대는 한 번에 한 가지 결심을 실행에 옮길 수 있을 뿐이다. 따라서 머리는 자신이 어떤 결정을 내린다고 해도 조금 있다가 항상 후회한다.

예를 들어보자. 그대는 나의 강의를 듣기 위해 여기에 왔다. 만약 그대가 나의 강의를 듣기 위해 여기에 오지 않고 가게 문을 열고 장사를 했다면 장사가 아주 잘됐을 수도 있었을 것이다. 그런데 그대는 여기에 와서 오늘 장사를 못했다. 그대가 가게에 돌아가면 아마 이웃 사람이 "아니, 어디에 가셨습니까? 아무개 씨가 여기에 왔었어요. 그는 무엇인가 많이 사기 위해 당신이 어디에 갔는지를 묻더군요"라고 말할지도 모른다. 이 말을 들으면 아마 그대는 나의 강의를 듣기 위해 여기에 온 것을 후회할 것이다. 여기 오지 않고 그냥 가게 문을 열었던 것이 낳았을걸 하고 후회할 것이다. 그대는 까비르에 대한 강의를 들어서 무슨 실이익이 있겠는가 생각할 것이다. '오늘 장사가 어쩌면 기가 막히게 잘됐을 수도 있었을 텐데. 오늘 장사를 놓쳤구나' 라는 생각이 들 수도 있을 것이다.

자, 이제 그대가 여기에 오지 않고 여느 때처럼 그대의 가게 문을 열고 장사를 했다고 가정해 보자. 나의 이 강의를 들은 한 사람이 그대 가게에 와서 이렇게 말한다.

"여기 앉아서 무얼 하시는 겁니까? 물건이야 여기 그대로 있을 거고…… 지금 우리는 까비르 강의를 듣고 오는 길입니다. 강의는 정말 기가 막혔어요. 은혜의 단비가 하늘에서 쏟아져 내리는 것 같았다니까요. 우리의 가슴이 더없는 기쁨으로 넘쳐흘렀습니다. 아니, 지금 여기서 무얼 하고 계시는 겁니까? 이건 인생을 허비하고 있는 거예요."

이 말을 듣는 즉시 그대는 역시 똑같이 후회하기 시작한다.

무엇을 하나 결정하면 항상 다른 수많은 대안들에 대한 생각이 떠오르기 마련이다. 하지만 시간은 없다. 시간은 없고 할 일은 많고, 그런 와중에 무엇인가 결정을 내려야만 한다. 머리가 어떠한 결정을 내려도, 다른 쪽을 선택했으면 어땠을까 하는 생각에 언제나 후회하게 되어 있다. 머리는 항상 '이걸 하지 않고 저걸 했으면 어땠을까' 라는 생각에 사로잡혀 있다. 머리는 항상 상처를 긁으면서 후회한다.

그래서 그대가 무엇을 하든지 후회하게 되어 있다는 것이다. 결혼을 하든 안하든 그대는 후회한다. 결혼한 이들이 나에게 와서 결혼이란 속박이라고, 결혼 생활 속에 갇히게 되었다고 말한다. "결혼으로부터 어떻

The Great Secret

게 빠져 나와야 될지 고민입니다"라고 말하는 것이다. 또 결혼을 하지 않은 사람은 결혼 생활을 경험해 보는 것이 꼭 필요하다고 생각한다. 그렇지 않으면 결혼 생활이 어떤 것인지 알 도리가 없다는 것이다. 하지만 그들은 어떤 식으로 결혼에 접근해야 될지 모른다. 젊은이들은 가끔씩 나에게 와서 결혼을 해야 될지 아니면 안해야 될지에 대해 묻는다. 나는 그들에게 결혼을 하든 안하든 후회하게 될 것이라고 말해 준다. 무엇을 하든 이것 하나만은 100퍼센트 확실하다. "머리는 항상 후회하게 되어 있다."

왜 그런가?

왜냐하면 거부당한 생각의 반은 항상 "그것 봐! 내가 그것을 하지 말라고 말했잖아. 내 말을 무시하고 하더니만 후회할 수밖에. 나중에는 내 말을 꼭 들으라고"라고 말할 수 있는 기회만을 엿보고 있기 때문이다. 그대가 완전히, 그리고 전체적으로 결정을 내릴 수 있을 때까지 이런 후회는 계속된다. 나중에는 인생 전체를 후회하게 될 것이다. 한쪽으로 기울지 말고 가운데 서라. 가운데 섰을 때 전체적으로 결정을 내릴 수 있다.

좋고 나쁨을 선택하는 혼미 속에서
온 세상이 방황하는구나.
선택 없이, 신을 찬미하는 이
그이가 참된 사두이지 않은가?

좋고 나쁘고를 가리지 마라. 모든 구별심을 놓으라. 사랑 속에 녹아들라. 그때 그대의 명상은 깊어질 것이다. 사랑은 지적인 것과는 아무 관련이 없다. 그래서 사랑 속에서만 우리는 구별심을 놓고 하나로 녹아들 수 있다. 그래서 항상 사랑이란 눈먼 것이라고, 미쳤다고, 골치 아픈 사랑에 빠지고 싶지 않다고 머리는 말한다. 그래서 머리는 항상 그대가 사랑이란 덫에 걸려 들었다고 말한다. 머리는 이렇게 말한다.

"네가 나와 함께 있으면 안전해. 나는 생각할 수 있고 논쟁할 수 있고 무얼 따질 수도 있고. 그래서 나는 너를 도울 수 있어. 하지만 네가 가슴으로 가면 네 눈은 멀고 말거야. 가슴은 생각하지도 못하고 따지지도 못하고 논쟁을 하지도 못해. 너는 미치고 말거야."

사랑보다 더 맑은 눈도 없고 사랑보다 더 밝은 지각도 없다. 머리는 사랑이란 눈먼 것이라고 말한다. 진정으로 사랑의 눈을 얻는 이는 모든 것을 보게 되지만 머리는 사랑이 눈멀어 있다고 말한다. 머리의 관점에서 보면 사랑은 정말 눈멀어 있다. 머리란 행동으로 옮기기 전에 모든 것을 재고 따지는 존재이기 때문이다. 가슴은? 가슴은 그냥 아무 생각 없이 어둠 속으로 들어간다. 그냥 뛰어든다.

머리는 가슴이 눈멀었다고 생각하기 때문에 가슴을 억압한다. 그대는 항상 모든 것을 머리에 의존하고 가슴에는 결코 귀를 기울이지 않는다. 그대는 두려워서 이렇게 따진다. "가슴을 따라가다가는 무슨 일이 생길지 알아?" 하지만 까비르는 가슴에 귀를 기울이는 구도자만이 지혜로운 자요, 참된 구도자라고 말한다.

머리는 사랑이란 꾸며낸 연기에 불과하다고 생각한다. 머리는 자신이 매우 이성적이고 합리적이라고 생각한다. 하지만 잘 살펴보라. 그대가 생각과 논쟁을 통해 무엇을 얻었는가? 그 누가 무엇을 참으로 성취했다고 하면, 그는 오직 사랑에 미친 사람임에 틀림없다. 사랑이 찾아오면 머리도, 그대 자신도 없어진다. 사랑은 모든 것을 태우는 불이다. 모든 것이 타 없어지면 무엇이 남는가? 신만이 남는다. 신은 태워서 없애 버릴 수 없는 유일한 존재이다.

당나귀와 당나귀가 서로 묶여 있는 것처럼
사람들 모두가 서로 묶여 있구나.

사람들은 자신들의 견해와 좋고 나쁨을 가리는 구별심에 단단히 묶여 있다. 마치 당나귀처럼 묶여 있다. 그래서 당나귀처럼 그 자리에 꼼짝도 못하고 서 있다. 어디로 갈지 모르는 것이다. 그대의 인생 전부가 이렇다. 그대는 자신의 삶을 사물에 얽매어 놓고 어쩔 줄을 몰라 삶을 허비하고 있다.

내면의 눈이 밝아진 이
그이가 참된 사람.

까비르는 내면의 눈이 밝아진 이가 자신을 묶고 있는 포승줄의 속박으로부터 자유로워진 이라고 말한다. 머리는 사념의 세계에서 산다. 항상 대상의 좋고 나쁨을 구별하는 세계에 산다. 하지만 내면의 눈이 밝아진 이는 모든 지적인 구별심을 버린 자이다. 내면 속으로 깊이 잠수해 들어가 자기 존재 중심에 다다른 자이다.

현재 그대는 머리를 통해 세상을 바라본다. 세상을 보는 데는 다른 방법이 있다. 머리에서 빠져 나와 그대 가슴속으로 들어가는 것, 그대 영혼이 머무는 삶의 중심 속으로 들어가는 것이 그것이다. 그 자리에서 세상을 바라보라. 내면의 눈이란 존재 중심에서 세상을 바라보는 눈을 뜻한다. 머리에 속한 눈은 세상을 중심에서 바라보지 못하고 주변에서 세상을 바라본다.

내면의 눈으로 세상을 바라보기 시작하면 모든 것이 달라지기 시작한다. 보이지 않았던 것이 드러나기 시작한다. 어제는 사물만이 보였지만 오늘은 신이 보이는 것이다. 어제까지는 원수지간으로 지내던 사람에게서 오늘은 친구의 모습을 발견한다. 어제까지는 죽음만이 보였지만 오늘은 엑스터시로 통하는 문이 보이기 시작한다. 어제까지 머리가 떠들어대던 것들이 오늘은 무의미한 것들이 된다. 이제 그대는 삶을 완전히 새로운 중심에서 바라보기 시작한다.

시각이 바뀌면 모든 것이 달리 보이게 되어 있다. 예를 들어보자. 지금 그대가 벽에 구멍 하나밖에 나지 않은 깜깜한 방에 갇혀 있다고 생각해 보자. 그대는 그 단 하나의 구멍으로 세상을 내다보게 될 것이다. 물론 무엇인가 보이겠지만 세상 전체의 모습이 다 보일 수는 없다. 그대는 이렇게 구멍 하나 나 있는 깜깜한 방에서 살고 있다. 그대는 조그마한 구멍으로 보이는 것들이 세상의 전부라고 판단해 버린다. 그리고 나서 누군가가 그대 방문을 따 주고 그대는 밖으로 나오게 된다고 생각해 보자. 그대는 별과 달과 드넓은 하늘을 본다. 이때부터 그대는 세상을 머리를 통해서 보지 않고 내면의 눈으로 볼 수 있게 된다.

머리는 조그마한 구멍과 같다. 그 조그마한 구멍으로 보이는 세상은 조그마한 것일 수밖에 없다. 모든 것을 한쪽으로 제쳐 놓으라. 머리를 통해 얻게 되는 모든 사고방식이나 믿음이나 편견을 놓고 쉬어라. 삶의 한가운데에 서라. 힌두교니 이슬람교니 하는 울타리에 갇히지 말고 중심에 서라. 그러면 그대는 무한히 드넓은 하늘을 보게 될 것이다. 그대는 그 무한한 하늘을 보게 될 것이다. 오직 사랑만이 현현(顯現)하는 하늘을 보게 될 것이다. 오직 사랑만이 밤낮으로 춤을 추는 하늘을 보게 될 것이다.

그대가 색안경을 쓰고 있다면 세상은 당연히 그 색안경의 색깔로 보인다. 이 단순한 이치를 생활 속에서 터득해 보라. 황달에 걸린 환자에게는 모든 것이 노랗게 보인다. 그의 눈이 노랗게 변했기 때문이다. '머리'라는 병에 걸린 사람에게는 세상이 전체로 보이지 않고 부분들로 보인다. 머리는 그 자체가 분열되어 있기 때문이다. 가슴의 눈으로 보라. 가슴은 분열되어 있지 않다. 가슴은 전체적이다. 내면의 눈이란 바로 이 가슴의 눈을 의미한다.

내면의 눈이 밝아진 이
그이가 참된 사람.

까비르는 내면의 눈이 밝아진 사람만이 참사람이라고 말하고 있다. 내면의 눈이 밝아지기 전까지 그대는 아무개일 뿐이다. 오직 사람의 형상을 하고 있다는 이유만으로 그대는 사람이다. 형상의 다른 점을 빼놓고는, 그대와 짐승 사이에는 아무런 차이도 없다.

산스크리트 어로 짐승을 '파슈(pashu)' 라고 하는데 이는 매우 흥미로운 사실이다. 이 말은 무엇인가에 묶여 있는 사람이나 속박되어 있는 사람을 뜻하는 '파쉬(pash)' 에서 왔다. 이는 매우 의미심장하다. '파슈' 는 단순히 짐승만을 뜻하지 않는다. 묶여 있는 자, 속박되어 있는 자, 끄달리는 자를 뜻하기도 한다. 내면의 눈이 밝아지면 짐승이 아닌 진짜 사람이 되는 것이다. 내면의 눈이 밝아지기 전까지 인간은 동물과 별 차이가 없다. 내면의 눈이 밝아지면 진정한 인간이 되는 것이다. 그의 속박도, 그의 야수성도 사라지는 것이다. 이제 그는 드넓은 하늘을 날아다닌다. 이제 속박으로부터, 감옥으로부터 해방된 것이다.

홀로 걷는 이
그가 홀로 진리를 만난다.

이는 참으로 혁명적인 문장이다. 까비르는 지금 집단은 결코 진리의 경지에 도달할 수 없다고 말하고 있다. 힌두교인들이 떼를 지어서, 혹은 이슬람교인들이 떼를 지어서 진리를 성취하는 것은 결코 아니다. 진리는 언제나 개인적으로 성취하는 것이다. 집단은 결코 진리를 성취할 수 없다. 따라서 집단에 끼지 마라. "나는 힌두교인이야" 라고 말하지 마라. 그 말은 그대가 힌두교 집단의 일원이라는 말이다. 세상의 어떤 집단이,

어떤 사회가 떼를 지어 진리를 성취한 적이 있는가? 붓다든, 마하비라든, 크리쉬나든, 그리스도든, 까비르든, 그 누가 되었든, 진리를 성취할 때는 홀로 성취할 뿐이다. 따라서 홀로 가라. 그대는 집단에서 나와 홀로 걸어가려고 하지 않는다. 그래서 그대는 진리를 성취하지 못하고 있는 것이다.

홀로 있는다는 건 참으로 어렵다. 그래서 집단 속으로 들어가면 편안함을 느낀다. 하지만 집단의 일원이 되면 수없이 많은 어리석은 일들을 하게 된다. 집단 속에 있으면 편안함을 느낀다. 그래서 아무 생각 없이 어리석은 일들을 하는 것이다. 집단 안에서 사는 삶은 어리석은 삶이다. 그러면서 자신의 어리석은 삶이 올바른 삶이라고 맹신하면서 산다. 쿰바 멜라(Kumbha Mela : 인도의 성지 네 곳을 돌면서, 3년에 한 번씩 벌이는 인도의 가장 큰 종교행사. 종종 수천만 명의 순례자들이 모이기도 함)에는 수백만 명의 사람들이 참가한다. 그래서 사람들은 수백만 명의 사람들이 참가하니까 자기도 참가해야 한다고 생각한다. 하지만 진리와 집단과는 아무 상관이 없다. 많은 사람들이 하니까, 집단이 떼를 지어 하니까 그것이 맞는 행동이라고는 할 수 없다. 실제로 그 반대인 경우가 많다. 한 개인이 진리의 편에 있을 수는 있지만 집단은 결코 진리의 편을 들지 않는다. 쿰바 멜라에 참가하는 무리들은 어리석게도 갠지스 강에 자신의 몸을 담그는 것이 인생에서 가장 소중한 일이라고 맹신한다.

다음 이야기를 들어본 적이 있는가? 한 나라의 왕이 연못을 파고, 그 연못을 우유로 채우기 위해한 사람당 우유 1리터씩을 가져 와 연못에 붓도록 모든 백성들에게 명을 내렸다. 하지만 사람들은 모두 '밤중에 우유 대신 물을 부으면 아무도 눈치 채지 못할 거야. 겨우 물 1리터를 붓는다고 표시가 날리는 만무하지' 라고 생각했다. 그래서 밤이 되자 백성들은 모두 연못에 물을 붓기 시작했다. 다음날 아침 왕이 연못에 나왔을 때 왕은 자신의 눈을 믿을 수 없었다. 연못에는 우유 한 방울 보이지 않고 물만 가득했다.

　이를 잘 보라. 다른 사람들도 그대와 똑같은 생각을 하고 있다. 그대의 논리와 추론도 다른 사람과 똑같다. 그대의 계산도 다른 사람과 똑같다. 사람들은 서로 묶여 있는 당나귀와 같다.

　온 세상이 거짓을 받아들인다 해도 거짓이 진리가 될 수는 없는 일이다. 집단의 수많은 사람들이 거짓을 진리로 생각한다 해도 거짓이 진리가 될 수는 없는 일이다. 겨우 3백 년 전까지만 해도 세상의 모든 집단의 사람들은 태양이 지구 주위를 돈다고 믿었다. 우리가 너무나 잘 알고 있듯이 지구가 태양을 돌지만, 수천 년 동안 사람들은 태양이 지구 주위를 돈다고 믿었던 것이다. 갈릴레오(Galileo)가 태양이 지구 주위를 도는 것이 아니라 지구가 태양 주위를 돈다고 발표했을 때 아무도 믿으려 들지 않았다. 사람들은 갈릴레오가 미쳤다고 생각했다. "성경에는 태양이 지구 주위를 돈다고 씌어 있다"라고 말할 뿐이었다.

　'일출(日出)', '일몰(日沒)'이라는 말은 어느 언어에나 존재한다. 하지만 갈릴레오가 지구 공전을 발견해 낸 이후에도 "해가 뜨고 해가 진다"고 말하고 있다. 갈릴레오가 간 지도 벌써 3백 년이 지났다. 이제 현대 과학은 "해가 뜨고 해가 지는 게 아니다. 해는 한 곳에 정지해 있고 지구가 그 주위를 돌 뿐이다"라는 과학적인 진리를 확립해 놓고 있는 실정이다. 하지만 아직도 우리는 '일출', '일몰'이라는 말을 쓰고 있다. 아마 영원히 그렇게 쓸 것이다.

　늙은 갈릴레오가 교황이 주재하는 종교 재판소에 끌려 왔다. 교황이 갈릴레오에게 말했다.

　"관용을 빌라. 그렇지 않으면 교수형밖에 없다. 대체 성경이 틀릴 수 있다고 보는가, 그대는? 성경에는 해가 뜨고 해가 진다고 되어 있다. 그대는 자신이 하나님보다 낫다고 생각하는가?"

　갈릴레오는 참 지성적이고 지혜로운 사람이었다. 그가 말했다.

"성하(聖下)께서 그렇게 말씀하시니, 관용을 빌겠습니다. 지구가 태양 주위를 도는 것이 아니라 태양이 지구 주위를 돈다고 고쳐서 발표하겠습니다. 하지만 진리는 제가 어떻게 말하는가와는 아무런 상관이 없습니다. 제가 바꾸어 말한다고 해도 태양은 공전하지 않습니다. 제가 태양에 대해 이러쿵저러쿵 말한다고 해도 달라지는 건 아닙니다. 하지만 저는 고쳐 발표함으로써 제 생명을 구하는 쪽을 택하겠습니다. 여기에서 성경에 반대되는 이야기를 하는 건 아무 의미가 없음을 잘 압니다. '공전하는 것은 지구다'라는 사실을 발표하지는 않겠지만 이 자리에서만큼은 '공전하는 것은 태양이 아니라 지구다'라고 말하고 싶습니다."

설령 갈릴레오가 성경에 나오는 대로 태양 공전을 재차 확인해 주고 온 세상 사람들이 이를 믿는다고 하더라도 진리를 바꿀 수는 없는 노릇이다. 진리란 다수결에 의해 결정할 수 있는 성질의 것이 아니기 때문이다.

홀로 걷는 이
그가 홀로 진리를 만난다.

진리를 알게 되는 사람은 누구나가 스스로, 혼자의 힘으로 진리를 알 뿐이다. 왜 그런가? 집단은 떼를 지어 진리의 경지에 이를 수 없기 때문인가? 그 정도의 경지에 이르는 사람은 몇백만 명에 한 명 있을까 말까 하다. 그 정도 경지에 이른 사람은 심지어 수천 년에 한 번 나올까 말까 하다.

그 정도 경지에 이른 사람이 나오면 사회는 온갖 수단 방법을 동원해서 그 사람의 길을 방해하려 든다. 왜냐하면 사회 전체가 그 사람으로부터 수치감과 모욕감을 느끼기 때문이다. 사회의 에고가 상처를 입기 때문이다. 그래서 사람들은 예수를 십자가에 매달고, 소크라테스에게 사

The Great Secret

약(死藥)을 내리고, 붓다에게 돌을 던지고, 온갖 방법으로 까비르를 모욕한다. 우리는, 이 평범한 베 짜는 직공인 까비르가 신의 경지에 도달했다는 사실을 받아들일 수가 없다. "까비르는 신의 경지에 이르지 못했다"라거나 "그는 지금 거짓말을 하고 있다"라거나 "그는 사이비다"라거나 "그는 미쳤다"라고 백안시하는 것이 우리에게는 훨씬 더 마음 편하고 좋다. 우리는 까비르가 신의 경지에 도달했다는 사실을 인정할 준비가 전혀 되어 있지 않다.

사회는 온갖 수단 방법을 동원하여 그대가 신과 하나가 되지 못하도록 방해한다. 사회는 그대의 배(舟)가 더 이상 움직이지 못하도록 막는 닻이다. 사회는 그대의 배가 신의 경지에 도달하는 것을 방해하는 무거운 짐이다.

진리는 깊디 깊은 침묵 속에서만 신에 도달할 수 있다. 진리의 본모습이 그러하기 때문이다. 그대는 절대적으로 홀로 존재할 수밖에 없다. 그대 내면에는 타인이 들어올 자리가 없다. 지금 내 강의를 듣고 있는 그대들 전부는 명상을 하고 있다. 사마디를 얻기 위해 명상을 하고 있다. 그대가 사마디에 이르자마자 그대는 홀로 남게 된다. 그대 안의 수없이 많은 집단은 사라지고 만다. 그대 옆에 앉아 있는 사람도 마찬가지다. 그대는 다른 사람을 위해 명상하는가? 다른 사람도 마찬가지다. 다른 사람도 그대를 위해 명상을 하고 있는 것이 아니다.

'사마디에 있다'는 말은 자기 자신 속으로 깊이 깊이 들어간다는 말이다. '집단 속에 있다'는 말은 문 앞에 서 있기만 한다는 말이다. 그대가 내면의 방으로 들어가면 집단과 잡다한 세상사와 세상 사람들이 사라지고 그대 홀로 남는다. 이 크나큰 '홀로 있음' 속에서 그대는 신과 만난다. 여기에는 다른 목격자가 있을 수 없다. 그대가 홀로 있음 속에서 신을 만났다는 것을 증언할 수 있는 목격자는 있을 수 없다. 내가 그러한 깊은 홀로 있음 속에서 신을 만났다고 주장하면 그대는 "증인이 있습

니까?'라고 물을 수도 있을 것이다. 그러면 나는 "증인은 없다. 그 지점에서는 증인이 존재할 수 없다. 그대는 내 말을 믿을 수도 있고 안 믿을 수도 있다. 하지만 이를 증언할 수 있는 증인은 존재할 수 없다"라고 대답하겠다.

그대 마음은 거부감을 느끼고 내 말을 믿지 말라고 할 것이다. 그대에고는 그런 일이 가능하지 않다고 의심할 것이다. 그대는 "나는 아직도 멀었어. 그런데 이 사람은 벌써 그 경지에 도달했다고? 그럴 수는 없어. 불가능한 일이야!'라고 말할 것이다.

그대가 까비르와 붓다가 성취한 깨달음을 믿지 않으면 그대에게 있어서 깨달음의 문은 닫혀 버리고 만다. 하지만 까비르가 성취한 바를 받아들이면 그대에게 있어 깨달음의 문은 열린다. 그대는 '까비르가 성취했다면 나도 성취할 수 있다. 가능성은 얼마든지 열려 있다. 까비르에게 가능하고 나에게는 불가능할 리가 없는 것이다'라고 생각하게 될 것이다.

이것이 신뢰와 불신의 차이이다. 그대에게 신뢰가 없다고 해서 까비르가 어떻게 되는 것은 아니다. 문제는 그대 자신에게 있을 뿐이다. 까비르가 대단한 사람이라고 말한다고 해서 그의 위대함이 더 위대해지는 것은 아니다. 그의 위대함은 그냥 거기 있을 뿐이다. 그대 자신에 대한 신뢰와 믿음이 그대에게 가능성의 문을 열어 준다.

홀로 걷는 이
그가 홀로 진리를 만난다.

그대는 홀로 있을 때만 진리를 만날 수 있다. 그대가 집단을 벗어나 홀로 있을 때만 진리와 혼례를 올릴 수 있다. 이런 상서로운 순간은 그대가 절대 홀로 있음 속에 존재할 때만 찾아온다. 제단의 불 주위를 돌고 모든 하객들이 물러갔을 때 그 상서로운 순간을 목격할 수 있는 사람은 아무도 없다. 까비르는 말한다.

"왜 그대와 신 사이에 사제가 필요한가? 베다의 찬가를 암송하는 사제 같은 이는 필요 없다. 존재계 자신이 베다의 찬가들을 노래한다."

오직 신만이, 오직 까비르만이 목격자일 뿐이다. 거기에 제삼자(第三者)는 존재하지 않는다.

사랑에 흠뻑 젖은 가슴
다시는 돌아오는 일이 없다.

사랑에 빠진 이가 님과 만나면 이제 더 이상 돌아오지 않는다. 마음이 사랑 속으로 빨려 들어가기 때문이다. 마음은 그야말로 사랑과 하나가 된다. 그래서 절대로 되돌아올 수 없는 것이다. 시인들은 종종 "벌이 너무나 연꽃에 몰입한 나머지 연꽃이 그 꽃잎을 닫아도 움직일 줄을 모른다"고 노래한다. 신을 사랑하는 자도 이와 같다. 신을 사랑하는 자는 사방에서 존재계가 그 꽃잎을 닫아도, 이를 모른다. 신이 그를 사방에서 둘러싸서 그를 자신 속으로 녹아들게 한다. 그러면 더 이상 돌아오고 싶어도 돌아올 수 없는 것이다.

모든 것이 성스럽다고 하는 전체성(全體性)이
온전히 밝아진 눈이야.
까비르는 말한다, 그것은 이해하는 것이 아니라고.
그것은 글로 쓸 수 있는 것이 아니라고.

이 순간, 주변에 존재하지 않고 절대 홀로 있음 속에 존재하라. 자신의 영혼 속에 서 있으라. 존재 중심에 있으라. 그러면 내면의 눈이 온전히 밝아질 것이다. 그때 그대는 전체가 된다. 전체를 보는 눈에서 전체성이 보인다.

전체성은 전부를 포괄한다.

현재 그대의 눈은 불완전하다. 그대의 욕망이 완전히 충족되지 않기 때문이다. 죽음이 찾아와서 그대에게 "너의 시간은 다 됐다. 이제 나를 따라오라." 하고 말하면 그대는 "잠깐만 기다려 주십시오. 몇 가지만 끝내면 됩니다. 몇 가지 계획을 세웠는데 아직 못 끝냈습니다. 아주 잠깐이면 됩니다." 하고 부탁하고 싶어질 것이다. 계획들을 끝내려고 하다 보면 더 많은 계획들을 세우게 된다. 따라서 계획했던 바를 모두 끝낸다는 것은 가능하지 않다. 계획이란 항상 미완성으로 남는다. 완성이란 이 사바 세계의 것이 아니다. 이 사바 세계의 본질은 완성이 아니라 미완성이다. 성취가 아니라 실패다.

이 속세에서는 그 어느 누구도 완전히 만족할 수 없다. "욕망이란 항상 완벽하게 채울 수 없다"는 진리를 아는 자만이 완전해질 수 있다. 어떠한 욕망을 채운다고 하더라도 그것으로 끝나는 것이 아니다. 오직 모든 욕망을 포기했을 때 온전히 만족할 수 있는 것이다.

욕망의 그림자를 잡으려고 발버둥이 치는 한 그림자를 결코 잡을 수 없다. 물론 그림자를 무시해 버리고 구도의 길을 떠날 수는 있지만 그때도 그림자는 따라올 것이다. 욕망을 지녔다면 항상 불만 속에서 살아갈 수밖에 없다. 욕망을 넘어서고 싶은가? 그러면 욕망에 등을 돌리라. 욕망이 떨어져 나가기 시작할 것이다. 그리고 틀림없이 전체성을 경험하게 될 것이다.

모든 것이 성스럽다고 하는 전체성이
온전히 밝아진 눈이야.

욕망이 완전히 비워졌을 때 그대는 전체가 된다. 그러한 전체성 속에

The Great Secret

서 우주 전체를 볼 수 있는 눈이 생긴다. 이렇게 온전히 밝아진 눈으로 그대는 온전한 엑스터시를 체험하게 된다. 사방에서 그대는 신을 일견(一見)하게 된다. 절대자를 일별(一瞥)하게 된다.

까비르는 말한다, 그것은 이해하는 것이 아니라고.
그것은 글로 쓸 수 있는 것이 아니라고.

"나는 전체성을 이해하지 못한다"라고 까비르는 말한다. 이해력, 이해하는 사람, 학문, 논리, 이 모든 것들은 떨어져 나갔다. 이해하는 사람도 이해의 대상도 사라졌다고 까비르는 말한다.

까비르는 말한다, 그것은 이해하는 것이 아니라고.
그것은 글로 쓸 수 있는 것이 아니라고.

까비르는 지금 일어나고 있는 이것—전체가 전체로 떨어져 들어가는 것, 전체가 전체 속으로 쏟아져 들어가는 것, 전체와 전체와의 합일—을 이해할 수 없다고 말한다. 이는 까비르가 며칠 전 수트라에서 말했던 바다.

까비르는 말한다, 그것은 이해하는 것이 아니라고.
그것은 글로 쓸 수 있는 것이 아니라고.

까비르는 지금 일어나고 있는 것은 이해할 수 있는 것이 아니라고 말하고 있다. 자신의 이해와 상상을 초월해 있다는 것이다.

까비르는 말한다, 그것은 이해하는 것이 아니라고.

그것은 글로 쓸 수 있는 것이 아니라고.

그 체험은 너무나 엄청난 것이어서 글로서는 도저히 표현할 길이 없다. 다른 책에서 읽은 것이라면 충분히 글로써 표현해 볼 수도 있을 것이다. 하지만 그러한 체험에 대해서는 그 누구에 의해서 씌어진 적도, 말해진 적도, 설명되어진 적도 없다. 뿐만 아니라 그러한 체험은 완전히 상상을 초월하는 것이기 때문에 글로써 표현해서는 안 된다고 까비르는 말한다.

이것이 궁극이다. 우리의 이해력이 가 닿을 수 없는 경지이다. 진리란 지성을 뛰어넘는 것이다. 그럼에도 불구하고 그대는 진리를 자신의 손아귀에 넣으려고 한다. 하늘을 자신의 손아귀에 쥐려고 한다. 그래서 까비르는,

좋고 나쁨을 선택하는 혼미 속에서
온 세상이 방황하는구나.

라고 말하는 것이다. 그래서 그대는 혼란스러워하고 혼돈 속에 빠진다. 좋고 나쁨을 선택함으로써 그대는 진리를 믿음이라는 감옥 속에 가두려고 한다. 그대는 진리를 이해하려고 이것저것 해보지만 그대의 이해력은 아주 빈약하기 이를 데 없다. 그 빈약하기 이를 데 없는 이해력으로 진리의 경지에 도달하는 것은 불가능하다.

진리는 그냥 살아야 할 대상이지, 이해해야 할 대상이 결코 아니다. 그대가 진리 자체가 되는 것은 가능하지만 진리를 이해하는 것은 가능하지 않다. 까비르가 전체성의 밝아진 눈에 대해 이야기할 때 까비르가 말하는 바는 바로, 진리가 되는 것은 가능하지만 진리를 이해하는 것은 가능하지 않다는 것이다. 종교적인 사람은 진리를 살지만 철학자는 진리

를 이해하기에 바쁘다. 그냥 진리에 살라. 이해하려고 들지 마라. 진리를 아무 내용 없는 연습 대상으로 삼지 마라. 진리를 머리로 이해한 사람은 없다. 그대 또한 마찬가지다. 그대가 진리에 살고 신이 될 수는 있지만 신을 머리로 알 수는 없다. 그대는 신과 하나가 될 수는 있지만 신의 존재를 글이나 말로 드러낼 수는 없다. 그대는 신성한 삶을 살 수는 있지만 신학(神學)을 연구해서 신성을 맛볼 수는 없다.

까비르는 말한다, 그것은 이해하는 것이 아니라고.
그것은 글로 쓸 수 있는 것이 아니라고.

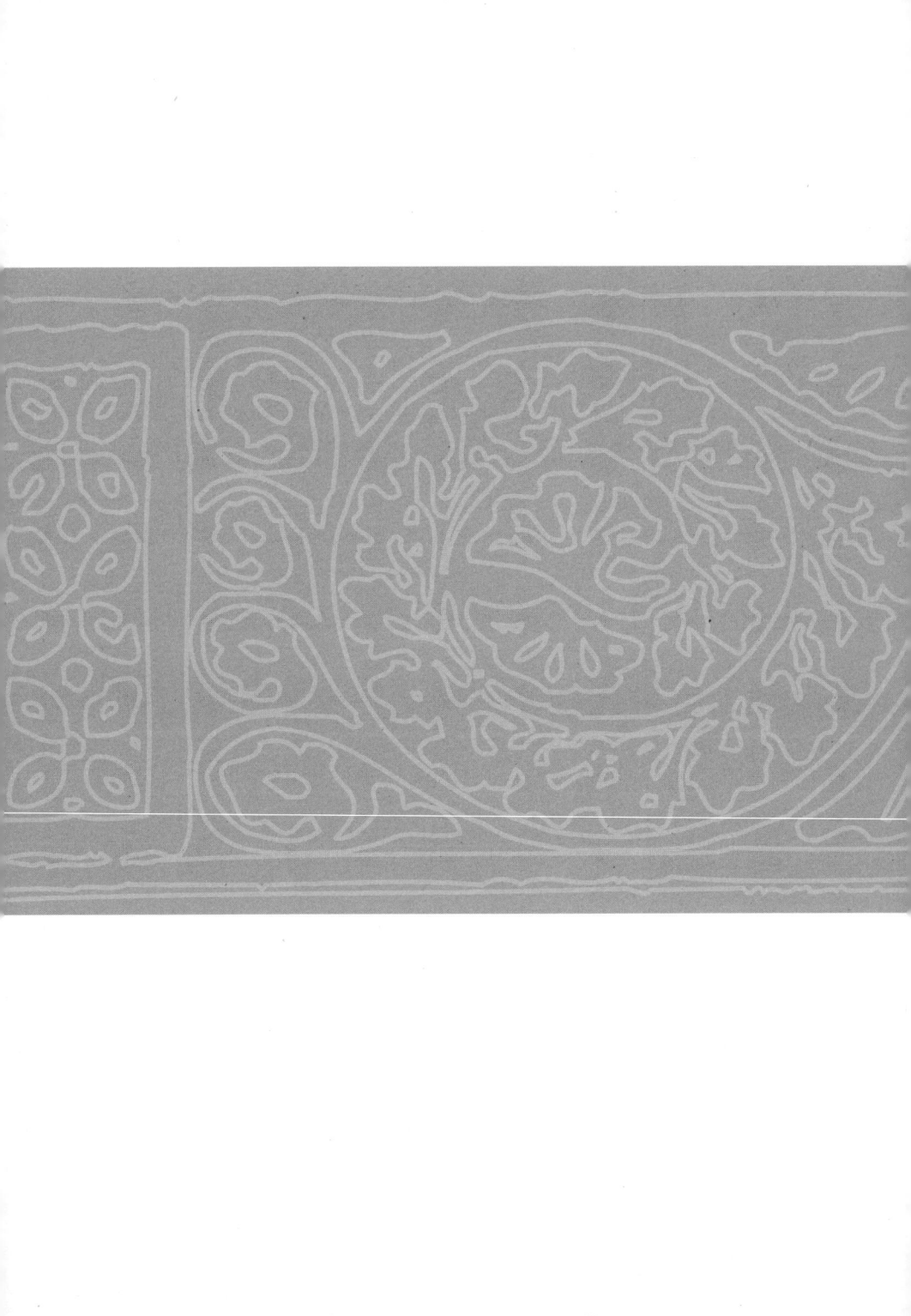

6
왜 헤매는가?

사두여, 누가 누구를 놀리는가?
형상(形狀)들 속에 무형상(無形狀),
무형상 안에 형상들
그런데 왜 헤매는가?

"신은 영원히 젊은 불멸의 존재다."
이건 사람들이 떠드는 이야기.
하지만 보이지 않는 것은 표현될 수 없고
가족도, 성격도, 피부색도 없어.
신은 모든 존재에 스며들어 있을 뿐.

세상에는 신에 대한 무수한 말들이 있는 바,
"그는 원자에도 있고 전 우주에도 있다."
"그에게는 시작도 없고 끝도 없다."
"원자고 우주고 모두 버려라!"
하지만 까비르는 말한다. "그가 신이다!"

베다는 말한다.
"무형상은 형상 너머에 있다."
형상이 있고 없고 잊어버리라, 축복받은 여인이여!
만물 속에서 신을 보라.
기쁨과 슬픔에 끄달리지 마라.
밤낮의 다르샨(Darshan)
빛에 머리를 놓고
빛을 뒤집어쓰고
빛에 잠을 자누나.

까비르는 말한다.
형제 사두여, 들으라!
도처의 빛이 참스승이라!

그를 두고 크다고 하는 것, 나는 꺼린다.
그를 두고 작다고 하는 것, 그것은 거짓말이다.
내가 라마에 대해 아는 건 무얼까?
이 두 눈으로 그를 본 일이 없는데.

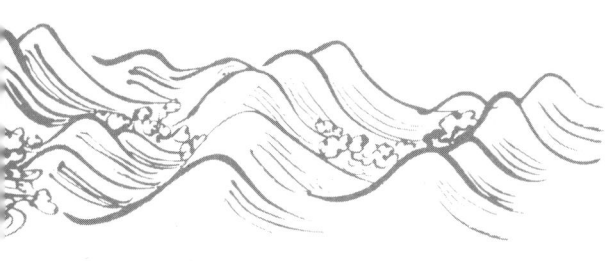

The Great Secret

Why wander away?
— 왜 헤매는가?

　삶은 간단하고 명료하다. 삶 속에 복잡한 것이란 아무것도 없다. 존재계는 수수께끼가 아니다. 그런데 인간의 마음은 수수께끼처럼 얽히고 설켜 있다. 마음은 아주 간단 명료한 것을 복잡하고 어려운 것으로 만드는 선수다. 다시 한 번 말하지만 삶은 간단하고 명료하다. 그래서 그대는 삶을 제대로 살지 못한다. 삶이 진정으로 힘겨운 것이라면 마음은 그 힘겨운 삶의 문제를 풀었을 것이다. 꼬인 실타래를 푸는 방법을 찾았을 것이다.
　존재계는 바로 그대 앞에 있는데도 불구하고 그대는 온 사방으로 존재계를 찾아 다닌다. 그대의 에고는 아주 가까이 있는 것을 찾는 것에는 재미없어 한다. 에고는 "그거 가까이 있는 걸 찾아서 뭐해. 하나도 재미없는 걸." 하고 말한다. 에고는 이미 있는 것을 성취하려고 들지 않는다. 에고는 없는 것을 성취하려고 든다. 없는 것을 성취하는 것은 하나의 도전이 되기 때문이다.
　에고는 아주 간단한 것을 복잡한 문제로 만드는 습관을 가지고 있다. 아주 뿌리 깊은 습관을 가지고 있다. 에고는 자기가 좋아하는 식으로 먼저 문제를 복잡하게 만들어 놓고, 그런 다음 풀려고 든다. 에고는 복잡한 것을 도전과 성취의 대상으로 삼는다. 스스로 만들어 놓은 딜레마를 푸는 데 온 정력을 다 쏟는다. 이 점을 명심하라. 삶 속에 복잡한 문제들이 있었다면 에고는 그 문제들을 이미 풀었을 것이다. 삶 속에는 복잡한 문제들이 존재하지 않는다. 그래서 푼다는 문제도 떠오를 수 없다. 그대가 생(生)을 거듭하면서 풀려고 한다고 해서 풀리는 문제가 아니다. 이 점을 정말 명심하라. 삶이란 그저 사는 것이다. 풀어야 할 숙제나 문제가 아니다. 삶은 노래를 불러야 할 시(詩)요, 춤이요, 신명나게 놀아 볼 만한 한마당이다. 방에 틀어박혀 삶에 대해 생각하고 걱정하지 마라. 삶이란 계속적으로 흐르는 흐름이다. 삶 속으로 뛰어들라. 삶의 방관자가 되지 마라. 그대, 삶을 방관하고 있는 만큼 삶과의 교감이나 삶 속에 내린 뿌리는 잘려 나간다.

오늘 시(詩)에서 까비르는 "누가, 무엇을 속였는지 누구에게 하소연해야 합니까?"라고 묻고 있다. 그대가 앓고 있는 이 병이 다른 사람으로부터 옮은 것이라면 그 사람이 책임을 져야 할 것이다. 하지만 불행하게도 이 병의 원인은 그대 자신이다. 그대 스스로 자신을 속인 것이다. 그대는 삶이라는 연극 속에서 무대를 설치하고 문제를 만들어 놓은 다음 그것을 풀려고 하고 있다. 그대는 먼저 문제와 고민을 만들어 놓은 다음 그것을 풀 수 있는 방법을 찾는다. 그대는 먼저 자신의 눈을 감고 어둠 속을 헤맨다. 만약 누가 자고 있다면 그를 깨우는 것은 식은 죽 먹기다. 하지만 누가 자지 않고 누워 있으면서 자는 체한다면 그를 깨울 방도는 없다. 그래서 까비르는 다음과 같이 묻는다.

사두여, 누가 누구를 놀리는가?

까비르는 묻고 있다. "무엇을, 누가 속는가? 누가 책임을 져야 하는가?' 다른 사람이 도둑이라면, 그리고 그 도둑이 그대의 물건을 훔쳤다면 그를 잡으면 될 것이다. 하지만 그대가 물건의 임자임과 동시에 도둑이라면?

그대의 얽힌 삶의 실타래를 풀려면 그대 스스로가 그 실타래를 얽어 놓았다는 것을 깨달아야만 한다. 이는 더없는 진리이다. 이 점을 항상 기억하라. 어떻게 풀 것인가? 그대의 한쪽은 삶의 문제를 풀려고 하고, 다른 한쪽은 계속 복잡하게 만들고 있다. 그래서 그대 삶에는 진전이 없는 것이다. 처음 시작한 그대로인 것이다. 그대는 한쪽에서 건물을 지으면서 다른 한쪽에서는 짓고 있는 건물을 때려부순다. 그렇게 해서는 그대가 짓고 있는 건물이 완공될 리가 없다. 그대는 기나긴 삶을 살아도 단 한 발자국도 앞으로 나가지 못하고 정체해 있다. 그대는 지금까지 헤맸던 계곡에서 아직도 헤매고 있다.

들은 이야기 하나. 물라 나스루딘이 한 번은 산촌에 살았다. 어느 날 밤 그가 베란다에 앉아 있을 때 집 앞에 차가 와서 멈추더니 운전사가 물었다.

"마날리(Manali : 인도 히마찰 프라데쉬(Himachal Pradesh) 주(州)에 있는 산악휴양도시)에 가려면 어느 쪽으로 가야 합니까? 길을 잃었습니다."

나스루딘은 약도까지 그려 가면서 아주 상세하게 설명해 주었다. 운전사는 고맙다고 인사를 하고 자기 갈 길을 갔다. 세 시간 후에 운전사는 나스루딘의 집 앞에 도착했다. 아주 곤혹스러운 얼굴을 하고 있었다.

"아니, 여보쇼! 이 양반 안 되겠구먼. 당신이 그려 준 약도대로 따라갔소. 무려 세 시간 동안이나. 아니, 그런데 3시간 후에 도착한 곳이 당신 집이잖소?"

나스루딘이 대답했다.

"알고 있소. 자, 그럼 제대로 된 길을 알려 주겠소. 먼저 당신이 내 말대로 따라갈 수 있는지가 궁금해서 당신을 테스트한 거요. 이번에는 틀림없이 바른 길을 알려 주겠소."

　수없이 태어나고 또 태어나도 그대는 처음 시작한 곳에서 한 발자국도 앞으로 나가지 못했다. 단 한치라도 좋다. 그대는 어린 시절부터 해서 한치라도 앞으로 나아갔는가? 아마 지금까지 무엇인가를 잃어버렸으면 잃어버렸지, 얻은 것은 단 하나도 없을 것이다. 어쩌면 뒤로 몇 발자국 퇴보했는지도 모를 일이다. 하지만 그대가 진보하지 못한 것은 분명하다. 누가 그대를 퇴보시켰다면 변명이라도 할 수 있을 것이다. 하지만 그대 스스로 퇴보했다면……. 그대의 현 상황에 대해 책임을 져야 하는 사람은 아무도 없다. 그 어느 누구도 그대를 앞으로 밀거나 뒤로 밀어 줄 수 없다. 이를 명심하라. 그 어느 누구도 그대를 잘못 인도할 수 없을 뿐더러 제대로 인도할 수도 없다. 악마에게도 그대를 타락시킬 수 있는 힘이 없고 신에게도 그대를 구원할 수 있는 힘이 없다.

　사두여, 누가 누구를 놀리는가?

　이 연극의 아름다운 점은 그대 홀로 이 연극 전체를 이끌어 가고 있다는 점이다. 그대가 연출자요, 배우요, 제작자다. 이 연극은 그대의 환상이요, 그대의 꿈이다. 그대의 꿈속에서 누가 연기를 하고 있는지 생각해 본 적이 있는가? 그대뿐이다. 다른 사람은 아무도 없다. 누가 연출을 하고 있는가? 그대뿐이다. 다른 어느 누구도 그대의 꿈을 연출할 수 없다. 누가 각본을 쓰고 있는가? 그대뿐, 아무도 없다. 누가 관객인가, 그대뿐이다. 깨달은 사람이 이 세계를 환영이라고 하는 이유는 바로 여기에 있다. 그대가 그대 꿈의 무대이다. 그대가 그대 꿈의 배우이다. 그대가 관객이요, 희곡이다.

　사두여, 누가 누구를 놀리는가?

까비르는 "나는 누구에게 하소연을 해야 하는가? 누구에게 나의 이 고통을 털어놓을 수 있는가? 나의 이 슬픔을 누구와 나눌 수 있을까?"라고 묻고 있다. 그대는 여기저기 떠돌아다니면서 사람들에게 "어디로 가면 출구를 찾을 수 있습니까? 문은 어디에 있습니까? 열쇠는 어디에 있습니까?"라고 묻고 다닌다. 그대는 자신을 잘못 인도하고 있다. 자신을 속이고 있다. "나에게는 진지하게 신을 찾고자 하는 열망이 있는가? 나는 제대로 수행을 하고 있는가? 나의 열망은 정말 철저한가? 진지한가?" 그대는 이런 질문들을 자신에게 던져 본 적이 있는가?

한 스님이 임종을 맞게 됐다. 그는 제자들을 모두 불러 놓고 이렇게 말했다.

"니르바나, 해탈에 이르는 길을 알려 주겠다. 내가 해탈에 대해서 이야기해 왔지만 너희들이 이를 이해했는지 못했는지 모르겠다. 처음 왔을 때하고 달라진 사람이 아무도 없는 것 같다. 참으로 오랫동안 나의 가르침을 들어왔음에도 불구하고 모두들 그대로다. 나는 이제 떠난다. 진정으로 해탈을 얻고자 하는 사람은 손을 들라."

그는 수천 명이나 되는 제자를 거느리고 있었다. 스승의 임종을 지켜보기 위해 모두 모여들었다. 스승이 진정으로 해탈을 얻고자 하는 사람이 있으면 손을 들라는 말에 모두 서로의 얼굴만 바라볼 뿐 아무 말이 없었다. 그러다가 한 제자가 자리에서 일어났다. 그는 이렇게 말했다.

"오해 없으시길 바랍니다. 저는 정말 해탈하고 싶습니다. 하지만 지금은 안 됩니다. 지금은 해야 될 일이 많습니다. 그저 길을 가르쳐 주십시오. 아직 끝내지 못한 일들을 마저 끝내고 싶습니다. 제게 길을 보여 주시면 일을 다 끝내고 따라가겠습니다."

그대는 항상 길을 묻는다. 미래 언젠가 때가 오면 그 길을 따라갈 수 있다는 믿음으로 그 길을 지금 알아두면 도움이 될 것이라고 생각한다. 그대는 진정으로 궁극의 목적지에 다다르고 싶은가? 그대는 진정으로 신에 대한 열망을 품어 본 적이 있는가? 쉬리 오로빈도(Sri Aurobindo, 1872 ~1950 : 육체를 지니고 영원히 사는 '초인(超人)'을 꿈꾼 현대 인도의 영적인 지도자)가 '아빕싸(abhipsa)'라고 부른 신에 대한 강렬하고도 진지한 열망을 품어 본 일이 있는가? 쉬리 오로빈도가 이 열망을 '아칸크샤(akanksha)'라고 부르지 않고 '아빕싸'라고 부른 이유는 무엇인가? 두 말 다 열망을 의미하지만 세속적인 열망이 아니라 신에 대한 열망을 말하고자 했기 때문이다. '아칸크샤'는 마음에서 나오는 것이다. '아빕싸'는 내면에서 우러나오는 부름이요, 골수에 사무쳐 나오는 부름이다.

그대는 먹을 것이나 마실 것을 냉장고 속에 넣어 놓고 아무 때나 꺼내 먹는다. 하지만 그대는 참다운 목마름이나 배고픔을 모른다. 사막에서 길을 잃은 사람을 생각해 보자. 태양은 불같이 타오르고 목은 타 들어가고, 이제는 한 발자국도 내딛기가 힘들다. 그는 마치 물 밖으로 나온 물고기처럼 고통스럽다. 몸의 세포 하나하나가 물을 애타게 원한다. 그것은 코카콜라를 보고 느끼는 목마름하고는 차원이 다르다. 그것은 향긋한 요리 냄새를 맡고 느끼는 배고픔하고는 차원이 다르다. 이 목마름은 그런 보통의 목마름이 아니다. 언제든 뒤로 미룰 수 있는 그런 목마름이 아니라는 말이다. 이 사람의 목마름은 사느냐, 죽느냐의 문제이다. 지금 타 들어가고 있는 목을 축이지 않으면 금방이라도 죽을지 모른다.

우리가 그런 결정적인 순간에 느끼는 열망을 쉬리 오로빈도는 '아빕싸'라고 불렀다. 사막에서 며칠 동안 물을 마시지 못한 사람이 느끼는 목마름만큼이나 신에 대한 강렬한 열망을 품어 본 적이 있는가? 그렇게 신을 동경해 본 적이 있는가? 진리를 찾기 위해 그대의 목숨을 걸어 본 적이 있는가? 아니라고? 그래서 까비르는,

사두여, 누가 누구를 놀리는가?

라고 묻고 있는 것이다. 그대는 참으로 신에 대해 동경하지 않는다.

이제 다른 시각으로 까비르의 이 질문을 들여다보자. 내가 지금 당장 그대를 위해 해탈 문을 열어 놓는다고 하자. 그대는 해탈로 들어갈 준비가 진정으로 되어 있는가? 그대는 "잠시만 기다려 주십시오. 잠깐만 집에 다녀오겠습니다"라고 말하지 않을 자신이 있는가? 진정으로 준비가 되어 있다면 그대는 단 한숨도 지체하지 않고 들어갈 것이다. 하지만 그대는 주저한다. 그대는 "아직도 해야 할 일이 참으로 많습니다. 아직도 채워야 될 욕망이 많습니다"라고 말한다. 마음은 계산을 한다. 그리고 이렇게 말한다.

"해탈이란 영원히 존재하는 것이다. 조금 있다가 없어지는 것이 아니다. 먼저 하던 일을 다 마치자. 지금 그 일을 하지 못하면 다른 때는 더욱 할 수 없다. 하지만 해탈은 항상 거기에서 나를 기다리고 있을 것이다. 조금 더 다른 일을 한다고 문제가 생길 리 없다. 내일 해탈에 들어가나, 모래 해탈에 들어가나 그것은 마찬가지일 것이다. 잠깐만 더 이 꿈의 세계를 즐기자."

해탈에 관한 꿈은 매우 달콤하다. 그래서 그대는 아직 준비가 안 되었다고 말한다. 그대는 항상 길을 묻지만 앞으로 나아가고 싶어하지는 않는다. 그저 듣는 것만을 즐길 뿐이다. 그러면서 그대 자신이 참되고 성실한 사람이라는 생각을 나날이 굳혀 간다. 그대는 이렇게 생각한다.

"나는 종교적인 사람이다. 나는 진리를 열망한다. 하지만 진리란 장난감을 사듯 그렇게 쉽게 얻어지는 게 아니다. 수없는 생을 거듭하면서 각고의 수행을 해야만 진리를 성취할 수 있다."

이렇게 그대는 자신을 변호하고 자신을 속인다. 장애물은 그대밖에 존재하지 않는다. 그대 외의 장애물은 존재하지 않는다. 어느 누구도 그대를 가로막고 있지 않다. 그대 자신이 장벽이다. 그대는 자신의 발을 수렁 깊숙이 처박아 놓으면서 동시에 해탈을 위해 온갖 야단법석을 떤다.

그대의 목마름은 아직도 사막에서 느끼는 목마름이 아니다. 그대의 목마름은 가짜다. 스스로를 속이는 짓이다. 자신의 목마름이 뼛속 깊이 사무치는 목마름이라면 그 자체만으로도 충분하다. 다른 것은 더 이상 필요 없다. 그대의 목마름이 강렬하면 그대의 온몸이 그 목마름과 하나가 된다. 그때 목마름, 그 자체가 문이 된다. 그대가 이런 식으로 신을 찾으면 이제 거의 다 온 셈이다.

목마름이 길이다. 이러한 목마름을 가지고 강렬하게, 그러면서도 진지하게 신을 찾으라. 그러면 그대는 신을 만날 수밖에 없다.

사두여, 누가 누구를 놀리는가?

하지만 그대는 참으로 연기를 잘하는 배우다. 그대는 연기를 너무나 잘하기 때문에 자신이 연기를 하고 있는지조차도 모른다. 그대는 진리뿐만 아니라 세상도 소유하고 싶어한다. 그대는 정말 뛰어난 연기자다. 그대는 한 번에 두 배의 노를 저으면서 간다. 그러니 오도가도 못할 수밖에. 어느 누구도 동시에 두 배의 노를 저을 수는 없다. 여기 두 배, 종교적인 배와 세속적인 배가 서로 반대 방향으로 가고 있다. 이를 잘 알라. 그대는 집에서 살지도 못하고 강안(江岸)에서 살지도 못하는 세탁업자의 당나귀와 같다. 그대는 차라리 세탁업자의 당나귀가 되는 것보다는 완전히 세속에 속하는 편이 훨씬 나을 것이다.

세상일이란 덧없고 의미 없는 것이다. 이를 깨우치라. 그러면 그대 스스로에게 속는 일은 사라질 것이다. 그대는 결코 세상을 완전히 버리고 싶어하지 않는다. 그래서 그대는 세상에 한 발을, 신에 다른 한 발을 딛고 서 있는 것이다. 이렇게 해서는 '아빕싸'를, 신에 대한 강렬한 열망을 체험할 수 없다. 영리한 마음을 제대로 보라. 정말 그대는 이 게임을 할 만큼 했다. 얼마나 더하고 싶은가? 자, 지금 그 어리석은 게임에서 빠져

The Great Secret

나오라.
　그대의 약삭빠른 연기 뒤에서 그대 마음이 연기를 조종하고 있다. 마음에는 사물을 부분들로 나누어서 보는 습관이 있다. 마음은 사물을 부분들로 나누어 봄으로써 스스로를 속인다. 이렇게 사물을 나누어서 보면 스스로 속을 수밖에 없다. 어떠한 시각에서든지 사물을 바라볼 때는 전체적으로 보라. 거기에서부터 구도는 시작된다. 사물을 나누어 보지 마라. 아이가 태어나는 것을 보라. 태어남과 동시에 죽음도 거기 있음을 보게 될 것이다. 아이가 태어나는 것을 축하하라. 그럼과 동시에 슬퍼하라, 죽음도 시작되는 것을. 사람이 늙어서 죽을 때 슬퍼하라. 이와 동시에 기뻐하라, 새로운 탄생을, 새로운 삶이 시작되는 것을.
　사물을 부분들로 나누어 볼 때 왜 스스로 속게 되는가? 왜 그러냐 하면 그대는 부분을 보면서 그것이 전체라고 착각하기 때문이다. 그래서 그대는 스스로를 속이고 있는 것이다. 탄생 자체가 가짜라서 거기에 속는 것이 아니다. 죽음이 가짜라서 거기에 속는 것도 아니다. 그대는 죽음에 대해서는 생각하기도 싫어서 탄생이라는 인생의 한 부분을 전체로 보고 싶어한다. 죽음을 완전히 망각하고 싶어하기 때문에 스스로가 속는 것이다. 행복은 그대를 속이지 않는다. 행복을 불행과 나누어 보기 때문에 스스로가 속는 것이다.
　그대는 부분을 보면서 전체라고 생각한다. 누군가 행복한 사람에게 "어떻게 지내세요?"라고 물으면 그는 "잘 지냅니다"라고 대답할 것이다. 하지만 이는 스스로를 속이는 것이다. 길모퉁이만 돌면 불행이 기다리고 있다. "잘 지냅니다"라고 생각할 때도 불행은 커튼 뒤에 서 있다. 곧 다음 순간에 불행해질 것이라는 사실을 자각하지 못하는 것이다. 행복이 속이는 것이 아니다. 하지만 행복에 속은 것같이 느끼는 사람은 "행복은 가짜다. 우리를 속인다"고 말한다. 하지만 실은 그대 눈 때문에 스스로 속는 것이다. 한 면만을 보고 다른 한 면에 대해서는 눈을 감아

버리기 때문에 속는 것이다.

그대가 행복해하고 있는 사람에게 "당신에게 행복이 찾아오면 다음 순간에는 불행이 찾아옵디다"라고 말하면, 그는 "왜 지금 그런 소리를 하느냐"며 기분 나빠할 것이다. 아기가 막 태어난 집안에 가서 그대가 "죽음도 태어났습니다"라고 말하면 미친 사람 취급을 당하면서 당장 그 집에서 쫓겨날 것이다. 임종을 맞은 사람 집에 가서 그대가 기쁨에 젖어 춤을 추면 그 집 사람은 당장에 "뭐 하는 겁니까? 모두들 슬픔에 젖어 비통해하고 있는데 춤을 추다니! 전생에 우리가 지은 업(業) 때문에 우리에게 복수라도 하는 거요? 왜 초상집에 와서 춤추는 거요?"라고 호되게 꾸짖을 것이다. 그대가 "이건 새로운 삶의 시작입니다"라고 말해 준다 하더라도 그대 말을 귀담아들을 사람은 아무도 없다. 그대가 불행에 빠진 사람을 보고 기쁜 표정으로 껴안으면서 "이 불행이 지나가면 곧 행복이 찾아올 걸세. 그러니 지금은 기뻐할 때일세"라고 말하면 그는 당장에 그대를 밀어내면서 "아니, 이 사람 보게. 내가 지금 죽겠는데 훈계하네! 행복이라고? 내가 지금 너무 힘들어서 죽겠는데"라고 화를 낼 것이다.

한 부분을 취해 놓고 그것을 전체라고 우기면 그것은 스스로를 속이는 짓이다. 그대는 하찮은 것을 가장 소중한 것으로 여기고 덧없는 것을 영원한 것으로 여긴다. 그대가 하나의 사물을 보면서 그것을 다른 것으로 받아들이면 그것이 스스로를 속이는 행위이다. 그대 속임에 그대가 넘어가는 것이다. 이것이 환영의 본질이요, 힌두교가 말하는 마야(maya)의 본질이다.

항상 하나의 사물을 볼 때는 그 반대의 것도 염두에 두라. 주변에 있는 반대의 것을 항상 생각하라. 죽음이 탄생 뒤에 숨어 있음을 알라. 행복이 지나가면 불행이 찾아오는 것을 보라. 불행이 지나가면 행복이 찾아오는 것을 지켜보라. 그렇게 할 수 있게 되면 행복에 빠진 나머지 너무 들뜨지도 않으며 불행에 빠진 나머지 너무 비참해하지도 않게 된다. 그러면 행복 속에서 웃지 않으며, 불행 속에서 울지 않는다. 둘을 넘어가기 시작하는 것이다. 둘 다를 넘어간다는 말은 진리에 가까이 다가간다는 말이다. 그대가 둘을 동시에 알게 될 때 그대는 둘을 초월하기 시작한다. 행복도 불행도, 탄생도 죽음도, 밤도 낮도 영원하지 않다는 것을 깨우치게 되는 것이다.

모든 것은 왔다가 간다. 오직 그대만이 남는다. 오직 넉넉히 지켜보는 의식만이 남는다. 관조(觀照)하는 본성만이 남는다. 관조자만이 남는다. 모든 것은 왔다가 간다. 체험도 간다. 그래서 까비르는 이렇게 말한다.

> 무도 죽고, 침묵도 죽고
> 무한자마저도 죽지만
> 참으로 님을 사랑하는 이는 죽는 걸 모른다.
> 까비르는 말한다, "이를 깨우치라."

체험도 모두 죽게 되어 있다. 오직 관조하는 이만이 남는다.

> 형상(形狀)들 속에 무형상(無形狀),
> 무형상 안에 형상들
> 그런데 왜 헤매는가?

까비르는 사람들이 혼란스러워하면서 갈피를 잡지 못하고 있다고 말한다. 누구는 신이 속성 없는 존재요, 절대자라고 말한다. 또 다른 이들은 신은 속성을 지닌 존재라고 말한다. 누구는 신에게 형상이 있다고 말하고, 다른 이들은 신에게는 형상이 없다고 말한다. 어떤 이들은 신이 최상의 지복(至福)이라고 말하고 다른 이들은 신이 너무 사악해서 신 자신조차 받아들이지 못한다고 말한다. 신을 바라보는 시각은 종교마다

다르다. 이러한 모든 믿음은 부분적이고 불완전하다. 그러한 부분적인 믿음을 지니고 있으면 스스로 속게 되어 있다. 물론 신은 지복의 존재라고 믿을 수도 있다. 하지만 그 믿음은 부분적이다. 그럼 대체 악(惡)은 어디에서 나오는 것인가? 신이 무조건 달콤하기만 한 존재라면 인생의 쓴맛은 대체 어디에서 나오는 것이라고 생각하는가?

유태인에게는 《탈무드(Talmud)》라는 참으로 귀한 책이 있다. 탈무드는 이 세상의 다른 경전들이 담을 수 없는 경구들을 담고 있다. 탈무드에는 "여호와 하나님이 무조건 좋은 것만이 아니다. 삼촌 같은 존재가 아니다. 여호와 하나님은 지진이다"라는 말이 있다. 까비르의 시에도 이와 비슷한 말이 나온다. '사랑의 집은 작은엄마의 집이 아니다.'

신은 지복적인 존재임과 동시에 분노하는 존재이기도 하다. 악마는 결코 신밖에 존재하지 않는다. 그럴 수 없다. 신은 둘 다를 포함한다. 그대가 선이라고 생각하는 것도 신 속에 있고 그대가 악이라고 생각하는 것도 신 속에 있다. 둘 다 신으로부터 나온다. 탄생도 죽음도 신 속에 있다. 신은 태어날 때의 기쁨일 뿐만 아니라 죽을 때의 슬픔이기도 하다. 신은 빛일 뿐만 아니라 동시에 어둠이기도 하다. 전체성의 눈으로 사물을 바라보라. 무슨 좋지 않은 일이 들이닥칠까 걱정하지 마라. 전체를 바라보기 시작하면 삶은 더 힘들어질 것이다. 삶을 바라보는 시각이 송두리째 바뀌었기 때문이다. 항상 전체를 바라보라. 그러면 머리가 사라지고 무엇을 나누기만 하는 구별심이 사라지고 지식이 뿌리째 뽑힌다. 그대가 두 발을 딛고 서 있는 땅이 흔들리고 온몸이 떨리기 시작한다. 신은 둘 다이다. 신은 지진일 뿐만 아니라 꽃피어남이다. 수만 명을 몰살시키는 지진도 신이다. 신은 탄생과 죽음이요, 낮과 밤이요, 모든 것이다. 신은 몽땅 전부이다.

형상들 속에 무형상,

무형상 안에 형상들

신 속에는 음양(陰陽) 모두 존재한다. 따라서 "신에게 형상이 있다, 없다." 하지 마라. 신은 음양의 궁극적인 합일(合一)이다. 모든 것은 신 속으로 흘러든다. 모든 것은 신 속에서 만난다. 신과 떨어져 있는 존재는 아무것도 없다. 신은 모든 강물이 흘러드는 거대한 바다이다. 죄인도, 성자도 신 속에서는 하나가 된다.

죄와 덕(德)의 구별, 죄인과 성자의 구별 모두는 우리가 지어낸 것들에 불과하다. 이러한 구별로 인해 우리는 환영에 사로잡힌다. 이러한 구별로 인해 우리는 성자를 우러러보고 죄인을 미워한다. 그래서 우리는 선(善)을 숭상하고 악(惡)을 비난한다. 하지만 신은 둘 다이다. 신이 선한 자에게 존재하는 만큼이나 악한 자에게도 존재한다. 만약 그렇지 않다면 악한 자의 존재 근원은 무엇인가? 악한 자도 존재한다. 그것은 신이 악한 자도 돌본다는 말이다.

형상들 속에 무형상,
무형상 안에 형상들
그런데 왜 헤매는가?

이것이 길이다. 여기에서 조금이라도 벗어나면 그대는 길을 잃고 헤맨다고 까비르는 말한다. 전체를 바라보는 것이 올바른 길이다. 전체를 전체로써 바라보라. 어떠한 시련과 고난이 있더라도, 그 길이 어렵고 고되더라도, 어마어마하게 두렵더라도, 전혀 두려워하거나 걱정할 필요 없다. 그저 항상 전체를 바라보라.

머리는 항상 일이 편하게 잘 풀려 나가기만을 바란다. 산수나 수학은 편하게 잘 풀린다. 그래서 머리가 좋은 사람들이 수학을 잘한다. 논리학이라는 것도 역시 매끄럽고 막힘이 없다. 그래서 머리가 좋은 사람들이 논리를 잘 편다. 시(詩)는 논리 정연하지도, 매끄럽지도 않다. 그래서 머리는 시에 관심이 없다. 사랑은 전체에서 나오는 수수께끼이다. 그래서 머리는 사랑의 길을 가려고 들지 않는다.

신은 음양의 궁극적인 합일이다. "말도 안 되는 소리!"라고 머리는 따지고 든다. "어떻게 낮과 밤이 하나이고 어떻게 선과 악이 하나가 될 수 있는가? 대체 어떻게 가능하다는 말인가? 얼토당토 않다"라고 머리는 생각한다. "얼토당토 않은 말이군. 어떻게 선과 악을 같이 생각할 수 있나? 어떻게 낮과 밤을 하나로 합할 수 있나?" 낮과 밤을, 선과 악을 하나로 합할 필요가 없다. 이미 합일되어 있기 때문이다. 이런 합일의 경지에서는 어떤 차별도, 구별도 존재하지 않는다. 낮이 끝났으니 밤이 시작된다고 말할 수 없다. 각각은 원(圓)의 한 부분이다.

우리는 행복과 불행이 전혀 동떨어진 것이라고 생각한다. 행복이나 불행이 시작되는 순간을 지켜본 적이 있는가? 이를 잘 들여다보면 행복은 불행이 되고 불행은 행복이 되는 것임을 쉽게 알 수 있다. 불행으로 바뀌지 않는 행복은 존재하지 않는다. 만약 그대가 불행으로 바뀌지 않는 행복을 찾았다면, 그것은 전세계 역사상 최초의 발견이 될 것이다. 행복으로 바뀌지 않는 불행도 찾아볼 수 없다. 시간 문제일 뿐이다. 조금 있다가 불행은 행복으로 바뀌게 되어 있다.

양(陽)은 음(陰)으로, 음은 양으로 바뀐다. 젊음은 늙음으로 바뀌고, 미(美)는 추(醜)로 변한다. 모든 것은 이런 식으로 변화한다. 꽃은 떨어져서 흙으로 돌아가고, 그 흙 속에 나무는 자신의 뿌리를 박는다. 음양은 하나다. 우리가 이것은 저것의 반대다라고 말하지만 사실은 서로 반대되는 것은 존재하지 않는다. 단지 사물은 변화한다는 것을 가리키기 위해 이것은 저것의 반대다라고 말하는 것일 뿐이다.

이렇게 사물을 나누어 보지 않으면 머리의 작용은 멈추고 신뢰가 태어난다. 구별심이 그치고 신뢰가 그 자리를 대신한다. 신뢰는 깊디 깊어서 사물을 볼 때 동시에 서로 상반된 것을 같이 본다. 하나의 대상을 볼 때 그 대상과 반대되는 것도 같이 볼 수 있다는 말이다. 그러나 머리는 매우 나약하다. 하나의 대상과 그 대상에 반대되는 것을 동시에 볼 수 있는 눈이 머리에게는 없다. 머리는 부분밖에 보지 못한다. 이성 너머에 있는 것은 보려 들지 않는다. 좀 어렵다 싶으면 살펴보려 들지 않는다. 머리는 논리적으로 움직인다. 머리는 정원의 나무들을 가지치기해서 잘 다듬고 낙엽이나 시든 꽃들을 골라내서 항상 싱싱함만을 보여 주고 싶어하는 정원사와 같다. 그 정원에서는 나이가 드는 것도 볼 수 없고 죽음도 느낄 수 없다.

 아주 뛰어난 정원사인 선승(禪僧)이 있었다. 그 나라의 왕이 왕자를 그 선승에게 보냈다. 왕자는 선승으로부터 정원의 일을 배운 뒤, 선승에게서 배운 바를 정원사들에게 알려 줬다. 왕궁의 정원에는 천 명의 정원사들이 일하고 있었다. 정원사들은 선승의 지시대로 일을 했다. 선승은 왕자에게 "제가 3년 후에 찾아 뵙겠습니다. 제가 알려드린 대로 하십시오"라고 당부했다. 선승이 알려 준 것은 별로 어렵지 않았다. 천 명이나 되는 정원사들이 정원을 돌보고 있었기 때문에 꽃과 나무들은 잘 자랐다.

 3년 후, 선승은 왕자의 정원 일이 얼마만큼 잘되고 있는지 보기 위해 왕궁의 정원을 찾아갔다. 선승이 찾아온 날, 정원은 정말로 훌륭해 보였다. 너무너무 깨끗했다. 땅바닥에서는 낙엽 하나, 떨어진 꽃잎 하나 찾아볼 수 없었다. 왕과 조신(朝臣)들도 함께했다. 그러나 선승은 정원 입구에서 전체를 죽 훑어본 뒤 정원의 모습에 실망하는 것 같았다. 그래서 왕자는 불안해지기 시작했다. 하지만 왕자는 선승이 알려 준 그대로 했다. 왕자는 자신이 최선을 다했다고 생각했는데 왜 선승이 실망의 눈빛을 보이고 있는지 이해할 수 없었다. 정원 이곳 저곳을 하나하나 살펴볼

수록 선승의 실망은 더욱 커져 갔다. 그러다가 마침내 선승은 왕자에게 "이 정도 가지고는 안 됩니다. 정원 일을 3년 더 공부하셔야겠습니다. 정원의 모습이 완전히 엉망입니다"라고 말하는 것이었다.

왕자가 말했다.

"제 잘못이 무엇인지 말해 주십시오. 나는 알려 준 그대로 토씨 하나 빠뜨리지 않고 실행에 옮겼습니다. 다른 방법은 써본 적이 없어요."

선승이 대답했다.

"바로 그것이 잘못입니다. 제가 알려드린 그대로 한 것이 잘못입니다. 제가 가르쳐드린 대로 하나도 빠짐없이, 너무 완벽하게 하셨습니다. 너무 완벽하게 하셔서 신이 일할 여지가 없었던 것입니다. 정원 곳곳에서 인위적인 노력밖에는 보이지 않습니다. 그 실수가 하찮아 보일는지 모르지만 왕자님이 그 점을 놓쳤다는 점에서 그 실수는 작지 않습니다. 제가 제대로 해보이겠습니다."

선승은 밖으로 달려가 낙엽을 한 통 담아 와서 정원의 땅바닥에 흩뿌렸다. 낙엽은 바람에 이리저리 흩날리면서 정원 이곳 저곳으로 흩어졌다. 그러고 나서 선승이 말했다.

"이제 됐습니다. 푸르른 이파리만이 정원을 만드는 게 아닙니다. 낙엽이 모두 어디로 갔었습니까?"

젊음만을 생각하는 것은 자기 기만이다. 젊음과 동시에 늙는 것도 생각해야만 한다. 왕자는 머리를 잘 사용했지만 머리라는 것은 사물의 한 면밖에 보지 못한다는 것을 깨닫지 못했다. 왕자는 아름다운 것만 남겨두고 추한 것은 모두 없애 버렸던 것이다.

하지만 인생이라는 정원에는 아름다움과 동시에 추함도 존재한다. 지혜로운 사람이 있음과 동시에 어리석은 사람도 있다. 도(道)를 구하는 사람도 있고 구하지 않는 사람도 있다. 성인도 있고 죄인도 있다. 인생의 정원에서는 이러한 모든 것들이 함께 자란다. 인생의 정원은 참으로

광대하다. 사회 속에 오직 도를 구하는 구도자만 있으면 그 정원은 왕자의 정원과 같아질 것이다. 인위적인 정원이 될 것이다. 신의 손길이 드러나지 않을 것이다. 신의 손길을 보고 싶으면 정원을 보지 마라. 숲으로 가라. 신의 손길과 그 창조 예술은 숲에서 볼 수 있다. 숲에서 풀과 꽃과 나무가 자라는 모습은 인간의 머리를 초월해 있다. 그래서 신비로운 것이다. 별다른 이유가 있는 것도 아니요, 그렇다고 해서 리듬이 있는 것도 아니다. 산수도 없고 계산도 없다. 논리도 없고 추론도 없다. 숲의 꽃과 나무들은 생명력으로 자신만의 길을 따라 자라난다. 숲은 만물에 편재(遍在)하는 신의 드러남이다. 그래서 인간의 정원에서는 숲의 아름다움을 발견할 수 없다. 우리는 숲을 보면서 궁극적인 존재에 대해 확신할 수 있다. 숲에는 모든 상반되는 것들이 존재한다. 정원은 초라한 인위적 작품이다. 정원은 깨끗하고 말쑥할는지는 모르지만 죽어 있는 것이다.

삶은 음양 속에 있다. 삶은 음양으로 이루어져 있다. 그러한 음양으로, 서로 상반되는 것들로 인하여 삶은 아름답다. 한 면만을 보고 그 반대되는 것을 보지 않으면 그대의 생활은 합리적인 것으로 보일지는 모르나 알맹이가 없다. 진리도 종교도 존재하지 않는다.

> 형상들 속에 무형상,
> 무형상 안에 형상들
> 그런데 왜 헤매는가?

형상 속에서 무형상을 보고 무형상 속에서 형상을 보는 것이 바르고 곧은 길이라고 까비르는 말한다. 그러면 제대로 길에 들어선 것이다. 이제 올바른 길에 들어섰기 때문에 다른 길을 찾을 필요가 없다. 서로 상반되는 것들의 가운데 서는 것이 올바른 길이다. 중도가 올바른 길이다.

중도의 길을 가면서 깨어 있는 것이 제대로 된 길이다.

　서로 상반되는 것 중의 하나를 선택하면 그대는 머리의 지배를 받는 것이다. 서로 상반되는 것 중의 하나를 선택하면 진리가 무엇인지 갈피를 잡지 못하게 된다. 유신론이든 무신론이든 참다운 종교와는 아무 상관이 없다. 그대가 참종교인이라면 유신론이든 무신론이든 신경을 쓸 필요가 전혀 없다. 참다운 종교인에게는 "나 자신은 이것도 아니고 저것도 아니다"든지 "이것이며 동시에 저것이다", 이 두 가지 길밖에 없다. 참다운 종교인에게 "이것이 아니고 저것이다", 혹은 "저것이 아니고 이것이다"는 가능하지 않다.

　종교적인 사람은 유신론자가 될 수 없다. 유신론자가 되는 것은 너무나 평범한 것이다. 유신론자가 된다는 것은 "아니오"라는 말은 못하고 무조건 "예"라고 하는 것을 의미한다. "아니오"라고 자신 있게 말할 수 없다면 "예"라고 말하는 것은 아무런 의미가 없다. "아니오"라는 말을 하지 못하는 사람의 "예" 속에는 자신감이 없다. 하지만 "아니오"라고 말할 수 있는 사람의 "예" 속에는 힘이 있다.

　"아니오"라는 말만 하고 "예"라는 말을 못하는 사람 역시 병든 것이다. 그가 말하는 "아니오"에는 아무런 의미도 내용도 없다. 하지만 "예"와 "아니오"를 동시에 말할 수 있는 사람은 삶의 진리를 전체적으로 체험할 수 있다. 아직도 그대가 이를 체험하지 못했다면 그대는 환영 속에 있는 것이다. 신은 그대 안에 서로 상반되는 둘이 항상 함께 하기를 바란다. 신은 그대에게 불가능한 것을 바란다. 그 이하를 바라지 않는다. 그래서 엄청나게 모험적이고 용기가 있는 사람들만이 신을 찾아 길을 떠나는 것이다. 서로 상반되는 음양을 동시에 바라보고 껴안는 것보다 더 위대한 모험이 있다고 생각하는가?

　유신론자들은 까비르가 유신론자가 아니라고 생각했다. 그리고 무신론자들은 까비르가 무신론자가 아니라고 생각했다. 힌두교도는 까비르가 이슬람교도라고 생각했고, 이슬람교도는 까비르가 힌두교도라고 생각했다. 하지만 까비르는 가운데 있었다. 종교적인 사람은 어떤 때는 "예"라고 했다가 어떤 때는 "아니오"라고 서슴없이 말한다. 그래서 종교적인 사람은 다른 이들에게 수수께끼같이 이해할 수 없는 존재가 된다.

까비르는 베다의 정수였지만 어떤 때는 베다에 반대되는 말을 서슴없이 한다. 까비르는 붓다 자체였지만 때때로 무(無)도 죽는다고 말한다. 까비르의 말들이 시크교의 성전인 〈구루 그란트(Guru Granth)〉에도 실려 있지만 까비르는 옴(Aum)도 죽는다고 말한다. 까비르는 숲이다. 그는 수수께끼와 같다. 그를 이해하기란 참으로 어렵다. 까비르를 연구하는 수많은 학자들이 까비르에 대해 수많은 책을 썼다. 하지만 그들 모두는 까비르를 잘 다듬어서 정돈된 정원으로 만들어 놓았다. 그들은 자신들의 사상에 끼워 맞추어 까비르를 깎고 다듬고 한 것이다. 이런 학자들이 대학 강단에서 존경을 받는다.

다음과 같은 이야기를 들은 적이 있다. 새를 너무너무 좋아하는 왕이 있었다. 어느 날 저녁 아주 이상하게 생긴 새가 날아와 왕궁의 창턱에 앉았다. 왕이 놀란 목소리로 말했다.

"아니, 세상에! 저런 새도 다 있나?"

왕 자신이 다스리는 나라에는 그런 새가 없었다. 그것은 다른 나라에서 자라는 새였는데, 이 나라를 지나가던 중이었다. 그 새는 날아가다가 지쳐서 왕의 창턱에 앉아 쉬고 있었던 것이다. 왕은 그 새가 날아가 버리면 다시는 못 보게 될까봐 염려한 나머지, 잡아서 이리저리 자르고 다듬어서 다른 새들과 같은 모양으로 만들었다. 그 새의 부리는 상당히 컸었는데 왕은 부리를 잘라서 작게 만들었다.

이러한 대수술이 진행되는 동안 그 새는 울고 소리를 지르고 날아가려고 애를 썼지만 왕은 그 새를 놓아 주지 않았다. 왕은 이렇게 생각했다.

"무슨 일이 있어도 이 새에게 제 모습을 갖춰 주어야만 한다. 이 불쌍한 새는 새의 모습이 어떠해야 되는지 모르고 있다. 아마 거울 한 번 보지 않는 모양이다. 아니, 무슨 새의 날개와 부리가 이 모양이람!'

왕은 그 새의 부리와 날개를 자르고 다듬어서 아주 완벽한 새로 바꿔놓고서는 "자, 새야! 이제는 날아가도 된다"라고 새에게 말했다. 하지만 그 새에게는 날아갈 힘이 없었다. 울부짖으면서, 몸부림을 치면서 새는 그 자리에서 죽어갔다. 이것은 수피 이야기다.

학자들도 까비르를 붙잡아서 자신들의 사상과 해석에 맞추어 까비르의 날개를 다듬고 싶어한다. 그들은 지금까지 그렇게 해왔다. 하지만 학자들의 까비르는 죽은 까비르다. 물론 그 까비르는 잘 다듬어져 있겠지만 빈 껍데기에 불과하다. 학자들의 까비르에는 생명도 없고 아무런 실체도 없다. 그대가 무엇인가를 학문적으로 다듬으면 그 대상의 생명은 죽어 버린다.

머리를 지나치게 많이 쓰면 생기가 없어진다. 그대는 자신의 머리로 다름 아닌 자신을 다듬고 있다. 그대는 자신의 이상형에 맞추어 자신을 다듬고 싶어한다. 이것보다 멍청한 짓은 없다. 그냥 그대 자신이 되라. 그대와 같은 개성을 지닌 사람은 세상에 아무도 없다. 그대는 붓다나 마하비라나 까비르가 될 필요가 없다. 그대는 그대 자신이 되면 된다. 그대가 죽으면 신은 "왜 그대는 까비르같이 되지 않았는가?"라고 묻지 않는다. 설령 만에 하나, 신이 그렇게 묻는다고 해도 그 질문은 까비르에게 던질 것이다. 왜 신이 그 질문을 그대에게 던지겠는가? 신은 "왜 그대는 마하비라같이 되지 못했는가?"라고 묻지 않는다. 그대에게 마하비라처럼 되어야 할 무슨 의무라도 있는가? 그대가 자신을 깎아서 다듬으면 그대는 날개 잘린 새처럼 죽을 것이다. 자이나교 승려들이 하듯 마하비라처럼 된다면, 불교 승려들이 하듯 붓다와 같이 된다면 그대는 죽을 것이다. 이러한 맹목적인 모방자들은 이미 죽어 있다. 소위 사두나 성인들을 보면 송장이나 진배없다. 그들은 자기 자신이 되는 데는 관심이 없고

The Great Secret

다른 사람처럼 되고자 노력했기 때문이다.

　자기 자신이 되는 일이야말로 더없이 귀한 일이다. 그대의 날개는 그대의 날개일 뿐이다. 그대의 날개가 어때야 된다는 공식은 없다. 날개는 나는 데 필요할 뿐이다. 그뿐이다. 날개가 있고 그로 인해 날 수만 있다면 만사 오케이다. 날개의 모양이나 스타일, 크기나 색깔 등은 아무런 상관이 없는 것이다. 날개로 인해 그대는 드넓은 창공을 비상할 수 있다. 그대의 의식을 그대 자신의 의식으로 만들어라. 내면에서 울창한 숲을 만난다고 해도 두려워 마라. 머리의 말을 듣지 마라. 머리는 그대의 나무를, 의식을 깎고 다듬어서 남 보기 좋은 정원을 만드는 데 급급하다. 질서 정연한 정원은 항상 감옥이 된다. 자유를 위해서는 커다란 숲이 필요하다. 자유는 서로 상반되는 것들의 합일이요, 음양의 통일이다.

　까비르를 제대로 이해하는 사람을 단 한 번도 보지 못했다. 신은 형상 없는 존재라고 믿는 사람들은 까비르가 신에 대해서 님이 어쩌고저쩌고 재잘거리기만 한다고 말할 것이다. 신은 형상이 있는 존재라고 믿는 사람들은 까비르가 무형상의 개념에 반대하지 않는 것으로 봐서 까비르는 참된 예배자가 아니라고 따질 것이다. 까비르를 지적으로 이해하려고 들면 까비르를 받아들일 수 없게 된다. 그대의 머리를 한쪽으로 제쳐 두고 까비르를 이해해 보라. 그러면 까비르에게서 크나큰 빛을 발견할 것이다.

　　형상들 속에 무형상,
　　무형상 안에 형상들
　　그런데 왜 헤매는가?

　그런 다음 까비르는 이렇게 말한다.

"신은 영원히 젊은 불멸의 존재다."
이건 사람들이 떠드는 이야기.
하지만 보이지 않는 것은 표현될 수 없고

까비르는 경전에 씌어 있는 것들에 속지 말라고 말한다. 그냥 있는 것, 존재하는 것은 글로 옮길 수 없다. 그것은 표현될 수 있는 성질의 것이 아니다. 어떤 경전에는 신에게 형상이 있다고 되어 있고 다른 경전에는 신에게 형상이 없다고 되어 있다. 하지만 그런 상반된 것들에 속지 마라.

"신은 영원히 젊은 불멸의 존재다."
이건 사람들이 떠드는 이야기.

까비르는 "이 말에 속지 마라. 혼동하지 마라"고 말한다.

하지만 보이지 않는 것은 표현될 수 없고

신은 말로 드러낼 수 있는 존재가 아니다. 왜 그런가? 말은 머리가 만든 것이라서 일정한 틀을 지니고 있다. 따라서 어떠한 말도 표현하고자 하는 대상을 온전하게 담아 낼 수 없다. 말이란 세분화된 것이다. "신은 사랑이다"라고 말하면 신의 사랑스럽지 못한 면을 거부하는 것이 된다. "신은 분노다"라고 말하면 사랑스러운 면을 거부하는 것이 되고 만다. 말은 그저 대상의 부분밖에는 담아 내지 못한다. 달리 어떻게 해볼 수 있는 도리가 없다. 말은 오직 부분만을 말할 뿐이다. 예를 들어보자. 상점에 가서 점원에게 "이걸 주세요"라고 말함과 동시에 "이걸 주지 마세요"라고 말하면 아마 미친 사람 취급을 받을 것이다. 우리가 살아가면서

"예"와 "아니오"를 동시에 말하면 의사소통조차 불가능하다.

그대가 지금 삶이라고 아는 것 자체가 이미 불완전한 것이다. 삶은 불완전한 언어로 소통되고 있다. 인간이 만든 언어를 제대로 쓰기 위해서는 언어의 적절한 소통 과정이 필요하다. 이러한 의사소통 과정이 모호해서는 곤란하다. 의사소통이 모호해지면 우리 생활은 무질서해지고 무척 혼란스러워질 것이다. 그대가 쓰는 언어나 말이 모호해서는 하고 싶은 말들을 상대방에게 전달할 수 없다. 명확해야만 듣는 사람이 그대를 제대로 이해할 수 있다.

우리는 살면서 진리가 아닌 거짓을 받아들여야 할 때가 많다. 이름을 가지고 태어나는 사람은 아무도 없다. 그런데 우리는 아기가 태어나면 이름이라는 표딱지를 붙여 준다. 물론 이 표딱지는 가짜다. 가족이 이름을 붙여 준 대로 사람들은 그대를 '람'이라고, '크리쉬나'라고, '라힘'이라고 부른다. 하지만 가슴에 명찰을 차고 어머니 뱃속에서 나오는 사람은 아무도 없다. 그냥 벌거벗은 채로 나올 뿐이다. 하지만 아기는 태어나서 이름 없이 지낼 수가 없다. 이름이 없으면 우체부가 와서 "이름이 없으신 분 어디 계십니까?"라고 물을 것이다. 이름이 없는 사람이 오직 한 사람이라면 문제는 없다. 그저 그를 보고 '무명씨(無名氏)'라고 부르면 될 일이다. 하지만 '무명씨'가 수없이 많으면 사람 찾기가 엄청 힘들어질 것이다.

예를 들어서 경찰이 범죄자를 찾는데 물라 나스루딘이 그 범인을 잘 알고 있다고 치자. 그래서 경찰이 나스루딘에게 와서 "이 자를 잘 알고 있다고 들었소"라고 묻는다.

"잘 안다고요? 무슨 말씀을 그렇게 하십니까? 저는 제 자신도 잘 모릅니다."

"우리는 지금 철학적인 문제를 토론하러 여기에 온 게 아니오. 그 자가 뚱뚱한지 아니면 말랐는지만 알면 되오."

나스루딘이 한참을 생각하더니 대답했다.

"아, 그는 빼빼하게 보이기도 하고 뚱뚱하게 보이기도 합니다. 아, 아니 빼빼하지도 뚱뚱하지도 않습니다."

"좋소. 그 자가 키가 큽니까, 작습니까?"

"나를 골치 아프게 하지 마시오. 그 자는 중간쯤 됩니다."

"우리들이 그 자를 찾아내는 데 도움이 될 만한 다른 인상 착의가 있으면 말해 주시오."

"다른 사람들하고 똑같이 생겼어요. 눈이 두 개고, 코가 있고, 귀도 두 개지요. 붙을 건 다 붙어 있어요. 특별한 건 전혀 없습니다."

"아니, 무슨 황당한······. 하여튼 콧수염이 났습니까?"

이제는 경찰이 구체적으로 묻기 시작했다.

"예, 났습니다. 그 자는 남잔데, 콧수염이 나지 말라는 법도 있습니까?"

"그 콧수염이 어떻게 생겼습니까?"

나스루딘이 대답했다.

"그 자는 항상 콧수염을 다듬어요. 그런데 제가 어떻게 이렇다 저렇다 말씀을 드릴 수 있겠습니까?"

이런 일이 일어나지 말라는 법은 없다. 이름 자체가 진짜가 될 수는 없지만 편리를 위해 필요한 것일 뿐이다. 사람들은 진짜가 아닌 표딱지를 가지고 살아간다. 편리를 위해 만든 이름을 가지고 평생을 사는 것이다. 이름은 그저 편리한 도구일 뿐이다. 진짜가 아니라는 말이다. 생활을 하는 데 언어가 필요한 것은 사실이지만 언어로써 진리를 표현할 수 있는 것은 아니다. 진리는 표현되는 것이 아니다. 진리를 표현해 내려고 하면 스스로 혼미(昏迷)해질 뿐만 아니라 다른 사람도 혼미하게 만든다.

인간은 서로간의 의사소통을 위해 언어를 만들었다. 하지만 신은 의사소통의 대상이 아니다. 신은 말을 주고받을 수 있는 인간이 아니다. 결

The Great Secret

코 진리를 토론의 대상으로 삼을 수 없다. 진리에는 언어가 전혀 필요 없다. 깊디 깊은 침묵만 있으면 된다. 진리 속에서는 말과 언어와 이름, 주소, 모두가 떨어져 나간다. 그대가 태어나면서 가지고 나온 것, 그러면서 죽어서도 가지고 가는 그것만이 남는다. 하지만 태어나서 죽을 때까지 벌어지는 모든 것은 아무 쓸데없다. 이것이 인간의 어려운 문제이다.

하지만 보이지 않는 것은 표현될 수 없고

그 어느 누구도 진리를 묘사할 수 없다. 표현해 낼 수 없다. 어떠한 경전도, 베다도, 코란도 진리를 표현하지 못한다. 사람들은 진리를 표현하려고 수없이 시도해 왔다. 사람들은 진리를 가리키려고 수없이 시도해 왔다. 하지만 모두 쓸데없는 짓이 되고 말았다. 진리를 표현해 내고자 하는 노력은 모두 헛수고가 되고 말았다. 언어는 온전하지 못한 것만을 표현할 수 있기 때문이다. 언어는 오직 완전하지 못한 부분만을 표현하기 위해 만들어졌을 뿐이다. 언어는 결코 전체를 담지 못한다.

일상 생활의 경험보다 조금이라도 깊이 들어갔을 때 이를 말로써 표현해 보라. 그리 쉽지 않음을 깨달을 것이다. 시인은 보통 좀더 높은 세계, 저 너머의 세계를 표현하고자 한다. 그리고 그것이 결코 쉬운 문제가 아님도 안다. 그럼에도 불구하고 시인은 자신이 드러내고자 하는 바를 표현해 낸다. 하지만 깨달은 사람이 표현해 내고자 하는 어려움은 이보다 훨씬 더 크다. 그가 궁극의 체험을 저잣거리에서 쓰이는 일상 언어로 표현해 내야만 한다. 그렇게 하다 보면 중요한 알맹이들이 다 드러나지 못한다. 드러내고자 하는 전체의 모습이 변해서 결국에는 다른 것이 나타나고 만다.

"신은 영원히 젊은 불멸의 존재다."

이건 사람들이 떠드는 이야기.
하지만 보이지 않는 것은 표현될 수 없고

그러고 나서 까비르는 이어서 말한다.

가족도, 성격도, 피부색도 없어.

신에게는 특별한 카스트(caste : 인도의 사성(四姓)계급 제도)와 형상과 피부색이 있을 수 없다. 신에게는 아무것도 없기 때문에 신을 묘사할 수 없다고 까비르는 말한다. "신에게는 형상이 있다", 혹은 "신에게는 형상이 없다", 모두 불완전한 말들이다. 모든 속성들이 곧 신임과 동시에 신 속에는 아무런 속성도 없다.

좀더 자세히 알아보자. "모든 형상이 곧 신의 형상이며 동시에 신은 어떠한 형상도 가지고 있지 않다"는 말은 절대적으로 맞는 말이다. 만약 신이 특별한 형상을 지니고 있다면 신은 모든 형상 속에 존재할 수 없다. 신은 모든 형상을 아주 쉽게 취하기 때문에 "신에게는 어떤 형상도 없다"는 것은 아주 분명한 사실이다. 한마디로 말하면 신은 무형상의 존재이며 형상을 통해 자신을 드러낸다.

물을 그릇에 부어 보라. 그러면 물은 그릇의 형상을 취할 것이다. 물을 주전자에 부어 보라. 그러면 물은 주전자의 형상을 취할 것이다. 물은 자신을 위해 특별한 형상을 고집하지 않는다. 만약 물이 자신을 위해 특별한 형상을 고집하기라도 한다면 물을 주전자에 부었을 때 물은 주전자의 형상이 되지 않을 것이다. 물은 결코 특별한 형상을 고집하지 않는다. 물을 얼리면 물은 자신의 특별한 형상을 고집하지 않고 얼음의 형상을 취한다. 물은 특별한 형태나 형상을 취하지 않는다. 물은 흐를 뿐이다. 조금도 고집을 부리지 않는다. 물이 수증기가 되면 거의 무형상의 상태에 도달한다. 가까이에서 자세히 살펴보면 잠시 동안은 수증기를 볼 수 있지만 곧 눈에 보이지 않게 된다.

물은 세 가지 형태를 띤다. 첫 번째는 무형상이다. 하늘로 올라가서 흔적도 남기지 않는다. 보려고 해야 볼 수 없다. 두 번째는 물이다. 수증기와 얼음의 중간 상태다. 이때의 물은 특별한 형태를 고집하지 않으며 부어지는 대로 자신이 들어간 용기의 형태를 띤다. 마지막은 얼음이다. 얼음은 완고한 존재다. 물의 유연성을 잃고 돌같이 단단해져 버린 것이다.

그대도 물과 같이 세 가지 형상을 가지고 있다. 그대는 얼음과 같이 완고해지든지, 아니면 물과 같이 흐를 수 있다. 얼음은 깊은 무지와 무명(無明)의 상태이다. 이 물과 같이 흐르는 상태는 지혜로운 자의 경지요, 깨달음을 일별한 사람의 경지이다. 깨달음의 일별을 맛본 사람은 더 이상 완고하지 않다. 그는 자신이 어떤 곳에 있든지 그곳의 형상을 취한다. 세 번째에서 우리는 온전히 깨달은 경지에 도달한다. 지고(至高)의 의식과 하나가 된다. 이제 그는 수증기와 같이 어떠한 형상도 취하지 않는다.

사람들이 종종 붓다를 찾아와 "육체를 떠나시면 어디로 가십니까?"라고 묻곤 했다. 그러면 붓다는 "나는 어디에도 가지 않는다. 나를 잃어버리고 광대무변한 의식과 하나가 될 것이다"라고 대답했다. 독일의 신비가 마이스터 에크하르트(Meister Eckhart)는 정말 대단한 기독교 성자였다. 한 번은 누가 그를 찾아와서 "육체를 떠나시면 어디로 가십니까?"라고 물었더니 에크하르트는 "어디든 갈 필요가 없다"라고 대답했다. 에크하르트의 이 말은 수증기의 본성을 설명하는 말이다. 에크하르트의 대답을 들은 사람은 그의 말을 이해할 수 없었을 것이다.

수증기는 어디로 가는가? 이제 드넓은 하늘이 모두 그의 집이다. 물은 자기가 머물 곳이 필요하다. 물은 겸손하고 유연하며 얼음이나 돌처럼 딱딱하지 않다. 물은 자기가 머물고 있는 곳의 모양을 그대로 받아들인다. 얼음의 상태는 깊은 무명의 상태에 있다. 수증기의 상태는 절대지(絶對知)의 경지이다. 물의 상태는 구도자의 경지이다. 물은 이제 얼음의 상태를 벗어나서 수증기가 될 준비를 한다. 구도자로서 그는 가운데서 있다. 신에게 형상이 있다는 것이 가능한가? 신은 모든 형상과 모양이다. 신은 얼음에도 있으며 물과 수증기에도 있다. 모든 형상이 신의 형상임과 동시에 신에게는 아무런 형상도 없다.

신은 모든 존재에 스며들어 있을 뿐.

그리고 까비르는 이어서 말한다.

세상에는 신에 대한 무수한 말들이 있는 바,
"그는 원자에도 있고 전 우주에도 있다."
"그에게는 시작도 없고 끝도 없다."

신은 모든 사람에게 뿐만 아니라 우주 만물에 깃들여 있다고 말들 하지만 까비르는 "신에게는 시작도 끝도 없다"고 말한다. 몸에는 시작도 있고 끝도 있다. 심지어 우주에도 시작과 끝이 있다. 창조된 모든 것은 사라지게 마련이지만 신에게는 시작도 없고 끝도 없다. 이 말은 우리가 말하고자 하는 바를 분명하게 드러내지 못한다. 이러한 신에 대한 암시나 상징만으로는 충분하지 않다. 우리의 마음은 점점 더 혼미에 빠진다. 참으로 난감해진다. 신을 표현하는 데 있어서 우리의 생각은 그야말로 무력하다.

세상에는 신에 대한 무수한 말들이 있는 바,
"그는 원자에도 있고 전 우주에도 있다."

"그에게는 시작도 없고 끝도 없다."
"원자고 우주고 모두 버려라!"
하지만 까비르는 말한다. "그가 신이다!"

개인과 우주, 모양 있음과 모양 없음, 형상과 무형상 모두를 버려라. 모든 관념들을 놓으라. 그리고 까비르처럼 '그에게는 시작도 없고 끝도 없다' 라고 말하라. 그대가 무엇인가에 대해 말할 수 있다면 그것은 신에 대한 것이 될 것이다. 라이다스(Raidas : 구두 수선공이었던 인도의 신비가. 까비르의 제자였으며 미라(Meera)의 스승이었음)는 "신은 이거다, 신은 저거다 라고 말할 수 없다" 라고 말했다.

신에게는 형상이 있다 없다라거나, 신은 우주다, 신은 광대무변의 존재다라고 말할 수 없다고 까비르는 말한다. 어떠한 말도 하지 말라는 것이다. 언어가 신을 가리킬 수는 있지만 '신' 이라는 말 자체가 신이 될 수는 없는 것이다.

사실 그대는 신에 대해 기술할 수 없다. 그대가 할 수 있는 일이란 완전히 침묵을 지키는 일밖에 없다. 신은 완전한 침묵이다. 오직 침묵만이 신이 무엇인지를 말할 수 있다. 언어는 턱없이 부족하다. 따라서 침묵을 지켜라. 꿀을 맛보고 그 달콤함에 미소 짓는 벙어리처럼 되라. 꿀맛을 본 벙어리는 그저 미소를 지을 뿐 말을 할 수 없다. 그와 같이 되라. 침묵과 공(空) 속에 있는 가운데 신의 전체성을 보게 되면 세포 하나 하나가 미소 지을 것이다. 그대는 비워지자마자 충만해진다. 그러면 신이 내려와 그대 속에 머문다. 그대 자신은 무슨 일이 일어났는지를 설명할 수 없다. 그대의 온 존재가 설명할 것이다.

벙어리의 꿀

그는 맛을 보고 미소 짓는다.

Talks on the songs of Kabir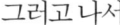

그러고 나서

베다는 말한다.
"무형상은 형상 너머에 있다."
형상이 있고 없고 잊어버리라, 축복받은 여인이여!
만물 속에서 신을 보라.

무형상의 경지는 형상의 경지가 끝나는 지점에서 시작한다고 까비르는 말한다. 그렇다. 무형상은 형상이 끝나는 곳에서부터 시작한다. 형상을 초월한 것이 무형상이라는 말이다.

형상이 있고 없고 잊어버리라, 축복받은 여인이여!
만물 속에서 신을 보라.

원전(原典)에 나오는 '축복받은 여인', 즉 헌신자에 대한 힌두어는 '소하긴(sohagin)'이다. '소하긴'은 아주 아름다운 말이다. 남편이 아직 살아 있는 여성을 뜻한다. 그런데 까비르는 이 말을 영적인 의미로, 신의 경지에 도달한 사람을 가리키는 말로 사용하고 있다. '소하긴'의 반대말, 즉 과부를 뜻하는 힌두어는 '아바긴(abhagin)'이다. 까비르의 맥락에서 보면 과부는 신의 경지에 아직 도달하지 못한 사람을 가리킨다. 아직 찾고 있는 사람이다. 그대가 아직 신의 경지에 도달하지 못했다면 그대의 삶은 과부의 삶이다. 과부의 삶은 샘물도 흐르지 않고 꽃도 피지 않는 사막과도 같은 삶이다. 그대가 신의 경지에 도달하면 '소하긴'이 된다. 까비르의 체험을 공유하게 된다.

까비르는 말한다, 사랑의 비구름이

나에게 와, 사랑을 퍼부어
내 가슴을 흠뻑 적시니
내면의 숲에 푸르름이 넘쳐흐르누나.

일반적으로 보면 세속적인 사람의 인생은 과부의 인생과 같다. 까비르는 매우 상징적인 낱말을 선택했다. 과부의 처지를 상상해 보라. 과부는 이전에 모든 것을 소유했었다. 하지만 과부가 된 이후로 그녀의 모든 기쁨과 생기는 사라져 버렸다. 과부가 색깔이 없는 하얀 색 옷을 입는 이유가 바로 여기에 있다. 내면의 기쁨과 색깔이 모두 떠나가 버렸기 때문에 과부는 상징적으로 흰색 옷을 입는다. 팔찌의 짤랑거리는 소리도, 화장도 이제 모두 끝났다. 그러한 모든 장신구들은 더 이상 과부에게 어울리지 않는 것이다. 옛날에 과부는 죽은 남편을 화장(火葬)하는 불에 자신의 몸을 던졌었다.

그대가 신을 성취하기 전까지는 살아 있다고 말할 수 없다. 그대의 삶은 화장터의 불과 같다. 화장터 불에 앉아 있는 과부와 같다. 여러 가지를 하고 있을는지는 모르지만 그대의 삶 속에서는 노래가 흘러 나오지 않는다. 삶의 노래는 그대 의식이 지고(至高) 의식 속으로 빨려 들어갔을 때 흘러 나오기 시작한다. 그때 참으로 환희에 넘쳐 기뻐하게 된다.

까비르는 말한다. "나는 님과 혼례를 올렸다.
그리고 불멸의 존재가 되었다."

이때 그대의 삶은 참으로 소중한 삶이 된다. 까비르가 노래하는 삶이 된다.

님이 신부를 껴안으면

손님은 모두 떠나간다.

그때 돌연히 모든 세속적인 세상사들-가게, 직장, 사회생활-이 조금도 마음을 끌지 못하고 시들어 간다. 하지만 그대는 세상사라는 줄에 묶여 있다. 그래서 자신을 잊어버리고 말았다. 하지만 님이 그대를 찾아오면 모든 것들이 시들어 간다. 모든 무명이 사라져 간다. 이러한 경지를 까비르는 '소하긴'이라고 불렀다. '박타(bhakta)', 즉 헌신자라고 불렀다.

까비르는 베다를 넘어가라고 말한다. 베다는 말이요, 언어요, 법칙에 불과하다는 것이다. 베다는 그저 훌륭한 문학일 뿐이다. 글을 초월해 있는 것을 글의 경지로 떨어뜨리는 자는 누구인가? 모든 글과 말을 넘어가라.

형상이 있고 없고 잊어버리라, 축복받은 여인이여!
만물 속에서 신을 보라.

까비르는 지금 라마의 연인, 즉 헌신자를 가리켜 노래 부르고 있다. 헌신자는 형상과 무형상, 둘 다를 여읜 '소하긴'을 가리킨다.

형상과 무형상 둘 다를 놓으라. 이중성과 음양을 놓으라. 그때 그대는 도처에서 신의 현존을 만나게 될 것이다. 원자 하나 하나가 성스러워지고 숨 하나 하나가 예배가 된다. 신은 도처에 있다. 꽃과 돌 속에도 있다. 행복과 불행, 죽음과 탄생 속에도 있다. 그래서 모든 것들이 성스럽게 된다. 그대는 더 이상 조그만 냇물이 아니다. 그대는 대양(大洋)을 만나 바다와 하나가 된다.

만물 속에서 신을 보라.

그러고 나서 까비르는 말한다.

기쁨과 슬픔에 끄달리지 마라.
밤낮의 다르샨(Darshan)
빛에 머리를 놓고
빛을 뒤집어쓰고
빛에 잠을 자누나.

까비르는 말한다.
형제 사두여, 들으라!
도처의 빛이 참스승이라!

　행복도 불행도 참으로 존재하는 것이 아니라고 까비르는 말한다. 그래서 깨어 있으라는 것이다. 그대는 종교를 찾아서 길을 떠난다고 생각한다. 하지만 사실은 행복을 찾아서 떠날 뿐이다. 따라서 그대의 구도 여행은 참된 것이 아니라는 사실을 잘 깨달으라. 그대는 아직도 참다운 구도를 시작조차 하지 않았다. 그대는 자신이 지금 무엇을 하고 있는지 진정으로 깨닫지 못하고 있다. 그대는 종교 안에서조차 또 다른 세속을 만들고 사바 세계를 만든다.
　'아난드(anand)', 즉 법열(法悅)은 행복이 아니다. 아주 커다란 행복도 아니다. 법열 속에는 행복도, 불행도 없으며 법열의 반대말은 존재하지 않는다. 참으로 유니크한 말이 아닐 수 없다. 모든 단어에는 반의어가 존재하지만 법열의 반의어는 존재하지 않는다. 존재할 수가 없다. 왜냐하면 법열은 합해서 하나가 된 합일(合一)을 상징하기 때문이요, 둘이 사라진 경지를 상징하기 때문이다. 법열 속에는 행복과 불행이 존재하지 않는다. 잔잔한 마음도 떠 있는 마음도 존재하지 않는다. 법열 속에서는 모든 이중성이 사라지고 오직 신만이 남는다. 행복과 불행이 사라졌을 때 그대는 하루 24시간 법열 속에 존재하게 된다.

하지만 지금 그대는 에고라는 색안경을 쓰고 있기 때문에 그대는 신을 보지 못한다. 그 색안경은 행복일 수도 있고 불행일 수도 있다. 색안경이기는 둘 다 마찬가지다. 행복과 불행이 사라졌을 때 그대의 눈은 맑아진다. 그러면 하루 종일 그대 눈에는 신만이 보인다. 그때 그대는 더 이상 메카나 까쉬나 카일라쉬(Kailash : 인도에 가까운 티벳에 있는 산. 인도인들은 쉬바(Shiva) 신이 카일라쉬 산에 산다고 믿음) 산 등을 찾아다닐 필요가 없다. 이제 하루 24시간 동안 그대 눈에는 신만이 보이기 때문이다. 그대의 숨 하나하나가 신으로부터 들어오는 숨이 된다.

　　빛에 머리를 놓고
　　빛을 뒤집어쓰고
　　빛에 잠을 자누나.

그러한 순간에 '소하긴', 즉 헌신자는 어떤 상태에 있는가? 지고의 빛이 헌신자의 침상이 되고 이불이 되며 베개가 된다.

　　까비르는 말한다.
　　형제 사두여, 들으라!
　　도처의 빛이 참스승이라!

그러한 '소하긴'은 '사트구루(satguru)', 즉 참스승이 된다. 참스승의 삶은 온통 신의 빛으로 가득 차 있다. 이제 그의 삶은 빛이 된다. 빛 그 자체가 된다. 완전히 빛 그 자체가 된다. 하지만 지금 그대는 완전한 어둠 속에 있다.

한 번은 물라 나스루딘이 순례를 떠났다. 그는 정거장에서 경찰에게 붙잡혔다. 경찰은 나스루딘이 자신의 휴대용 침낭에 지나치게 신경 쓰는 것을 보고 그가 침낭에 불법 소지물을 숨겼을 것으로 의심하기 시작했다. 경찰은 항상 혐의자를 의심하기 마련이다. 그대가 호주머니에 자주 손을 넣을 때 근처에 소매치기가 있다면 소매치기는 그대의 호주머니 속에 돈이나 귀중품이 들어 있을 것으로 생각하고 훔치려고 할 것이다. 호주머니에 돈이나 귀중품이 들어 있지 않다면 거기에 그대로 있는지 확인하기 위해 손을 자꾸 집어넣을 필요가 없기 때문이다.

나스루딘이 자신의 침낭을 너무 자주 들여다보는 것을 보고 경찰이 나스루딘에게 다가가 물었다.

"거기 침낭 속에 무엇이 들어 있소?"

나스루딘이 대답했다.

"잠자는 데 필요한 것들뿐입니다. 다른 게 있을 리 없죠."

경찰이 말했다.

"그럴 수도 있겠소. 하지만 이상하오. 침낭을 펼쳐 보시오."

나스루딘이 침낭을 펼쳐 보였다. 대부분이 다 침구였는데 술도 두 병 들어 있었다. 경찰이 농으로 "요거 덮는 데 쓰는 것이오, 아니면 베는 데 쓰는 것이오?"라고 물었다.

나스루딘이 대답했다.

"베개로 씁니다."

무의식이 베개인 곳은 어둠의 세계다. 거기에서는 어둠이 그대의 이불이요, 침대다. 그대는 어둠과 무의식에 짓눌려 살아가고 있다. '소하긴'의 상황은 이와 반대다. '소하긴'은 도처에서 신을 본다. 빛에 둘러싸여 있다. '소하긴'은 원자 속에서도 신을 보고 입자 속에서도 빛을 본다. 그래서 깨달은 존재들이 그렇게도 자주 신은 빛이라고 말하는 것이다. 코란이나 우파니샤드나 성경 모두가 '신은 빛이다'라고 말하는 이유는 여기에 있다. 달이 뜨지 않은 칠흑같이 어두운 밤에도 신의 빛을 본다. 어둠은 더 이상 존재하지 않는다. 두 눈을 감았을 때만 어둠을 볼 수 있을 뿐이다. 그대가 깨어나면 사방이 빛이다. 신의 빛이 침상이 되고 이불이 되고 베개가 된다.

까비르는 말한다.
형제 사두여, 들으라!
도처의 빛이 참스승이라!

그런 순간에 '소하긴'은 참스승이 된다. 어제까지 '소하긴'을 찾아 헤매 다녔지만 오늘 신을 성취했다. 이제 그의 모든 존재—원자 하나하나, 숨 하나하나, 맥박 하나하나—가 다름 아닌 빛이 된다.

그대가 스스로 신을 보려면 정말로 엄청난 수행을 해야만 한다. 신을 받아들일 용기를 지녀야만 한다. 신을 품을 수 있을 만큼 준비되어 있어야 한다. 하지만 스승을 보는 것은 쉽다. 스승은 징검다리이기 때문이다. 스승의 일부분은 그대와 같지만 다른 일부분은 그대와 같지 않다. 그대가 스승으로부터 그대와 같은 면을 보고 이렇게 의문을 제기할 수도 있다.

"그가 다른 점이 무엇입니까? 그는 나와 같은 평범한 인간에 지나지 않습니다. 내가 왜 그 사람에게 고개를 숙여야 합니까? 내가 왜 그 사람에게 순종해야 합니까? 왜요? 그 사람의 특별한 점이 무엇입니까? 그는 나하고 하나도 다를 게 없는데요."

하지만 이런 의문은 잠깐 동안 접어 두고 스승에게서 그대와 같지 않은 면들을 살펴보라. 진지하고 성실한 마음으로 찾아보라. 그러면 곧 다른 면들을 찾을 수 있을 것이다. 그러면 그대와 스승과의 관계가 성립되고 그대는 스승을 받아들일 수 있게 된다. 이때 스승은 그대에게 손을

뻗어서 그대를 도울 수 있다.

　스승은 신이라는 정상 등반을 하는 데 있어서 베이스 캠프와 같은 존재이다. 베이스 캠프를 거치지 않고는 정상에 올라갈 수 없다. 베이스 캠프에서 그대는 휴식을 취하면서 힘을 비축하는 등 정상 등반을 위한 만반의 준비를 할 수 있다. 스승은 구도 여정의 음식이다. 스승은 구도의 머나먼 여정을 떠날 수 있도록 그대를 준비시킨다. 그러면 미래의 어느 날 그대는 정상에 도달하여 빛이 될 것이다.

　스승은 아주 유니크(unique)한 현상이다. 이 세상에서 가장 위대한 경이이다. 스승은 보통 사람이요, 평범한 인간이면서 동시에 인간을 뛰어넘는 그 무엇을 가지고 있다. 보통 사람이 지니지 못한 것을 지니고 있다. 그는 피안(彼岸)을 알고 있다. 그는 특별한 무엇인가를 보았다. 특별한 빛을 보았다. 그대는 스승의 경지에 올라선 사람의 눈에서 그 빛을 일견할 수 있다.

　스승의 행동거지나 습관 등은 그대의 것과 별반 다를 것이 없다. 따라서 스승의 경지에 올라선 사람을 어떻게 보느냐는 전적으로 그대에게 달려 있다. 그대와 별반 다를 것이 없는 면만을 보면 그대는 너무나 소중한 것을 놓치게 된다. 영적인 진보의 가능성을 잃어버리고 만다. 스승을 알아볼 수 있는 좋은 방법은 그대에게 이미 존재하는 스승의 모습은 놔두고 그대에게 존재하지 않는 스승의 모습을 깊이 들여다보는 것이다. 거기까지 갔다면 그 다음에는 스승의 도움을 구하라. 그러면 스승은 그대에게 기꺼이 연금술사가 되어 줄 것이다. 스승의 도움으로 그대는 자신을 변형시킬 수 있다. 그것은 우유로 커드(curd : 인도인들이 우유를 발효시켜 만든, 시큼한 맛이 나는 음식)를 만드는 법과 같다. 우유로 커드를 만들려면 우유에다 한 스푼의 커드를 넣으면 된다. 스승은 한 스푼의 커드와 같은 존재다. 어제까지 스승도 그대와 같았다. 어제까지 스승도 우유였다.

우유가 변화하는 각 단계를 생각해 보자. 우유를 오랫동안 그대로 놔두면 상한다. 사람이 제 시간에 커드가 되지 못하면 죽을 때까지 이 상태-우유를 그대로 놔둬서 상한 상태-까지밖에는 이르지 못한다. 그대가 커드가 되고 싶으면 그대에게 커드를 좀 넣어야만 한다. 그러면 그 커드가 그대를 화학 변화시킬 것이다. 스승의 도움을 받으면 그대는 보다 쉽게 커드가 된다. 그러면 그대가 가야 할 길은 일사천리가 되는 것이다. 더 이상의 도움은 필요 없어진다.

우유를 커드로 만들기 위해서는 먼저 우유와 커드 사이에 연결고리가 필요하다. 이 연결고리는 한 스푼의 커드이다. 한 스푼의 커드를 그대에게 넣어야 한다. 스승은 약간 쓴맛이 날 것이다. 약간 신맛이 날 것이다. 스승은 그대를 쳐서 깨뜨리고 완전한 화학 변화를 일으켜서 그대를 약간 신맛으로 바꾸어 놓을 것이다.

그대가 기다리기만 하면 기회는 달아나 버린다. 그대는 쉬어터진 우유가 되고 만다. 우유가 일단 쉬어 버리면 우유를 커드로 만드는 일은 거의 불가능해진다. 새로운 우유가 다시 필요하다. 다시 태어나야 하는 것이다. 그러면 다시 태어나서 한 스푼의 커드를 평생 동안 기다려야만 한다. 그대가 쉬어터지기 전에 커드와 혼합되면 탈바꿈이 일어난다. 스승이 바로 커드와 같은 존재이다.

까비르는 말한다.

빛에 머리를 놓고
빛을 뒤집어쓰고
빛에 잠을 자누나.

그리고,

까비르는 말한다.
형제 사두여, 들으라!
도처의 빛이 참스승이라!

그리고 마지막 수트라는,

그를 두고 크다고 하는 것, 나는 꺼린다.
그를 두고 작다고 하는 것, 그것은 거짓말이다.
내가 라마에 대해 아는 건 무얼까?
이 두 눈으로 그를 본 일이 없는데.

여기서 까비르는 아주 유니크한 말을 하고 있다. 한 사람의 의식 전체가 빛으로 가득 차면, 삶 전체가 빛으로 가득 차면, 신이 도처에서 드러나기 시작하면, 아주 이상한 일이 일어난다. 그의 눈에 보이는 것을 설명하는 것은 엄청나게 어렵다. 사실 뭔가가 보인다고 말할 수도 없다. 그 정도의 에고도 남아 있지 않은 것이다. 관찰자와 피관찰자가 하나가 되어 버려 더 이상 거리가 존재하지 않게 된다. 거리가 존재하지 않으면 눈은 보지 못한다. 그래서 까비르는 이렇게 말한다.

그를 두고 크다고 하는 것, 나는 꺼린다.
그를 두고 작다고 하는 것, 그것은 거짓말이다.

"신은 무엇이냐"라는 그대의 질문에 "신은 크다"라고 말하면 오해하기 십상이다. 신은 가장 작은 것과 가장 하찮은 것에도 존재하기 때문이다. 내가 "신은 크다"라고 말하면 그대는 당장 히말라야에나 있는 존재이지 작은 모래알에는 없다고 단정을 내려 버린다. 신은 거룩한 사람들에게나 존재하지 죄인에게는 존재하지 않는다고 단정을 내려 버린다. 내가 "신은 크다"고 말하면 그대는 신은 하늘에나 있는 존재이지 땅에는 있을 수 없다고 단정해 버린다. 까비르는 말한다.

그를 두고 크다고 하는 것, 나는 꺼린다.

깨달은 존재들은 모두, 사람들에게 말하기를 꺼려한다. 깨달은 사람도 진리를 성취하기 전에는 사람들에게 이야기하는 것을 꺼려하지 않았다. 하지만 진리의 경지에 도달하고 나면 무지한 사람들에게 신에 대해 말하는 것을 꺼려하게 된다. 깨달은 사람은 자신이 말하는 것을 사람들이 오해할까봐 꺼려하는 것이다. 내가 그대에게 "신은 작다"라고 말하면 거짓말을 하는 것이 되어 버린다. 왜냐하면 신은 천하지도 작지도 않기 때문이다. 신은 크다. 하찮은 존재가 전혀 아니다. 역시 "신은 크다"라고 말하기도 꺼려진다. 왜냐하면 신은 가장 작은 것에도 숨어 있기 때문이다. 신은 원자 속에서도 히말라야와 같은 존재이다. 신은 가장 옅은 숨 속에도 전체적인 무한자로 숨어 있다. 그래서 신에 대해 말하는 것은 참으로 어렵다. 신은 심지어 죄인 속에서도 자신의 전체성으로 존재한다.

내가 라마에 대해 아는 건 무얼까?
이 두 눈으로 그를 본 일이 없는데.

이것이 깨달은 자의 궁극의 경지이다. 이때 그는 입이 굳어진다. 신은 표현 너머에 있다. 보이는 것 너머에 있다. 신은 만물에 편재하며 스며들어 있지만 눈은 신을 보지 못한다. 모든 눈은 신의 눈으로 빨려 들어간다. 모든 빛은 더 큰 빛과 하나가 된다.

수피 파키르는, 눈은 빛의 일부이며 태양의 일부라고 말한다. 눈은 태양을 보기 위해 존재하며 서로가 서로를 보고 알기 위해 존재한다고 말한다. 또한 수피는 신의 크나큰 빛이 드러나면 마치 얼음이 녹아서 물과 하나가 되는 것처럼 우리의 눈은 신의 눈 속으로 녹아 들어간다고 말한다. 눈(眼)이 녹아 들어가고 그 눈을 지닌 사람이 녹아 들어가면,

내가 라마에 대해 아는 건 무얼까?
이 두 눈으로 그를 본 일이 없는데.

이와 같은 경지에 이르게 된다. '나'가 있는 한 신은 없다. 신이 드러나면 '나'가 사라진다. 에고가 사라지고 '나'가 사라지고 눈도 사라진다. 영어로 눈(eye)과 나(I)는 발음이 '아이'로 똑같다. 발음이 똑같으니까, 철자를 달리해서 쓰고 있을 것이다. 그런데 내가 보기에는 우연히 그렇게 된 것이 아니라 그 말을 만든 사람들이 의도적으로 발음을 같게 만든 것 같다. 하여튼 '눈'과 '나'는 깊은 관계가 있다. '나'가 없어지면 눈도 없어진다. 눈이 없어지면 '나'도 없어진다. 그래서 우리는 맹인을 무척 불쌍히 여긴다. 우리는 귀머거리나 벙어리나 절름발이를 맹인만큼 불쌍히 여기지는 않는다. 우리는 죽은 자도 맹인만큼 불쌍히 여기지 않는다. 눈이 없으면 아무것도 없는 것이나 매한가지다. 눈이 없는 자는 모든 것을 빼앗긴 것이나 매한가지다.

그대 에고의 80퍼센트는 눈이 만들어 낸다. 그대 에고에 대한 일차 책임은 그대의 눈이다. 그래서 에고가 전부 사라지면 눈도 사라지는 것이다.

내가 라마에 대해 아는 건 무얼까?
이 두 눈으로 그를 본 일이 없는데.

Talks on the songs of Kabir

까비르는 말한다. 내가 까비르에 대해 말을 하면 그 말은 틀리게 된다.

말할 수 없는 사랑 이야기
단 한마디도 전해진 것이 없으니
벙어리의 꿀
그는 맛을 보고 미소 짓는다.

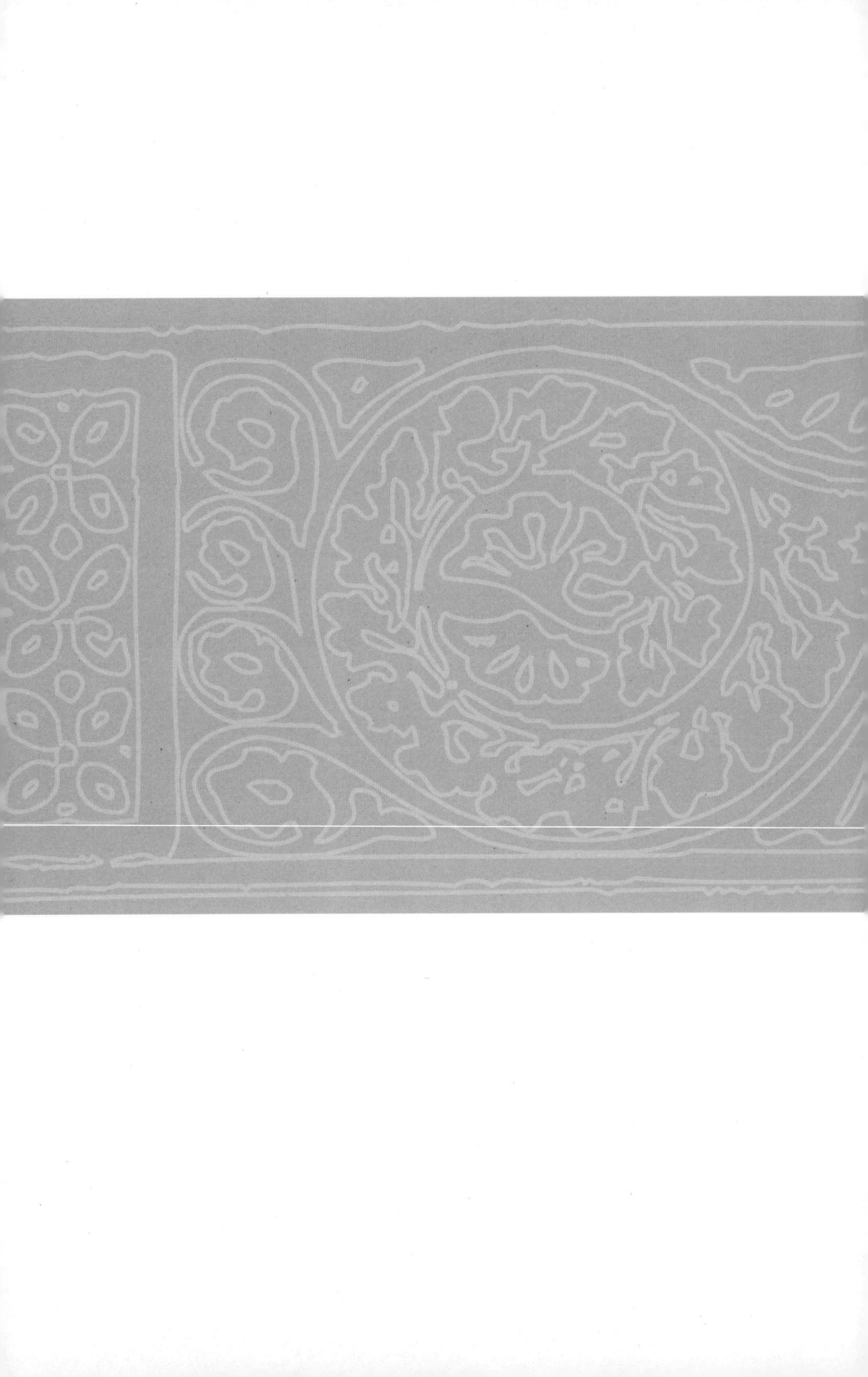

7
그대 신전으로 들어가라

사두여, 이를 묵상해 보라.
배를 타면 중간에서 물에 빠진다.
그러니 속수무책으로 건너라.

도시에는 뒷길로 가라.
큰길에서는 몽땅 털리기 마련이라.
묶인 자도 자유로운 자도
포승줄로 묶인 것은 마찬가지.

밖에 있는 자는 젖을 이유가 없나니
그대 신전으로 들어가 온몸을 적시라.
잘리지 않은 목은 고통을 당하나니
영원한 기쁨을 위해 그대 목을 자르라.

눈먼 세상 사람들
모두가 들여다보지 못하고 멍하니 볼 뿐.
까비르는 말한다, 나는 깨달았다.
세상의 길들을 들여다보는 것을.

The Great Secret

Enter your temple
— 그대 신전으로 들어가라

지금 현재 그대 모습의 반대가 되는 것이 진리로 가는 길이다. 지금 현재 그대가 걷고 있는 반대 방향으로 걸어가는 것이 진리를 성취하는 길이다. 갠지스(Ganges) 강은 그 발원지인 강고트리(Gangotri)를 뒤로 하고 바다로 흘러간다. 갠지스가 바다를 향해 앞으로 나아갈수록 강고트리와의 거리는 멀어진다. 바다로 가는 길과 강고트리로 가는 길은 서로 반대이다. 갠지스가 그 발원지로 가려면 자신이 온 길을 거슬러 올라가야 한다. 그대 의식을 갠지스라고 해보자. 그대 의식이 강고트리를 향해 거슬러 올라가면 그대는 자신의 발원지에 도달할 수 있다. 그대가 잃어버린 '누구'는 발원지에서 잃어버렸다. 그 '누구'는 그대를 앞서 가고 있지 않다. 그대는 뒤에서 그 '누구'를 잃어버리고 지금까지 온 것이다. 이에 대해 깊이 명상해 보라. 오늘 까비르의 수트라는 이 점에서 우리들의 관심을 끌고 있다.

그대가 찾고 있는 신은 어디에 있는가? 신이 그대의 발원지이다. 이 사실이 진리를 찾는 구도자에게 더없이 소중한 깨달음이라고 까비르는 말한다. 이전에 그대는 신이었다. 그대는 이 신을 떠나왔다. 이제 그대는 그대가 떠나온 신을 그리워하고 있다. 이전에 그대는 존재계의 전체적인 축제였다. 천진(天眞)의 화신이었다. 그대는 사두로 태어났었다. 순진무구한 사람으로 태어났었다. 모든 사람은 사두로 태어난다. '사두따(sadhuta)', 즉 '죄 없음'이 그대의 본성이다. 하지만 그대는 자라면서 '죄 있음'을 배운다. 자신의 머리를 굴려서 '죄 있음'의 상태로 들어가는 것이다.

그대가 순진무구한 상태로 태어날 때 그대는 사두다. 아이들은 모두 위대한 사두로 태어난다. 하지만 살아가면서 점차 속세의 독에 물든다. 무엇이 독인가? 참본성으로부터 자신을 멀어지게 하는 교육과 정보, 개념과 관념들이 그대를 물들게 하는 독들이다. 이렇게 자신의 존재 중심으로부터 단절된 아이는 자신의 존재 중심을 되찾는 데 인생 모두를 쏟아 붓는다. 하지만 인간은 전통과 사회 규범에 따라 구도를 해야만 한다. 이것이 문제다. 그대가 전통을 따라가면 갈수록 그대는 자신이 추구하는 무아경으로부터 멀어져 간다. 사회 규범을 따라가면 갈 길을 찾지 못하고 점점 더 많이 헤매게 된다.

사회가 그대의 구루가 되어 버렸다. 그래서 그대는 자신의 양심으로부터 울려 나오는 소리에 완전히 귀가 멀어 버렸다. 사회는 그대에게 가짜 양심을 심어 준다. 무엇인가 나쁜 일을 저지르고자 하는 마음이 일어나면 마음의 다른 한쪽은 그것을 하지 말라고 말한다. 이 양심은 그대 자신의 것이 아니다. 사회가 그대에게 심어 준 것이다. 사회는 그대에게 무엇이 나쁘고 무엇이 좋은지를 가르친다. 따라서 나라와 사회마다 양심이 다르다. 그대 양심이 사회가 준 것이 아니고 신이 준 것이라면, 양심에서 울려 나오는 소리는 시공(時空)을 초월해서 항상 똑같아야만 한다. 그러한 양심의 목소리는 영원한 것이다.

그대가 누군가를 죽이고 싶은 마음이 일어나면 양심은 죽이지 말라고 말한다. 그런 양심이란 사회가 그대에게 준 선물이다. 하지만 그 선물은 기만적인 선물이다. 그대가 판사라고 가정해 보자. 그대의 양심은 사회가 부여한 똑같은 양심임에도 불구하고 그대는 피고에게 사형 언도를 내려도 양심의 가책을 느끼지 않는다. 그대는 아무 가책 없이 수많은 사람들을 교수대로 보낼 것이다. 가령 그대가 전쟁에 나간다고 생각해 보자. 어제까지 그대는 "살인은 죄악이다. 심지어 개미 한 마리 죽이는 것도 나쁜 행위다"라고 말하는 양심을 지니고 있었다. 하지만 이제 전장(戰場)에 나간 그대는 아무런 양심의 가책 없이 적군들을 죽이려고 들 것이다. 사회가 가르친 바로 그 양심이 그대에게 "너는 네게 주어진 의무를 다하고 있는 것이다. 그것은 고귀한 일이다. 너는 위대한 영웅이다"라고 말할 것이다. 그대가 영웅적으로 전사하면 그대의 장례식에 많은 사람들이 모여 그대의 공적을 기리고 그대의 이름은 역사에 길이 남을 것이다.

그대가 법정의 판사이든 전장의 군인이든, 살인에 대한 그대의 양심은 항상 똑같다. 그 참된 양심은 그대에게 신이 창조한 사람을 죽이는 것은 죄악이라고 말할 것이다. 그 참된 양심은 "사람을 죽이고 파괴하는 너는 누구인가? 네가 그렇게 하면 너는 신으로부터 멀어진다"라고 말할 것이다. 어떠한 상황 속에서도 그대의 참된 양심은 아무 조건이나 편견 없이 판단을 내릴 것이다. 참된 양심은 어떤 상황이 됐든지간에 살인은 나쁜 것이다라고 말할 뿐이다. 사회가 가르친 양심이란 그때 그때의 편리성에서 나온 것이다. 사회에게 이익이 되는 양심은 "살인도 종교적인 행위가 될 수 있으며 때론 거룩할 수도 있다"라고 기꺼이 말한다. 문제가 되는 것은 사람을 죽이느냐 안 죽이느냐가 아니라, 사회에 이익이 되느냐 아니냐이다.

사회가 가르친 양심만을 가지고 산다면 자신의 참된 양심을 발견하기란 힘들어진다. 참된 양심을 찾기 위해 가짜 양심을 사용한다? 가당치 않은 말이다. 그대는 엄격하게 도덕과 윤리를 따르면서 종교의 길을 가고자 한다. 하지만 그대는 엄격하게 도덕과 윤리를 따르면서 종교의 길을 갈 수 없다. 왜냐하면 도덕과 윤리는 그대가 종교의 길을 잘 갈 수 있도록 도와주는 것이 아니라 방해하기 때문이다.

까비르의 언어는 매우 혁명적이다. 사람들은 까비르 같은 성자가 그런 말들을 했으리라고 도저히 상상조차 하지 못할 것이다. 하지만 성자는 위대한 혁명가이다. 그래서 참된 성자만이 그런 말들을 할 수 있다. 성자는 결코 체면에 신경 쓰지 않는다. 사회가 무엇이라고 말하든 성자는 전혀 개의치 않는다. 까비르의 언어를 보자.

사두여, 이를 묵상해 보라.
배를 타면 중간에서 물에 빠진다.
그러니 속수무책으로 건너라.

도시에는 뒷길로 가라.
큰길에서는 몽땅 털리기 마련이라.

큰길로 가는 사람은 털리기 마련이라고 까비르는 말한다. 뒷길로 가는 사람, 즉 길을 반대로 가는 사람은 목적지에 도달하게 되어 있다고 까비르는 말한다. 현자는 반대 방향으로 간다. 현자의 갠지스는 그 발원지인 강고트리로 흐른다. 사회 사람들은 바깥 세상을 떠돌지만 현자는 사회를 등지고 내면으로 떠나는 여행을 시작한다. 그는 사회의 말을 듣지 않고 자신의 참양심에 귀를 기울인다.

현자의 길은 항상 반대 방향이다. 그래서 우리는 예수를 십자가에 매단다. 아무런 이유 없이 한 것은 아니다. 그래서 우리는 까비르를 무시하고 잊어버린다. 그의 존재마저 의심하려 든다. 그래서 우리는 소크라테스에게 사약을 내리고 만수르(Al-Hillaj Mansoor : 수피 신비가로서 "내가 곧 신이다"라고 대중에게 선포함으로써 이슬람교도들에게 잔인한 죽음을 당함)의 손과 발을 자른다. 거기에 아무런 이유가 없는 것은 아니다. 이유가 있다. 예수나 까비르는, 소크라테스나 만수르는 사회에 아주 위험한 인물들이었다. 그들이 기존의 믿음이나 전통에 반대되는 가르침을 전했기 때문에 사회로부터 심한 배척을 받은 것이다.

그대도 아마 나에 대한 이야기를 들었을 것이다. 어디에서나 "거기에 가지 마세요. 그 사람은 기존 윤리 도덕에 어긋나는 말을 합니다"라고 말들 한다. 맞는 말이다. 정말 맞는 말이다. 그대가 만약 길 반대 방향으로 걷는 것을 조금이라도 두려워한다면 나에게 오지 마라.

큰길은 모든 이들이 걷는 길이다. 이 큰길이 진정으로 궁극의 길로 통한다면 모두가 이미 궁극에 도달했어야 한다. 큰길은 걷기에 매우 편하다. 넓어서 걷기에 좋고 걸리는 것도 없고 좋다. 이 큰길을 걷고 있는 사람은 그대 혼자가 아니다. 친구들 식구들 친척들이 모두 이 큰길을 걷고 있다. 나는 그대를 큰길을 걷고 있는 사람과 떼어놓을 것이다. 그대는 무리 속에 끼어 있을 때 편안함을 느낀다. 큰길에는 수많은 사람들이 걷고 있다. 따라서 그대는 구태여 힘들여서 걸을 필요가 없다. 그대는 그냥 수많은 사람들에 의해 떠밀려 가면 된다. 수많은 군중 속에서 길을 걸어 본 적이 있는가? 수많은 군중은 마치 거친 파도처럼 움직인다. 걷기 위해 다리를 들어올릴 필요도 없다. 그대가 다리를 들어올리는 것이 아니라 다리가 그대를 위해 들어올려진다. 그렇지 않으면 밟혀 죽기 십상이다. 수많은 사람들이 뒤에서 그대를 밀어붙인다. 그대는 생각할 겨를도 없다. 그 수많은 사람들 중에 누가 그대에게 생각할 겨를을 주고 싶어하겠는가?

사회와 집단은 그대에게 도덕과 사상을 주입시키지만 생각할 힘을 길러 주려고 하지 않는다. 사회와 집단은 그대의 눈을 멀게 하려고 한다. 그대는 "그렇게 수많은 사람들이 틀릴 리가 없지"라고 안심하면서 수많은 사람들이 가는 길이 당연히 올바른 것이라고 생각한다. 수백 년 동안 지나온 길이 새로운 길보다는 훨씬 더 믿을 만하다는 것이다. 사람들은 보통 새로운 것을 잘 믿으려고 들지 않는다. 그래서 모든 종교들은 자기가 제일 먼저 생긴 가장 오래된 종교라고, 신도가 가장 많은 종교라고 그토록 주장하는 것이다.

왜 그들 모두는 자기 종교가 가장 오래된 종교라고 주장하는가? 오래된 것일수록 더 좋기 때문인가? 그것은 더 오래된 것이 믿을 만하다고 생각하는 사람들의 성향 때문이다. 아주 오래된 가게에 대해 사람들은 "거기 물건은 진짜가 틀림없어. 만약 진짜가 아니었다면 그렇게 오랫동안 많은 사람들을 속일 수 없었겠지"라고 생각한다. 이런 식으로 가게는 이름과 평판을 얻는다. 좋은 평판을 얻게 되면 아무거나 다 팔리게 된다. 그래서 모든 종교들은 자기들이 더 오래된 종교라고 주장하는 것이다.

'신은 매순간 새로운 존재'라는 사실을 항상 명심하라. 신은 옛것을 믿지 않는다. 그래서 신은 사람이 늙으면 새로운 아이로 바꾸는 것이다. 그래서 신은 오래된 낙엽을 떨구고 경험이 없는 새싹을 낸다. 경험은 짐이 된다. 경험은 사람의 모양을 일그러뜨린다. 경험은 에고를 만들어 내며 독한 냄새를 풍긴다. 새싹의 신선함은 항상 유니크하다. 신은 새로운 것을 신뢰한다. 왜냐하면 신은 매순간 새로워지고 싱싱해지기 때문이다.

신이 과거에 우주 창조를 마치고 지금까지 쉬고 있다고들 한다. 하지만 신은 매순간 우주를 창조한다. 창조는 끊임없이 벌어지는 과정이다. 영원히 지속되는 과정이다. 이 순간에도 진행되고 있다. 만약 이 순간에 창조 행위가 벌어지지 않는다면 어떻게 나무로부터 새잎이 나올 수 있겠는가? 어떻게 새가 알을 깨고 나와 하늘로 날아오를 수 있겠는가? 어떻게 씨앗이 그 두꺼운 껍질을 깨고 새싹을 내밀 수 있겠는가? 어떻게

The Great Secret

아기가 수태(受胎)될 수 있겠는가? 어떻게 새로운 생명이 태어날 수 있겠는가? 신은 언제나 매순간 새것을 창조한다.

신은 신선함과 새로움을 믿는다. 세상 종교들은 옛것을 믿는다. 세상 종교들은 신과는 아무 관계가 없는 듯 보인다. 그대는 자기 종교가 가장 오래됐고 엄청나게 많은 사람들이 믿고 있다고 주장한다. 왜 그러는가? 자기 종교에 대한 믿음을 강화시키고자 그렇게 한다.

사람들은 확신이 없기 때문에 항상 집단과 함께 있고 싶어한다. 그대가 홀로 있을 때는 확신이 없다. 밤에 혼자 길거리를 갈 때 그대는 노래를 부른다. 자신의 노래 소리를 들으면서 혼자가 아니라고 생각하고 싶은 것이다. 그대는 노래를 부르는 사람하고 듣는 사람하고 둘이 있다고 생각한다. 그러면 좀더 용기가 생기고 자신감이 생기는 것이다. 그대가 무리 속에 끼어 있으면 더 용기가 생기고 자신감이 생긴다. 그러면서 "이 무리가 따르는 길이 무엇인가 잘못됐다면 틀림없이 누군가, 적어도 한 사람이라도 그것을 지적했을 것이다"라고 생각한다.

여태껏 큰길로 가서 진리에 도달한 사람은 아무도 없다. 편한 길을 찾거나 아무 불편 없는 길을 찾는 사람은 신에 도달할 수 없다. 신에 이르는 길은 온갖 고난과 시련을 무릅쓸 준비가 되어 있는 사람만이 갈 수 있는 길이다. 신은 오직 홀로 있을 때만 알 수 있다고 까비르는 말한다. 그대는 홀로 여행을 떠나야만 한다. 신과의 만남은 절대 '홀로 있음' 속에서만 일어난다. 거기에는 아무도 없다. 심지어 관조자(witness)도 없다. 이 점을 기억하라. 이 점에 대해 깨어 있으라.

사두여, 이를 묵상해 보라.
배를 타면 중간에서 물에 빠진다.

배를 타고 가는 자는 강물 중간에서 빠진다.

그러니 속수무책으로 건너라.

배의 도움을 받은 자는 강을 건널 수 없다고 까비르는 말한다. 배에 올랐다는 것은 이미 빠질 준비가 되었다는 말이다. 왜 배에 올라타는가? 수영을 할 줄 모르기 때문이다. 하지만 신을 향해 떠나는 여행은 헤엄쳐 가는 것이다. 배를 타고 가는 것이 아니다. 스스로 헤엄쳐 가야만 한다. 사마디로 가는 길에 그대와 동행해 줄 사람이 있다고 생각하는가?

한 번은 한 선승이 스승에게 작별 인사를 하고 있었다. 밤이 깊어 가고 있었다. 인적이 끊어진, 야수들이 우글거리는 깊은 산 속을 지나가야만 했다. 그래서 그는 두려웠다. 선승이 매우 불안해하자 스승은 "걱정이 되는가"라고 물었다.

제자가 대답했다.

"밤이 깊고 야수들이 우글거리는 숲속을 혼자 지나가야 하기 때문에 무섭습니다."

스승이 말했다.

"잠시만 기다려라. 등불 하나를 주겠다."

스승이 등불 하나를 밝혀서 제자에게 주었다. 제자가 여행을 떠나기 위해 계단을 막 내려서려는 찰나, 스승이 갑자기 등불을 꺼 버렸다. 이제는 전보다 더 어두워졌다.

제자는 스승이 등불을 건네주었을 때 약간 자신감이 생겼지만 스승이 그 등불을 꺼 버리자 더 무서워졌다. 제자가 물었다.

"왜 그러십니까? 아니, 불어서 꺼 버릴 거면 무엇 하러 주셨습니까? 무슨 일인지요?"

스승이 말했다.

"네가 지금 떠나는 여행은 타인의 등불마저도 너에게 도움을 줄 수 없는 여행이다. 너 홀로 떠나야만 하는 여행이다. 외부로부터 오는 어떤 도움도 소용이 없다. 너는 네 자신을 의지하지 않으면 안 된다. 난감하면 난감한 대로 있으라. 하지만 어느 누구의 도움도 바라지 마라. 네 마음은 항상 다른 사람의 도움을 바라고 있다. 다른 사람한테 의지하기를 바라고 있다."

사람들이 나를 찾아오면 나는 "말을 하지 마라. 그저 침묵하라"고 말한다. 그러면 그들은 "무엇인가 저희들이 의지할 만한 것을 주십시오. 만트라를 암송해야 됩니까?"라고 물어 온다. 만트라를 암송하는 것은 만트라라는 배에 올라탄 것이다. 모두 다 외부에서 오는 것은 배에 지나지 않는다. 그들은 아무것도 하지 않고 그냥 앉아 있는 것을 무척 어렵게 생각한다. 항상 무엇인가에 매달리기를 바란다. 또 분주하기를 바란다. 아무것도 하지 않고 고요 속에 앉아 있는다는 것이 무엇인지를 모르는 것이다.

사람들은 타인의 도움 없이 홀로 선다는 것을 무척 두려워한다. 그래서 사람들은 무엇인가 도움이 되는 것을 잡고 싶어한다. 물에 빠진 사람 지푸라기라도 잡듯 무엇이라도 잡고 싶어한다. 만트라라는 배도 좋다. "물에 빠지면 지푸라기라도 잡는다"라는 속담이 있다. 이 지푸라기를 움켜쥔다고 해서 지푸라기가 통나무가 되겠는가? 그대가 올라타는 배란 모두 지푸라기에 다름 아니다. 그런 지푸라기는 잠시 마음을 편하게 해주겠지만 강물 가운데서 그대는 빠질 수밖에 없다. 언제까지 자신을 속일 것인가?

이 여행에 대해 제일 먼저 기억해야 할 것은 이 여행이 내면으로 떠나는 여행이라는 것이다. 어떠한 형태의 도움도 이 내면으로 떠나는 여행에서는 쓸모없다. 모든 것이 전부 자기 마음밖에 남아 있을 수밖에 없다. 친구도 식구도 소용없다. 이것은 내면으로 떠나는 여행이다. 그대는 자신만을 의지할 수밖에 없다. 그대만이 참된 배이다.

그대 자신에 대한 확신을 일깨워라. 산이 얼마나 깊고 밤이 얼마나 어두운가는 아무 상관이 없다. 그대 내면의 등불을 밝히기만 하면 된다. 그 등불은 끝까지 그대를 따라갈 것이다. 언제까지 외부의 등불에 의지할 것인가? 제자가 들고 갈 등불을 스승이 끄지 않았다 하더라도 들고 가다가 바람에 꺼졌을지도 모른다. 어쩌면 그 등불은 두려움에 떨리는 손에 의해 떨어졌을 것이다. 낙엽이 사각거리는 조그마한 소리에도 등불을 내팽개친 채 걸음아 나 살려라 하고 달아났을 것이다. 외부의 등불을 언제까지 들고 다닐 것인가? 바깥 세상으로부터 오는 도움이 진정으로 그대 내면에 도움이 될 수 있는가?

까비르가 말하고 있는 것은 참으로 의미심장하다. 거기에 숨은 뜻은 참으로 깊디 깊다. 존재계 전체가 나서서 외부의 도움을 원하지 않는 사람을 돕는다는 말이다. 신은 도움을 모르는 사람을 돕는다. 밖으로부터 오는 도움과 원조를 원하는 사람은 신이 전혀 필요하지 않다.

한 번은 수피 파키르가 카바 순례에서 돌아왔다. 그의 제자들은 모두 모여 그의 순례 체험담을 듣고 싶어했다. 파키르가 말했다.

"한 가지, '신의 은혜가 가장 크다' 라는 사실을 말해 주고 싶다. 내가 이 순례를 떠날 때 나에게는 1파이사(paisa : 인도 화폐 단위. 100파이사가 1루삐(rupee). 이 이야기의 시대적 배경은 1파이사의 가치가 지금보다 훨씬 높았던 옛날인 듯함 ; 역주)밖에 없었다. 신의 은혜는 정말 이루다 말할 수 없다. 신의 위대함에는 끝이 없다. 순례를 다 마치고 돌아왔는데도 불구하고 그 1파이사는 아직도 내 호주머니에 있다. 내가 먹을 거나 마실 게 필요할 때면 언제나 먹을 거나 마실 게 나타났다. 순례를 하면서 생활에 필요한 모든 것을 그냥 얻을 수 있었다. 신의 은총은 정말 가없다."

여러 무리 속에서 이 말을 듣고 있던 다른 파키르가 크게 웃기 시작했다. 그러자 첫 번째 파키르가 말했다.

"무슨 일이오? 당신의 웃음소리는 꼭 빈정대는 웃음소리 같소. 왜 웃는 거요?"

두 번째 파키르가 대답했다.

"당신이 신을 절대적으로 확신했다면 1파이사는 왜 가지고 갔던 거요?"

단 1파이사를 지니고 가는 것도 그대가 신에 대한 확신이 없음을 보여준다. 1파이사를 가지고 가는 것하고, 천만 루삐(rupee)를 가지고 가는 것하고 무슨 차이가 있는가? 그대가 무엇인가를 아직도 지니고 있다는 말은 그대가 아직도 무엇인가에 의지하고 있다는 말이다. 바깥 세상의 무엇인가에 의지하는 것은 그대가 아직도 신을 확신하지 못하고 있다는 말이다. 신을 확신하고 있다면 배를 탈 이유가 없는 것이다. 밖으로부터 오는 모든 도움을 버려라. 기꺼이 강 한가운데서 빠져 죽을 준비를 하라. 물에 빠질지라도 발버둥이 치지 마라.

한 번은 한 파키르가 강물에 빠졌는데 강둑에서 사람들이 이를 지켜보고 있었다. 매우 깊은 강이었다. 강둑에 있던 사람들은 수영을 할 줄 몰라 그저 파키르가 물 속으로 들어갔다 나왔다 하는 것을 지켜볼 수밖에 없었다. 그런데 이상했던 것은 파키르는 손발로 허우적거리지 않는 것이었다. 수영을 할 줄 모르는 사람조차도 손발로 허우적거리면서 살려달라고 소리를 지르지 않는가? 물에 빠진 파키르가 세 번째로 수면 위로 나왔을 때 강둑에 서 있던 한 사람이 외쳤다.

"아니, 자살을 하는 거요? 왜 손발을 조금도 움직여 보지 않는 거요? 왜 도와달라고 소리치지 않는 거요?"

그러자 파키르가 대답했다.

"나는 모든 걸 신에게 맡겼습니다. 강 한가운데 있을 때도 강가에 있을 때하고 마찬가지지요. 나는 물에 기꺼이 빠집니다. 신이 구해 주면 그것으로 족합니다. 신이 하는 일에 나는 절대로 끼여들지 않습니다."

이 파키르는 물에 빠져 죽어도 신에 가 닿을 것이다. 물에 빠져 죽는 것은 그에게 있어서 커다란 혁명이 될 것이다. 그 커다란 혁명은 그를 완전히 탈바꿈시킬 것이다. 신을 확신하는 가운데 물에 빠지면 강가나 강 한가운데나 똑같다. 자신을 온전히 내맡긴 사람은 물에 빠뜨릴 수 없다. 그의 내맡김은 강 한가운데를 강가로 변형시킨다. 내맡김보다 위대한 성취는 없다. 내맡김보다 더 높은 것은 없다.

자, 그대가 배를 타고 강의 건너편, 즉 피안(彼岸)에 도달한다고 가정해 보자. 배를 타고 강 건너편 어디에 도달할 수 있다고 생각하는가? 그대 에고도 거기 있게 될 것이고 배도 거기에 있게 될 것이다. 그대가 설령 건너편에 도달한다고 해도 그 건너편은 이쪽하고 하나도 다를 것이 없는 건너편이 될 것이다. 이쪽 편보다 하나 나을 것이 없는 건너편이 될 것이다. 아무런 실질적인 차이가 없다. '내 스스로의 노력으로 나는 건너편에 도달했다'라고 생각하는 그대의 에고는 이전보다 훨씬 더 커졌을 것이다. 그대의 아집은 더 강해졌을 것이다. 그러려면 차라리 도중에 물에 빠지는 것이 더 낫다.

그래서 까비르는 밖으로부터 오는 도움을 받는 이는 도중에 물에 빠지지만 도움을 모르고 가는 사람은 강을 건너게 된다고 말하는 것이다. 이 말을 듣고 도움을 받지 않으면 무조건 피안에 도달할 수 있다고 생각하기 쉽다. 하지만 피안에 도달하느냐, 안 하느냐는 전혀 중요하지 않다. 보다 중요한 것은 도움을 받지 않고 가는 사람은 자신을 온전히 내맡기는 순간 피안에 도달한다는 것이다.

한 번은 구제프(George I. Gurdjieff, 1872~1945 : 그리스계 아르마니아인으로 동양을 순례한 뒤 동양의 명상법을 서양에 소개했음)가 조그마한 실험을 했다. 그는 제자들을 티플리스(Tiflis) 시(市) 근교 한적한 곳으로 불러서 한 명상법을 가르쳤다. 여기에서 그는 제자들에게 이렇게 말했다.

"내가 '정지'라고 외치면 자신이 어떤 자세를 취하고 있건 관계없이 거기 그 자리에서 그대로 정지하라. 걷다가 한 발을 들어올리고 있는 찰나에도 그 자세를 유지하라. 절대로 발을 내리지 마라. '정지'라는 말을

들으면 그대로 동상처럼 정지해야만 한다. 알겠는가?'

근처에 물이 빠진 운하가 있었다. 세 젊은이가 이른 아침에 그 운하를 가로질러 건너가고 있었다. 구제프는 자신의 텐트 속에 있다가 갑자기 "정지!"라고 외쳤다. 운하를 가로지르고 있던 세 젊은이는 그대로 얼어붙었다. 그 당시에 운하에는 물이 없었다. 그런데 잠시 후 누가 수문을 열어 놓았다. 수문을 연 사람은 그때 세 젊은이가 운하를 가로지르다가 동상처럼 서 있다는 것을 전혀 모르고 있었다. 구제프도 자신의 텐트 속에서 앉아 있었기 때문에 상황을 알 수 없었다. 세 명은 동상처럼 선 채로 기다렸다. 상황이 위험과는 거리가 멀 때 인간의 마음은 '위험한 일은 없겠지' 하면서 기다릴 수 있다. 하지만 몸 전체가 물에 잠기는 일이 벌어진다면?

수위(水位)가 점점 올라가다가 금방 목까지 찼다. 수위가 입까지 오르자 그중 한 사람이 뛰쳐나왔다. 그는 "모든 것에는 한계가 있는 법이다. 신뢰에도 한계가 있다"라고 말했다. 하지만 신뢰에는 한계가 없다. 한계가 있는 신뢰는 진짜 신뢰가 아니다. 그것은 자기 기만일 뿐이다. 그것은 마음이 쓰는 속임수일 뿐이다. 참다운 신뢰란 한계가 없는 신뢰이다.

신뢰와 내맡김에 한계가 있을 수 있다고 생각하는가? 내맡김에 한계가 있다면 그것은 참다운 내맡김이 아니다. '나는 여기까지만 신뢰하겠다. 나는 물이 입까지 차 오를 때까지만 신뢰하겠다"라고 말한다면 그것은 그대가 온전히 내맡기지 못했다는 것을 뜻한다. 설령 물이 입까지 차 오른다고 해도 위험은 없다. 하지만 그대 마음은 트릭을 쓴다. 마음은 자신이 재치 있음을 보여 주고 싶어한다. 그것은 자신을 속이는 것이다. 그대가 위험에 직면했을 때만 그대는 자신의 내맡김이 진짜인지 가짜인지를 점검할 수 있다. 그때 내맡김이란 진정으로 무엇을 의미하는지 알 수 있다. 위험한 상황이 아닌 일상 생활에서는 자신의 내맡김이 진짜인지 가짜인지 구분할 도리가 없다. 그대의 내맡김이 진짜라면 결코 돌아서는 일은 없을 것이다.

두 번째 젊은이가 뛰쳐나왔다. 이 젊은이는 좀더 영리했다. 그는 구제프가 그만 밖으로 나오라고 할 줄 알고 좀더 기다렸을 뿐이었다. 설령 물이 입까지 찼다고 하더라도 생명에는 지장이 없다. 한데 두 번째 젊은이는 자신의 코에까지 물이 차자 밖으로 뛰쳐나왔다. '더 기다리는 건 못난 짓이야. 스승은 지금 무슨 일이 벌어지고 있는지도 몰라. 이것은 완전히 자살 행위야' 라고 생각했던 것이다.

세 번째 젊은이는 코와 눈까지 물 속에 잠겼어도 그대로 서 있었다. 곧이어 머리도 물 속에 잠기자 숨이 막혀 왔다. 바로 그 순간 구제프는 회오리바람처럼 자신의 텐트에서 뛰쳐나와 그 젊은이를 끄집어냈다. 그의 의식을 되찾게 하는 것은 무척 힘들었다. 바로 그날 그 젊은이는 건너편 강가에, 즉 피안에 도달했다. 그는 눈을 뜨자 구제프 앞에 엎드려 절을 하고 "알아야 될 것을 알았습니다. 성취해야 될 것을 성취했습니다"라고 말했다.

이것을 두고 구제프는 '결정화(crystallization)' 라고 불렀다. 바로 그런 순간에, 자신이 가지고 있는 모든 것을 내걸었을 때, 더 이상 아무것도 남지 않았을 때, 도약은 일어난다. 이 도약이 일어나면 그대는 주변에서 중심으로 돌진해 들어간다. 그렇게 되면 난생 처음으로 그대는 결정화된다. 바위처럼 견고해진다. 이제 그 누구도 그대를 좌지우지할 수 없다.

첫 번째와 두 번째 젊은이는 놓쳐 버리고 말았다. 그들은 자신의 머리만 믿었다. 세 번째 젊은이는 아무것도 움켜쥐고 있지 않았다. 아무런 도움도 기대하지 않았다. 죽을 준비가 되었다. 그래서 그는 진리를 성취할 수 있었던 것이다. 바로 그때 구제프가 그에게 달려간 것이다. 스승은 잊을 수 있다. 하지만 신은 모든 것을 기억한다. 그대가 가지고 있는 모든 것을 내맡기면 존재계가 알아서 그대를 구한다. 그대가 이 순간 자신을 구하려고 들면 존재계가 나서서 그대를 구할 필요가 없어진다.

크리쉬나 일화가 하나 있다. 항상 곱씹어 볼 만한 일화이다. 어느 날 저녁 크리쉬나는 저녁 식사를 위해 자리에 앉아 있었다. 아내인 룩미니(Rukmini)가 크리쉬나를 위해 저녁을 따뜻하게 데우고 있었다. 크리쉬나가 자리를 잡자 룩미니가 크리쉬나에게 부채질을 하기 시작했다. 그가 막 한 입을 떠 넣으려다가 돌연 벌떡 일어났다.

"무슨 일이에요?"

룩미니가 물었다.

"내 헌신자 중의 한 명이 커다란 곤경에 처해 있소."

크리쉬나가 대답했다. 그리고는 문 쪽을 향해 달려나갔다. 그러더니 갑자기 문을 열려다 말고 되돌아와 앉았다. 룩미니가 말했다.

"곤경에 처한 헌신자를 돕기 위해 뛰쳐나간 건 알겠는데……. 저녁을 먹는 것보다 그게 훨씬 더 소중한 일이지요. 한데 갑자기 가다 말고 왜 되돌아오신 거죠?"

크리쉬나가 설명해 주었다.

"내 헌신자 중의 한 명이 어떤 도시의 길을 걷고 있었소. 나에 대한 그의 사랑은 한마디로 무아경이었소. 사람들이 그냥 걸어가고 있는 그에게 돌을 던지는데도 불구하고 웃기만 할 뿐. 머리에서 피가 흘러도 계속 웃었소. 내 이름 외에 그의 내면에는 아무것도 존재하지 않았소. 그래서 그를 구하러 달려나갔던 것이오."

룩미니가 물었다.

"그런데 왜 갑자기 돌아오신 거죠?"

크리쉬나가 대답했다.

"내가 막 문을 열려고 할 때, 상황은 완전히 변해 버렸소. 그가 복수를 하기 위해 돌을 집어든 거였소. 그는 그들을 모두 상대할 만큼 건장했소. 이제 그는 나를 완전히 잊어버리고 스스로 위험과 싸우고 있소. 이제 모든 건 그의 손에 달렸소. 내가 갈 필요가 없어진 거요."

　그대가 스스로 싸우고자 하는 순간, 바로 그 순간, 신과의 관계는 단절되어 버린다. 그대가 적극적이고 영리하고 교활해지는 순간, 그대와 존재계와의 관계는 단절되어 버린다. 까비르가 말하고 있는 것처럼 아주 소박하게 모든 것을 신에게 맡기고 속수무책이 되면 절대로 물에 빠지지 않는다. 온갖 수단 방법을 다 써도 신 앞에 속수무책인 사람은 물에 빠뜨릴 수 없다. 그에게는 물에 빠지는 것조차 초월의 방편이 된다. 그런 사람을 물에 빠뜨리는 것은 불가능하다. 그 누구도 그를 죽일 수 없다. 누가 그를 죽이려고 든다 해도 그는 "이것은 저에게 있어서 무아경의 체험입니다. 떠날 날만을 기다려 왔습니다. '그분'을 뵐 날만 기다려 왔습니다"라고 말한다. 그런 사람에게 있어 죽는 순간은 '파라마난드(paramanand)', 즉 '더없는 법열'의 순간이다. 그 누구도 그런 사람을 어찌할 수 없다.

　　배를 타면 중간에서 물에 빠진다.
　　그러니 속수무책으로 건너라.

　도움을 기대하지 마라. 속수무책이 되라. 신이 그대를 도와줄 것이다. 하지만 깨어 있으라. 마음은 매우 영악하다. 마음은 신을 자신의 의지처로 삼으라고 말한다. 그러면 그대는 신을 의지처로 삼으리라 결심한다. 그리고 라마 신의 이름을 하나의 만트라로써 복송(復誦)하지만 그대는 헛잡고 있는 것이다.

　그대가 의지처로 삼을 수 있는 신에겐 한푼 어치의 가치도 없다. 그런 신은 그대가 만들어 낸 허상일 뿐이다. 그것은 그대가 자신을 의지처로 삼았다는 말과 같다. 속수무책이 된다는 말은 신을 의지처로 삼는 것에도 상관하지 않고 의지처로 삼지 않는 것에도 상관하지 않는다는 말이다. 모든 것을 온전히 신에게 맡겨라. 신은 자신의 일을 잘 알고 있다. 그대가 신을 의지처로 삼으려고 하지 않을 때, 그때 신은 그대의 진정한 의지처가 된다.

도시에는 뒷길로 가라.
큰길에서는 몽땅 털리기 마련이라.

사회가 그대를 몽땅 털고 있다. 그대를 죽이고 그대의 개성을 죽여야만 사회는 살아 남을 수 있다. 사회는 먼저 그대를 굴복시킨 다음 노예로 만들어 버린다. 정신이 살아 있는 인간은 그 누구도 노예로 만들 수 없다. 사회는 그대를 왕좌에서 끌어내린 다음 그대의 중심을 무너뜨린다. 그런 다음 그대를 중심 아닌 주변에 묶어 놓는다. 그리고 그대를 중심에도 머물지 못하고 주변에도 머물지 못하는 존재로 만들어 버린다. 마지막으로 그대의 생명력이 완전히 소진하면 그대는 자신이 어디에 존재하는 누구인지를 까마득하게 잊어버리게 된다. 이런 식으로 사회는 그대를 노예로 만든다. 그대가 아주 세속적이고 하찮은 일들에 정신이 팔려 있는 상태라면 그대는 주체성을 상실한 것이다. 사회가 주인이고 그대는 노예에 불과하다.

사회는 개개인의 개성과 정신을 말살시킨 가운데 사회를 키워 나간다. 그래서 그대는 몽땅 털린 가운데 의미 없는 일들에 정신을 팔아 버린다. 그대는 이 의미 없는 일을 위해 이 땅에 나온 것이 아니다. 어떤 이는 돈을 모으기에 정신없다. 어떤 이는 사장 자리나 대통령 자리에 정신을 판다. 어떤 이는 아첨이나 아부를 듣기에 정신없다. 이러한 의미 없는 것들을 위해 그대는 이 땅에 나왔는가? 그대 자신의 묘비명을 미사여구로 가득 채우는 것이 참된 성공이라고 보는가? 죽어서 무엇을 가지고 가겠다는 말인가? 돈에는 그 목적이 있고 쓸모가 있다. 하지만 자기 자신을 상실해 가면서까지 구해야 할 대상은 아닌 것이다. 돈은 수단일 뿐, 목적이 될 수 없다. 자아를 망각해 가면서 버는 돈이 그대에게 무슨 쓸모가 있는가? 공수래 공수거(空手來空手去)다. 그대는 세상에 빈손으로 왔다가 빈손으로 돌아가야만 한다는 말이다.

그대는 너무 공격적이다. 그대가 병(病)이다. 그대는 자신의 병을 자식들에게 옮긴다. 자식들은 본래 타고났던 순수성을 잃어버리고 온 인생을 바쳐 똑같은 경쟁에 뛰어든다. 먼저 부모가 떠밀고 커서는 아내가 떠밀고 나중에는 자식들이 떠민다. 이것이 그대의 사바 세계다. 어떤 사람이 됐든지 누군가가 그대 스스로 두 발로 서도록 그대를 쉴 새 없이 떠밀어 댄다. 하지만 여기에서 '두 발로 선다'는 것은 아무 의미가 없다. 이것은 그대가 몽땅 털리기 좋은 큰길이다. 세상 사람 모두 이런 식으로 털린다.

산야스(sannyas)란 참된 부(富)를 찾아 떠나는 여행이요, 그 출발점이다. 산야스는 거슬러 올라가는 여행이다. 그대의 친척과 친구들 모두는 그대를 털기에 바쁘다. 그들의 행복이란 그대를 터는 데 달려 있다. 이는 일방 통행이 아니다. 그대도 그들을 턴다. 그대의 행복마저도 그들을 터는 데 달려 있다. 한마디로 모두가 모두를 털고 있는 것이다. 그대는 인생의 황혼이 질 무렵에 가서야 이 사실을 깨닫는다. 하지만 그때 가서는 여행이 끝나고 그대는 빈 손으로 떠나야만 한다. 그래서 죽을 때 자신에게 주어진 기회를 허비해 버렸음을 알고 그렇게도 비통해 해야만 한다. 그대는 그 기회를 제대로 선용(善用)할 줄을 몰랐다. 이제는 모든 것이 떠나가 버렸다. 모든 것을 잃어버리고 말았다.

사회가 그대에게 주입한 컨디셔닝(conditioning : 오쇼 강론에 많이 나오는 용어로써 사회와 문화가 그 구성원을 교육 등을 통해 특별한 양식과 형태로 조건화시킨 모든 것)은 너무도 강해서 그대는 가족이나 사회가 가르친 것에 맹목적으로 강하게 집착한다. 그래서 자신의 컨디셔닝을 깨닫기란 참으로 어렵다. 예를 들어보자. 그대는 현재 집에 만족해하며 살고 있다. 그런데 느닷없이 이웃이 커다란 저택을 짓기 시작하면 즉각적으로 컨디셔닝이란 병에 걸리고 만다. 그러면 그대는 더 큰 집을 짓고 싶어서 안달할 것이다. 이것은 체면이 걸린 문제요, 위신이 걸린 문제다. 이 세상에서 참으로 위신을 가진 자는 누군가? 흙에서 왔다가 흙으로 돌아갈 뿐이다. 큰 집을 가진 자도, 작은 집을 가진 자도 모두 흙으로 돌아갈 뿐이다. 거기에는 어떠한 차별도 없다. 죽음 앞에서는 큰 것도 작은 것도, 아무것도 없다.

죽음은 빈자와 부자를 절대로 차별하지 않는다. 높은 사람도 낮은 사람도 차별하지 않는다. 파키르도 황제도 차별하지 않는다. 죽음은 오직 딱 한 가지 차이, 즉 어리석은 자와 지혜로운 자 사이의 차이만을 구별할 뿐이다. 어리석은 자들을 구분해 내려고 굳이 애쓸 필요 없다. 집단을 보라! 그들이 모두 어리석은 자들이다. 까비르와 같은 사람이 죽음의 문 앞에 당도하면 죽음은 중요한 귀빈이 왔다는 것을 안다. 감로수로 넘쳐흐르는 사람이 왔다는 것을 안다. 죽음도 그를 어찌하지 못한다. 죽음도 그를 흙으로 되돌려 보낼 수 없다. 그 앞에서 죽음은 자신의 얼굴을 가리고 달아난다. 하지만 실제로 벌어지는 일을 보면 그대가 죽음 앞에서 자신의 얼굴을 가리고 달아난다. 무슨 수를 써서라도 피하려고 한다. 가라! 그대가 가고 싶은 곳은 어디든 가라! 하지만 거기에서도 죽음은 그대를 기다리고 있을 것이다.

그대 마음이 어떻게 움직이고 있는지 살펴보라. 주위에 있는 사람이 새 차를 사면 그대 마음은 불안해진다. 지금 그대가 가지고 있는 차도 아주 쓸 만하다. 그리고 새 모델이 결코 나으라는 법도 없다. 새 모델이 더 나쁜 경우가 더 많다. 하여튼 그대의 사정이 어렵게 된다. 이제 밤이고 낮이고 그대는 불편하다. 밤에는 새 차를 사는 꿈을 꿀 것이다. 그리고 어떻게든 새 차를 살 궁리를 한다. 그대는 사치품에 눈이 멀어 있다.

자신이 필요하지도 않은 사치품을 사기 위해 그대는 다른 요긴한 물건에 대해서는 절약을 한다. 집안을 잘 살펴보라! 긴요하지 않은 물건들이 얼마나 많은지!

경매하는 데에 가 본 적이 있는가? 사람들이 가격을 부르는 것을 들으면 자신도 그렇게 한 번 불러 보고 싶어질 것이다. 한 사람이 "백일 루삐"라고 말하면 다른 사람이 "백이 루삐"라고 높여 부른다. 그러면 즉각적으로 다른 사람이 "백삼 루삐"라고 제시한다. 자신의 마음을 통제하기가 점점 더 어려워진다. 그래서 그대는 "백사 루삐"라고 가격을 올려 부른다.

한 번은 물라 나스루딘이 경매에서 물건을 사고 있었다. 그는 너무나 흥분한 나머지 계속 가격을 올려 불렀다. 한 앵무새가 경매에 부쳐졌는데 물라는 결국 백일 루삐에 그 앵무새를 사게 되었다. 평소 가게에 가면 십 루삐면 충분히 살 수 있는 앵무새였다. 경매에 부쳐진 앵무새를 산 후 물라는 경매인에게 그 앵무새가 말을 할 줄 아느냐고 물었다. 그가 대답했다.

"'앵무새가 말을 할 줄 아냐' 니 무슨 말을 하는 거요. 누가 당신하고 경매에 붙었다고 생각하시는 거요?"

우리가 다른 사람의 말을 의식하지 않으면 그의 말이 귀에 들어오지 않는다. 자신의 북을 계속 치고 있을 뿐이다. 에고는 그대에게 있어서 술이다. 그대가 털리는 것은 에고라는 술 때문이다. 그대가 에고를 지니고 있는 만큼 털린다. 에고가 없으면 털릴 이유가 없다. 사회는 그대에게 에고를 주입하고 그것을 강하게 키운다. 이것이 바로 사회가 그대를 이용해 먹고 털어먹는 비밀이다. 그대는 에고가 있는 만큼 많이 이용낭한다.

도시에는 뒷길로 가라.

큰길에서는 몽땅 털리기 마련이다.

여기서 '뒷길'이란 무엇을 말하는가? '도시에는 뒷길로 가라'는 말은 깨인 의식으로 걸으라는 말이다. 사람들은 깨어서 걷지 않기 때문에 자신이 지금 어디로 가고 있는지 모른다. 그저 무리 지어 따라갈 뿐이다. 한발 한발 깨인 의식으로 걸으라. 지금 자신이 어디로 가고 있는지 자각하라. 무엇을 왜 하고 있는지 자각하라. 왜 이것을 사고 저것을 사지 않는지 자각하라. 왜 집을 짓고 있는지를 자각하라.

생활에 꼭 필요한 것들은 그리 많지 않다. 하지만 욕망에는 끝이 없다. 자신이 추구하는 것을 얻었으면 행복해야 마땅하다. 하지만 사실은 그렇지 않다. 사실 생활에 필요한 것은 그리 많지 않다. 따라서 필요한 것들을 별로 어렵지 않게 구할 수 있다. 하루 세끼 밥에 잠잘 지붕이 있으면 족하지 않은가? 하지만 인간의 욕망에는 끝이 없다. 잠잘 지붕만으로는 어림도 없다. 잠잘 지붕이 마련됐으면 이제는 더 큰 집이 필요하고 나아가서는 궁전이 필요하다. 설령 궁전을 소유하게 됐다 치더라도 이제 마음은 더 큰 궁전을 원한다. 집안의 물건들을 잘 살펴보라. 그리고 잘 생각해 보라. 한 90퍼센트는 별 필요가 없는 것들이다. 잘 살펴보면 그냥 없어도 살아가는 데 지장이 없는 물건들임을 알게 될 것이다. 그런데 참으로 이상한 것은 꼭 필요한 것은 사지 않는다. 없어도 되는 것들 때문이다.

내가 명상을 해보라고 사람들에게 권하면 사람들은 "할 시간이 없어요"라고 대답한다. 그러면서도 카드놀이 할 시간은 많다. 누가 "왜 카드놀이를 하시죠?"라고 물으면 그들은 "시간을 때우기 위해서요"라고 대답한다. 인간을 이해한다는 것은 과히 쉽지 않다. 나에게는 명상할 시간이 없다고 하는 이들이 극장에 영화를 보러 간다. 왜 영화를 보러 가냐고 물어 보면 "소일하기 위해"라고 대답한다. 사람들이 휴일을 이용하는 것을 보라. 그들은 무엇으로 이번 휴일을 때울까 고민한다. 여가 시간은 많지만 그것을 어떻게 이용해야 될지 모르는 것이다. 이런 사람들은 주저하지 않고 "명상할 시간이라고요? 없어요"라고 말한다.

왜 그런가? 인간은 항상 무리 지어 다니기를 좋아하기 때문이다. 카드놀이를 하고, 극장에 가고, 나이트 클럽에 가고 하는 모든 것은 언제나 다른 사람들과 함께 있고 싶어하기 때문이다. 이것들 모두는 큰길이다. 명상에 대한 의문이 생기기 시작하면 뒷길로 걷는 여행이 시작된다. 거기서부터 홀로 걸어야만 한다. 완전히 각성된 의식으로 걸어야만 한다. 그러면 마음은 "도대체 나한테 명상할 시간이 있기나 한 건가?"라고 저항하기 시작할 것이다. "이걸 해서 이로운 게 뭐지? 무엇을 얻을 수 있지?"라고 따지고 들 것이다.

명상을 한다고 해서 은행 통장이 늘어나는 것은 아니다. 명상과 돈은 아무런 상관이 없다. 그대의 은행 통장을 늘려 주지도 줄여 주지도 못한다. 명상에 어떤 이점이 있다고 생각하는가? 이 세상에는 그저 몇몇의 미친 사람만이 명상을 할 뿐이다. 명상을 하는 소수에게마저도 성공한다는 보장은 없다. 그들이 무엇인가를 성취하게 될지 아닐지 아무도 알 수 없다. "그들은 정신적으로 문제가 있는 사람들이다"라고 말하기도 한다. "그들의 말에 귀를 기울이지 마라. 그들은 수많은 사람들을 타락시켰다. 그들에게 관심을 보이지 마라. 사람들을 보라. 수없이 많은 사람들이 명상을 안해도 잘만 살고, 그중에는 지혜로운 사람도 많다." 마음에게는 군중이 지혜롭게 보인다. 집단이 올바르게 보인다. 그래서 붓다를 만난다는 것은 참으로 어려운 일이다. 붓다는 자신의 궁전을 떠나시 홀로 존재한다.

고타마 붓다(Gautama Buddha)가 자신의 왕궁을 떠날 때였다. 마차가 왕궁의 근교에 도착했을 때 마차를 몰고 온 마부가 울기 시작했다. 그가 붓다에게 물었다.

"왜 왕궁을 떠나고자 하십니까? 정신이 나간 건 아니신지요? 저는 마부의 신분에 지나지 않지만 무엇인가 조언을 드려야 될 것 같습니다. 제 말을 들어보시고 다시 한 번 생각해 보십시오. 저는 늙고 보잘것없지만 인생을 살 만큼 살았습니다. 수많은 사람들이 지금 왕자님이 누리고 계신 것을 얻기 위해 발버둥이 치고 있습니다. 이 모든 것을 버리고 어디로 가시겠다는 겁니까? 그렇게 아름다운 아내를 어디서 다시 찾을 수 있다는 말입니까? 그렇게도 훌륭한 궁전을 어디에서 다시 얻으실 수 있단 말입니까? 왜 거지가 되고자 하십니까? 왕자님은 지금 제정신이 아닌 게 분명합니다."

붓다가 대답했다.

"이 불쌍한 자야! 이 어리석은 자야! 네가 궁전이라고 부르는 곳에서는 활활 타오르는 불밖에 보이지 않는다. 모든 게 불타고 있다. 나는 더 훌륭한 왕궁을 찾아 떠나는 게 아니라 나 자신을 찾아서 떠나는 것이다. 내가 진정으로 누구인지를 찾기 위해 떠나는 것이다."

하지만 마부는 붓다의 말을 이해할 수 없었다. 마부는 붓다가 몸에 걸친 장식물들을 떼어 내고 자신의 머리카락을 자르는 걸 보자 소리 내어 울기 시작했다. 붓다가 머리카락을 잘라서, 마부에게 선물로 주려고 하자 마부가 말했다.

"이러지 마십시오. 우리 왕궁에는 이렇게 아름다운 머리를 가진 사람이 아무도 없습니다. 제발 자르지 마십시오."

붓다가 말했다.

"나에게는 아무 소용이 없다. 모든 게 불타고 있다. 내가 내일 죽으면 이 머리카락도 불탈 것이다. 내가 죽으면 내 육신은 장작더미에 올려지고 이 머리카락도 마른 잎처럼 불탈 것이다."

붓다와 같은 사람은 길을 반대 방향으로 걷는다. 그들은 뒷길을 택하고 알려지지 않은 미지의 길을 택한다. 사람들이 밟아서 다져지지 않은 길을 택한다. 그들은 자아를 찾아 떠나는 것이다. 사람들 또한 여행을 떠나지만 다른 것을 찾아 떠난다. 어떤 이는 아름다운 여자를 찾아 떠난다. 어떤 이는 궁전을 찾아 떠난다. 또 어떤 이는 돈이나 명예를 찾아 떠난다. 하지만 그대가 구하는 모든 것은 하잘것없는 것들이다. 자아를 찾지 않는 한 그대는 이용당한다. 그 어느 누구도 그대 것을 빼앗거나 털수 없다. 그대를 큰길로 잘못 인도하는 것은 그대 자신이요, 그대의 잘못된 구도 방향이다.

도시에는 뒷길로 가라.
큰길에서는 몽땅 털리기 마련이라.
묶인 자도 자유로운 자도
포승줄로 묶인 것은 마찬가지.

까비르는 더없이 위대한 것에 대해 말하고 있다. 자신이 묶여 있다고 생각하는 이든, 자유롭다고 생각하는 이든, 모든 사람이 다 하나의 같은 줄로 묶여 있다고 말한다. 모두가 같은 줄로 묶여 있다. 노예는 당연히 노예로 묶여 있을 뿐만 아니라 왕조차도 같은 줄로 묶여 있다.

묶인 자도 자유로운 자도
포승줄로 묶인 것은 마찬가지.

어떤 사람을 묶는 줄은 가난일 수도 있고 다른 사람을 묶는 줄은 부(富)일 수도 있다. 또 어떤 사람은 그 줄에 황금을 박아 넣을 수도 있을 것이다. 하지만 줄은 줄일 뿐이다. 모두가 속박 속에 있다. 자신이 인생에서 패배했다고 생각하는 사람이든, 성공했다고 생각하는 사람이든, 모두가 속박 속에 있다. 집착이 있는 한 그 집착은 속박이 된다. 그래서 알렉산더가 되었든, 나폴레옹이 되었든 다 똑같이 거지처럼 묶여 있다. 자신이 아닌 다른 무엇을 찾아 다니는 한, 속박에서 벗어날 수 없다.

길가에 앉아 구걸을 해서 많은 돈을 번 파키르가 있었다. 그는 결코 "한푼 줍쇼"라고 하지 않았다. 그래도 길을 가는 행인들은 그에게 한푼을 던져 주었다. 사람들은 그를 무척이나 사랑했다. 점점 시간이 지나자 그의 오두막은 돈으로 넘쳐흘렀다. 죽을 때가 되자 그 파키르는 "내가 가진 돈 모두를 가장 가난한 사람에게 주고 싶소"라고 말했다. 그러자 거지들이 그의 집 주위에 모여서 자기가 더 가난하다고 주장했다. 파키르가 말했다.

"잠시만 기다리시오. 가장 가난한 사람은 아직 오지 않았소."

바로 그때 왕이 많은 신하를 데리고 그의 집 앞을 지나가고 있었다. 파키르가 큰소리로 왕을 불렀다.

"잠깐만! 여기 오셔서 이 돈을 모두 가져 가십시오."

그러자 가난한 사람들은 거세게 항의하기 시작했다.

"이것은 사리에 맞지 않습니다. 공정하지 못하다고요! 이렇게 하실 줄은 전혀 몰랐습니다. 왕에게 이 돈을 다 주신다고요?"

파키르가 대답했다.

"이 나라에 왕만큼 가난한 자는 없소. 당신들은 지금 가지고 있는 작은 것에 나름대로 만족하지만 왕은 엄청나게 많이 가지고 있어도 만족할 줄 모른다오. 더 많이 소유하고자 하는 그의 욕망은 끝이 없소. 따라서 왕이 제일 가난한 게 틀림없소. 그의 욕망에는 끝이 없기 때문에 이 돈이면 될는지도 모른다오. 이 돈이면 그의 욕망을 조금이나마 충족시켜 줄지도 모른다오."

가난한 사람도 가난할 뿐만 아니라 부유한 사람도 가난하다. 패배한 사람도 패배했을 뿐만 아니라 성공하거나 승리한 사람도 패배했다. 이 세상에서 승리할 수 있는 방법은 없다. 이 세상에는 오직 패배밖에 없다. 모든 사람들이 패배했고 패배한 채로 살아간다. 오직 자아를 찾는 사람만이 승리할 뿐이다.

까비르의 이 말에는 아주 심오한 뜻이 담겨 있다. 자, 한 번 깊이 들여다보자. 자신이 세속적인 사람이라고 생각하는 사람도 마야(maya)에 끄달리며 환영에 끄달린다. 그럴 뿐만 아니라 자신이 세속적인 것으로부터 자유롭다고 생각하는 세칭 사두나 산야신들도 끄달리기는 마찬가지다.

깨달은 사람들은 자신이 해탈을 얻었을 때 "나는 해탈했다"라고 말하지 않는다. 우리는 해탈하자마자 자신을 묶고 있던 포승줄이 가짜였음을 깨닫는다. 그것은 진짜 줄이 아니었다. 꿈으로 만들어진 올가미였다. 속박은 진짜가 아니다. 그래서 그 속박으로부터 자유로워지겠다는 생각은 틀린 것이다. 자기를 묶고 있는 줄이 가짜인데 무엇으로부터 자유로워지겠다는 것인가? 자신이 속박되어 있다고 믿는 사람의 정신은 온전한 것이 아니다. 그 속박으로부터 자유로워졌다고 주장하는 사람의 정신도 온전한 것이 아니다. 줄은 가짜다!

그대는 밤에 묶여 있는 꿈을 꾸었다가 아침에 일어나서 "난 이제 자유로워졌다"라고 말하는가? 아니다. 그대는 그저, "그것은 꿈이었어. 내가 묶여 있었다는 것은 사실이 아니었지"라고 말한다. 자신이 묶여 있지 않다면 자유로워진다는 생각은 떠오를 수 없다. 깨달은 사람은 우리를 묶고 있다고 생각되는 포승줄이 가짜이기 때문에 속박도 해탈도 모두 가짜라고 말한다.

묶인 자도 자유로운 자도
포승줄로 묶인 것은 마찬가지.

까비르의 이 말은 참으로 깊은 의미를 지니고 있다. "나는 자유로워졌다"라고 말하는 것은 아직도 마야에서 살고 있다는 것을 보여주는 것이다. 아직도 환영에 사로잡혀 있다는 것을 말해 준다. 아직도 제대로 알고 있지 못하며 완전히 깨어나지 못했다는 것을 말해 준다.

임제 선사(臨濟禪師)는 이 사바 세계가 가짜라고 말했다. 모크샤니 해탈도 가짜요, 환영이라는 것은 의심할 바 없다고 말했다. 임제 선사의 이 말을 들은 사람들은 깜짝 놀랐다. 그들이 임제 선사에게 물었다.

"무슨 말씀입니까? 사바 세계가 환영이라는 것은 당연하지만 해탈 또한 환영이라니요?"

임제가 대답했다.

"사바 세계도 그대 마음이 지어낸 것일 뿐만 아니라 해탈 또한 그대 마음이 지어낸 것이다. 만약 마음이 없다면 해탈에 대해 생각하는 이는 누구인가?"

줄이 끊어져 버렸다면 과연 해탈에 대해 생각할 수 있는 이가 존재하겠는가? 사람들이 종종 붓다에게 이렇게 묻곤 했다.

"몸이 없어지면 붓다께서는 어디에 존재하십니까? 육신을 떠나면 해탈은 또 다른 단계에 접어드는 것인지요? 그때 해탈은 어떤 형체를 취합니까?"

그럴 때마다 붓다는 대답해 주지 않고 침묵을 지켰다. 육신을 떠난 후에 대해 이야기를 해주어도 보통 사람은 이해하지 못하기 때문에 대답을 해주는 것은 해로울 수도 있다고 생각했을 것이다.

잠자면서 꿈을 꾸다가 깨어나면 꿈은 어디에 존재하게 되는가? 그때 꿈은 어떤 형체를 지니는가? 깨어나면 꿈은 전혀 존재하지 않는다. 꿈은 오직 잠잘 때만 존재하는 것이다. 그대가 활짝 깨어나면 꿈은 부서져 버린다. 참으로 해방된 사람은 자신이 해방되었다고 말하지 않는다. 그대가 참으로 해탈한 사람에게 해탈에 대해 물으면 그는 그저 미소만 지을 것이다. 그는 모든 것이 환영이라고 말할 것이다. 사바 세계뿐만 아니라 열반도 거짓이라고 말할 것이다. 나가르주나(Nagarjuna, 龍樹 : A.D. 3세기경 인도 남부에서 태어남. 〈중론(中論)〉〈대지도론(大智度論)〉〈십주비바사론(十住毘婆沙論)〉 등을 지어 대승불교의 사상 체계를 세움)의 유명한 말이 있다.

"사람은 사바 세계로부터 자신을 구해야 할 뿐만 아니라 열반으로부터도 자신을 구해야 한다."

열반으로부터도 자신을 구하지 않으면 속세의 번뇌를 여읜 후에 다시 열반의 번뇌에 갇히게 된다. 줄은 똑같다. 속세의 줄이나 열반의 줄이나, 둘 사이에는 어떠한 차이도 없다. 처음에 그대는 사바 세계 때문에 에고로 가득 찼지만 이번에는 해탈 때문에 에고로 가득 찬다. 이제 그대는 "내가 해탈을 얻었다"라고 말한다. 거기에 아직도 '나'가 있다. 에고가 남아 있다. 그대는 아직도 완전히 깨어난 것이 아니다. 아직도 잠들어 있는 것이다. '나'가 해탈을 얻었다고 주장하는 것은 아직도 에고가 남아 있다는 말이다. '나'가 아직도 남아 있으면 그대는 아직도 잠들어 있다는 사실을 깊이 명심하라.

꿈속에서 자신이 깨어 있다고 생각해 본 적이 없는가? 그대도 그런 꿈을 많이 꾸었을 것이다. 그리고 많은 사람들이 그런 꿈을 꾼다. 꿈속에서 자신이 깨어 있다고 생각하는 것 역시 꿈일 뿐이다. 그대는 다음날 아침에 일어나면 꿈속에서 자신이 깨어 있었다고 생각했다는 사실을 알게 된다. 그것은 잠을 깨지 않으려는 무의식의 보호 본능이다.

그대가 배고픈 상태에서 잠이 들었다고 하자. 침대에서 일어나 냉장고 쪽으로 가는 꿈을 꾼다. 그대는 꿈속에서 자신이 침대에서 일어나 냉장고 쪽으로 가는 것을 보면서 깨어 있다고 생각한다. 냉장고에서 음식을 꺼내 먹으면서 모든 것이 의심할 바 없는 진짜라고 생각한다. 꿈속에서 다시 꿈을 꾸는 것도 가능하다. 그러면 이제 일은 굉장히 어려워진다. 꿈속에서 깨어 있는 것하고 진짜로 깨어 있는 것하고, 어떻게 구분할 것인가? 둘 다 보기에 엇비슷하다. 어떻게 제대로 식별할 것인가? 거기에는 딱 한 가지 방법이 있다. 그 방법은 실제로 깨어 있을 때 자신이 깨어 있다고 주장하지 않는 것이다.

꿈속에서의 '깨어 있음'이 진짜가 아니니까 진짜라고 주장하고 싶어지는 것이다. 자신이 깨어났다는 것에 대해 다른 사람을 설득하고 싶어 하는 것이 아니다. 자신을 설득해서 확신을 강화하려는 것이다. 즉 자신이 깨어났다는 사실을 스스로 거짓 확신하고 싶어하는 것이다. 그것을 다른 사람들이 믿기 시작하면 그대의 확신도 더 강해진다. 그대는 너무나 깊게 그리고 곤하게 자고 있다. 그대도 속박되어 있을 뿐만 아니라 소위 해탈한 사람들도 속박되어 있다. 소위 해탈했다는 사람들은 산중 깊이 들어가 오랫동안 수도를 했을는지는 모르지만 그들은 사바 세계와 세속을 초월했다는 에고를 키운다. 존재하지도 않는 것을 초월할 수 있다고 생각하는가? 그저 잠에서 깨어나면 되는 것이다. 바짝 깨어 있으면 되는 것이다.

한 번은 이런 일이 있었다. 한 선사가 막 잠에서 깨어났을 때 제자 한 명이 방으로 들어왔다. 선사가 제자에게 말했다.

"내 말을 들어 보라. 간밤에 꿈을 꾸었다. 해몽을 좀 해줄 수 있겠는가?"

제자가 말했다.

"잠시만 기다리십시오. 차를 끓여 오겠습니다."

제자가 차를 끓여다가 스승에게 바쳤다. 선사가 물었다.

"자, 이제 해몽을 좀 해줄 수 있겠는가?"

제자가 대답했다.

"차나 드십시오. 그게 제 해몽입니다."

그런 다음 다른 제자가 들어왔다. 선사가 그에게 말했다.

"들어보게, 간밤에 꿈을 꾸었는데 말이야. 해몽을 좀 해줄 수 있겠나?"

제자가 말했다.
"잠시만요."
그러더니 밖으로 나가 물주전자를 들고 왔다. 그가 말했다.
"입이나 씻으십시오. 그게 제 해몽입니다."
선사가 큰소리로 웃더니만 말했다.
"너희들이 꿈에 대해 해몽하려고 들었다면 나는 당장에 내쫓았을 것이다. 꿈을 해몽할 필요가 있는가? 꿈을 꾸고 잠을 자다가 뒤척이고 차 한 잔을 든다. 그것으로 그만이다. 이러한 사소한 일들에 대해 이러쿵저러쿵할 필요 없다. 전혀 왈가왈부할 필요 없다. 내가 꾼 꿈은 이미 지나가 버렸지 않은가? 이미 지나간 것은 지나간 대로 놔두면 되는 것이다."

제자 둘 다 맞는 대답을 한 것이다.

이것을 두고 선문선답(禪問禪答)이라고 한다. 선승들이 주고받는 문답(問答)은 힌두 구루가 "베다의 이 구절 뜻은 무엇이라고 생각하는가?"와 같은 것하고는 차원이 다르다. 이런 것은 학자들이 논하는 것이다. 선객(禪客)들은 경전의 죽은 용어들을 빌리지 않는다. 방금 전에 한 이야기와 같이 전혀 생소한, 펄펄 살아 있는 문답을 한다.

현대에 들어와서 꿈을 분석하고 설명하는 데 많은 연구가 진행되고 있다. 프로이트, 그의 제자 융(Carl Gustav Jung)과 아들러(Alfred Adler) 등 많은 심리학자들이 꿈을 정확히 분석하는 데 많은 연구를 했다. 마음은 모든 사물에 대해 궁금해한다. 그리고 수없이 재잘거린다. 하지만 선승 둘이 만나면 대단히 각성된 모습을 보여 준다. 깨어 있기 때문이다. 선승들은 보통 이렇게 말한다.

"무엇 하러 그렇게 재잘거리시오? 그렇게 재잘거려서 무슨 쓸모가 있다고 생각하시오? 우리가 존재하지도 않는 것에 대해 왜 해석을 해야만 한단 말이오? 그것은 물 위에 그림을 그리는 짓이오. 아무 쓸데없단 말이오."

묶인 자도 자유로운 자도
포승줄로 묶인 것은 마찬가지.

그런 다음 까비르는 이어 말한다.

밖에 있는 자는 젖을 이유가 없나니
그대 신전으로 들어가 온몸을 적시라.

우리들의 의표를 완전히 찌르면서 진리를 표현하는 기술에 있어서 까비르를 따라갈 만한 사람은 없다. 까비르는 일상 생활에서 쓰는 말에 완전히 반대가 되는 말들을 선택한다. 만약 밖에 비가 온다면 밖에 있는 사람은 너무나도 당연히 젖게 되어 있고 집 안에 있는 사람은 젖지 않을 것이다. 하지만 지금 여기에서 까비르는 집 안으로 들어간 사람이 젖게 되고 밖에 있는 사람은 젖지 않는다고 말하고 있다. 까비르가 말하고 있는 집이나 비는 또 다른 차원의 집과 비이다. 까비르는 세속적인 집과 우리가 알고 있는 비를 말하고 있는 것이 아니다. 그는 지금 감로수가 끊임없이 쏟아지는 내면의 신전에 대해 이야기하고 있다. 그래서 내면으로 들어가는 사람은 흠뻑 젖게 되고 밖에 있는 사람은 젖을 이유가 없다는 것이다.

젖지 않는다는 것은 빼앗긴다는 말이다. 신전은 너무나 가까이 있다. 따라서 신전에 도달하기 위해 단 한 발자국도 뗄 필요가 없다. 신전은 너무나도 가까이 있다. 고개만 꺾으면 된다. 왜 그대는 목마른데도 불구하고 강둑에 앉아 있기만 하는가? 까비르는 말한다.

"물 속의 물고기가 목마르다는 말을 들었을 때 나는 웃었다."

물고기가 물 속에서 헤엄을 치면서 목말라한다. 까비르는 물고기인 그대에게 말하고 있다. 하지만 물 속에서 헤엄을 치는 물고기는 그대만큼 멍청하지 않다. 감로수가 온 사방에서 쏟아지고 있는 곳에서, 빛이 사방에서 퍼붓고 있는 곳에서, 존재계가 온 사방에서 축제를 벌이고 있는 곳에서, 그대는 앉아 무엇을 빼앗겼다고 소리 내어 울고 있다. 그대가 빼앗긴 것은 그대 잘못이다. 그대는 아직도 신전에 들어가 보지 못했다. 그래서 젖지 않고 매말라 있다.

잘리지 않은 목은 고통을 당하나니
영원한 기쁨을 위해 그대 목을 자르라.

마음의 주인이 된 사람은 영원한 복락을 누린다고 까비르는 말하고 있다. 불행에 반대되는 세속적인 복락을 누린다는 말이 아니다. 자기 마음의 주인이 된 사람은 '아난드(anand)', 즉 법열을 성취한다는 말이다. 결코 사바 세계로 떨어지는 일이 없는 무아경을 누린다는 말이다. 자기 마음의 주인이 되지 못한 사람은 항상 불행하다. 그대는 지금 마음이 하라는 대로 따르고 있다. 그대의 불행에 대한 책임이 누구에게 있는가? 그대는 자신의 불행에 대해 누구에게 하소연할 것인가? 다른 누가 그대를 속이고 있다고 생각하는가? 그대가 젖지 않고 매말라 있다면 그것은 그대 책임일 뿐이다.

마음의 말을 들으면서 행복을 얻으려고 하는가? 만약 그렇다면 그대는 불가능한 것을 시도하고 있는 것이다. 그런 일은 결코 없었고 앞으로도 없을 것이다. 마음은 그대에게 희망을 심어 주면서 그대를 고통과 불행의 나락으로 떨어뜨린다. 이는 너무나도 명약관화한 사실이다. 어떤 어리석은 자가 더 심한 불행을 위해 불행 속으로 뛰어드는가? 마음은 그대에게 천국의 희망을 주면서 지옥으로 이끈다. 그대는 이를 수없이 겪어 왔다! 더 경험하고 싶은가? 그럼에도 불구하고 지금도 그대는 계속해서 마음에 귀를 기울이고 있다.

한 번은 물라 나스루딘이 친구 네 명하고 경마장에 갔다. 친구 네 명 모두는 물라가 아주 머리 좋은 친구라고 생각했기 때문에 어떤 말에 돈을 걸어야 할지를 물라에게 물었다. 물라는 말들의 기록을 아주 면밀히 검토한 후에 '마하라자(Maharaja)'라는 말에 걸자고 결정을 했다. 물라가 친구들로부터 돈을 받아서 마권(馬券)을 사러 갔다. 물라가 마권을 사 가지고 돌아왔다. 그는 친구들에게, 창구에서 경마에 아주 경험이 많은 친구 도박사를 만났는데 그가 '마하라자' 말고 '마하람(Maharam)'이라는 말에 돈을 걸 것을 권해서 '마하람'에 모든 돈을 걸었다고 말했다. 한데 그 말은 경마에서 꼴찌를 하고 말았다.

친구들이 물라에게 걱정하지 말라고 안심을 시켰다. 두 번째 경마에서 그들은 적당한 말을 고르고 물라가 마권을 사러 갔다. 물라는 마권을 사 가지고 돌아와서, 그 경험 많은 친구가 권해서 또 다른 말에 돈을 걸었다고 말했다.

"그는 정말 노련한 도박사야!"

그러자 친구들이 말했다.

"이 멍청한 친구 좀 보게. 그 사람 말을 믿고 아까 돈을 날렸는데 그 사람 말을 또 믿으라고! 우리 인내를 시험하는 거야 뭐야! 참는 데도 한계가 있다고!"

"그런데 그 사람이 너무 자신 있게 말하니까 그 사람 말을 듣지 않을 수 없더구먼."

물라가 대답했다.

"누구나 한 번은 실수할 수 있지 않은가? 매번 틀리라는 법은 없지. 게다가 그는 경험이 아주 풍부한 사람이라고. 다른 이유는 없어. 일부러 우릴 속이려고 한 것도 아니고."

그들은 두 번째에서도 돈을 날리고 말았다. 이제 겨우 몇 푼밖에 남지 않았다. 그래서 그들은 견과류를 사 오라고 물라를 가게에 보냈다. 그런

데 물라는 견과류 대신에 볶은 콩을 사왔다. 물라가 말했다.

"거기 가게에서 그 사람을 또 만났는데 견과류는 안 먹는 게 좋다더구먼. 그래서 볶은 콩을 사 왔네."

그대에게도 언제나 필요하면 달려가는 사람이 있으니, 그의 이름은 '마음'이다. 그대가 어디를 가든지 만나게 되는 것은 마음이다. 마음은 즉각 "이걸 하라. 저걸 하라"고 말한다. 그대가 명상을 시작해도 마음은 "이렇게 하라. 저렇게 하라"고 매번 참견한다. 마음이 하는 말에 결코 귀를 기울이지 마라.

하지만 그대는 수없는 생을 반복하면서 마음이 풍부한 경험을 쌓았으니 마음의 말에 귀를 기울이는 것이 좋다고 생각한다. 언제쯤이면 제정신을 차릴 것인가? 언제쯤이면 깨어날 것인가? 그대는 마음의 말을 쫓으면서 엄청나게 많은 생을 거듭해 왔다. 마음이 고요해질 때 마음의 주인 말에 귀를 기울일 수 있다. 하지만 그대는 계산이 빠르고 영리해서 마음이 하는 말을 듣고 마음의 주인을 찾는다. 그렇게 해서는 마음의 주인을 찾을 수 없다.

마음의 주요 임무는 그대를 헤매게 하고 잘못된 길로 가게 만드는 것이다. 마음은 그렇게 해야만 자신의 생계를 유지할 수 있다. 그대가 참으로 올바른 길을 택하면 마음은 죽는다. 올바른 선택, 그것은 마음의 죽음을 의미한다. 마음이 병이다. 이 병든 마음을 가지고 판단을 하게 되면 자신에게 좋은 약을 선택할 수 없다. 따라서 마음에 깨어 있으라. 마음을 따를 만큼 따랐다. 마음에게 충분한 기회를 주었다. 더 이상은 마음에게 기회를 줄 필요가 없다.

잘리지 않은 목은 고통을 당하나니
영원한 기쁨을 위해 그대 목을 자르라.

마음의 주인이 된 사람은 영원한 기쁨을 누린다. 마음의 하인으로 남아 있는 사람은 영원히 고통을 당한다. 마음이 지옥이다. 그대로 하여금 세속에 끄달리게 하기 위해서 마음은 어떤 방법을 쓰는가? 마음은 낚시꾼이 사용하는 방법을 사용한다. 낚시꾼은 물고기를 유인하기 위해 낚시바늘에 미끼를 건다. 마음도 같은 방법을 사용한다. 마음은 먼저 무엇인가를 얻기만 하면 행복해질 것이라고 설득하고 꼬인다. 하지만 그대가 노력해서 무엇인가를 얻었을 때는 거기에 아무 행복도 없다는 것을 깨닫는다. 그대는 무엇인가를 얻었어도 불행해진다. 완전히 정반대가 되는 것이다.

어느 날 저녁 물라 나스루딘이 아내와 함께 공원 벤치에 앉아 있었다. 근처에 한 젊은이가 나무 아래 앉아 한 아가씨와 얘기를 하고 있었다. 둘은 행복해 보였다. 하는 이야기도 재미있었다. 물라의 아내가 이를 엿들으면서 재미있어 했다. 젊은이가 막 프로포즈를 하는 것 같았다. 아내가 물라에게 기침을 해서 자신들이 엿듣고 있음을 넌지시 알리라고 말했다.

물라가 물었다.

"내가 왜 기침을 해야만 하오? 내가 당신에게 프로포즈를 할 때 아무도 내게 기침을 해서 주의를 주지 않았소. 아무도 나한테 주의를 주지 않았는데 내가 왜 그에게 주의를 주어야만 하오? 놔두시오. 그 젊은이도 자신의 결정으로 고생을 할 만큼 할 것이오."

마음은 그대에게 거대한 희망을 심어 준다. 그리고 그대 앞에 행복이라는 꿈을 내놓는다. 거짓 희망을 주고 거짓 공약을 하는 데 있어서 마음보다 더 교활한 정치꾼은 없을 것이다. 공약을 제대로 실천하는 정치가를 보았는가? 평생 동안 마음이 약속을 해놓고 그 약속을 실천한 경우를 본 적이 있는가?

그대의 어리석음에는 한계가 없다! 언제까지 마음에 믿음을 둘 것인가? 이제는 이 믿음을 거두라. 마음은 계속해서 그대에게 희망을 주고 새로운 약속들을 할 것이다. 이것이 마음의 습관이다. 마치 대로(大路)를 걷는 코끼리가 자신에게 짖는 개를 안중에도 두지 않는 것처럼 계속해서 짖어 대는 그대 마음을 안중에 두지 마라. 마음에게 이렇게 말하라.

"짖는 게 좋으면 계속 짖으라. 원한다면 계속해서 짖는 연습을 하라. 하지만 나는 거기에 대해 전혀 동요하지 않을 것이다. 나는 내 길을 갈 것이다."

확고한 결심으로 이렇게 마음에게 말하면 마음은 점차 조용해질 것이다.

아무도 열어 주지 않는 집 문을 계속해서 두드릴 필요는 없다. 마음을 죽이고자 한다면 마음에 어떠한 동조도 하지 마라. 그대의 동조가 마음의 생명줄이다. 마음은 그대의 동조와 협력을 먹고산다. 마음 자체에는 아무런 힘이 없다. 마음을 죽이는 데는 아무것도 필요 없다. 마음에 동조하지 않기만 하면 된다. 관성의 법칙으로 인하여 마음은 조금 더 움직이겠지만 얼마 못 간다. 마음에는 걸어다닐 다리도, 뛸 심장도, 온몸을 순환하는 피도, 일할 수 있는 손도 없다. 마음에는 아무것도 없다. 마음이 계속 움직이도록 도와주는 것은 다름 아닌 그대뿐이다. 그대가 동조를 그만두는 순간, 마음은 사라지고 그대는 신전에 들어선다. 마음이 끝나는 곳에서 신전은 시작된다. 그 신전에서는 감로수가 쏟아진다.

밖에 있는 자는 젖을 이유가 없나니
그대 신전으로 들어가 온몸을 적시라.

이어서 까비르는 다음과 같이 노래한다.

눈먼 세상 사람들
모두가 들여다보지 못하고 멍하니 볼 뿐.
까비르는 말한다, 나는 깨달았다.
세상의 길들을 들여다보는 것을.

까비르는 세상의 많은 길들을 바라보고 난 후 눈으로 보이는 것은 영원한 세계가 아니라는 것을 깨달았다고 말하고 있다. 눈으로 보이는 것은 꿈이요, 환영일 뿐이라는 것을 깨닫게 되었다고 말하고 있다. 눈으로 보이는 것을 그대로 받아들이면 안 된다. 왜냐하면 외부 세계를 보는 눈이 멀어 있기 때문이다. 눈은 참된 세계를 바라보지 못한다. 눈이 그대 자신과 내면의 자아를 들여다볼 수 없다면 무엇을 제대로 볼 수 있겠는가? 눈이 가장 가까이 있는 것도 제대로 볼 수 없다면 멀리 떨어져 있는 것들이야 말해 무엇하겠는가? 우리가 우리 자신의 속성을 들여다볼 수 없다면 어떻게 다른 사람의 속성을 들여다볼 수 있겠는가? 우리가 자신도 제대로 모르면서 어떻게 타인을 알 수 있겠는가?

눈먼 세상 사람들
모두가 들여다보지 못하고 멍하니 볼 뿐.

눈을 감으라. 눈 없이 살라. 세상을 눈으로 보는 것을 그만두라. 눈 없이 내면으로 들어가라. 그러면 진짜 눈이 열린다. 그때 그대는 진정으로 들여다볼 수 있게 될 것이다.

눈먼 세상 사람들
모두가 들여다보지 못하고 멍하니 볼 뿐.

모두가 두 눈을 지니고 있음에도 불구하고 눈멀어 있다고 까비르는 말한다. 눈을 감을 때 참된 눈을 얻을 수 있다는 것이다.

까비르는 말한다, 나는 깨달았다.
세상의 길들을 들여다보는 것을.

세상의 많은 길들을 지켜봐 왔기 때문에 이러한 깨우침이 찾아왔다고 까비르는 말한다. 경전을 공부하고 연구하니까 이런 깨우침이 왔다는 것이 아니다. 삶과 세상을 직접 살고 체험했을 때 이런 깨우침이 왔다는 말이다. 까비르는 지금 자신이 실제로 체험하고 보아 온 바를 말하고 있다. 사람들이 큰길을 걷다가 빼앗기고 털리는 것을 보아 왔다. 그는 홀로 반대 방향으로 묵묵히 걸어가는 사람이 마침내는 목적지에 도달하는 것을 보아 왔다. 까비르는 세상에 등을 돌리는 사람이 목적지에 도달하는 것을 보아 왔다. 세상에 남아 있는 사람이 아무 목적 없이 이리저리 방황하는 것을 보아 왔다. 그는 배를 탄 자가 물에 빠지는 것을 보아 왔다. 어떠한 도움도 받지 않고 여행길을 가는 자가 마침내 도달하는 것을 보아 왔다.

까비르는 눈 있는 자 모두 사실은 눈이 멀었다는 것을 보아 왔다. 두 눈을 가지고 있어도 진짜 보아야 될 것을 보지 못하는 것을 지켜봐 왔다. 그는 눈을 감은 이들이 실체를 보는 것을 지켜보아 왔다. 그는 신전 밖에 남아 있는 자들은 신성에 젖지 못하고 메말라 있는 것을 보아 왔다. 신전 안으로 들어간 이들이 흠뻑 젖어 신선한 엑스터시로 흘러 넘치는 것을 보아 왔다. 모든 삶의 메마름이 사라지고 생명력이 신선하게 빛나는 장관을 보았다. 까비르가 경전을 연구했기 때문에 이를 말할 수 있는 것이 아니다. 그는 삶의 생생한 체험으로부터 이를 말하고 있다.

이 수트라를 마음에 잘 간직하라. 까비르는 자신의 마음을 죽인 사람만이 목적지에 도달하게 된다고 말하고 있다. 마음에 의지하는 사람은 한 지옥에서 다른 지옥으로 그리고 또 다른 지옥으로 향한 여행을 하고 있는 것이라고 말한다. 그런 사람은 언젠가는 행복해질 것이라는 희망을 품고 살지만 실은 이 불행에서 저 불행으로 그리고 또 다른 불행으로 옮겨 다닐 뿐이라고 까비르는 말한다. 하지만 그런 희망은 낚시꾼의 미끼와 같은 것이다.

까비르는 세속적인 사람도 산야신도 똑같이 속박되어 있음을 보았다. 세속적인 사람을 묶고 있는 줄도, 산야신을 묶고 있는 줄도 실은 똑같은 줄임을 보았다. 그 줄은 무엇인가? 그 줄은 그대의 잠자는 무의식이다. 그 줄은 그대의 꿈이요, 그대의 마음이다.

8

왜 다른 이에게 가겠는가?

나는 사바 세계에 매여 있습니다.
신이여, 당신이 풀어 주소서.
당신이 나의 것인데
왜 다른 이에게 가겠습니까?

마음이 마음을 다스리는 것보다
더 클 수 있는가?
라마가 라마를 아는 이보다
더 클 수 있는가?

브라흐마가 자신의 근원보다
더 클 수 있는가?
베다가 베다의 원천보다
더 클 수 있는가?

까비르는 말한다.
"나는 몰라……
신전이 신을 섬기는 이보다
더 클 수 있는가?"

The Great Secret

Why go to others?
— 왜 다른 이에게 가겠는가?

　에고이스트는 다른 사람으로부터 충고를 받고 싶어하지 않는다. 그는 문제를 해결하려고 한다. 자신에게 문제가 있다는 사실조차 받아들이고 싶어하지 않는다. 그것은 그의 에고를 상하게 하기 때문이다. 그래서 에고이스트는 스승을 찾지 않는다. 그런데 참으로 재미있는 것은 삶의 모든 문제나 끄달림이 바로 이 에고 때문에 생긴다는 것이다.

　그대는 에고 때문에 문제가 생겼음에도 불구하고 그 문제를 에고로 해결하려고 한다. 바로 이 사실 때문에 문제는 풀려 가는 것이 아니라 자꾸 더 꼬여 간다. 문제의 원인을 가지고 문제를 풀려고 하니 더 꼬여 가는 것은 당연한 일이다. 에고를 통해서는 문제를 해결할 수 없다. 이는 병을 약으로 쓰고자 하는 짓이다. 자연히 이 약을 쓰면 병은 더 악화될 것이다. 그대는 이 병으로부터 벗어나고자 한다. 하지만 병을 약으로 쓰는 데에는 달리 구제책이 없다. 약을 약으로 써야지 병을 약으로 써서 어떻게 병을 치료할 수 있겠는가? 병을 약으로 쓰면 이 사바 세계의 고통으로부터 벗어날 길이 없다.

　얽히고 설킨 문제의 뿌리를 발견하기 위해서는 내면을 들여다보아야 한다. 먼저 이 점을 명확하게 이해해야만 한다. 그리고 동시에 이제는 반대 방향으로 나아가야 한다. 거기에서 해결책을 발견할 수 있다.

에고가 문제요, 내맡김이 문제의 해결이다. 에고는 병을 만들지만 내맡김은 그 병을 치유한다. 그래서 모든 경전이나 종파나 교리들이 내맡김을 그렇게도 중요하게 생각하는 것이다. 내맡긴다는 말은 자기 스스로 문제를 해결할 수 없다는 말이다. 문제를 스스로 해결하려고 하다 보니 문제가 자꾸 더 꼬여 간다. 그래서 결국에는 포기하고 내맡기고 만다. 결국에는 반대 방향으로 가서 문제를 해결한 사람의 인도를 받고자 한다.

그대의 에고를 버리지 않으면 스승에게 다가갈 수 없다. 하지만 현실에서 그대는 에고에게 먼저 물어 본다. 그리고 에고가 승낙을 하면 일을 실행한다. 그대는 스승조차도 에고가 승낙하는 사람을 선택한다. 때문에 설령 스승을 선택한다고 할지라도 에고가 스승보다 높은 위치에 서게 된다. 이런 상황에서 스승이 그대를 도울 수 있는 방법은 거의 없다.

에고는 참다운 스승이 아닌, 스승의 대리 역할을 할 수 있는 구루 전문가를 선택한다. 우리는 이런 사람들에게 귀의(歸依)하지 않는다. 기껏해야 시주나 할 뿐이다. 그것이 그대가 할 수 있는 전부다. 이러한 스승은 참된 스승이라고 할 수 없다. 그대는 이러한 구루를 자신의 하인으로 삼을 수도 있다. 그래서 그대는 그 구루를 찾아가서 귀의는 하지 않고 자신의 문제나 고통을 해결하려고 한다. 그러한 전문가 구루들이 날로 늘어가지만 세상의 문제는 전혀 줄어들 기미가 안 보인다. 왜 그런가?

옛날 이야기 하나 해보자. 아마 어디선가 들었을지도 모르겠다. 코끼리를 만난 다섯 장님 이야기다. 장님이라 코끼리를 볼 수 없었기 때문에 코끼리를 알아보려면 손으로 만져 보는 수밖에 없었다. 이 장님들은 자신이 만진 코끼리의 부분을 코끼리의 전체 모습이라고 생각했다. 눈이 멀면 사물을 전체적으로 지각할 수 없다. 그래서 이 장님들은 코끼리의 한 부분을 코끼리의 전체 모습으로 생각했다. 한 사람은 코끼리가 아주 큰 바구니라고 생각했고 다른 한 사람은 기둥이라고 생각했다. 코끼리의 꼬리를 만진 사람은 코끼리가 줄이라고 생각했다. 다섯 사람 모두 제각각으로 생각했던 것이다.

한 초등학교 여선생님이 학생들에게 이 이야기를 들려주었다. 다섯 명이 장님이라는 말은 하지 않았다. 그 여선생님은 다섯 명이 그냥 코끼리를 연구하고 있었다고 말했다. 그녀는 이야기를 다 마친 후, 반 학생들에게 그 다섯 명이 어떤 사람들이냐고 물었다. 대부분의 학생들은 그들이 장님이라고 말했다. 그런데 한 아이가 손을 들더니 "그 사람들은 전문가예요"라고 말하는 것이었다. 맞는 말이다.

전문가들은 모두가 눈먼 사람들이다. 사실 눈이 멀지 않고는 전문가가 될 수 없다. 한 가지 주제를 파고들려면 다른 모든 주제는 한쪽으로 제쳐 두어야만 가능하기 때문이다. 다른 모든 분야를 희생시키면서 한 주제에 깊이 파고드는 사람들이 전문가이다.

그대가 전문가한테서 얻어듣는 어드바이스로는 복잡하게 얽히고 설킨 삶의 문제를 결코 풀 수 없다. 전문가의 의견을 들으면 약간 위안이 되고 무엇인가 풀려 가는 느낌을 받을는지는 모르겠다. 하지만 전문가는 어떤 것도 풀어 줄 수 없다. 마치 전문가처럼 그대의 삶을 이것저것 나누어서 해결하려고 들면 그대는 결코 풀 수 없다. 삶은 통째로 푸는 것이다.

오직 스승의 발 아래서만 모든 문제를 풀 수 있다. 스승은 삶의 모든 문제를 풀어 낸 사람이다. 하지만 그대가 문제를 풀어 주기를 바라는 세칭 전문가는 자신의 문제도 제대로 풀지 못하는 사람들이다. 서양 심리학자는 타인의 심리적인 문제를 연구한다. 그들 심리학자들도 자신의 문제를 가지고 다른 심리학자를 찾아간다. 심지어 프로이트나 융, 그리고 아들러 같은 대심리학자들도 자신들만의 문제와 병으로 고생을 했다.

융은 프로이트를 다룬 자신의 회고록에서 프로이트는 사람들과 토론을 하다가 사람들이 새로운 의견을 제시하거나 자신의 이론에 반대되는 말을 하면 인상을 찌푸리거나 화를 심하게 내곤 했다고 썼다. 더러는 너무 심하게 화를 낸 나머지 의자에서 자빠지거나 실신하기조차 했다. 융은 자신의 회고록에서 프로이트가 너무 화를 심하게 낸 나머지 자신이 보는 앞에서 세 번이나 쓰러진 적이 있다고 쓰고 있다. 이런 프로이트가 어떻게 하면 화를 자제하고 분노를 통제할 수 있는가에 대한 어드바이스를 온 세상 사람들에게 아무리 해주어도 그의 어드바이스는 별 의미가 없는 것이다. 다른 사람에게 충고를 해주는 것은 쉽다. 돈 안 들고 쉬운 일이다. 하지만 자기 자신의 충고나 어드바이스를 실천하는 것은 상당히 어렵다. 자신의 진지한 체험의 소산이 아닌 어드바이스는 아무 의미가 없다. 융은 프로이트를 비판했지만 그 역시 마찬가지였다. 융이 가지고 있었던 문제점들도 대단히 복잡했다. 해서 융의 일생에서 나아진 문제들은 하나도 없었다.

아주 괴짜였던 사람 이야기다. 그는 매일 아침 일어나면 제일 먼저 자신의 머리에 손을 갖다 댔다. 장미가 자신의 머리에서 자라는가를 알아보기 위해 손을 머리에 갖다 대는 것이었다. 사실 그는 장미가 자신의 머리에서 자라고 있다고 믿었다. 머리에서 장미가 자랄 리 없다. 그는 맛이 간 친구였다. 그런데 그는 거울을 들여다보면서 장미가 자신의 머리 꼭대기에서 자라고 있다는 생각이 들면 신경이 곤두서는 것이었다. 그럴 때면 언제나 그는 정신과 의사에게 달려가 "제 머리 위에서 자라고 있는 장미꽃 보이시죠?"라고 물으면서 무엇인가 좀 도움이 될 만한 것을 해달라고 부탁했다.

정신과 의사는 그의 머리를 유심히 살펴본 후에 "이게 무슨 장밉니까?"라고 되물었다. 그러면 그 괴짜는 이렇게 대답했다.

"왜 물어 보시는 겁니까? 거기 장미꽃에 붙어 있는 종이쪽지 안 보이

세요? 거기에 이름이 써 있잖아요!'

정신과 의사들이 미친 사람들을 오랫동안 치료하다 보면 자신도 서서히 미쳐 간다. 환자들이 다시 정상으로 돌아오는지는 확실히 모르겠다. 하지만 정신과 의사들이 서서히 미쳐 가는 것은 확실하다.

전문가들이 아는 것이란 책에서 얻은 지식뿐이다. 스승은 전문가가 아니다. 스승은 병에 대해 아무 전문 지식이 없지만 병에 대한 치료법은 알고 있다. 인간 자체가 병이다. 이 병은 더없는 고통이다. 스승은 '인간'이라고 이름하는 병에 대한 치료법을 안다. 그 치료법이란 "인간은 자기 내면에서 녹아 없어져야 한다"는 것이다. 스승은 모든 것을 여의고 무(無)가 되어 자기 자신조차 완전히 여의었기 때문에 치료법을 알게 되는 것이다. 대학에서 학위를 따내고 수많은 경전들을 섭렵한다고 해서 스승이 갖는 혜안(慧眼)이 열리는 것은 아니다. 이런 혜안은 자기 자신을 모두 놓았을 때 얻게 되는 것이다. 이러한 스승의 조언을 구하고자 한다면 스승의 발 아래 온전히 귀의해야만 한다.

오늘 강의하게 될 시에서 까비르는 아주 진귀한 것에 대해 이야기하고 있다. 까비르의 첫 질문은 자신의 문제를 풀기 위해 누구에게 가야 하는가이다. 까비르는 자신의 어려움을 몽땅 궁극의 스승인 신 앞에 놓았다. 신이 궁극의 스승이다.

경전은 스승이 곧 신이라고 한다. 스승과 신이 하나라고 한다. 귀의하면 스승은 신이 된다. 귀의하지 않으면 신을 찾을 길이 없다. 참 귀의를 체험한 사람들은 자신이 귀의하자마자 스승을 얻을 뿐만 아니라 자기 내면에 있는 스승도 찾게 된다. 제자는 귀의하자마자 본래 자기 자신의 위대함과 고귀함을 찾게 된다.

나는 사바 세계에 매여 있습니다.
신이여, 당신이 풀어 주소서.

까비르는 신에게 자신의 문제와 뒤엉킨 고통을 풀어 달라고 말하고 있다. 신이 자신의 문제를 풀어 주기를 바란다면 자신을 송두리째 내맡기지 않으면 안 된다. 자신을 송두리째 맡기지 않으면 신에게 다가갈 방법조차 사라진다. 신의 존재조차 불투명한 것이 된다. '대체 신이 존재하는가?'라는 의심이 떠오른다. 자신에게 신의 존재조차 불투명하다면 신 앞에 자신의 문제를 내놓는다는 생각은 애초부터 떠오르지 않을 것이다. "신만이 존재한다. 그 외에 어떤 것도 존재하지 않는다"는 사실을 완전히 확신하게 되었을 때 자신의 정신적인 고통을 신 앞에 내놓을 수 있다.

신 앞에 자신의 문제를 드러내 놓은 그 자체가 문제를 해결한다는 것을 명심하라. 신이 문제를 해결하는 것이 아니다. 그것을 해결하려고 들 필요가 없다. 완전한 내맡김과 받아들임 속에서 신 앞에 자신의 문제를 드러내 놓으면 모든 번뇌는 저절로 사라질 것이다.

지금까지 그대는 무엇이 '온전한 받아들임'인지를 몰랐다. 그대는 자신의 문제를 감추어 두고 그것이 마치 귀중한 보물인 양 간수해 왔다. 그대는 그것을 보여주는 것을 두려워한다. 그러면서 진짜로는 없는 것을 있는 것인 양 자랑한다. "나는 알 것은 다 알고 있다. 따라서 문제가 없다. 설령 문제가 있다고 해도, 나는 답을 다 알고 있다." 그대의 태도는 이런 식이다.

신을 향해 자신의 가슴을 여는 그 자체가 그대의 문제를 해결해 줄 것이다. 신이 답을 주는 것은 아니다. 신은 인간이 하는 기도에 응답을 하는 개인적 존재가 아니다. 항상 해답은 올바른 질문에 감추어져 있다.

이를 이해하고 싶으면 이 수트라를 깊이 들여다보라. 질문을 제대로 이해했을 때 답은 항상 거기 있기 마련이다. 문제를 제대로 이해한 사람은 마음이 편하다. 문제를 샅샅이 들여다본 사람은 마음이 편하다. 그런 사람은 내면이 평화롭다. 문제에 대한 해답은 다른 어디에서 찾는 것이

아니다. 질문과 문제 속에 숨어 있을 뿐이다. 그대가 찾는 신은 다른 어디에 앉아 있는 것이 아니다. 신은 그대 내면에 들어앉아 있다.

까비르의 이 말, "나는 사바 세계에 매여 있습니다. 신이여, 당신이 풀어 주소서"는 참으로 매혹적이다. 그는 지금 존재계가 마치 그 앞에 서 있는 양 말하고 있다. 오직 헌신자만이 이렇게 말할 수 있다. 오직 헌신자만이 자신의 고통스런 사바 세계를 해결하기 위해 그렇게 다가갈 수 있다. 까비르에게 있어서 신은 가공의 인물이 아니다. 까비르에게 있어서 신은 바로 존재계 그 자체이다. 이제 그대도 신에게 말할 수 있다. 이제 그대도 신에게 말을 걸 수 있다.

사람들은 까비르가 미쳤다고 생각했다. 사람들은 "아니, 대체 어떤 신에게 말을 거는 겁니까?"라고 물었을 것이다. 또는 "우린 그런 신 본 적이 없소"라고 말했을 것이다. 까비르는 일종의 정신병자였다고 말하는 심리학자도 있었다. 그 심리학자는 "그것은 아마 종교적인 정신질환이었을 겁니다. 하지만 정신질환은 정신질환이지요"라고 말했을 것이다. 혹은 "세상 어디, 그런 신이 있습니까? 당신은 대체 누구에게 말을 걸고 있는 거요?"라고 물었을 것이다.

까비르는 지금 그의 오두막에 앉아 "나는 사바 세계에 매여 있습니다. 신이여, 당신이 풀어 주소서"라고 노래하고 있다. 까비르 같은 신비가에게 신은 어떤 인물이 아니다. 까비르와 같은 신비가에게는 전 존재계가 신이다. 그대 삶에 문제가 생겼을 때 어디에 하소연을 하는가? 그냥 존재계에 드러내 놓을 수밖에 없다. 문제가 생기면 존재계에 물으라. 나와 그대와 모든 것의 근원인 존재계에 물으라. 우리가 결국에는 돌아가야 할 존재계에 물으라. 그대는 문제를 가지고 존재계에 돌아갈 수 없다. 우리가 물방울처럼 광대무변 속으로 사라질 때 사소한 문제들이 존재할 수 있는가? 환자가 사라졌을 때 병이 존재할 수 있는가?

그럼에도 불구하고 그대는 왜 이집 저집 구걸만 하고 다니는가? 왜 그대 문제를 다른 사람에게 물어보는가? 왜 전체성(totality) 앞에서 발가벗고 자신을 온전히 드러내지 못하는가? 발가벗고 자신을 온전히 드러내는 것, 이것이 기도의 정수이다. 까비르의 기도에 대한 사랑은 참으로 심오하다.

이를 좀더 깊이 이해해 보자. 우리가 가고 싶어하는 목적지에 도달하는 데는 두 가지 방법이 있을 수 있다. 하나는 명상이고 다른 하나는 기도이다. 명상의 길은 지혜의 길이다. 기도의 길은 사랑과 헌신의 길이다.

명상의 길에서는 '내가 명상한다' 라는 관념이 마지막까지 남아 있는다. 그래서 '나' 라는 에고가 사라지기가 참으로 어렵다. 명상에서는 '나' 외에는 아무도 존재하지 않는다. 신도 존재하지 않고 다른 어느 누구도 존재하지 않는다. 명상에서는 그대 홀로 존재한다. 명상의 길에서는 그대가 어마어마하게 깨어 있지 않으면 '나' 라는 에고가 끊임없이 훼방을 놓을 것이다. 명상을 통해 그대가 얼마나 높은 경지에 오르든간에 관계없이 에고라는 바위는 그대가 날지 못하도록 그대 가슴을 짓누를 것이다. 마지막 순간에 가서야 명상가는 에고를 놓는다. 이게 붓다가 말하는 공(空)이다. 에고가 완전히 사라졌을 때 거기에 공이 있다.

명상의 경지에 오르는 것만으로 충분하지 않다. 그 이후에 에고를 완전히 버려야만 한다. 명상의 경지에 오르면 에고가 아주 깨끗하게 정화될 것이다. 하지만 에고는 에고로써 거기에 있다. 그것이 마지막 베일이다. 안이 들여다보이는 베일이다. 그것이 아무리 고운 베일이라 할지라도 그것을 걷어 내야만 한다. 그렇지 않으면 그 베일은 유리 장벽처럼 계속 거기에 존재할 것이다. 그대는 유리 장벽을 통해 저 너머의 세계를 볼 수는 있지만 신을 만날 수는 없다. 신과 하나가 될 수는 없다.

기도의 길에서는 첫 계단에서부터 에고를 버리지 않으면 안 된다. 요기나 명상가 혹은 현자는 에고를 마지막에 가서야 버린다. 헌신자는 에고를 버리고 시작한다. 기도는 귀의요, 내맡김이다. 기도는 자신을 '하나'에 내맡기는 것이다. 기도할 수 있다면 명상할 필요가 없다.

  나는 명상에 보다 많은 역점을 둔다. 왜냐하면 기도가 그대에게는 참으로 어려운 것임을 나는 잘 알기 때문이다. 그대가 기도할 수 있을 만큼 성장했을 때 나는 더 이상 명상에 대해 강조하지 않는다. 에고가 있어도 명상은 가능하기 때문에 내가 명상에 대해 강조하는 것이다. 하지만 에고가 있으면 기도할 수 없다. 현대는 에고가 어마어마하게 커진 시대이다. 역사상 현대만큼 에고가 강한 적은 없었다. 현대의 가장 큰 문제는 모두가 에고로 가득 차 있다는 것이다. 모두가 에고의 절정에 올라섰다. 모두가 자신은 흠 없는 완벽한 존재라고 생각한다. 그러니 "왜, 무엇 때문에 나 자신을 내맡겨야 하는가?"라고 묻는 것이다.

  그래서 현대인들에게는 내맡기는 것이 지난(至難)한 것이다. 몸이 마비가 된 것처럼 굳어져 있다. 그래서 나는 명상에 대한 이야기를 보다 많이 한다. 나는 그대가 기도할 수 있도록 준비시키고 있다. 그대가 명상의 경지로 깊이 들어가면 그때 나는 기도에 대해 보다 많은 이야기를 할 것이다. 내가 지금 성자들에 대해 이야기하는 데에는 그만한 목적이 있다. 그대를 명상에서 기도로 데려가고자 하는 것이다. 기도에 비견할 만한 것은 존재하지 않는다. 그래서 까비르는 이렇게 말한다.

    무도 죽고, 침묵도 죽고
    무한자마저도 죽지만
    참으로 님을 사랑하는 이는 죽는 걸 모른다.
    까비르는 말한다, "이를 깨우치라."

  명상은 죽지만 기도는 죽지 않는다고 까비르는 말하고 있다. 지혜는 죽지만 사랑은 죽지 않는다는 것이다. 불멸의 존재가 하나 있으니 그것은 사랑이다. 명상을 통해 사랑을 얻어야만 한다. 그대가 지금 준비되어 있다면 그렇게 먼 길로 돌아갈 필요가 없다. 그대가 지금 준비되어 있다면 지금 뛰어들어라.

까비르는 그냥 신에게 묻는다. 이것이 기도다. 이것이 기도의 미학이요, 참뜻이다. 까비르는 마치 신이 자기 앞에 있는 것처럼 말을 한다. 스스로 지혜롭다고 생각하는 이들의 눈에는 까비르가 미친 것처럼 보일 것이다. 하지만 스스로 지혜롭다고 생각하는 이들은 결코 헌신자의 가슴을 이해하지 못한다. 헌신자에게 있어 진짜 문제가 되는 것은 '내가 무얼 말하느냐' 가 아니다. 진짜 문제가 되는 것은 '내가 무엇이 되느냐' 이다. 그것이 최후의 결정적인 요인이다.

까비르는 자신의 어려움을 신 앞에 내놓는다. 까비르는 자신이 슬프고 세속적인 번뇌에 시달리고 있다고 말한다. 그래서 그는 마땅히 물어야 할 이에게, 문제를 해결해 줄 수 있는 이에게 묻고 있다. 자신에게는 해결의 방도가 없기 때문에 신에게 구하는 것이라고 말한다.

이를 좀더 깊이 이해해 보자. 그대가 무엇인가를 구할 때는 제일 먼저 머리를 쓴다. 그대는 '내 스스로 찾아 보겠다. 내 스스로 풀어 보겠다. 다른 사람에게 보일 필요는 없다' 라고 생각한다. 이것이 바로 그대 문제의 원인이다.

무엇이 그대의 문제인가? 그대의 문제는 그대 스스로 자신의 문제를 풀려고 든다는 것이다. 그대는 자기가 자기를 들어올리려는 사람과 같다. 한 번에 두 숟가락을 입에 넣는 사람과 같다. 화창한 겨울날, 개가 앉아서 햇볕을 쬐다가 갑자기 일어나서 자신의 꼬리를 잡으려고 한쪽으로 빙빙 도는 것을 본 적이 있는가? 개는 자신의 꼬리를 물려고 콩콩 뛴다. 하지만 그렇게 뛴다고 해서 자신의 꼬리를 잡는다는 것이 가능하겠는가? 꼬리를 향해 달려드는 것만큼 꼬리는 달아난다. 그러다가 개는 지치면 포기한다. 개는 '꼬리가 바로 거기에 있는데 왜 붙잡을 수 없지' 하고 이상하게 생각한다. '나는 이보다 훨씬 멀리 떨어진 것도 붙잡곤 했

다. 이건 멀리 떨어진 것도 아니고 바로 옆에 있다.' 그런 다음 개는 전보다 더 힘차게 꼬리를 잡으려고 뛴다. 개가 끝까지 자신의 꼬리를 잡으려고 한다면 미쳐 버릴 것이다.

철학자들도 이런 함정에 빠지곤 한다. 그래서 철학자 중에 미치는 사람이 많은 것이다. 철학이란 자신의 꼬리를 붙잡으려는 노력이다. 하지만 결코 꼬리를 잡을 수 없다. 아무리 스스로 노력하고, 날고 뛰고, 별별 수단 방법을 동원해 보아도 아무것도 풀 수 없다. 그대가 뛰면 꼬리도 똑같이 따라 뛴다. 그대의 번민 또한 그대 자신의 일부이다. 그것은 그대에게 붙어 있는 꼬리이다.

그대는 지금 문제를 어떻게 풀려고 하는가? 개의 꼬리처럼 그대가 문제를 풀려고 하는 시도로 인하여 문제는 숨어 버린다. 그대가 설령 문제의 해결책을 찾는다 할지라도 문제는 완전히 사라지지 않는다. 그래서 인간은 먼저 스스로 자신의 문제를 풀려고 한다. 이것이 에고의 본모습이다. 자신의 문제를 스스로 해결할 수 없다는 것을 알면 이제 전문가를 찾아 나선다. 전문가를 찾는다는 말은 다른 사람을 찾아 의존한다는 것이다.

스승을 찾는 것과 전문가를 찾는 것의 차이를 잘 이해하라. 그대는 스승을 찾는 것이 아니다. 스승은 신의 대리자가 된 사람이지만 전문가는 그대와 별로 다를 바가 없는 사람이다. 그 전문가에게 존경을 표하고, 엎드려 발을 만지고, 귀의할 필요는 전혀 없다.

그대는 절망에 빠졌을 때 전문가를 찾아간다. 전문가를 찾아가는 것은 자신을 찾아가는 것과 같다. 왜냐하면 전문가는 그대와 별로 다를 바가 없기 때문이다. 그대와 전문가와의 차이는 상당히 피상적일 뿐이다. 전문적인 주제에 대해 그대보다 좀더 연구한 이가 바로 전문가이다. 그대는 전문가가 해주는 말에 대해 사례금을 지불한다. 그대는 자신과 별반 다를 바가 없는 사람한테서 조언을 구하고 있는 것이다.

그런 전문가의 조언은 그대의 문제를 전혀 해결해 주지 못한다. 이 또한 에고의 장난에 불과하다. 전문가의 조언은 그대에게 약간의 위안을 줄 뿐이다. 전문가는 그대의 꼬인 문제들을 풀지 않고 잠시 억눌러 놓는다. 전문가는 장황하게 그대의 문제에 대해 설명을 해주고 거창한 이론들을 들먹인다. 그대로 하여금 한동안 그것을 가지고 놀면서 문제가 곧 풀릴 것이라고 믿게 한다. 조금 있다가 문제는 그대 앞에 다시 서 있을 것이다. 새로운 색깔과 다른 형태와 모습으로 그대 앞에 다시 나타날 것이다. 그러한 문제와 고민은 평생 동안 그대를 쫓아다니면서 귀찮게 할 것이다.

그대가 신을 본 사람을 찾아가면 그대의 문제는 풀리기 시작한다. 사실, 그대의 문제는 이미 풀려 있다. 그대가 모든 존재계에 편재(遍在)하는 신을 보면 그때부터는 직접 신과 의사소통을 할 수 있다. 바로 이것이 헌신자가 마지막에 가서 체험하는 것이다. 바로 이 순간이 까비르가 "나는 사바 세계에 매여 있습니다. 신이여, 당신이 풀어 주소서"라고 말하는 순간이다. 그대와 존재계 사이에는 어떠한 중개자도 필요 없다. 그대와 존재계 사이에서는 심지어 스승도 필요 없다. 그대의 문제는 존재계에 드러내 놓자마자 풀린다. 그것이 존재계의 아름다움이다. 그대가 문제를 보기 좋은 보따리에 숨겨 놓기 때문에 거기에 문제가 있다. 그대가 무의식과 번뇌 속에서 살기 때문에 문제가 존재하는 것이다. 신 앞에 그대 자신을 열어 놓으라. 이것이 기도의 참뜻이다. 신 앞에 그대의 가슴을 완전히 열어 놓고 내맡기라. 이것이 기도의 참뜻이다.

기도할 때 경전을 암송하는 능력을 과시하려 들거나, 영적인 지혜를 다른 이들에게 보여주려 하지 마라. 그런 것들은 마음의 쇼에 불과한 것들이다. 그래서 아이들의 기도가 더 많은 열매를 맺는 것이다. 성자의 기도는 아이의 기도와 같이 순수하다.

한 아이가 잠자리에 들 때였다. 그 아이는 그냥 침대로 뛰어들어 이불을 뒤집어썼다. 그러자 아이의 엄마가 잠자리에 들기 전에 기도하지 않은 것을 지적해 주었다. 아이가 대답했다.
"이렇게 추운 밤에 신을 깨우는 것은 좋지 않아요. 너무 늦었거든요."
신은 그와 같은 아이들로부터 언어로 된 기도를 구하지 않는다. 밤이 깊고 너무 추우니까 기도를 해서 신을 깨우는 것이 좋지 않다고 생각하는 이 아이의 마음은 그대로가 기도이다. 이런 마음이면 넉넉한 것이다. 더 이상 무엇이 필요한가?
'신'이라는 말은 '전체성'에 대한 우리의 느낌을 표현하는 데 필요한 도구요, 방편에 불과하다. 사실 존재계 전체가 몽땅 신이다. 모든 것이 다 신성하다. 그대가 이러한 신성으로 가득 차 넘쳐흐르면 그대는 존재계 전체와 하나가 된다. 그대 문제의 해결은 존재계와의 합일에 있다.
그대의 진짜 문제는 그대의 뿌리가 뽑혔다는 것이다. 그대의 뿌리가 뽑혀 버렸기 때문에 그대는 목말라 하는 것이다. 물을 흡수할 수 있는 뿌리가 없기 때문에 그렇게 고통스러워하는 것이다. 자신이 소유하고 싶어하는 모든 것을 소유해도 상실감은 사라지지 않는다. 그것은 무엇인가 알 수 없는 것을 원하는 느낌이다. 그대는 뿌리가 있어도 땅속 깊이 뿌리를 내리지 못해서 비가 와도 물을 제대로 흡수하지 못한다. 그래서 그대는 언제나 목말라 한다. 존재계에 뿌리를 내리라. 존재계와 하나가 되라. 그것이 기도이다. 그러한 느낌의 상태가 기도이다.
바알이라는 유명한 히브리 신비가에 관한 일화이다. 그는 아주 독특한 헌신자였다. 기도를 하면서 신과 싸우는 것이었다. 무엇인가 자기가 싫어하는 것이 벌어지면 기도 중에 야단법석을 떨었다. 그는 기도 중에 직접 신과 대화를 하기 때문에 그의 기도는 정말 들을 만했다. 세상이 자꾸만 어지러워진다고 생각한 바알은 신에게 이렇게 불평했다.
"왜 약속하신 대로 이 땅에 내려오시지 않는 겁니까? 세상이 어지러워지면 내려오신다고 했잖습니까? 왜 자꾸 시기를 늦추시는지요?"

Talks on the songs of Kabir

이 일화에 따르면 바알의 기도는 신을 너무나 자주 귀찮게 하였다.

바알이 신에게 이야기하는 것을 그의 제자 한 명이 받아쓰곤 했다. 그는 바알의 전기를 쓰고 있었기 때문에 바알이 신과 이야기하는 것을 하나 하나 다 받아쓰고 있었다.

바알이 끊임없이 신을 귀찮게 하자 드디어 신은 바알과 그의 제자들이 그때까지 해오던 모든 것을 머리 속에서 지워 버리기 위해 사자(使者)를 지상에 내려 보냈다. 바알은 그만큼 성가신 존재였다. 신의 사자가 명(命)을 받은 그대로 실행에 옮겼다. 그러자 바알이 기도를 마치고 일어섰을 때 그는 모든 것을 망각하고 말았다. 자신의 이름조차 생각이 나지 않았다. 그는 세상이 너무 어지러워져 가고 있으며 그래서 신에게 내려와서 이 세상을 구해 달라고 기도했던 모든 것을 잊어버렸다. 자신이 누구이며 지금 어디에 있는지조차도 잊어버렸다. 제자가 눈에 띄자 자신이 신비가이고 그가 자신의 제자라는 사실이 꿈처럼 아주 희미하게 떠올랐다. 그는 다급하게 제자에게 무엇이든 과거에 대해 기억이 나는 것이 있으면 말해 보라고 했다. 그 제자 역시 머리 속에 있는 것이 완전히 지워져 버렸다. 그래서 아무것도 말할 수가 없었다. 제자가 말했다.

"제가 누구인지도 기억 나지 않습니다."

바알이 말했다.

"내가 과거에 너에게 많은 가르침을 주었다. 가르침 하나라도 생각나는 게 있으면 계속 반복해서 빨리 읊어 보라. 시간이 없다. 조금이라도 더 지체하다가는 커다란 난관에 부닥치게 될는지도 모른다."

그 제자가 대답했다.

"히브리 알파벳밖에 기억나는 게 없습니다. 알레프(aleph), 베트(beth), 기멜(gimmel), 달레트(daleth)……."

바알이 말했다.

"빨리 해라. 알파벳이라도 좋으니 큰소리로 말해라."

제자가 히브리 알파벳을 읊자 바알은 따라 했다. 알파벳이 하나의 실마리가 되어 그들은 모든 기억을 되살릴 수 있었다. 그리고 나서 바알은 신을 책망하기 시작했다.

"왜 이런 짓을 저에게 하셨습니까?"

그가 물었다.

전해지는 이야기에 따르면 바알은 알파벳을 반복함으로써 잃어버린 모든 기억을 되찾을 수 있었다고 한다. 히브리 알파벳, 알레프, 베트, 기멜, 달레트에는 아무런 내용이 없었지만 그가 아주 집중적으로 알파벳을 반복함으로써 원래의 자신을 되찾을 수 있었다. 그리고 큰소리로 신에게 외쳤다.

"지금 당장 메시아가 내려오지 않으면 안 됩니다!"

신은 사자를 불러서 왜 일을 제대로 하지 않았냐고 꾸짖었다. 사자가 대답했다.

"그 사람에게 무얼 한다는 것은 참으로 위험천만한 일입니다. 누가 제아무리 수를 써도 그의 기도를 빼앗을 수가 없습니다. 그의 기도만 빼면 다른 건 모두 쉽게 빼앗을 수 있습니다. 그의 기도는 머리하고는 아무런 상관이 없습니다. 그의 기도는 그의 전체성으로부터 나옵니다. 그의 지성이나 언어는 어렵지 않게 빼앗을 수 있습니다. 하지만 그의 기도는 빼앗을 수 없습니다. 그의 사랑은 빼앗을 수 없습니다. 아마 신께서 직접 하셔도 소용이 없을 겁니다."

그래서 까비르는 이렇게 노래한다.

무도 죽고, 침묵도 죽고
무한자마저도 죽지만
참으로 님을 사랑하는 이는 죽는 걸 모른다.

까비르는 말한다, "이를 깨우치라."

신이 직접 그대의 기도를 없애려 한다고 해도 할 수 없다. 사랑은 궁극의 것이다. 신도 어쩔 수 없다. 여기 까비르의 노래가 얼마나 아름다운가?

나는 사바 세계에 매여 있습니다.
신이여, 당신이 풀어 주소서.
당신이 나의 것인데
왜 다른 이에게 가겠습니까?

무엇이 문제인가? 그것은 매우 심오한 문제이다. 최종적이고 궁극적인 문제이다. 그래서 까비르는 이렇게 묻는다.

당신이 나의 것인데
왜 다른 이에게 가겠습니까?

"왜 내가 다른 사람에게 신경을 써야만 합니까?"라고 까비르는 신에게 묻고 있다. 그래서 까비르는 다음과 같이 묻고 있다.

마음이 마음을 다스리는 것보다
더 클 수 있는가?

이제 까비르는 무엇이 더 크냐고 묻고 있다. 마음인가, 아니면 관조자(觀照者)인가? 그런 다음 이렇게 묻는다.

라마가 라마를 아는 이보다
더 클 수 있는가?

그런 다음,

브라흐마가 자신의 근원보다
더 클 수 있는가?

까비르는 지금 묻고 있다. 브라흐마가 더 큰가, 아니면 브라흐마를 창조한 이가 더 큰가? 모든 지고한 힘들의 근원인 존재계가 더 큰가?

베다가 베다의 원천보다
더 클 수 있는가?

까비르는 베다가 태어난 모태인 궁극의 의식보다 베다가 더 클 수 있는가라고 묻고 있다.

까비르는 말한다.
"나는 몰라……
신전이 신을 섬기는 이보다
더 클 수 있는가?"

자, 이제 시구(詩句)를 하나 하나 살펴보자. 문제의 본질을, 그리고 문제가 왜 생겼는지를 살펴보자.

이 문제는 마지막 문제이다. 이 문제는 그대만의 개인적인 문제가 아니라는 것을 나는 잘 알고 있다. 다른 모든 문제들이 풀리면 이 문제가 마지막 최종적인 문제로 남는다. 이는 존재계에 관한 궁극적인 의문이다. 이 의문을 넘어서는 어떠한 의문도 있을 수 없다.

이번 수트라의 미학(美學)은 그 자체로써 완전하다. 신으로부터 대답이 내려온 것이 아니다. 까비르는 이미 그 답을 알고 있다. 그래서 이번 수트라가 그 자체로써 완전하다는 것이다. 그 답에 대해 이러쿵저러쿵 논할 필요가 없다. 의문이 떠오르는 순간 풀려 버린다. 그대 또한 답이 의문 속에 이미 들어 있음을 볼 수 있다. 그것은 그저 의문을 던지는 문제에 불과하다. 해결책이 이미 거기에 있기 때문이다.

나는 사바 세계에 매여 있습니다.
신이여, 당신이 풀어 주소서.
당신이 나의 것인데
왜 다른 이에게 가겠습니까?

이 점에 대해 잘 생각해 보라. 신이 그대 것이 아닌 한 그대는 타인이나 집단으로부터 자유로울 수 없다. 그대는 스스로 설 수 있을 만큼 강하지 못하기 때문에 집단이 필요하다. 집단은 아주 거대해서 편하기 때문에 그대는 집단의 일원으로 안주한다. 그대는 보다 큰 존재와 하나가 되고 싶어한다. 그래서 그대의 영혼은 존재계와 하나가 되고 싶어한다.

하지만 그대는 존재계에 대해 아무것도 모른다. 그래서 그대는 자신만의 아주 조그마한 존재계를 만들어 낸다. '나는 힌두다' 라고 생각하면 더 이상 혼자가 아니어도 된다. 그렇게만 하면 무려 2억 명의 사람들이 그대와 같은 무리가 된다. 그대에게는 힌두교가 소형(小型)의 존재계가 되어 주는 것이다. 그러면 자신의 에고가 아주 커진 느낌을 받는다. 이제 더 이상 왜소하게 느끼지 않아도 된다. 그대는 허상의 존재계를 창조해 낸 것이다.

어찌되었든 그것은 허상이요, 가짜일 뿐이다. 집단이란 그 자체로 참으로 존재하는 것이 아니다. 개인만이 존재할 뿐이다. 존재계에는 두 가지가 있다. 개인의 존재계가 그 하나다. 그리고 전체성과 무한성의 존재

The Great Secret

계가 그 다른 하나다. 이 둘의 존재계 사이에 놓여 있는 모든 것은 관념이요, 허상일 뿐이다.

그대가 자신이 힌두교도라고 생각하면 2억 명의 다른 사람들과 연대가 된다. 자신을 위해 자신 주위에 커다란 집단을 만들어 놓는 것이다. 하지만 그 집단이 얼마나 크든지 한계가 있기 마련이다. 그래서 그 집단은 결국 작은 것이 되고 만다. 그대의 집단이 설사 작더라도 그대는 집단을 통해 만족을 얻는다. 그렇지 않으면 그대는 그저 몸뚱이들에 둘러싸여 왜소감에 시달리게 된다. 그러면 주눅이 든다. 그래서 사람들은 무슨 운동이니 협회에 가입하는 것이다.

만약 그대가 공산주의자가 되면 힌두교도보다 훨씬 더 큰 존재가 된다. 오늘날 지구의 반이 공산주의자다. 15억 인구가 공산주의자인 것이다. 자신을 아주 커다란 집단과 연계시키면 더 이상 왜소하게 느낄 필요가 없어진다. 그대가 죽어도 공산주의는 남을 것이다. 그대는 은연중 자신이 영원히 살 것처럼 느낀다. 하지만 그것은 허상일 뿐이다. 그대는 죽게 될 것이다. 하지만 나라와 국가는 남을 것이다. 힌두교도와 공산주의자는 죽지만 힌두교나 공산주의는 남을 것이다.

하지만 그대가 작은 집단과 어울려 살든 아주 큰 집단과 어울려 살든 거기에는 아무 생명도 실체도 없다. 그것이 진리이다. 그러한 집단은 환영일 뿐이다. 개인은 실체를 가지고 있고 존재한다. 하지만 집단은 실체도 없고 참으로 존재하지도 않는다. 집단이란 많은 사람들이 함께 모여서 무리를 형성한 것을 말한다. 심지어 집단 속에서도 각 개인은 나누어진 실체들이다. 여러 개인들을 무리로 보며 스스로 속고 있는 것이다. 그대는 '사회'라는 실체를 만날 수 있다고 생각하는가? 찾을 수 있다고 생각하는가? 그대가 어느 곳을 가든 개인만을 볼 뿐이다. 사회라는 실체는 없다. 개인은 실존하지만 '사회'는 그냥 말일 뿐이다.

자, 지금 그대는 여기에 앉아 강의를 듣고 있다. 그대들 각 개인이 실체라는 것은 너무나 자명하다. 우리는 여기 앉아 있는 그대들 모두를 한꺼번에 일러 집단이라고 한다. 하지만 이 집단이란 진정으로 실재하는 것인가? 실체를 가지고 있는 것인가? 이제 그대들이 여기를 한명 한명 빠져 나간다. 다 빠져 나간 후에도 집단은 존재하는가? 그대들이 여기를 다 빠져 나가면 아무것도 존재하지 않는다. 집단이 사라져 버리는 것이다. 힌두교에서 힌두교도들을 다 빼낸 후에도 힌두교가 존재할 수 있다고 생각하는가? 결코 그럴 수 없다. '힌두교'는 단지 말에 불과할 뿐이다. 국가나 사회나 민족은 모두 말일 뿐이다.

존재계 자체가 되려는 목마름은 참으로 크다. 인간의 마음속 깊은 곳에 자리를 잡고 있다. 그러한 목마름은 가짜가 아니다. 그럼에도 불구하고 그대는 가짜 물로 자신의 목을 축이려고 한다. 그러한 목마름에는 이상할 것이 없다. 자연스러운 것이다. 그러한 목마름은 그대에게 계속해서 "그대 자신이 신이 될 때까지 그대는 목마라 할 것이다"라고 말할 것이다.

인간은 개인으로서 실존한다. 신도 무한의 전체성으로서 실존한다. 그 둘 사이에 놓여 있는 모든 것은 허상이다. 설령 '인류'가 위대한 존재라고 치자. 어디에 있는가? 어디에 '인류'라는 것이 실존하는가? 그대가 어디를 가든 인간만을 볼 뿐이요, 개인만 볼 뿐이다. '인류'라는 것은 어디에도 없다. 하지만 보통 사람들은 '인류'가 실존한다고 그냥 믿어 버린다. 하지만 '인류'는 어디에 있는가? 개인이 모두 사라지면 인류도 사라진다. '인류'란 말의 조합일 뿐, 결코 실체가 아닌 것이다. 인간이 불행한 것은 이러한 허상들 때문이다.

그대는 '힌두교가 위험에 처했다' 라거나 '이슬람교가 위험에 처했다' 라는 문구를 들어본 적이 있을 것이다. 이슬람은 존재하지 않는다. 그런데 어떻게 존재하지 않는 실체가 위험에 처할 수 있겠는가? 이슬람교도 각 개인이 위험에 처할 수는 있다. 그런데 이슬람교가 위험에 처한

The Great Secret

다? 그것은 살고 죽고 하는 생명체가 아니다. '이슬람'도 역시 말에 지나지 않은 것이다. 그래서 여태껏 없어지지 않고 남아 있는 것이다. 살아 있는 존재는 언젠가는 죽게 되지만 말은 수천 년을 살 수 있다. 말 속에는 생명이 담겨 있지 않다. 그것은 무생물인 것이다. 그것은 죽어 있는 것이다. 이를 제대로 이해하라.

헌신자는 집단으로부터 자유로워진다. 까비르는 신이 자기 것인데 다른 사람을 찾아갈 이유가 없다고 말한다. 다른 사람들이나 집단이나 사회에 신경 쓸 이유가 없다는 것이다.

그대 내면에서 개인이 깨어나면 오직 두 개의 강둑, 존재계와 그대, 신과 헌신자만이 남는다. 이 둘 사이를 흐르는 강물이 기도이다. 그대가 집단을 진짜라고 생각하고 따르게 되면 그것은 스스로 속는 것이다. 착각 속에 사는 것이다. 지금 그대는 홀로 살 수 없다. 그대는 그만큼 강하지 못하다. 홀로 있으면 그대는 불안하다. 그래서 인간은 마지막 숨을 거둘 때까지 집단과 무리에 집착하는 것이다.

한 번은 물라 나스루딘이 술을 진탕 마시고 길을 걷다가 넘어졌다. 한밤중이라 몹시 추웠다. 경찰이 그에게 다가와 물었다.

"뭐 하시는 겁니까? 무슨 일이에요?"

물라는 자신이 죽어가고 있다고 생각했다. 그래서 이렇게 말했다.

"나는 곧 죽을 것 같습니다. 브라만을 불러 주시오."

경찰이 물었다.

"왜요? 이름이 뭡니까?"

"물라 나스루딘이오."

그가 대답했다. 그러자 경찰이 말했다.

"왜 브라만을 불러 달라는 거요? 당신은 이슬람이지 않소. 이슬람 사제를 불러 드리리다."

물라가 말했다.

"아니오. 죽기 전에 힌두교로 개종하고 싶소."

경찰은 약간 놀란 얼굴로 물었다.

"왜요? 당신은 평생 이슬람으로 살지 않았소? 왜 죽는 순간에 마음을 바꾸려는 거요?"

물라는 이렇게 대답했다.

"난 단 한 사람의 이슬람교인도 죽는 것을 원치 않소. 대신 힌두교도 한 명이 죽는 게 훨씬 좋단 말이오."

인간은 죽는 순간까지 자신이 속한 집단에 대한 집착을 놓지 못한다. 힌두교로 개종을 해서라도 힌두교인 숫자가 줄어드는 꼴을 보는 것이 낫다고 생각한다. 이슬람교인이 줄어들어서는 절대 안 된다는 것이다. 집단은 그대에게 보호감을 안겨 준다. 그대는 살아서 뿐만 아니라 죽어서도 수많은 사람들로 둘러싸여 있다. 하지만 헌신자는 홀로 있어야 한다. 헌신자는 큰길을 떠나서 오던 길의 반대 방향으로 거슬러 올라가야만 한다.

도시에는 뒷길로 가라.
큰길에서는 몽땅 털리기 마련이라.

뒷길을 선택하는 사람들은 목적지에 도착한다. 그런 사람들은 자신의 여행을 스스로 개척해 나갈 준비가 되어 있는 사람들이다.

오직 그대가 홀로 존재할 준비가 되었을 때만 참된 기도는 그대 가슴으로부터 흘러 나온다. 왜냐하면 오직 홀로 존재할 때만 신을 볼 수 있기 때문이다. 이런 사람들은 한 발은 이쪽 강안(江岸)에 다른 한 발은 저쪽 강안에 두고 있다. 두 강안을 연결하는 다리가 바로 기도라고 까비르는 말한다. 기도가 점점 더 깊어지다 보면 마지막에는 차안(此岸)도 사라지고 피안(彼岸)도 사라지고 기도만이 남는다. 마지막에는 헌신자도

신도 사라지고 헌신만 남는다. 오직 헌신의 향기만 남는다. 이제 헌신자도 신도 사라져 버렸다.

까비르는 마음에 대해 묻고 있다. 이 마음은 온갖 사념들과 번뇌로 가득 차 있어 온갖 고통을 만들어 낸다. 온갖 근심 걱정을 만들어 내고 온갖 꿈과 공상 속에서 산다. 이 마음은 모든 욕망의 거주처요, 절망적이고 고통스러운 사바 세계를 펼쳐 낸다. 까비르는 이 마음에 대해 묻고 있다. 이 마음이 진정 큰 것인지, 아니면 뒤에서 이 마음을 지켜보는 관조자가 더 큰지 묻고 있다.

분노가 일어나면 그것은 마음이다. 그대가 깨어서 자신의 내면을 지켜보면 분노가 치솟는 모습을 볼 수 있다. 그때 그대는 관조자가 된다. 그대가 마음을 자신이라고 여기면 그대는 산사리(sansari), 즉 세속에 시달리는 속인(俗人)이 된다. 마음을 조금이라도 벗어나서 바라보기 시작하면 그대는 산야신(sannyasin), 즉 구도자가 된다. 그대가 완전히 마음 밖에 존재한다는 것을 깨달을 때 그대는 신이 된다.

까비르는 마음이 더 큰지, 아니면 마음을 아는 자가 더 큰지 묻고 있다. 아는 자가, 마음을 아는 자가 바로 그대임을 명심하라. 그래서 그대는 자아를 알 도리가 없는 것이다. 왜냐하면 그대가 자아를 알게 되면 그대는 아는 자가 되어 버리기 때문이다. 알려지는 것은 그대가 아니다. 그래서 영혼은 계속 뒤로 물러나는 것이다. 그대에게 알려지는 것은 모두가 그대와 떨어진 것이요, 분리되어 있는 것들이다. 진리가 이러할진대 어떻게 자기 자아를 알 수 있겠는가? 진리와 하나가 되면 알 수가 없다. 그대가 결코 알려질 수 없는 지고의 존재라는 것을 깨닫는 것이 전부이다. 자신의 자아에 대해 알 수 있는 것은 이 정도일 뿐이다.

그대는 이미 알려질 수 있는 모든 것을 알았다. 하지만 그 모두는 외부 세계에 관한 것들이다. 내면 세계의 것들이 아니다. 그대는 존재하는 것은 무시해 왔다. 참으로 알아야 할 것을 무시해 왔다. 그것을 알려면 내면으로 깊이 들어가야만 한다.

 아는 자는 그대이다. 더 이상 알 것이 아무것도 없을 때까지, 오직 아는 자만 남을 때까지 내면으로 깊이 들어가라. 끊임없이 들어가라. 그것이 명상이다. 아는 자 외에는 모든 것이 사라졌을 때 그것이 명상 상태이다.

 아는 자가 지성을 따르는 사람이라면 그는 명상 속에 있을 것이다. 아는 자가 가슴을 따르는 사람이라면 그는 사랑 속에 있을 것이다. 아는 자가 사막같이 메말라 있다면 그는 한 발 더 들어가야 한다. 아직도 사랑의 비구름에서 사랑이 쏟아지고 있지 않은 상태이다. 이것이 까비르가 읊은 사랑의 비구름이다.

> 까비르는 말한다, 사랑의 비구름이
> 나에게 와, 사랑을 퍼부어
> 내 가슴을 흠뻑 적시니
> 내면의 숲에 푸르름이 넘쳐흐르누나.

 그대의 숲은 아직도 푸르름이 흘러 넘치고 있지 않다. 그대는 거의 목적지에 도달했지만 그대의 씨앗은 아직 터지지 않은 상태이다. 터져서 꽃이 피어나지 않은 상태이다. 그대는 겨우 삶의 허섭스레기와 시달림으로부터 벗어난 상태일 뿐이다.

 새로운 정원을 만들 때가 그렇다. 정원을 새로이 만들려면 먼저 잡석을 골라내고, 잡초를 뽑아 내고, 부지를 고른다. 그런 다음 씨앗을 뿌리는 것이다. 그렇다고 해서 바로 그러한 상태가 정원이라고는 할 수 없다. 그대가 지금 여기에 있다.

 명상은 준비 과정이요, 사랑이 그 열매이다. 그래서 붓다는 크나큰 사랑과 자비가 내면으로부터 우러나오지 않으면 어떠한 지혜를 얻었든 그 지혜가 완성된 것으로 생각하지 말라고 말했던 것이다. 붓다는 사랑에 대해 '카루나(karuna)' 라는 말을 썼다. 자비라는 말이다. 지혜가 사랑에 메말라 있으면, 그것은 땅을 실컷 고른 다음 씨앗을 뿌리지 않는 것이나 마찬가지다. 거기에서는 꽃이 필 리 없다. 정원에 꽃이 없다면 애초에 땅을 고를 필요도 없는 것이다. 정원에 꽃이 피지 않는다면 그대의 모든 노력은 헛수고로 돌아간다. 꽃이 피어야만 정원이 되는 것이다.

사랑이 궁극의 것이라는 점을 항상 명심하라. 명상은 땅을 고르는 것이다. 하나의 준비요, 길일 뿐이다. 사랑이 목적이요, 궁극이다. 사랑이 우러나오지 않는 명상의 경지에는 아직도 에고가 숨어 있다. 그래서 그대는 메마른 것이다. 에고에는 따뜻한 가슴이 없다. 그것은 마치 딱딱한 돌과 같다. 그래서 우리 말에 "사랑이 없는 가슴은 돌과 같은 가슴이다" 라는 말이 있지 않은가? 돌과 같은 가슴에서는 삶의 과즙이 흘러 나오지 않는다. 그것은 죽은 가슴이다. 삶은 오직 사랑으로부터 꽃피어난다.

그대가 아는 것이란 모두 마음에 지나지 않은 것들이다. 마음 이상의 것을 터득한 적이 있는가? 그대가 터득한 세속적인 것들조차도 그대 자신의 체험에서 나온 것들이 아니다. 그대가 알고 있는 것들이란 고작해야 마음이나 정신을 통한 것들뿐이다.

그대 앞에 나무가 있어도 그대는 그것을 진정으로 보지 못한다. 그대는 마음이라는 거울에 비친 그림자를 볼 뿐이다. 그것이 그대가 보는 것이다. 그대가 나무를 만진다고 가정해 보자. 그대는 자신이 나무를 만지고 있다고 생각하지만 그것은 착각일 뿐이다. 그대가 만지는 것이 아니라 손이 만지고 있는 것이다. 손과 마음 사이에는 엄청난 차이가 있다. 손이 나무를 만지고 그 정보를 마음에 전달한다. 그대는 마음만 알 뿐이다. 항상 마음을 따르고 있을 뿐이다.

그래서 깨달은 사람들은 세상과 꿈에는 아무런 차이가 없다고 말한다. 세상과 꿈은 똑같이 마음속에서 벌어지는 것이요, 마음이 지어낸 것이다. 사실 따지고 보면 마음 밖의 세상이 참으로 존재하는가에 대해 증거할 수 없다. 그대는 결코 그 증거를 찾을 수 없다. 그대가 아는 세상이란 마음을 통해서 본 세상일 뿐이다. 마음을 온전히 여읜 사람 중에 마음이 지어낸 세상을 아는 사람은 아무도 없다. 나무가 꼭 마음 밖에 존재하라는 법이 어디에 있는가? 그대는 밤에 꿈을 꾸면서 나무를 본다. 그리고 그 나무가 대낮에 보는 나무하고 아무런 차이가 없다고 생각한다.

깨달은 존재들이 세상은 꿈과 같다고 말하는 것은 세상이나 꿈이나 모두 마음 안에서 일어나는 것이란 말이다. 사물이 진정으로 실재(實在)하는가에 대해서 결론을 내리는 것은 간단한 문제가 아니다. 사물이 실재한다는 보장이 전혀 없는 것이다. 그대가 지금 보고 있는 내가 그대의 꿈에서 보는 나일 수 있다는 것이다. 그대가 지금 듣고 있는 나의 목소리가 실재인지 꿈인지에 대한 100퍼센트 확실한 증거가 있는가? 어떤 검증 방법이 있는가? 그대는 내가 지금 여기에 현존하고 있다고 자신 있게 말할 수 있는가? 그대는 마음을 통해서 지각할 뿐이다. 마음이 언제나 거기에 있다.

그대는 세상을 보아 왔다. 하지만 그 모두는 마음이라는 거울에 비친 영상일 뿐이다. 그대는 결코 거울 너머에 존재하는 것을 보지 못했다. 하물며 그대는 어떻게 자신이 보아 왔던 것이 진짜라고 단언할 수 있는가? 그래서 깨달은 사람들은 세상은 마음이 지어낸 것이라고 말하는 것이다. 그것이 세상의 참모습이다. 그대가 아는 것이란 마음이 지어낸 것이다. 마음이라는 거울에 비친 모습일 뿐이다. 마음이란 그저 마음에 비친 모습들의 집합에 지나지 않은 것이다. 마음이 사바 세계요, 세상이며 환영이라는 사실을 잘 이해하라.

그대들에게 자주 언급했던 선(禪)의 일화를 한 번 보자. 두 승려가 절의 문 앞에 서서 절 지붕 위에서 펄럭이는 깃발에 대해 뜨거운 논쟁을 벌이고 있었다.

한 승려가 말했다.

"나붓거리는 것은 바람이지 깃발이 아니오."

다른 승려가 우겼다.

"깃발 자체가 나붓거리는 것이오."

무엇이 나붓거리는가에 대해 둘은 열띤 토론을 벌였다. 누가 맞는지 가름하기 어려웠다. 그때 스승이 절 밖으로 나와서 말했다.

"멍청한 친구들! 나붓거리는 것은 깃발도 바람도 아니다. 너희들 마음이 그렇게 요동하는 것일 뿐이다. 그렇게 나붓거리는 것은 너희들 마음일 뿐이다."

바람이 부는 것도 깃발이 나붓거리는 것도 다 마음을 통해 들어오는 것이라는 게다. 우리 모두가 확신할 수 있는 단 한 가지는 마음이 나붓거리고 있다는 것이다. 그 외에는 아무것도 확실하지 않다. 확실하지 않은 것은 확실하지 않은 것이다.

우리가 그 어느 것도 확실하게 단언할 수 없는 세계를 우리는 마야라고 한다. 그 어느 것도 실재한다거나 실재하지 않는다거나 확언할 수 없는 이 사바 세계를 우리는 마야라고 부른다. '마야'라는 말은 참으로 의미심장한 말이다.

존재하는 것이 진리이다. 우리가 절대적으로 확언할 수 있는 것은 관조자로서의 그대 존재이다. 그것은 털끝만큼도 의심할 수 없는 것이며 참으로 유일하게 존재하는 것이다. 관조자에 대해서는 의심할 수 없다. "나는 존재한다"는 우리가 전혀 의심할 수 없는 유일한 것이다. 그대가 아무리 "나는 존재한다"에 대해 의심하고 싶어해도 '나'가 있지 않고는 가능하지 않다. 이 상황에서 '나'가 없다면 의심하는 주인은 누구인가? 존재하지 않는 것은 거짓이요, 진리에 반대되는 것이다.

생각으로는 진리의 존재 여부를 결코 따질 수 없다. 마야란 진리의 존재와 비존재 사이에 있는 것이다. 마야란 존재하는 것 같지만 실은 존재

하지 않는 것이다. 마야란 긍정도 부정도 할 수 없는 현상이다. 의심스러운 현상이다.

그러면 왜 의심이 존재하는가? 의심은 우리가 대상에 대해 직접적으로 모르기 때문에 존재하는 것이다. 무심(無心)의 경지에 오른 사람은 마음과 더불어 세상도 사라져 버린다고 말한다. 이 점에 대해서는 모두가 동의한다. 참지혜의 경지에 도달하는 순간 사바 세계와 온 세상이 사라져 버린다고 깨달은 사람은 모두 말한다. 마음도 없고 사바 세계도 없다. 깨달은 사람은 모든 것이 사라지고 남은 것을 신이라고 부른다. 깨닫지 못한 사람은 그것을 사바 세계라고 부른다.

신이란 마음이 사라지고 마음이 더 이상 참견을 하지 않을 때 보이는 존재계의 한 모습이다. 그때는 한쪽에는 영혼이요, 다른 한쪽에는 순수 존재계다. 마야는 마음을 통해서 보이는 존재계이다. 진리는 관조자가 보는 존재계이다. 그것이 신이다.

까비르는 다음과 같이 묻고 있다.

마음이 마음을 다스리는 것보다
더 클 수 있는가?

여기에 대답할 필요가 있다고 생각하는가? 답은 이미 질문 속에 들어 있다. 그대가 먼저 이 수수께끼를 풀 때 모든 것이 확연해질 것이다. 보여지는 것보다 보는 자가 더 큰 것이다. 보여지는 것은 대상이요, 보는 자가 의식이다.

라마가 라마를 아는 이보다
더 클 수 있는가?

까비르는 상당히 어려운 질문을 던지고 있다. 마음이 마음을 아는 자보다 더 클 수 없다는 사실을 깨우치지 못하면 당연히 다음과 같은 의문이 떠오르는 것이다.

라마가 라마를 아는 이보다
더 클 수 있는가?

신 또한 알려지는 대상이라면 신을 아는 자가 신보다 더 큰가에 대해 까비르는 묻고 있다. 신 또한 알려지는 존재라면 당연히 신을 아는 자가 더 클 것이다. 당연히 관조자가 더 클 것이다. 깨달은 사람 중의 일부는 자각(自覺)이 신보다 위에 있다고 말한다. 자각이 신보다 크다는 것이다. 예를 들어 마하비라가 그랬다. 마하비라는 영혼이 지고의 존재라고 말했다.

그래서 계속 의중을 파고들다 보면 아는 자만이 남는다. 신 또한 알려지는 대상이다. 그래서 신은 신을 아는 자보다 더 클 수 없는 것이다. 최상의 지혜의 경지에 도달하는 순간 모든 것은 사라져 버린다. 궁극의 지혜에 도달하는 순간 모든 것이 사라져 버린다는 것을 이해하는 것은 상당히 어렵다. 사바 세계도 사라지고 사바 세계를 지어낸 것도 사라진다. 존재계도 사라지고 오직 의식만이 남는다. 오직 순수 의식만이 남는다. 보는 자, 관조자, 영혼—어떠한 이름을 붙여도 좋다—만이 남는다. 의심할 바 없이 아는 자의 의식이 더 큰 것이다.

마지막 순간에 의식은 신이 된다. 헌신자가 마지막 궁극의 경지에 도달했을 때 헌신자는 바그완(Bhagwan), 즉 신이 된다. 이제 알려지는 모든 것은, 모든 체험은 체험자보다 작게 되는 것이다. 모든 지각과 지각 대상, 보여지는 모든 것은 별 의미가 없어진다. 이제 보는 자가 궁극의 존재가 된다. 관조자가 궁극의 존재가 된다.

브라흐마가 자신의 근원보다
더 클 수 있는가?

　우주를 창조한 브라흐마가 큰지, 아니면 브라흐마 자신이 나온 존재계가 더 큰지에 대해 묻는다. 궁극의 근원이 더 클 수밖에 없다. 그 궁극의 근원은 그대 내면에 있다. 그 무엇도 그대보다 더 클 수 없다는 사실을 까비르는 지적하고 있다. 그럼에도 불구하고 그대는 자신이 하찮은 존재라고, 아주 작은 존재라고 여긴다! 그대가 지고의 존재요, 궁극의 존재이다. 그런데 그대는 자신이 아주 왜소한 존재라고 느낀다!
　자신은 아주 왜소하다고 느낀다. 하지만 자신이 왜소한 존재라는 것을 믿고 싶어하지 않기 때문에 에고가 태어난다. 그래서 그대는 사람들에게 자신이 크다는 것을 보여 주기 시작한다. 그러한 것은 모두 가짜다. 자신이 크다고 주장하는 말의 이면에 있는 것은 매우 중요하다. 이를 잘 이해하라. 때로는 "왜 나는 그렇게도 작아지려고 하지?"라는 의문이 떠오르기도 할 것이다. 하지만 마음 깊숙한 곳에 자리잡은 의식은 왜소해지고 싶은 마음이 없다. 그래서 "나는 크다"고 거짓 주장을 하는 것이다. 그대는 진리를 체험하지 못했다. 그래서 가끔씩 "야, 내가 이렇게 돈을 많이 모았다! 봐, 내가 이렇게 학식이 많다고! 봐줘, 내가 이렇게 속세를 떠난 것을!" 하고 말한다. 하지만 그대는 자신이 무엇을 말하고 있는지 깨닫지 못하고 있다. 이렇게 에고에서 나온 모든 말들은 거짓이다. 사실 그대가 신보다 더 크다. 그대가 바그완보다 더 크다. 그대가 궁극이다.
　그대가 궁극의 경지에 도달해야만 진짜로 마음이 편하고 행복할 것 같다는 생각이 뼛속 깊숙이 박혀 있다. 그래서 그대는 보다 높은 자리와 높은 경지를 바라지만 나중에 가서는 그 모든 것이 쓸데없다는 것을 깨우친다. 그대가 그렇게 바래 왔던 어떤 자리에 올라가 보라. 그 자리에

올라가자마자 그대는 그 자리가 별 의미 없는 것이라는 걸 깨닫는다.

쿨리지(Calvin Coolidge)라는 미국 대통령이 있었다. 그는 대통령 선거에 출마해서 당당히 승리했다. 그래서 미국 대통령이 되었다. 다른 정치가들하고는 달리 그는 성인(聖人)의 풍모를 지니고 있어서 그에 대한 국민의 지지도가 아주 좋았다. 그는 말수가 상당히 적은 사람이었다. 그에게 이런 저런 얘기를 시키는 것은 쉽지 않았다. 그는 가능하면 말없이 침묵을 지켰다.

한 번은 한 귀부인이 쿨리지 대통령을 저녁 식사에 초대해서 자신이 대통령으로부터 못해도 네 마디는 끌어낼 것이라고 사람들에게 장담을 했다. 그녀는 대통령에게 장황하게 이런 저런 이야기를 했지만 대통령은 그저 듣기만 할 뿐이었다. 마침내 그녀는 대통령에게 무슨 말이든 좀 해보시라고 말했다. 그가 대답했다.

"아는 게 없어요.(I don't know)"

대통령은 단 세 마디만 했다. 그녀는 대통령으로부터 네 마디를 끌어내는 데 실패했던 것이다.

어느 날인가 쿨리지는 백악관 앞을 한가롭게 산책하고 있었다. 워싱턴에 처음 온 사람이 그를 보고 물었다.

"이 큰 집에 누가 사시오?"

그러자 쿨리지가 대답했다.

"아무도 살지 않소. 사람들이 그냥 왔다가 가곤 하지요. 집이 아니라 술집이오."

워싱턴에 처음 왔던 그 사람은 조금 있다가 자기하고 이야기한 바로 그 사람이 백악관에 사는 대통령이라는 사실을 알게 되었다. 쿨리지는 바로 그런 사람이었다.

그의 대통령 임기가 거의 끝날 무렵 그를 따르는 사람들과 친구들이 재선에 나서라고 부추겼다. 그들의 눈에는 재선의 승리가 거의 확실해

보였다. 쿨리지가 대답했다.

"더 이상 갈 데가 없소."

왜 그런가? 그의 말은 정말 의미심장하다. 그가 이어 말했다.

"이제 더 이상 위로 올라갈 데가 없단 말이오. 이 나라 최고 위치인 대통령을 해보았소. 그 이상의 높은 직위가 없단 말이오. 이 최고의 직위마저도 나에게 참다운 충족을 안겨 주지 못한다는 걸 깨달았소. 그러니 계속 성가시게 더할 게 뭐 있소?"

그대가 어떤 것을 성취하고 얻는다 해도 그것은 그대에게 만족을 가져다 주지 못한다. 궁극의 경지에 도달하기 전까지 그대는 만족할 수 없다. 그대 자신이 신이 되기 전까지는 충족이란 가능하지 않다. 신이 그대가 나온 근원이요, 본성이다.

까비르는 라마가 더 큰지, 라마를 아는 이가 더 큰지 묻는다. 브라흐마가 더 큰지 브라흐마가 나온 브라흐마의 근원이 더 큰지를 묻는다. 그런 다음 이렇게 묻는다.

베다가 베다의 원천보다
더 클 수 있는가?

사람들로부터 항상 최상급의 대우를 받는 베다가 리쉬(rishi : 인도의 현자, 혹은 선지자. 베다의 찬가와 만트라들을 만들어서 전래시킴)보다 더 클 수 있는가, 베다를 만든 인간의 의식보다 더 클 수 있는가를 까비르는 묻고 있다.

베다는 깨달은 이들의 말에 불과하다. 말이 더 큰가, 아니면 그 말들을 지은 의식이 더 큰가? 베다를 그렇게 어렵게 알아서 얻는 이득은 무엇인가? 베다가 흘러 나온 그 경지를 얻으라.

베다는 리쉬들에게서 내려왔다. 코란은 마호메트에게서 내려왔다. 코란이 더 큰가 아니면 코란이 흘러 나온 마호메트의 의식이 더 큰가? 베다는 말일 뿐이다. 그 말들이 흘러 나온 말없는 관조자가 더 크다.

까비르의 물음은 너무나 명확하고 명백해서 거기에 대한 답이 필요 없을 정도이다.

까비르는 말한다.
"나는 몰라……
신전이 신을 섬기는 이보다
더 클 수 있는가?"

까비르의 이 물음에는 몇 가지 이유가 있다. 까비르는 까쉬에서 평생을 살면서 갠지스 강에서 목욕재계 한 번 안했다. 죽을 날이 가까워짐을 안 까비르는 자신을 까쉬 근처에 있는 작은 마을인 마그하르(Maghar)로 옮겨다 줄 것을 제자들에게 부탁했다. 마그하르에서 죽은 사람은 누구나 다 당나귀로 다시 태어나고, 까쉬에서 죽는 사람은 누구나 다, 세상에서 가장 큰 죄인일지라도, 해탈을 얻고 천국에 간다는 말이 있다. 그래서 까쉬에 화장터가 많이 생겼다. 사람들은 죽을 때가 가까워지면 까쉬를 찾아 떠난다. 늙은이들은 남녀 할 것 없이 천국으로 직행하기 위해 까쉬로 모여든다. 하지만 마그하르에서 죽는 사람은 누구나가 당나귀로 다시 태어난다는 것이다. 심지어 마그하르에서는 위대한 성자가 죽는다 할지라도 당나귀로 다시 태어난다는 것이다. 까쉬에서 죽으면 얻는 것은 해탈밖에 없는데…….

까비르가 자신을 마그하르로 데려다 달라고 제자들에게 부탁하자 제자들은 한결같이 이렇게 말했다.

"정신 있으세요? 평생을 까쉬에서 사시고 이제 죽을 때가 돼서 마그하르로 가시겠다고요? 마그하르에서 살던 사람들도 죽을 때가 되면 까쉬

로 달려옵니다!'

까비르의 다음 대답은 정말 의미심장하다.

"내가 까쉬에서 죽어 천국에 가면 그것은 별 의미가 없다. 그것이 신의 은총인지, 아닌지를 알 도리가 없다. 단지 천국에 가기 위해 까쉬에서 죽는 것은 나의 성미에 맞지 않다. 내가 마그하르에서 죽어 천국에 가면 그것은 진짜 신의 은총이 될 것이다. 신의 은총을 제대로 알려면 마그하르로 가야 한다. 나는 마그하르에서 죽겠다!'

까비르는 말한다.
"나는 몰라……
신전이 신을 섬기는 이보다
더 클 수 있는가?'

왜 성지가 성스럽다고 생각하는가? 신의 헌신자가 이전에 그곳에서 살았기 때문이다. 거기에 다른 이유는 없다. 헌신자가 신에 도달한 곳은 성스러운 곳, 즉 성지(聖地)가 된다. 성지는 헌신자의 진동과 파장으로 채워지기 때문에 다른 사람들이 신에 도달하기가 한결 쉬워진다.

붓다가 보리수 아래서 궁극의 지혜를 성취하자 그 나무는 성스러워졌다. 붓다가 그 나무로 인하여 깨달은 것은 아니다. 붓다의 깨달음으로 인하여 그 보리수가 성스러워진 것이다. 그래서 붓다가 깨달음을 얻은 보드가야(Bodhgaya)는 불교 순례지가 되었다. 그 보리수 나무 아래서 한 사람이 최상의 의식 속으로 사라졌다. 이 일은 너무나 위대해서 그 영향은 영원히 살아 있을 것이다. 그 영향과 파장을 결코 지워 버릴 수 없다. 그 영향은 영원히 지속될 것이다. 죽을 수밖에 없는 인간의 운명을 벗어 던지고 불멸의 삶에 도달한 한 개인의 향기는 영원한 것이다.

과거 언젠가 그곳에서 신의 감로수가 붓다에게 쏟아져 내리고 붓다는

The Great Secret

그 감로수로 흠뻑 젖었다. 그래서 그곳은 신성한 감로수의 향기로 항상 진동할 것이다. 아주 조그마한 땅조각인 그곳은 인류 역사에서 참으로 크나큰 이벤트를 지켜보았다. 이 나라의 아주 조그마한 일부인 그곳은 사바 세계가 갈라지는 것을 지켜보았다. 한 개인이 피안의 세계로 건너갔다. 이렇게 해서 그곳이 성지가 된 것이다. 신의 헌신자가 걷는 곳은 성지가 되고 순례지가 된다.

까쉬의 펀디트(pundit : 힌두교 경전을 주로 연구하는 학자)들은 까비르를 죄인이라고 비난했다. 펀디트들은 까비르를 결코 좋아할 수 없었다. 그리고 그냥 묵과할 수도 없었다. 그들은 결코 까비르를 이해할 수 없었던 것이다. 까비르를 이해하기 위해선 엄청난 용기가 필요하다. 학식이 많은 펀디트들은 그만큼의 배짱도 없었다. 까쉬는 펀디트들의 고향이었다. 그야말로 옛날 옛적부터 까쉬에는 펀디트들이 득실거렸다. 인도의 펀디트들이 망가뜨린 것이 하나 있다. 그것은 까쉬였다. 깨달은 사람으로 인하여 성스러워진 땅을 펀디트들이 더럽히는 경우가 있다. 까쉬가 바로 그런 경우에 해당되는 성지였다. 온갖 잡동사니란 잡동사니는 다 모여들었다.

펀디트들은 까비르를 그냥 놔둘 수 없었다. 펀디트들은 종종 이렇게 말하곤 했다.

"당신이 베다를 공부하기나 했소? 산스크리트를 알기나 하냔 말이오? 그러면서도 최상의 지혜에 대해 이러쿵저러쿵하다니! 베다도 알지 못하면서……"

그래서 까비르는 묻는다.

베다가 베다의 원천보다
더 클 수 있는가?

펀디트들은 까비르에게 "당신은 까쉬같은 성지에 살고 있으니 갠지스 강가에 가서 목욕재계를 하시오. 그러면 당신도 성스러워질 것이오"라고 말하곤 했다. 그래서 까비르는 묻는다.

신전이 신을 섬기는 이보다
더 클 수 있는가?

이 물음은 다소 수사적(修辭的)이다. 물음 안에 답이 이미 들어 있다는 말이다. 신의 헌신자가 어디를 걷든지 걷는 그곳이 바로 순례지가 된다. 까쉬는 그곳에 살던 사람들이 신에 도달했기 때문에 순례지가 되었다. 그런데 불행하게도 까쉬에 사는 사람은 자신이 까쉬에 살고 있기 때문에 신에 도달하지 못한다. 왜 그런가?

힌두교는 흐르는 강물을 지켜보면서 명상을 해왔다. 그러한 명상은 대단히 심오하고 뜻 깊은 실험이다. 그래서 힌두교의 모든 성지가 강변에 위치한 것이다. 흘러가는 강물을 지켜보면서 오랫동안 명상을 하면 마음도 씻겨 내려간다.

헤르만 헷세(Hermann Hesse)의 〈싯다르타(Siddhartha)〉는 이 점을 아주 잘 드러내고 있다. 헷세는 힌두교인의 어느 누구보다도 힌두교 수행법의 심오한 의미를 깊이 꿰뚫어 보았다. 〈싯다르타〉의 주인공 싯다르타는 강둑에 앉아 흘러가는 강물을 지켜보면서 명상한다. 그리고 뱃사공으로 일하면서 해탈을 얻는다.

계절마다 강은 그 모습을 바꾼다. 우기(雨期)에 홍수가 지면 강은 그 생기와 힘, 그리고 굽이치는 질풍노도의 모습으로 정말 볼 만한 장관을 이룬다. 한여름 건기(乾期)에 강은 모든 생기를 잃어버리고 가련한 모습을 드러낸다. 강물이 바싹 말라 강바닥이 보이기 시작하면 여기저기에 웅덩이가 생긴다. 그 굽이침과 힘과 위용이 모두 사라져 버린 것이다.

마치 강이 늙어서 임종을 맞이한 것처럼 뼈만 앙상하게 남는다.

싯다르타는 강가에 앉아 강이 변화하는 모습을 계속 지켜본다. 점차 그는 강의 변화에 따라 자신의 마음이 변해 가는 것을 깨닫는다. 젊음과 늙음, 행복과 불행이 흘러가는 것을 바라본다. 그 모두가 흘러가는 것을 지켜본다. 마음의 강물이 흘러가고, 내면의 관조자가 이를 지켜본다. 이것이 힌두의 명상법이다.

이것이 힌두교인이 강변에 성지를 만든 한 이유이다. 수없이 많은 사람들이 거기에서 해탈을 성취해 왔다. 그것은 태곳적부터 지금까지 이어지고 있다. 원래 성지가 있었고 그 성지로 인해 사람들이 깨달음을 얻은 것이 아니다. 성지는 수없이 많은 깨달은 사람들로 인해 성스러워진 것이다. 까쉬에 간다고 누구나 다 해탈하는 것이 아니다. 단지 그대가 해탈하는 그곳이 까쉬가 될 뿐이다.

자이나교인은 산과 언덕을 자이나교의 순례지로 만들었다. 그들의 명상법은 강과 연관된 것이 아니라 산과 연관되어 있다.

이를 잘 이해하라. 힌두교는 마음이 계속 변하는 성질을 지녔기 때문에 강물을 지켜보면서 자신의 마음을 지켜보고자 강변에 성지를 만들었다. 마음의 변화란 강물이 흐르는 것과 같다. 강물은 끊임없이 흐른다. 그리고 변하지 않는 관조자는 강변에 서서 강물의 흐름을 지켜본다. 자이나교는 힌두교와는 정반대로 산에 순례지를 정했다. 산은 견실함의 상징이다. 산은 결코 변하지 않고 견고하게 거기에 우뚝 서 있다. 힌두교의 명상법은 마음을 초월하는 것인 반면에 자이나교의 명상법은 흔들리지 않고 견실하게 서 있는 것이다. 강물에 한결같이 견실하게 서 있으면 자동적으로 강물을 초월하게 된다. 강물을 초월하면 자동적으로 한결같이 견실할 수 있다. 힌두와 자이나의 두 명상법은 두 개의 강안이라고 볼 수 있다. 이쪽 강안에서도 초월은 가능하고 저쪽 강안에서도 초월은 가능하다.

기르나르(Girnar) 산과 쉬카르지(Shikharji) 산은 옛날부터 수많은 사람들이 해탈을 한 곳이다. 그래서 성지가 되었다. 23명의 자이나교 티르탕카라(tirthankara : 자이나교 24명의 깨달은 스승)가 쉬카르지 산에서 깨달음을 얻었다. 마하비라가 유일한 예외였다. 쉬카르지 산은 위대한 스승들의 기운으로 가득 차 있다. 이 산의 돌멩이 하나, 나무 한 그루도 위대한 스승들의 기운을 전해 주고 있다. 그대도 거기에 가보면 그러한 기운을 느낄 수 있다. 거기에 있으면 아주 자연스럽게 그러한 흐름 속으로 흘러든다. 그러한 곳에서는 명상이 한결 쉽게 일어난다. 성지란 바로 그런 곳을 두고 말하는 것이다.

하지만 신의 헌신자들이 성지보다 훨씬 더 위대하고 크다. 어느 누구도 그대보다 위대하거나 크지 않다고 까비르는 말한다. 하지만 여기에서 무엇보다도 중요한 점은 그대 자신이 그 위대함을 성취해야만 한다는 것이다. 그러려면 그대는 자신을 온전히 내맡겨야 한다. 이러한 수행과 순례에서 역설적인 것은 그대보다 큰 자는 세상에 아무도 없지만 그대가 작은 것 중의 가장 작은 것이 되었을 때, 그대가 가장 크다는 것을 깨닫게 된다는 것이다. 그대가 깊디 깊은 심연이 될 때 그대는 구리샹카르(Gourishankar), 즉 에베레스트 최고봉이 된다. 그대가 자신을 온전히 내맡겼을 때 더없이 큰 존재가 된다. 그대가 작은 것 중의 가장 작은 것이 되었을 때 신만큼 커다란 존재가 된다.

겸손과 내맡김과 에고를 버리는 것이 세상에서 더없는 위대함을 성취하는 길이다. 그대가 에고를 움켜쥐고 있으면 그대는 보잘것없는 존재가 된다. 에고는 천하고 보잘것없다. 그대가 에고에 집착을 하면 그대의 존재는 한 알의 모래알보다 못한 것이 되어 버린다. 에고로부터 자유로워져야만 한다. 그대의 위대함의 유일한 장애물은 에고이다. 에고 때문에 그대는 무의미한 존재가 되어 버리는 것이다. 에고가 사라지면 그대보다 높은 것이 있을 수 없다. 그러면 그대는 존재계에서 주인이 된다.

The Great Secret

지고(至高)한 음악이 된다. 이것이 수많은 문제들에 대한 해답이다.

그대가 자신의 참모습을 깨닫지 못하기 때문에 문제가 생기는 것이다. 그대 내면의 가장 깊숙한 곳에 들어앉은 열망은 바로 참모습을 알고, 그것 자체가 되는 것이다. 가장 하찮은 것의 도움으로 가장 위대함을 성취할 수 있다. 그대는 수피 이야기에 나오는 이집트 왕과 같다.

이 이집트 왕은 한 파키르를 더없이 좋아했다. 그 파키르는 왕이 부르면 왕궁으로 들어가곤 했다. 왕이 파키르에게 "사시는 오두막에 한 번 들르고 싶습니다"라고 여러 번 말했지만 그 파키르는 "아닙니다. 폐하께서 보실 만한 것이 못됩니다. 저를 보고 싶다면 언제든지 제가 오겠습니다"라고 말하는 것이었다.

파키르의 이런 대답을 여러 번 듣자 왕은 파키르의 오두막이 어떤지 점점 더 궁금해졌다. 그래서 왕은 어느 날 아무 말 없이 파키르의 집을 찾아갔다. 파키르의 아내가 집을 지키고 있었다. 파키르는 밭에 나가고 없었다. 아내가 "여기 앉으십시오. 제가 밭에 가서 불러오겠습니다"라고 말했다. 하지만 왕은 앉지 않고 오두막 앞을 왔다갔다하기만 했다.

파키르의 아내는 '폐하께서는 앉을 만한 곳이 없어서 왔다갔다만 하는 걸 거야'라고 생각했다. 그래서 그녀는 집 안에 들어가 허름한 카펫을 가져와 바닥에 깔고 왕에게 앉을 것을 권했다. 그리고 나서 파키르를 데려오겠다고 말했다. 그러자 왕이 "그럼, 데려오시오"라고 말했지만 카펫에 앉을 기미는 보이지 않았다. 그냥 왔다갔다만 했다. 파키르의 아내는 당황스러웠지만 남편을 데리러 가지 않을 수 없었다.

밭에서 같이 돌아오는 길에 아내가 파키르에게 말했다.

"폐하는 참 이상해 보여요. 내가 몇 번이나 자리에 앉으시라고 말을 했거든요. 앉을 자리가 마땅치 않아서 안 앉는가보다 생각을 했죠. 그래서 카펫을 깔아 드렸는데도 앉지 않는 거예요."

파키르가 말했다.

"당신 잘못이오. 우리 집이 폐하를 모시기에는 부족해서 모시지 않은 거요. 허름한 카펫에 앉으시라고 말하면 불편해서 가셨을 거요. 자꾸 앉으시라고 폐하에게 말한 건 잘못됐다는 말이오."

파키르는 자신의 오두막에 돌아와서는 왕과 같이 이리저리 왔다갔다 하면서 이야기를 주고받았다.

왕은 파키르가 앉으라는 말 한마디도 없자 이상하게 생각했다. 파키르의 아내는 몇 차례나 자신에게 앉을 것을 권유했던 바이다. 떠날 때가 되자 왕이 물었다.

"왜 나에게 단 한 번도 앉으라는 말을 안한 거요? 당신 아내는 나에게 여러 번 앉을 것을 권유했는데."

파키르가 대답했다.

"제 아내는 단순한 여잡니다. 폐하를 어떻게 대접해야 되는가에 대한 예법을 전혀 모르죠. 저희들에게는 폐하를 위한 마땅한 자리가 없습니다. 폐하는 항상 더없이 좋은 자리에 앉으십니다. 그 허름한 카펫에 앉는 것은 폐하에게 상당히 불편한 일입니다."

이것은 수피 이야기지만 그대에게도 똑같이 해당되는 이야기이다. 그대가 신 이하의 존재로 살아가는 한, 그 자리는 그대에게 불편할 수밖에 없는 것이다. 그대 에고는 그 허름한 카펫에 다름 아니다. 그대 에고는 너무나 더럽고 불편한 자리인 것이다. 그대 에고는 가짜다. 아무 의미 없는 것이다. 에고는 제멋대로 날뛴다. 그대도 이를 안다. 하지만 문제는 그대가 자신의 왕좌를 볼 수 없다는 것이다.

그대는 언제까지 이리저리 왔다갔다만 할 것인가? 그러다가 그대는 그 허름한 카펫에 앉는다. 그리고 그것은 허름한 카펫이 아니라 왕좌라고 자신의 마음을 설득하기 시작한다. 이렇게 자신의 마음을 설득하지 않으면 그대는 한없이 이리저리 왔다갔다하기만 할 것이다. 이래서 그대는 그 허름한 카펫을 왕좌라고 생각하기 시작한다.

누군가가 그대의 카펫을 알아보고 왜 허름한 카펫에 앉아 있냐고 물어 보면 그대는 "대체 무슨 소리를 하는 거요? 눈이 멀었소? 이건 왕좌란 말이오!" 하고 따지고 든다. 그대가 허름한 카펫에 앉아 있다는 것은 온 세상이 다 안다. 그대만이 그것을 알아보지 못한다. 누군가가 이것을 지적해 주면 그대는 그가 자신의 왕좌를 빼앗아 가려 한다고 생각한다. 그리고 그를 원수로 간주하기 시작한다.

그대가 신이라는 그대 에고의 주장은 엉터리이다. 그런 주장을 한다는 자체가 엉터리라는 말이다. 이미 그대가 그것이다. 거기에는 어떤 주장도 필요 없다. 그대의 문제는 낡은 카펫에 있다. 그대는 계속해서 그 낡은 카펫이 자신의 왕좌라고 우긴다. 내가 그대 앞에 왕좌를 내놓으면 그대는 "왜 그래요? 나도 이미 왕좌에 앉아 있는 걸 몰라요?"라고 거칠게 따지고 들 것이다.

그대는 태어나고 또 태어나고 수없는 생을 거듭하면서 그 낡은 카펫이 옥좌라는 신념을 강화시킨다. 더 이상 높은 자리는 있을 수 없다고 마음을 굳혀 간다. 그래서 사트구루(satguru : 진리의 스승이라는 말. 참된 스승)가 그대의 에고를 포기하라고 말하면 그렇게도 상처를 입고 아파하는 것이다. 사트구루는 "보라, 이 왕좌를!" 하고 그대에게 말하지만 그대에게는 스승이 주는 보좌(寶座)를 볼 눈이 없다. 그대는 오직 자신의 낡은 카펫만을 바라볼 뿐이다. 그대는 카펫이 있는 한 자신은 무엇인가 진짜를 가지고 있다고 생각한다. 하지만 그대가 스승에 귀를 기울이면 그대의 카펫이 손아귀에서 미끄러져 나간다. 그대는 스승이 주고 있는 옥좌가 진짜 옥좌인지 아닌지를 분별할 눈이 없다.

그대가 에고를 놓았을 때에 가서야 그 옥좌가 자신의 것이었음을 보게 될 것이다. 그렇게 되면 그대의 허름한 카펫과 이 사바 세계의 꿈은 끝날 것이다. 그리고 신을 체험하기 시작할 것이다.

9
기쁨에 안식하라

죽음의 신이 라마로 바뀐다.
불행이 사라지고, 나는 기쁨에 안식한다.

원수가 뒤바뀌어 친구가 되고
악마가 성인으로 보이는구나.
모두가 축복 속에 잠겨 있음을 나는 본다.
신을 알면 침묵이 내려온다.

육신의 수많은 문제들이
순수하고 황홀한 사마디로 바뀐다.
병이 더 이상 나를 어찌하지 못한다는 것을
내 가슴 깊이 깨닫는다.

이제 마음이 불멸의 존재가 되고
살아서 죽는 것을 알게 되었다.
까비르는 말한다, 나는 그냥 기뻐한다고.
겁을 내지도, 겁을 주지도 않는다고.

The Great Secret

Relax in joy
— 기쁨에 안식하라

발미끼(Valmiki)에 관한 고대 일화가 있다. 그는 일자무식이었다. 그래서 스승이 그에게 만트라로 준 신의 이름을 잊어버리고 말았다. 스승은 발미끼에게 '라마(Rama)'라는 만트라를 주었다. 그런데 발미끼의 머리 속에서는 '마라(Mara)'라는 말밖에 다른 말이 떠오르지 않았다. '마라'는 죽음을 뜻한다. 그는 '마라'라는 만트라를 오랫동안 복송해서 해탈을 얻었다. '마라, 마라, 마라'를 계속해서 되풀이하면 자연히 '라마, 라마, 라마'라는 소리가 나오게 된다.

이 일화가 사실이었는지 아닌지는 별로 중요하지 않다. 보다 중요한 것은 이야기가 주는 상징성과 아름다움에 있다. 누구나가 '마라, 마라, 마라'라고 복송한다고 해서 '라마, 라마, 라마'가 되는 것은 아니다. 사람은 마라(죽음)를 두려워한다. 때문에 '마라, 마라, 마라'가 '라마, 라마, 라마'가 되지 못하고 내면에서는 그냥 '마라, 마라, 마라'만 울려 퍼지는 것이다.

인간은 하루에도 수백 번씩 죽는다고 까비르는 말한다. 두려움이 엄습하면 내면에서 '마라, 마라'가 울려 퍼지는 것이다. 두려움이란 '죽음의 만트라'의 복송에 다름 아니다. 그대의 '마라, 마라' 만트라는 발미끼의 만트라와는 전혀 다르다. 그대의 복송에는 발미끼의 성실함과 진지함과 지속성이 없다. "누구든 죽음을 올바로, 지속적으로 기억하면 그러한 죽음에 대한 기억은 신에 대한 기억으로 바뀐다." 이것이 발미끼 일화가 전해 주는 것이다.

 죽음을 올바로 기억하게 되면 삶에 대한 집착이 떨어진다. 그런 사람은 매순간 삶에 숨겨진 죽음을 본다. 죽음을 제대로 알게 되면 삶에 대한 맹목적인 애착과 집착이 자연스럽게 떨어져 나간다. 그런 사람은 곧 죽음의 이면에 숨겨진 감로수를 발견하게 된다. 뿐만 아니라 신과 죽음이 동전의 양면이라는 사실을 깨닫게 된다. 동전의 한 면은 죽음이요, 다른 한 면은 감로수인 것이다.

 죽음을 안 사람은 영원한 감로수를 맛본 사람이다. "죽음을 알라"는 것이 발미끼에 관한 일화가 주는 참뜻이다. 발미끼는 '마라, 마라'라고 복송함으로써 라마의 경지에 이르러 신의 감로수를 얻게 되었다. 그대도 '마라, 마라'를 기억은 하지만 거기에는 치열함이 없다. 그대는 세월아 내월아, 천천히 '마라'와 '마라' 사이에 간격을 두고 복송한다. '마라' 하고 한참을 있다가 다시 '마라'라고 되풀이하니 '마라'와 '마라'가 연결되지 않는 것이다. '마라, 마라'를 빨리 되풀이할 때만 거기에서 '라마'라는 소리가 나오게 된다. 그렇게 빨리 되풀이할 때 죽음에 대한 기억이 라마 신에 대한 기억으로 탈바꿈하게 되는 것이다. 오늘 까비르 수트라에 들어가기 전에 첫째로 이 점을 명심하라.

 둘째로 명심해야 할 것은 그대가 무엇을 소유하고 있든간에 쓸모없는 것은 아무것도 없다는 것이다. 그대는 자신이 가지고 있는 것을 제대로 쓸 줄 모를 수도 있다. 그것들을 조화롭게 다룰 줄을 모를 수도 있다. 자신이 지니고 있는 것을 언제 써야 하는지 그때를 모를 수도 있다. 자신의 인생을 아름답게 꾸밀 줄을 모를 수도 있다. 자신의 인생이 뒤죽박죽이 되어 있을 수도 있다. 하지만 자신이 가지고 있는 것들을 진짜 제대로 쓰면 그 어떤 것도 쓸모없는 것은 없다. 모든 것이 쓸모 있는 것들로 탈바꿈한다. 삶에 있어서 가장 작고 가장 하찮은 것조차 쓸모없지는 않다. 어떻게 쓸모가 없을 수 있겠는가? 그것들 모두는 위대한 존재계로부터 나온 것이다. 존재계의 선물들이다. 그 위대한 존재계로부터 삶이 창조되어 나왔다. 그 위대한 존재계로부터 우리는 창조된 삶을 선물로 부여받았다. 그대가 삶을 제대로 보지 못하거나 삶을 바라보는 시각이 잘못 되었을 수는 있다. 하나 삶에는 쓸모없는 것이 아무것도 없다. 이것이 진실이다. 그저 조화롭고 지혜롭게 사용하고 쓰기만 하면 된다. 지금의 그대는 뒤죽박죽에다가 너무 혼란스럽고 시끄럽다. 이러한 잡다한 소리가 음악가를 만나면 아름다운 선율이 되어 흘러 나온다. 음악가는 이 아름다운 선율을 통해 자신의 가슴을 드러낸다.

그대는 이미 필요한 모든 것을 소유하고 있다. 그대가 소유하고 있는 것들을 적재적소에 배치하고 쓰기만 하면 된다. 그대는 분노를 자비로 탈바꿈시키는 예술을 아는가? 그대는 이 예술을 모르기 때문에 그대의 자비는 분노로 바뀌는 것이다. 그대가 이 예술을 알면 그대의 증오는 사랑으로 탈바꿈한다. 이 예술을 모르면 그대의 사랑은 증오라는 독이 된다. 그대가 친구를 적으로 바꿀 수 있으면 똑같은 방법으로 적을 친구로 바꿀 수도 있다. 모든 것은 그대가 그 예술을 아느냐 모르느냐에 달려 있다. 삶의 예술을 모르면 '나의 것'은 '타인의 것'이 된다. 하지만 삶의 예술을 알게 되면 '타인의 것'은 '나의 것'이 된다.

그대의 문제에 대한 책임은 어느 누구에게도 없다. 그 책임의 소재는 그대가 사물을 적재적소에 쓰지 못하는 데에 있다. 인생을 탓하지 마라. 그대가 인생을 탓해서 얻을 수 있는 것은 아무것도 없다. 그대가 자신의 삶을 탓하는 행위는 자신의 삶에 더없이 소중한 수족(手足)을 자르는 일과 마찬가지다. 나중에 가서 스스로 자기를 불구로 만들었다는 것을 깨우쳐도 소용없다. 삶에는 아무것도 버릴 것이 없다. 그대의 수족이 시련을 불러온다 하더라도, 그것은 수족을 제대로 쓰지 못한 그대의 잘못에 있음을 알라. 그 쓸모를 알고 적재적소에 배치하면 그러한 문제나 시련은 사라지게 마련이다.

그대의 삶은 불편하고 괴롭다. 왜냐? 눈이 있어야 할 자리에 귀가 있기 때문이다. 귀가 있어야 할 자리에 손이 있기 때문이다. 머리가 있어야 할 자리에 다리가 있기 때문이다. 그대는 지금 물구나무를 서 있다. 이것이 바로 그대의 불편함의 원인이다.

그대 삶에 제 모양을 갖추어 줘라. 그것이 참된 의무요, 참된 수행이다. 무엇인가가 그대를 괴롭힐 때 짜증을 내거나 통제하려 들지 마라. 그 문제에 대해 깊이 생각해 보고 문제의 원인을 들여다보라. 그리고 그 문제가 제 곳에 있지 않고 딴 곳에 있는 것을 발견하면 제 곳을 찾아 주어라.

이 점을 염두에 두면서 까비르의 수트라로 들어가 보자.

죽음의 신이 라마로 바뀐다.
불행이 사라지고, 나는 기쁨에 안식한다.

원수가 뒤바뀌어 친구가 되고
악마가 성인으로 보이는구나.
모두가 축복 속에 잠겨 있음을 나는 본다.
신을 알면 침묵이 내려온다.

육신의 수많은 문제들이
순수하고 황홀한 사마디로 바뀐다.
병이 더 이상 나를 어찌하지 못한다는 것을

The Great Secret

내 가슴 깊이 깨닫는다.

까비르는 자신이 죽음의 사자라고 생각했던 사람이 신(神) 자신이었음을 알게 되었다고 말한다. 자신이 죽음을 잘못 보아 왔지만 이제 죽음은 영원한 감로수임을 깨닫게 되었다고 까비르는 말한다. 죽음은 어디에도 없다. 단지 무지와 무명(無明)만 있을 뿐이다. 아무도 죽은 적이 없다. 그리고 아무도 죽을 수 없다. 죽음은 존재하지 않는다. 죽음은 존재할 수 없다. 존재하는 것은 영원히 존재할 뿐이다.

진정으로 존재하는 것은 파괴될 수 없다. 진정으로 존재하는 것이 파괴될 수 있다는 말은 존재가 비존재가 될 수 있다는 말이다. 여태껏 존재해 왔던 것이 갑자기 존재하기를 멈추어 버렸다는 말이다. 그것은 불가능한 일이다. 과학자들은 아주 조그마한 입자 한 알도 그 존재를 우주에서 흔적도 없이 지워 버릴 수는 없다고 말한다. 무슨 수를 써도, 심지어 입자에 원자폭탄을 떨어뜨려도 그 입자는 결코 파괴되는 일이 없다. 그 입자를 산산조각을 낼 수는 있어도 파괴할 수는 없다. 그 입자를 파괴할 수 있는 수단도 없고 창조할 수 있는 수단도 없다.

파괴한다는 것은 어떤 대상의 존재를 아예 우주로부터 지워 버린다는 말이다. 창조한다는 것은 지금 존재하는 어떤 것이 우리로 말미암아 생겼다는 것이다. 하지만 우리가 '창조'라고 말할 때 그것은 사물을 다시 배열하는 것에 지나지 않는다. 우리가 '파괴'라는 말을 쓸 때 그것은 그저 사물을 여기저기 흩어 놓은 것에 불과하다.

건물을 짓는 것에 대해 생각해 보자. 모든 자재들이 준비되어 있다. 벽돌, 자갈, 물, 모래 등 모든 건축 자재가 준비되어 있다. 우리는 그저 건축이라는 체계에 따라 건축 자재들을 적당히 배열하면 건물이 나타나게 된다. 이번에는 지은 건물을 부수었다고 생각해 보자. 건물을 부수어도 거기에는 벽돌, 자갈, 모래가 그대로 존재한다. 부서진 것은 건축 자재들의 결합과 배열이지 건축 자재 자체는 아닌 것이다.

아무것도 파괴되지 않고 아무것도 창조되지 않는다. 그저 뭉쳤다가 흩어질 뿐이다. 뭉치는 것이 삶이요, 흩어지는 것은 죽음이다. 이를 깨우칠 때 죽음 뒤에 서 있는 신을 볼 수 있다.

그대는 죽음이 자신이라는 존재를 완전히 지워 버릴까봐 죽음을 그렇게도 두려워한다. 그대의 존재는 누가 지울 수 있는 것이 아니다. 죽음이 수없이 그대를 찾아왔어도 죽음은 그대를 파괴하지 못했다. 그대는 있는 그대로다. 그대의 존재 속에서는 죽음의 흔적조차 발견할 수 없다. 죽음은 온갖 수단 방법을 동원해서 그대를 지워 버리려고 하지만 그대는 무적(無敵)이다. 그럼에도 불구하고 그대는 죽음을 두려워한다. 그것은 겉보기에 그저 죽음과 소멸처럼 보이지만 그것은 순전히 그대 무명 때문이다. 그대는 완전히 각성된 의식으로 죽음을 보지 못한다.

인간은 죽기 바로 직전에 무의식으로 빠진다. 그래서 우리는 전생의 죽음을 기억하지 못하는 것이다. 완전히 각성된 의식으로 죽은 사람만이 전생의 죽음을 기억한다. 우리는 의식이 있어야 기억할 수 있다. 우리가 무의식에 빠지면 아무것도 기억할 수 없다. 의식이 깨어난 가운데 죽음을 바라보면 죽음은 라마로 바뀐다. 마라는 라마가 되고 신이 된다. 발미끼가 체험한 것은 바로 이것이다.

발미끼는 '마라, 마라'를 복송하다가 갑자기 깨달았다. 앞의 '마라'의 '라'와 뒤의 '마라'의 '마'가 연결되어 '라마'라는 만트라가 만들어졌던 것이다. '라마'나 '마라'나 앞뒤 음만 뒤바뀌었을 뿐 같은 것이다. '마라'에서는 '마' 음이 먼저 오고 '라' 음이 나중에 온다. '라마'에서는 '라' 음이 먼저 오고 '마' 음이 뒤에 온다. 이 차이밖에 없다. 하지만 또 다른 이면에 '마라'와 '라마'는 엄청나게 다르다. 그것은 죽음과 신과의 차이이다. 신은 궁극적인 존재이지만 죽음은 어둠과 두려움이다.

깨달음은 그대가 깨어 있는 가운데 죽음을 맞이할 때 일어난다. 자꾸 죽음을 피하려 들지 마라. 피하는 그곳에도 죽음은 있다. 죽음은 어디에나 있다. 죽음으로부터 도망갈 수 없다. 당당하게 서서 죽음을 보라.

라마나 마하르쉬(Ramana Maharshi, 1879~1950 : 남인도 티루반나말라이(Tiruvannamalai)에 있는 아루나찰라(Arunachala) 산에서 수행하고 깨달은 성자. 그의 명상 기법은 "나는 누구인가?"를 묻고 들어가는 것)가 한 번은 자신이 어떻게 깨달음을 얻었는가에 대해 이야기한 적이 있다. 그가 열일곱 살 적 어느 날, 갑자기 죽음이 자신에게 다가오고 있는 것을 느꼈다. 그는 죽음을 알기 위해 자리에 누웠다. 죽음이 찾아오면 인간은 아무것도 할 수 없다. 그 누구도 죽음으로부터 자신을 건질 수 없다. 죽음이 찾아오면 당당하게 죽어라. 깨어서 죽어라.

마하르쉬는 자신의 손과 발이 식어 가고 몸이 마비되는 것을 느꼈다. 그는 죽음이 다가오는 것을 보았다. 몸에서 기운이 빠져 나가고 거의 죽어가고 있었지만 그는 죽음이 다가오는 것을 지켜만 보았다. 바로 그 순간 완전한 변형이 일어났다. 그의 몸은 죽었지만 그는 살아 있었다. 그는 일어나 앉았다. 몸은 죽지만 자신은 죽지 않는다는 것을 마하르쉬는 깨달았다. 그날로 죽음에 대한 두려움이 사라지고 그의 구도와 수행은 끝났다. 그날로 '마라'가 뒤바뀌어 '라마'가 되었다. 이제 더 이상 알 것이 아무것도 남지 않았다.

라마나 마하르쉬의 기법은 아주 쉽다. "죽는 법을 배우라." 이것이 마하르쉬 가르침의 전부이다. 그대가 죽음을 제대로 배웠을 때, 죽음이 찾아와도 죽지 않는 무엇인가가 내면에 존재한다는 것을 깨닫게 될 것이다. 죽지 않는 것은 무엇인가? 그대의 의식이다. 죽음이 찾아와 육신은 완전히 죽은 것처럼 누워 있지만 그대는 완전히 살아 있다. 전적으로 깨어 있다. 지금까지 그대는 육신과 하나로 살아왔다. 육신을 무거운 짐처럼 끌고 왔다. 그래서 그대는 생생하게 살아본 적도 없고 깨어 있은 적도 없다. 이제 육신은 죽은 채로 누워 있지만 전혀 짐이 되지 않는다. 이제 그대는 자유로이 창공으로 날아 오른다.

며칠간만이라도 적당한 시간을 잡고 누워서 몸이 죽어가는 것을 느껴 보라. 이 테크닉을 며칠 동안 수련하게 되면 명상 상태를 맛볼 수 있을 것이다. 육체가 죽었다고, 완전히 송장이 되었다고 느껴라. 이것만 하면 된다. 그 무엇에도 동요하지 말고 미세하게 움직이지도 마라. 움직이는 송장을 보았는가? 심지어 개미가 물어도 그대는 죽은 채로 누워 있으라. 그리고 계속 지켜보라.

매일같이 죽은 채로 누워 있으라. 털끝만큼도 움직이지 마라. 그러면 어느 날 예기치 않게 명상을 체험하게 될 것이다. 그대와 육체가 분리되고 의식과 육체가 서로 분리될 것이다. 그대는 육체와 분리되어서 초연하게 그대의 육체를 지켜본다. 그대와 육체 사이의 거리는 무한하기 때문에 그 거리를 메울 방도는 세상 어디에도 없다. 이 순간에 '마라'의 음이 거꾸로 변해서 '라마'의 음으로 들리기 시작한다. 이제 더 이상 죽음은 없다. 이제 그대는 죽음을 알아 버렸다. 그래서 죽음은 영원히 사라져 버렸다. 죽음이 무엇인지 알지도 못하면서 죽음으로부터 달아나려고만 하면 죽음에 대한 두려움이나 공포는 점점 더 커진다. 죽음으로부터 도피하고자 하는 그대 마음이 문제를 만들어 낸다. 그대는 대(大) 도피주의자다. 그대는 위험한 것을 보면 언제나 도망간다. 도망을 치면 두려움은 줄어드는 것이 아니라, 더 늘어난다는 사실을 왜 자각하지 못하는가?

그대는 자신의 그림자로부터 도망갈 수 있다고 생각하는가? 간다면 어디로 갈 수 있는가? 빨리 달려 보라. 그러면 그림자도 빨리 달릴 것이다. 한참을 달리다가 뒤돌아보고 아직도 그림자가 바로 거기 있는 것을 발견하면 그대는 자신이 빨리 달리지 못해서 그랬을 것이라고 생각한다. 그런 다음 그대는 더 빨리 달린다. 그러면 그대의 그림자도 똑같이 빨리 달린다. 이제 마음은 목숨까지 걸라고 말한다. 할 수 있는 데까지

해보라. 하지만 그대는 별수없이 바로 옆에 있는 그림자를 보게 될 것이다. 그것은 그대 자신의 그림자이다. 다른 누구의 그림자가 아니다. 때문에 피할 도리가 없다.

그림자가 그대를 따라오지 않기를 바라는가? 그렇다면 달리지 마라. 그저 거기에 서서 그림자를 지켜보라. 그것을 제대로 지켜보면 그대는 곧 웃게 될 것이다. 왜냐하면 그것은 거기에 존재하지 않는다는 것을 깨우치게 되기 때문이다. 사물이 빛을 가리면 거기에 곧 그림자가 생긴다. 이와 같이 죽음이 참지혜를 가리고 있을 뿐이다.

죽음이 그대의 그림자이다. 죽음은 거기에 없다. 그대가 그림자로부터 달아나기 때문에 그림자가 있는 것처럼 보일 뿐이다. 그대가 죽음으로부터 자신을 구하고 싶어하기 때문에 죽음은 항상 그대를 쫓아다닌다. 그대가 서면 그림자도 선다. 그때 그림자를 자세히 살펴보라. 그러면 실은 거기에 아무것도 없다는 것을 알게 될 것이다. 그림자를 파괴하려고 할 필요가 없다. 칼을 들고 그림자의 목을 자르려고 소동을 피울 필요도 없다. 그림자에 대해 할 수 있는 것은 아무것도 없다. 나중에 그림자는 그림자일 뿐이라는 사실을 알게 될 뿐이다. 그림자의 본질을 깨닫게 될 뿐이다.

거짓이 거짓이라는 사실을 깨닫자마자 거짓은 거기에 더 이상 존재하지 않는다. 환영을 환영으로 알아보게 되었을 때 그 환영은 사라진다. 마야를 마야로 알아보게 되었을 때 그 마야는 없어진다. 진리를 애써 알려고 할 필요 없다. 거짓을 바로 보기만 하면 된다. 무엇인가가 거짓이었음을 알게 되는 순간 그 거짓은 뿌리째 흔들린다. 거짓이 사라지고 나면 진리만이 남는다.

진리를 구하려고 애쓰지 마라. 그저 진리가 아닌 것이 무엇인지를 알라. 삶의 의미를 구하지 마라. 죽음이 무엇인지 알기만 하면 된다. 신을 찾으러 떠나지 마라. 죽음이 무엇인지를 알라. 죽음같이 보이는 그림자

또한 신이다. 그저 그림자를 자세히 살펴보라. 그 그림자는 신의 그림자이다. 따라서 그대는 신에 도달할 것이다. 그대가 그림자로부터 자신을 구하려고 들면 신에 도달할 수 없다. 왜냐하면 애초부터 그 그림자는 신이었기 때문이다.

그림자는 사다리다. 그래서 까비르는 "언제면 내가 사라질까? 언제면 온전한 법열에 취할 수 있을까?"라고 묻는 것이다. 그대가 아주 주의 깊게 그림자를 살펴보면 그림자도, 그대도 사라지고 신만이 남을 것이다. 그대가 그림자를 두려워하는 한, 그대는 진짜가 될 수 없다. 거짓을 두려워하면서 어떻게 진리가 될 수 있겠는가?

그림자를 두려워하는 것은 그대의 에고다. 이는 아주 명약관화한 것이다. 이를 잘 이해하라. 에고는 죽음을 두려워한다. 그대가 죽는 순간 에고는 사라진다. 따라서 에고가 죽음을 두려워하는 것은 당연하다. 그대는 에고와 자신을 동일시함으로써 에고와 하나가 되었다. 그래서 그대는 두려워한다. 그대의 두려움은 두려움을 넘어선 가공스러운 공포이다. 그래서 그대는 특별한 이유 없이 그렇게도 두려워하고 괴로워하는 것이다. 그래서 그대는 에고가 죽어야만 한다는 것을 이해할 수 없다.

그대가 정지하면 그림자와 에고는 사라진다. 이 둘은 서로 밀접하게 연결되어 있다. 지혜와 빛이 드러나는 순간 죽음의 사자는 라마였음이 드러난다. 그러면 삶의 의미가 몽땅 바뀐다. 이런 시각으로 삶을 바라보라. 그러면 그대의 삶은 완전한 법열이 된다. 그대는 궁극의 존재가 된다. 모든 것은 어떻게 바라보느냐에 달려 있다. 어떤 사람이 물이 반쯤 담긴 잔을 가지고 있다고 하자. 물이 채워져 있지 않은 반을 보면 "반이 비었네"라고 말할 것이다. 만약 채워진 반을 본다면 "반이 찼네"라고 말하게 될 것이다. 그대가 죽음의 시각으로 삶을 바라보면 그대는 잔의 채워지지 않은 부분을 보고 있는 것이 된다. 그대는 채워지지 않은 부분과 그림자에 초점을 맞추고 있는 것이다. 그대는 삶을 풍요로운 시각으로 바라볼 수도 있었다. 왜 죽음의 시각으로만 바라보려고 하는가? 왜 삶의 시각으로 바라보지 않는가? 왜 부정적인 시각으로만 바라보려고 하는가? 왜 긍정적인 시각으로 바라보지 않는가? 이것은 아주 뿌리 깊은 마음의 습관이다. 부정적인 시각, 그것이 마음의 본성이다.

그대는 자신이 가지고 있는 것을 보지 않는다. 자신이 가지고 있지 않은 것만을 보려고 든다. 마음은 없는 것을 있는 것으로 믿고 산다. 그래서 마음은 항상 불행하며 근심 걱정 속에서 사는 것이다. 항상 없는 것에 대해 고민을 한다면 삶을 기쁨으로 살아갈 수 없는 노릇이다. 기쁨으로 가는 길은 이미 자신에게 넉넉하게 있는 것을 가지고 사는 것이다.

주시아(Jhusia)라는 유태 신비가가 있었다. 그보다 더 가난한 사람이 없을 만큼 그는 가난했다. 하루는 왕이 말을 타고 가다가, 주시아가 항상 나무 아래 앉아 있던 곳을 지나가게 되었다. 날씨가 추웠던지 주시아는 앉아서 떨고 있었다. 그의 옷은 추위를 막기에 형편없었다. 그에게는 땔나무도 없었다. 그는 자신에게 그날 그날 주어지는 음식으로 연명했다. 왕은 주시아가 매일같이 그 나무 아래서 기도하는 것을 보게 되었다. 어느 날 왕은 말을 멈추고 그의 기도를 들어 보았다.

주시아가 기도했다.

"오, 하느님! 당신은 더없이 온유하십니다. 당신은 제가 필요로 하는 모든 것을 채워 주십니다."

왕은 이 말을 듣고 궁금해서 도저히 견딜 수가 없었다. 왕은 주시아의 기도가 끝나기를 기다렸다가 주시아에게 물었다.

"주시아, 창피하지도 않소? 그런 새빨간 거짓말을 하다니! 수행자라면 마땅히 거짓말은 멀리해야 하지 않겠소? 방금 끝난 기도는 전혀 사실과 다르오. 이 추운 날에 당신에게는 땔감도 없고 따뜻한 옷도 없어서 지금 떨고 있지 않소? 당신에겐 양식 구하는 일도 그리 쉬운 일이 아니고 밤 이슬을 피할 만한 지붕도 없지 않소? 겨우 나무 아래서 잘 뿐. 당신은 정말 지독히 가난하면서도 '오, 하느님! 당신은 정말 온유하십니다. 제가 필요로 하는 모든 것을 채워 주십니다' 라고 하느님에게 말하지 않았소?'

그 말을 듣던 주시아는 한바탕 웃더니 이렇게 말했다.

"가난이 바로 제가 필요로 하는 겁니다."

이런 사람에게는 죽음이 뒤바뀌어 신이 된다. '마라' 가 뒤바뀌어 '라마' 가 된다.

"가난이 바로 제가 필요로 하는 겁니다" 라는 주시아의 말은 정말 대단한 말이다. 오직 부족할 때만 꽃피는 것이 몇 가지 있다. 그대가 이를 이해한다면 "가난이 바로 제가 필요로 하는 겁니다" 라는 말을 이해하게 될 것이다. 그리고 풍요로움 속에 죽는 것이 몇 가지 있다. 그대가 이 점을 이해하게 되면 부(富)가 꼭 필요한 것만은 아니라는 것을 알게 될 것이다. 그리고 풍요로운 가운데 꽃피는 것이 몇 가지 있다. 이 점을 그대가 올바로 들여다보았을 때 풍요로움이 도움이 된다. 이 모든 것은 그대가 사물을 어떻게 바라보느냐에 달려 있다. "가난이 바로 제가 필요로 하는 겁니다" 라고 주시아는 말한다.

"제가 지금 그것을 필요로 합니다. 그래서 주(主)께서 저에게 가난을 주셨고 가난하게 살라 합니다."

그대는 삶을 어떤 시각으로 바라보는가? 그림자의 시각에서 바라보려고만 하지 않는가? 그대는 지금 살아 있지만 삶을 제대로 들여다보지 못한다. 죽음에 대한 두려움이 그대를 집어삼키고 있다. 하지만 그 두려움이 바로 지금 이 순간에는 존재하지 않는다. 그렇지 않은가? 진리의 편에서 보자면 죽음은 결코 존재한 적이 없다.

삶이 그대 문 앞에서 서 있음에도 불구하고 그대는 삶을 보지 못한다. 태양이 떠올라도 그대는 보지 않는다. 그대는 밤에 대한 두려움으로 떨고 있다. 하지만 그대에게 있어서 지금이 바로 밤이다. 밤은 후에 오는 것

이 아니다. 그대는 이미 낮을 밤으로 만들어 놓았다. 새벽에 날이 밝아도 밤은 이미 거기에 와 있다. 한낮에도 밤이 존재한다.

그대가 밝은 태양을 어두운 밤으로 바꾸어 놓은 것처럼, 반대로 그대는 어두운 밤을 밝은 태양으로 바꿀 수 있는 능력이 있다. 부정적인 사고방식으로 보는 것이 아니라 긍정적인 사고방식으로 보면 칠흑같이 어두운 밤에도 자신의 태양이 떠오르는 것을 볼 수 있다. 이 태양은 결코 지는 일이 없다. 결코 질 수가 없다. 이 모든 것은 그대가 사물을 바라보는 시각에 달려 있다.

긍정적인 태도로 사물을 바라보라. 참다운 시각으로 사물을 바라보라. 이 점을 항상 명심하라. 천천히 사다리의 한 계단 한 계단을 올라가다 보면 마지막 계단—라마와 궁극—에 도달하게 되어 있다. 항상 부정적인 시각으로 바라보면 당연히 어둠과 죽음의 골짜기로 떨어지게 되어 있다. 이 모든 것은 전적으로 그대에게 달려 있다.

그 사다리는 어둠과 빛 사이에 놓여 있다. 그것은 언제 어디서나 똑같은 사다리이다. 사다리를 본 적이 있는가? 사다리는 두 부분으로 나누어 볼 수 있다. 한 부분은 가로장으로 우리가 올라갈 때 딛는 부분이다. 이 가로장들은 긍정의 발판들이다. 실재 세계로 딛고 올라가는 발판이다. 또 다른 한 부분은 가로장과 가로장 사이의 공간이다. 이는 부정의 발판들이다. 이 발판들에 자신의 발을 놓으면, 이 부정적인 부분들에 자신의 발을 놓으면 그대는 깊은 어둠의 나락 속으로 떨어진다. 그것이 죽음이다. 그것은 그림자요, 어둠이다. 그대가 여여(如如)의 가로장에 발을 내딛으면 그대는 최상의 완벽한 법열인 '사트-치트-아난드(sat-chit-anand : 사트(sat)는 진리를, 치트(chit)는 의식(意識)을, 아난드(anand)는 법열을 의미함)'의 경지에 이르게 된다. 까비르는 노래한다.

죽음, 온 세상이 다 두려워 떨지만

죽음, 나의 가슴은 기쁨으로 넘쳐흐른다.

그대는 사물을 어떤 시각에서 바라보는가? 그대는 어떠한 삶을 살고 있는가? 부정적이지는 않은가? 그대는 신을 믿는가, 안 믿는가? 무신론자인가? 유신론자인가? 나는 한 개인의 모습이 긍정적이면 그를 유신론자라고 부른다. 그의 모습이 부정적이면 무신론자라고 부른다. 내가 유신론자라고 말할 때 그 말은 신의 존재를 믿는 것하고는 아무 관련이 없다. 그러한 믿음은 전혀 필요하지 않다. 있는 그대로, 존재하는 모습 그대로 보고 아는 것이 유신론자의 길이다. 존재하지 않는 것을 보는 것은 무신론자의 길이다. 그대가 언제나 존재하지 않는 것을 바라보기만 하면 그대 자신은 존재하기를 멈추어 버린다. 그것이 죽음이다. 존재하는 것을 바라보는 습관을 들이면 그대는 최상의 존재가 될 것이다. 그것이 신이다.

죽음의 신이 라마로 바뀐다.
불행이 사라지고, 나는 기쁨에 안식한다.

까비르는 말한다.
"내 불행은 사라졌다. 이제 나는 행복 속에 안식한다."
사람들은 이리저리 뛰어다니지만 여전히 불행하다. 행복은 모든 것을 놓고 휴식에 들어갔을 때 찾아온다. 그대가 행복을 찾아 이리저리 뛰어다녀도 행복을 못 만나는 것은 그대에게 삶을 꿰뚫어 볼 수 있는 눈이 없기 때문이다. 그대는 여기저기 왔다갔다하다 보면 행복을 찾을 수 있을 것이라고 생각하지만 그러한 모든 수고는 불행만을 낳을 뿐이다. 그대가 그렇게도 이리저리 뛰어다녀서 얻은 것은 불행뿐이다. 더 열심히 뛸수록 더 불행해진다. 뛰어다니는 것을 멈추고 편히 쉬라. 있는 그대로 존재하라. 한치도 움직이지 마라. 그러면 그러한 안식의 순간에 행복은 찾아올 것이다. 그러한 안식의 순간이 곧 행복이다. 이에 대해 명상해 보라.

그대가 뛴 만큼 행복은 멀어진다. 뛰면 뛸수록 더욱 불행해진다. 뛰는 것을 멈추라. 거기에서 행복을 만나게 될 것이다. 멈추는 것이 명상이요, 기도이며 예배이다. 미래에 대해 어떠한 근심 걱정도, 집착도 버려라. 그러면 자연히 멈출 수 있게 될 것이다.

왜 뛰는가? 현재 순간이 모든 것이다. 그렇게 달려서 어디에 가겠다는 말인가? 뛰어서 가야 할 곳도 시간도 없다. 존재계는 바로 이 순간에도 축제를 벌인다. 하지만 그대는 존재계의 축제로부터 단절되었다. 너무나 불행한 일이다. 그냥 이리저리 뛰어다니는 일은 너무나 불행한 일이다. 내일 행복이 찾아오기를 기대하면 내일 만나게 되는 것은 불행밖에 없다. 왜 오늘 행복을 누리지 않는가? 행복은 항상 거기에 있다. 잠깐 동안만이라도 멈추어서 쉬어라. 그대가 자꾸 뛰기만 하니까 여유롭게 행복을 음미할 시간이 없는 것이다. 그래서 행복을 놓치는 것이다.

깨달은 사람은 모두 한결같이 욕망이 고통의 근원이요, 자족이 행복의 토대가 된다고 말한다. 자족한다는 말은 안식한다는 말이다. 편히 쉰다는 말이다. 지금 현재 본인이 무엇을 가지고 있든지 그것에 만족한다는 말이다. 그대는 지금 가지고 있는 것을 진정으로 누릴 줄 아는가? 이에 대해 잠시만 생각해 보라. 그대는 자신이 가지고 있는 것조차 누릴 줄을 모른다. 그러면서 더 많은 것을 얻기 위해 쫓아다닌다.

세상 사람들을 두 가지 유형으로 나누어 볼 수 있다. 첫 번째 유형의 사람들은 자신이 얻는 것이 가지고 있는 그릇보다 훨씬 많아서 그릇을 늘리는 사람들이다. 이런 유형의 수행자의 그릇은 자신이 얻는 모든 것을 담기에는 자신의 그릇이 작아서 그 그릇을 넓히려고 한다.

두 번째 유형의 사람들은 자기에게 그릇이 있는지 없는지에 대해서도 관심이 없는 사람들이다. 이런 유형의 사람들은 행복을 찾아다니기에 급급하다. 설령 만에 하나 그들이 찾는다고 하더라도 그들이 찾은 행복은 참다운 행복이 아닐 것이다. 시간이 지나면 그들은 자신에게 담을 그릇이 없음을 깨우친다. 이러한 행복의 추구 자체가 그들을 더욱 왜소하게 만들고 그들의 그릇을 점점 더 작아지게 만든다. 그대가 뛰면 뛸수록 그대의 그릇은 작아지고 오그라든다. 그대가 무작정 뛰는 것을 멈추었을 때 그대의 그릇은 커진다. 그러한 정지의 순간에 그대는 하늘이 된다.

사실 그대에게는 필요 이상의 것들이 넘치게 주어지고 있다. 호수는 그대가 마실 수 있는 것보다 훨씬 더 많은 것을 담고 있다. 그대가 누릴 수 있는 것보다 많은 노래와 춤이 있다. 그렇게 무한까지 끊임없이 이어진다. 그릇을 넓혀라. 어떻게 하면 행복해질 수 있는가에 신경 쓰지 마라. 어떻게 하면 보다 많이 담을 수 있는 큰 그릇이 될 수 있는가에 관심을 두라.

아까 언급한 두 가지 유형의 사람들은 서로 다른 길을 간다. 첫 번째 유형은 자신을 바꾸려고 하고 자신을 변형시키려고 한다. 두 번째 유형은 주변을 바꾸려고 한다. 작은 평수의 아파트에서 큰 평수의 아파트로, 가난에서 부유로, 실패에서 성공으로 주변을 바꾸려고 한다. 찾고 찾고 또 찾는다.

첫 번째 사람은 자신의 그릇을 들여다보고 자신을 변화시킨다. 그는 자신의 그릇이 하늘을 향해 열려 있다고 본다. 자신의 그릇이 아무것도 담을 수 없을 만큼 작지 않음을 안다. 자신의 그릇이 영원의 감로수가 새어 나갈 구멍이 뚫려 있거나 깨져 있지 않음을 안다. 참다운 구도자는 모두 자기 자신에 관심을 둔다. 하지만 속인은 자기 아닌 세상사에 관심을 둔다.

자신의 마음이 불편해서 무엇인가를 바꾸어 보고 싶은가? 그렇다면 마음이 하는 말에 귀를 기울이지 마라. 잠시 기다려 보라. 마음을 따라

The Great Secret

가서 될 일은 아무것도 없다. 그저 그대가 할 수 있는 만큼 자신의 그릇을 잘 닦고 넓히라. 그대의 그릇이 신의 감로수를 담을 준비가 되는 순간에 감로수는 틀림없이 그대 그릇으로 흘러 들어온다. 찰나의 지체도 없다. 그대가 받을 준비만 되어 있으면 된다. 그대가 준비된 순간 신도 준비되어 있다. 신은 언제든지 내줄 준비를 하고 있다. 신은 그대의 준비를 기다리고 있을 뿐이다.

불행이 사라지고, 나는 기쁨에 안식한다.

그러고 나서 까비르는 말한다.

원수가 뒤바뀌어 친구가 되고……

그대가 변하기만 하면 온 세상이 다 변한다. 그대가 마라를 라마로 변형시키고 죽음을 뒤바꾸어서 신을 보게 되면 세상의 어느 누구도 그대의 적이 되길 원하지 않는다. 하지만 그대는 두려움으로 가득 차 있다. 그래서 누군가가 자신을 해칠지도 모르니까 경계를 해야 한다고 생각한다. 그대의 두려움이 적을 만들고 원수를 만든다. 그래서 두려움이 많은 사람은 적도 많다. 적의 숫자는 두려움의 정도에 달려 있다. 그대에게 두려움이 없다면 적도 있을 수 없다. 다른 사람이 그대를 적으로 생각할 수는 있다. 하지만 그대의 눈에는 친구만 보인다.

까비르에게도 적이 있었지만 그것은 적, 그들 자신의 문제였다. 까비르를 두려워했던 자들은 까비르를 적으로 보았다. 하지만 까비르에게는 그 어느 누구도 적으로 보이지 않았다. 까비르는 당시 거짓과 위선을 서슴없이 드러내고 있었다. 때문에 까쉬의 펀디트들은 까비르를 매우 두려워했다. 까비르는 당시 신전이나 모스크, 경전이나 교리가 중요한 것이 아니라고 사람들에게 말했다.

그는 "힌두가 무엇이고 이슬람이 무엇이냐"라고 묻곤 했다. 모두 잡동사니들이라고 했다. 그는 종교와 사회, 문화와 문명을 무시하는 말들을 했다. 기존의 관념들을 송두리째 무너뜨리는 말들을 했다. 까비르는 말한다.

도시에는 뒷길로 가라.
큰길에서는 몽땅 털리기 마련이라.

홀로 걷는 이
그가 홀로 진리를 만난다.

그는 이렇게 엄청나게 아름다운 말들을 쏟아내고 있었지만 펀디트들은 그를 두려워했다. 수많은 사람들이 까비르와 원수 사이가 되었지만 그것은 그들의 문제였다. 까비르는 원수가 무엇인지조차도 몰랐다. 어떤 자가 와서 그의 목을 잘랐다고 해도 그는 자신의 목을 자른 자를 원수로 생각하지 않았을 것이다. '자신'은 잘려지는 대상이 아니라는 것을 까비르는 알았다. 까비르에게 있어서 살인은 불필요하게 수고를 하고 죄를 짓는 것으로밖에 보이지 않았다. 걱정하고 근심할 이유가 까비르에게는 전혀 없었다. 그런 사람은 아무 쓸데없이 죄를 짓고 자신이 지은 악업에 휘말려든다. 까비르는 그런 사람조차 안타까운 마음으로 보았을 것이다.

까비르에게는 두려움이 없었기 때문에 적이 존재할 이유가 없었다. 두려움을 초월한 의식은 적을 모른다. 적이 없다면 모두가 친구가 된다. 그대의 속칭 친구들은 진정한 친구들이 아니다. 그대의 우정이란 여러 계산과 속셈이 깔려 있는 하나의 수단일 뿐이다. 그대의 친구들은 자신의 이득이나 이기심을 위한 친구들이다. 그대가 죽는다고 해서 그들이 그대를 따라가지는 않는다. 그대가 고난과 시련을 당하고 있다고 해서 그들이 진심으로 그대를 돕지는 않는다.

어느 날 물라 나스루딘은 아내에게 자신이 파산 지경에 이르자 친구의 반이 자기를 저버렸다고 말했다.

아내가 물었다.

"나머지 반은 당신을 저버린 게 아니군요?"

물라가 대답했다.

"나머지 반은 내가 파산 지경에 이르렀다는 사실을 모르오. 내 처지를 안 사람들만이 떠난 거요."

친구도 잘 나갈 때만 친구다. 그대에게 이용 가치가 있을 때만 친구다. 그대가 더 이상 술 한 잔도 살 수 없게 되거나 땡전 한푼 없게 되면 헌신짝처럼 그대를 버린다. '달면 삼키고 쓰면 뱉는다.' 그런 우정이 우정인가?

어떤 수피 파키르는 신에게 항상 이런 식으로 기도를 했다고 한다.

"오, 주여! 이제 원수였던 자들과는 잘 지내고 있습니다. 저를 제 친구들로부터 구해 주소서!"

친구는 드러나지 않은 원수다. 이런 친구와 까비르가 말하는 친구는 분명 다르다. 까비르가 온 세상이 자신의 친구가 되었다고 말할 때의 '친구' 란 세상 '친구' 들과는 분명히 다른 것이다.

두려움이 사라지면 온 세상이 모두 친구가 된다. 죽음을 더 이상 두려워하지 않게 되면 온 세상이 다정스러운 존재가 된다. 그대가 죽음을 두려워하지 않게 될 때까지 진짜 친구는 있을 수 없다. 그저 거기서 거기일 뿐이다. 어떤 사람은 좀더 먼 적이요, 어떤 사람은 좀더 가까운 적일 뿐이다. 어떤 사람은 좀더 친구에 가깝고 어떤 사람은 좀더 적에 가까울 뿐이다. 어떤 사람은 가까운 사람이고 다른 어떤 사람은 낯선 사람일지 모르지만 적인 것은 매한가지다. 모두가 그대 인생을 망치려고 드는 적들로 보인다.

삶은 결코 다함이 없는 영원한 흐름이라는 것을 그대는 모른다. 아무리 그대가 '나(我)'를 함부로 쓰려고 해도 '나'에는 다함이 없다. 심지어 그대의 모든 것을 다 내주어도 그대는 여전히 풍요로울 뿐이다. 전체계(界)로부터 전체를 몽땅 빼앗아 온다고 하더라도 전체계는 그대로이다. 어떠한 경우에도 전체계에는 더도 덜함도 있을 수 없다고 여러 우파니샤드는 말한다. 그대가 가지고 있는 것을 나누고 내주면 역(逆)으로 더 싱싱하고 더 생생해진다. 그대의 냇물에 신선한 물이 흘러든다. 그대에게 새로운 원천들이 찾아든다. 결코 고갈되는 법이 없다.

샘물에서 물을 길어 본 적이 있는가? 샘물에서 아무리 물을 퍼 올려도 샘물은 항상 가득하다. 항상 퍼 올린 만큼 채워지기 때문이다. 샘물은 무한한 바다와 연결되어 있다. 작은 냇물이 샘물과 연결되어 있다. 이와 같이 그대도 무한계(界)와 연결되어 있다. 전체계와 연결되어 있다. 그대로부터 누가, 무엇을 빼앗을 수 있단 말인가? 누가 그대를 파괴할 수 있단 말인가? 샘물이 무서워서 "이제부터는 아무도 나에게서 물을 퍼 올리지 못하도록 하겠다"라고 말하면 그 샘물은 말라 버릴 것이다. 소심한 자는 항상 주는 것에 인색하지 않은가? 그런 샘물에는 먼지와 쓰레기가 쌓여서 이내 썩고 메마르게 된다. 쓰지 않는 원천은 메마르게 되어 있다.

두려움으로 인해 그대가 얻게 된 것은 가난과 절망밖에 없다. 그대는 신선한 물을 끊임없이 공급하는 샘물과 단절되어 있다. 그대의 수위(水位)가 내려감에 따라 그대는 근심 걱정에 휩싸인다. 그러면 이제 새로운 공급원을 찾기 위해 고민한다. 이런 식으로 악순환이 시작된다.

그대는 얼마든지 맑디 맑은 샘물이 될 수 있다. 주어도 주어도 다함이 없는 그런 샘물이 될 수 있다. 주어도 주어도 신선한 물이 항상 똑같은 수위를 유지하는 그런 샘물이 될 수 있다. 그러면 이제는 주어도 주어도 늘어만 가는 또 다른 순환이 시작된다.

까비르는 자신이 가지고 있는 것을 꺼내어 아낌없이 나누어 주라고 말한다. 설령 그대에게 손이 천 개나 있고 그 손 모두로 나누어 주어도 결코 줄어들지 않는다. 그대에게는 경계도, 한계도 없다. 그대의 현재 모습 그대로가 그대의 전부가 아니다. 이 점을 명심하라. 샘물 밖에서 보면 샘물이 조그마하게 보일는지 모르지만 그 샘물은 바다와 연결되어 있다. 샘물의 모양은 작게 생겼을지 모르나 그 영혼은 광대하다. 그대의 몸은 작아 보일지 모르나 샘물의 겉모양일 뿐이다. 그대의 내면 깊이에는 무한(無限)이 담겨 있다.

주지 못하는 자는 받기만 한다는 점을 명심하라. 주는 것은 성스럽고 거룩하다. 하지만 받기만 하는 것은 하나의 죄악이다. 한 샘물이 다른 샘물로부터 물을 받기만 하면 어떻게 되는지 아는가? 물에는 자신의 수위를 유지하려는 성질이 있다. 한 샘물이 다른 샘물로부터 물을 받기만 하면, 받는 샘물의 원천은 그 샘물로부터 물을 다시 빼앗아 간다. 물은 항상 일정한 수위를 유지하는 버릇이 있다.

본성이나 의식도 마찬가지다. 항상 일정한 수위를 유지한다. 그대가 주든 주지 않든 그것은 상관없다. 그대 내면에서 의식의 수위는 항상 그대로다. 그대의 신성(神性)은 조금이라도 늘어나거나 줄어드는 법이 없다. 따라서 그대는 지금 아무 쓸데없이 사서 고생을 하고 있는 것이다. 설령 그대가 모든 것을 아낌없이 주어도 의식의 수위는 그대로다. 그대가 아낌없이 주면 줄수록 그대의 의식은 줄어드는 것이 아니라 반대로 더 기뻐하고 더 뿌듯해진다. 주는 것보다 더한 기쁨이 세상에 또 어디 있는가? 오직 주는 자만이 기쁨을 안다. 주지 않으면 근심에 싸이게 되고 불행해지며 죄의식을 느끼게 된다. 샘물이 자신의 물을 내주든 받든 상관없이 항상 일정하다는 것은 존재계의 참아름다움이다. 그대의 존재는 있는 그대로다. 차이가 없다. 주든 받든 그대의 체험도 그대로다.
주면 자신이 행복해지고 뿌듯해진다. 받기만 하면 불행해진다.

> 원수가 뒤바뀌어 친구가 되고
> 악마가 성인으로 보이는구나.

까비르는 지금 힘의 여신인 샥티(Shakti)를 숭배하는 사람들에 대해 이야기하고 있다. 그들의 생활 자체가 사람들에게는 공포의 대상이다. 샥티 여신의 헌신자들은 화장터에서 산다. 그들의 생활을 보면 무서움이 절로 일어나는 것이다. 화장터 자체가 샥티 헌신자의 집이다. 그는 시신(屍身)의 재를 몸에 바르고 두개골로 물을 마신다. 그래서 사람들은 항상 샥티 여신의 헌신자들을 두려워한다.

> 원수가 뒤바뀌어 친구가 되고
> 악마가 성인으로 보이는구나.

사람들은 샥티 헌신자가 바가지로 쓰는 두개골을 보면 자신의 죽음이 떠올라서 두려움에 몸서리친다. '언젠가 나도 이렇게 될 것이다.' 사실 샥티 헌신자는 다른 사람들을 놀라게 하거나 혐오감을 주기 위해 두개골을 바가지로 쓰는 것은 아니다. 이는 죽음과 친구가 되는 명상법이다. 그래서 샥티의 헌신자는 화장터, 귀신과 도깨비가 출몰하는 곳에서 사는 것이다. 그는 자신이 죽었다고 생각하고 산다. 그렇게 해서 삶과 죽음과의 거리를 좁히는 것이다. 단지 그의 모습이 섬뜩하기 때문에 사람들은 샥티 헌신자를 두려워한다. 하지만 까비르는 이렇게 말한다.

> 원수가 뒤바뀌어 친구가 되고

악마가 성인으로 보이는구나.

샥티 헌신자를 보는 것이 기쁘다고 까비르는 말한다.
"나는 죽음과 친구가 되었습니다. 샥티 헌신자를 두려워해야 할 아무런 이유가 없는 것이지요. 죽음을 알게 되었을 때 나는 라마의 경지에 올랐습니다. 그래서 샥티의 헌신자들에게서도 라마의 모습이 보입니다."

그대에게 있어서 죽음이 더 이상 죽음이 아닐 때 삶 전체가 송두리째 바뀐다. 지금 현재 그대의 삶은 죽음의 땅 위에 서 있다. 토대가 변하면 골격 전체가 뒤바뀐다.

모두가 축복 속에 잠겨 있음을 나는 본다.
신을 알면 침묵이 내려온다.

이제 죽음이 사라져 버렸기 때문에 불운하거나 불길한 것도 없다. 불길하다고 생각되는 것의 이면에는 항상 죽음이 도사리고 있다. 죽음의 그림자가 보이고 그 죽음의 그림자를 사람들은 악마라고 생각한다.

길가에 장례 행렬이 지나가면 어머니들은 집안 문을 꼭꼭 닫고 아이들에게 절대 밖을 보지 말라고 한다. 시체를 보는 것이 상서로운 것이라고 생각하는 사람은 아무도 없을 것이다. 그대가 이른 아침에 집 밖을 나서서 거리에 죽은 사람이 누워 있는 것을 보면 하루 종일 불길한 생각에 사로잡혀 지낸다. "오늘은 재수 옴 붙었구먼." 왜 그렇게 생각하는가? 시체에는 아무런 잘못이 없다. 산 사람은 잘못을 저지를 수 있다. 하지만 죽은 사람은 잘못을 저지르고 싶어도 저지를 수 없다.

물라 나스루딘이 산으로 놀러 가게 되었다. 그는 개를 데리고 가도 호텔에서 재울 수 있는지 확인해 보기 위해 그곳의 한 호텔 지배인에게 편지를 썼다. 얼마 후 지배인이 답장을 보내왔다.

"지난 30여 년 동안 호텔을 운영해 온 제 경험으로는 개가 술을 몰래 들여와 술을 마시고 담배를 피운다거나 호텔 기물에 손상을 가한다는 말을 들어본 적이 없습니다. 저는 개가 호텔의 수건이나 비누, 수저 등을 도둑질하다가 붙잡혔다는 말을 들어본 적이 없습니다. 저는 지난 30년 동안 개를 경찰에 신고해 본 적이 없거든요. 저희 호텔에서도 개에 대해 불평하는 사람을 보지 못했습니다. 따라서 귀하의 개가 귀하를 데리고 올 의향이 있으시다면 언제든지 오셔도 좋습니다."

죽은 사람이 산 사람에게 폐를 끼치는 것을 본 적이 있는가? 죽은 사람이 도둑질을 하거나 살인을 하거나 간통을 하다가 붙잡혔다는 말을 들어본 적이 있는가? 하지만 그대는 길거리에서 송장을 보면 불길한 예감에 사로잡힌다. 그러나 모든 나쁜 짓들은 산 자들의 몫이다. 죽은 자는 이미 갔다. 그는 더 이상 어떤 나쁜 짓도 할 수 없다. 시체를 보면 그대 자신의 죽음이 떠오른다. 그래서 시체를 보면 불길한 생각이 드는 것이다. 그대가 집 밖으로 나가다가 길거리에서 죽은 사람을 보면 놀라 집 안으로 뛰어 들어온다. 산다는 것이 허망해지고 기운이 없어진다. 죽은 사람을 보게 되면 자신도 약간 죽음을 맛보게 된다. 죽음의 악몽에 가위 눌리게 된다. '나에게도 언젠가는 이런 일이 오겠지' 라는 생각이 들면 인생이 허무해지는 것이다.

그대가 오늘 장사에 대한 기대감으로 가게 문을 열러 가다가 길거리에서 시체를 보았다고 하자. 그러면 장사를 하고 싶은 마음이 싹 사라질 것이다. 살아갈 맛이 나지 않을 것이다. '가게 문을 열어서 뭐해. 내가 죽은 뒤에 가져 갈 것도 아닌데. 이 송장을 떠메고 가는 사람들이 내일이면 나를 떠메고 갈지도 몰라' 라는 생각이 든다. 죽은 사람을 보면 그런 생각이 든다. 죽은 사람을 보면 은연중에 자기 자신의 죽음이 떠오른다. 그래서 죽은 사람을 보는 것이 불길하다고 생각하는 것이다.

죽은 사람에게는 아무 문제가 없다. 붓다는 죽은 사람의 시신을 보고 깨우친 바가 있었다. 하지만 그대는 재수없다고 생각한다. 자신이 여태껏 투자해 온 세계가 뒤흔들리기 때문이다. 누구나가 종국에는 이 길을 가야만 한다는 것을 깨우치라. 그러면 자신의 장밋빛 꿈이나 희망이나 욕망을 보다 쉽게 버릴 수 있을 것이다. 그대의 종이집이 무너지고 그대의 종이배는 가라앉을 것이다. 시신을 보면 그대의 꿈은 산산이 부서진다.

그대에게 사물을 들여다보는 혜안(慧眼)이 있다면 죽음을 깊이 들여다보는 일이 더없이 소중한 일이라는 것을 깨닫게 될 것이다. 화장터에 가서 앉아 있어 보라. 명상에 도움이 될 것이다. 신전에 가서도 얻을 수 없는 것들을 화장터에서 얻을 수 있다. 죽음을 깊이깊이 깨달으라. 사무치게 깨달으라. 그래서 '마라, 마라'의 복송이 그대 내면에서 울려 나오도록 하라. 그대의 호흡이 '마라, 마라'의 음(音)들로 흘러 넘치도록 하라. 그러면 갑자기 '마라, 마라'가 '라마, 라마'로 바뀌는 순간이 찾아온다. 자신에게 무슨 일이 벌어지고 있는지 정확히 인지가 안 될 정도로 갑자기 찾아온다. 발미끼는 이렇게 '마라, 마라'를 복송함으로써 라마의 경지를 얻을 수 있었다.

죽음으로부터 달아나지 마라. 죽음이 무서워서 '라마'를 복송하지 마라. 두려움은 신과는 전혀 무관한 것이다. 그대가 기쁨과 행복으로 신을 부르면 신의 응답을 얻을 수 있다. 그대에게 죽음이 더 이상 의미가 없게 될 때, 죽음을 더 이상 두려워하지 않게 될 때, 그대는 기쁨에 넘쳐 신을 부를 수 있을 것이다.

죽음을 두려워하는 사람이 어떻게 행복해하고 기뻐할 수 있겠는가? 그런 사람에게서는 삶의 꽃 향기가 퍼져 나오지 않는다. 단지 송장 냄새가 날 뿐이다. 자신에게서 송장 냄새가 나면 라마 신에게 기도와 꽃과 그 향기를 공양할 수 없는 일이다. 그대의 기도와 만트라가 썩어 가는 냄새로 악취를 풍기면 신에게 가 닿을 수 없는 노릇이다.

모두가 축복 속에 잠겨 있음을 나는 본다.
신을 알면 침묵이 내려온다.

이를 제대로 이해하라. 그대는 신을 알지도 못하면서 평화와 안식을 얻고 싶어한다. 그대의 불편과 불안은 그대가 신을 모르기 때문에 생긴다. 그러니 신을 모르면서 평화와 안식을 얻을 수는 없는 노릇이다. 사람들이 나를 찾아와서 "정신적인 안정을 찾고 평화를 얻으면 더없이 좋겠습니다. 굳이 신을 알고 싶지는 않습니다"라고 말한다. 일면 그럴듯해 보이기도 한다.

"신을 찾는 데까지는 관심을 가질 수 없습니다. 마음이 불안합니다. 마음이 편안해지면 좋겠습니다."

이런 말을 들을 때 내 입장은 참으로 곤란하다. 그런 사람에게는 아무런 대책이 없기 때문이다. 그들은 가능성의 문들을 닫아 버렸다. 여태껏 신을 모르고서도 평화와 안식을 얻은 사람은 아무도 없다. 그것은 한마디로 불가능한 일이다. 신을 안다는 말은 자기 내면에서 울려 나오는 음악을 들을 줄 안다는 말이다. 그것이 평화요, 그것이 안식이다. 신을 안다는 말은 신이 된다는 말이요, 온전히 만족하는 경지에 이른다는 말이다. 그것이 평화다. 그 전에는 어떠한 평화도 가능하지 않다. 죽음 속에서도 신을 볼 수 있어야만 평화로워질 수 있고 안식할 수 있다.

그대의 불편함이나 불안함은 자연스러운 것이다. 그대의 눈은 머지않아서 죽음이 한발한발 다가오고 있음을 보아야만 한다. 그대의 귀는 머지않아서 죽음이 다가오는 발자국 소리를 들어야만 한다. 그대는 언젠가는 이 세상에 존재하지 않게 되리라는 것을 안다. 그래서 그대는 두려워하고 떠는 것이다. 그것이 그대의 불편함이다.

죽는 것을 피하기 위해 온갖 수를 다 쓴다고 하더라도 모두 수포로 돌아가고 만다. 그대가 돈을 많이 벌면 한 명의 부자가 죽는 것을 보게 될 것이다. 그대가 이름을 날리고 명성을 얻으면 한 명의 유명인사가 흙으로 돌아가는 것을 보게 될 것이다. 그래서 그대는 모든 수고가 다 허무한 것임을 알게 될 것이다. '아니야, 아니야'라고 아무리 마음을 먹어도 허사일 뿐이다. 그래서 그대는 불안해하고 두려워하는 것이다.

그대의 의지처나 위안처는 모두 가짜다. 나이를 먹어감에 따라 자신의 위안처가 가짜라는 사실을 깨닫고 무엇인가를 해야겠다는 마음을 먹게 된다. 그대는 내면의 평화를 얻고 싶어한다. 문제는 신에 대해서는 전혀 신경 쓰지 않으면서 평화를 얻으려고 한다는 것이다. 전혀 불가능한 것을 바라는 것이다. 그대는 이미 수없는 생을 거듭하면서 이런 똑같은 짓을 반복해 왔다.

내면의 평화를 찾는 것은 바로 진리를 찾는 것이라는 걸 깨우치지 못하면 그대는 다람쥐 쳇바퀴 돌듯 헛수고를 하게 된다. 진리를 찾는다는 것은 곧 평화를 찾는 것에 다름 아니다. 평화는 진리의 그림자이다. 그대가 진리를 찾으면 자연히 평화는 뒤따라온다. 먼저 평화를 찾고 그 뒤를 진리가 따라오는 것이 아니라는 말이다.

그대가 무엇인가에 아주 깊이 몰두하다 보면 어느 순간 갑자기 자신의 내면에서 음악이 울려 나오는 것을 듣게 된다. 이것이 바로 평화의 음악이다. 우리는 좋은 음악을 듣다 보면 깊이 몰입하게 되는 때가 왕왕 있다. 한참 동안 자신을 완전히 잊어버리는 것이다. 한참 동안 과거와 미래가 사라지고 음악의 아름다운 선율에 빠지는 것이다. 이렇게 현재에 살라. 그러면 평화가 넘쳐흐르는 순간을 체험하게 될 것이다. 우리는 그러한 순간을 사랑 속에서 체험하기도 하고 때때로 자연의 아름다움을 볼 때 체험하기도 한다. 이러한 순간에 그대는 평화를 체험한다.

하지만 그런 순간을 체험한 다음에는 그대의 불편하고 불안한 마음이 더욱 커진다. 참다운 평화를 한 번 맛보았다. 하지만 그것은 잠깐 동안 맛을 본 것에 불과하다. 그래서 까비르는 이렇게 말하고 있다.

죽음의 신이 라마로 바뀐다.

인간에 의해서 만들어진 음악이나, 두 사람간의 사랑은 순간적일 수밖에 없다. 오직 신과 인간 사이에서 벌어지는 사랑만이 영원하다. 오직 신과 인간 사이에서 울려 나오는 음악만이 영원하다. 그래서 까비르는 이렇게 말한다.

죽음의 신이 라마로 바뀐다.
불행이 사라지고, 나는 기쁨에 안식한다.

신을 알게 된 인간은 모든 것을 알게 된다. 신을 알게 되면 더 이상 알 것이 없게 된다. 신을 알게 될 때 우리는 궁극의 음악을 듣게 된다. 이 음악은 조금 있다가 사라지는 그런 인간의 음악이 아니다. 이 음악은 누군가가 만든 음악이 아니다. 이 음악은 존재계에 숨어 있다. 이 음악은 존재계의 존재 양식이다. 그러고 나서 영원한 평화가 찾아온다.
이제 까비르는 이렇게 말한다.

육신의 수많은 문제들이
순수하고 황홀한 사마디로 바뀐다.

분노가 이제 자비로 바뀌었다. 삶의 고난과 시련을 만들어 냈던 에너지가 이제는 그 진로를 바꾸어 무위(無爲)의 명상과 사마디가 되었다고 까비르는 말한다. 분노를 일으켰던 것이 이제는 자비가 되었다. 무명을 일으켰던 것이 이제는 지혜가 되었다. 어둠을 만들어 냈던 것이 이제는 더없이 환한 빛이 되었다. 그대의 자세를 바꾸기만 하면 된다. 그대는 지금 거꾸로 서 있다. 그대의 자세를 완전히 바꾸라. 그러면 모든 것이 올바르게 될 것이다. 그대는 지금 '쉬르샤사나(shirshasana)', 즉 물구나무 자세로 서 있다. 이제 자세를 바꾸라. 그대 두 발로 서라.

병이 더 이상 나를 어찌하지 못한다는 것을
내 가슴 깊이 깨닫는다.

이러한 진리를 깨달은 사람에게는 병이 들어올 수도 없다. 육신의 건강이 안 좋아지고 육신이 아플 수는 있다. 하지만 자아는 결코 죽지 않는다. 그 무엇도 의식을 어찌할 수 없다.

이제 마음이 불멸의 존재가 되고
살아서 죽는 것을 알게 되었다.

자신의 자유를 구속하고 있던 마음이 이제는 뒤바뀌어서 불멸의 신이 되었다고 까비르는 말하고 있다. 마음으로부터 자유로워지는 것이 아니다. 그저 앞뒤 순서만 바꿔 주면 된다. 마음이 있는 한 거기에 구속이 있을 수밖에 없다. 마음이 그 활동을 멈추고 침묵을 하면 거기에 아트만(atman : 진아,眞我)이 드러난다.

바다에서 파도가 일어나면 바다가 성난 것처럼 보일 때가 있다. 하지만 파도가 사라지면 다시 평온한 바다가 드러난다. 바다와 파도 사이에 어떤 차이가 있다고 생각하는가? 파도의 마음은 불편하고 불안하다는 것이 그 유일한 차이이다. 하지만 파도가 바다의 일부라는 것은 말할 필요조차 없다. 바다에 바람이 일어 잠시 나타났을 뿐이다. 파도는 결국

가라앉고 바다 속으로 사라지게 되어 있다.

마음이 파도이다. 풍진 세상(風塵世上)에 의해 휩쓸려서 몇몇 나쁜 친구를 사귀게 되었다. 그리고 어리석게도 눈에 보이는 것과 자신을 동일시하게 되었다. 하지만 종국에는 모든 것이 가라앉게 된다. 그러면 마음은 사라지고 영원한 평화가 그 자리에 들어선다. 그것을 '영원한 그 자체'라고 불러도 좋다.

이제 마음이 불멸의 존재가 되고
살아서 죽는 것을 알게 되었다.

이를 알게 되면 살아서 죽음을 알게 된다. 이것이 소중한 비밀의 전부이다. 삶의 예술의 전부이다. 참다운 종교 예술은 죽음의 비밀을 아는 것이요, 살아서 죽는 것이다. 모두가 죽는다. 까비르는 말한다.

죽고, 죽고, 모든 게 죽어가지만
아무도 제대로 죽는 법을 몰라.

사람들은 제대로 죽는 법을 모른다. 사람들은 삶을 제대로 살지도 못하고 죽음을 맞이한다. 신을 알지도 못하고 죽음을 맞이한다. 삶을 제대로 살 수 있는 기회를 모두가 부여받았다. 하지만 무의식적으로 살면서 소중한 기회를 잃어버리고 세상을 뜬다.

까비르는 자신이 지혜롭고 바른 죽음을 맞이했다고 말한다. 무엇이 올바른 죽음인가? 그것은 죽기 전에 죽는 것이다. 언젠가 육신이 흙으로 돌아갈 때 그대는 죽는다. 그러면 죽기 전에 죽을 수 있는 기회를 놓쳐버리고 만다. 육신이 여기 이 순간에 이렇게 숨을 쉬고 있다. 당장 이 순간에 죽으라. '살아서 죽는 것', 이것이 제대로 사는 법을 터득할 수 있

는 위대한 실험이다.

　매일 죽으라. 하루 중 한 시간을 떼어서 죽어 보라. 하루에 23시간 사는 것으로도 충분하다. 하루에 한 시간만이라도 죽음 속으로 깊이 들어가 보라. 죽은 것처럼 바닥에 누워 자신의 육신을 관조하라. 무슨 일이 일어나더라도 그냥 내버려 두라. 그러면 놀랄 만한 일이 벌어질 것이다.

　첫날은 상당히 어려울 것이다. 다리가 너무 차갑다거나 배가 아프다거나 개미가 몸 위로 기어다닌다거나 하는 잡다한 느낌들이 들 것이다. 하지만 그대 몸 위를 기어다니는 개미는 없다. 그것은 상상일 뿐이다. 그대가 눈을 안으로 돌리면 마음은 초조해서 눈을 밖으로 돌리고 싶어 한다.

　마음은 오만 가지 잡다한 구실을 만들어 내려고 들 것이다. 마음은 "누워서 무엇 하는 짓인가? 일어나서 할 일이나 해라!" 하고 떠들어댈 것이다. 하루에 한 시간만이라도 죽어 보라. 그러면 점차 마음의 트릭을 알게 되고 마음이 이런 소리 저런 소리로 떠들어대도 "나는 죽었다. 할 게 아무것도 없다"라고 말해 줄 수 있게 된다. 개미가 몸 위를 기어다니면 기어다니도록 놔두라. 이제 그대는 죽었다. 아무것도 할 수 없다. 살아서 죽었다는 말은 실제로 죽어서 일어나는 일들을 지금 체험해 보는 것이다.

　며칠 동안 계속 이 명상을 하면 죽음 속으로 점점 더 깊이 들어갈 수 있게 된다. 죽은 시체처럼 누워 있을 수 있게 된다. 호흡이 점점 얕아져 간다. 명상을 계속 진행함에 따라 호흡이 점점 더 얕아져 가는 것을 보게 될 것이다. 그러다가 호흡이 완전히 멈추고 자신이 죽은 시체처럼 누워 있게 되는 순간이 찾아온다. 그 순간 난생 처음으로 그대는 자신이 육체와 떨어져 있는 존재라는 것을 알게 된다. 바로 그 순간에 죽음이 사라지고 라마가 나타난다. 바로 그 순간에 영원한 감로수를 체험하게 된다. 이를 체험하고 나면 세상을 죽은 사람처럼 대하게 될 수 있다. 물론 그대는 평상시와 같이 아침에 일어나서 산보를 하고 아침을 먹고 그날 일들을 한다. 하지만 이 육신은 이미 죽었고 죽게 된다는 사실을 각성된 의식으로 생활할 수 있다.

그대는 몸이 진짜로 무엇인지, 자신이 진짜로 누구인지 모른다. 몸은 언젠가 죽게 되어 있지만 그대는 불멸의 존재이다. 그래서 그대의 마음은 착각과 혼란으로 혼미하다. 죽음과 불멸이 뒤죽박죽 섞여 있어서 그대는 이 둘을 분별할 수가 없다. 그대의 자아 실현으로 떠나는 여행이나 명상의 목적은 바로 이것, 죽음과 불멸을 떼어낼 수 있게 되는 것이다. 육신과 참자아가 무엇인지를 알게 되는 것에 있다. 그렇게 되면 세상 사람들처럼 살지 않아도 된다. 내면에서 살고 외면에서 죽었다고 까비르는 말하지 않는가?

까비르는 말한다, 나는 그냥 기뻐한다고.
겁을 내지도, 겁을 주지도 않는다고.

살아서 죽어 참된 사마디를 얻었다고 까비르는 말한다. 이제는 어느 누구도 자신을 불안하게 만들 수 없다는 것이다. 이제는 타인을 불안하게 만들지 않는다는 것이다.

그대는 왜 타인을 불안에 떨게 만드는가? 그것은 그대가 타인을 두려워하기 때문이다. 그것은 두려움으로부터 자신을 보호하고자 하는 일종의 트릭이다. 타인이 그대에게 겁을 주기 전에 그대가 먼저 타인에게 겁을 주는 것이다. 한 사람이 겁을 주고 다른 한 사람은 겁을 낸다.

우리는 타인에게 겁을 준다. 타인을 위협하는 것이다. 이것은 자기 보호의 트릭이다. 뿐만 아니라 겁쟁이의 짓이다. 겁쟁이는 자신이 먼저 타인에게 겁을 주지 않으면 타인이 자신에게 겁을 줄 것이라고 믿는다. 누가 그대를 위협하는가? 누가 그대를 위협한다면 그것은 그가 그대를 두려워하고 있다는 표시이다. 따라서 그를 두려워할 필요가 없다. 대신에 그를 불쌍히 여겨라.

두려움이 없는 사람은 그 누구에게도 겁을 주거나 불안에 떨게 만들지 않는다. 두려움을 모르는 사람은 어느 누구의 상전도 아니요, 노예도 아니다. 그는 둘 너머에 있다. 그는 전혀 새로운 방식으로 산다. 죽은 것처럼 사는 것이다. 그는 세상 속에서 해야 될 것을 다하면서 살아가지만 더 이상 행위자는 아니다. 그는 이제 인생이라는 무대에서 연기하는 배우가 된다. 그 어느 것도 그를 기쁘게 하거나 불쾌하게 만들지 못한다. 이런 사람은 두 가지 차원의 삶을 동시에 살아간다. 외부 차원에서는 세속의 생활을 지속적으로 영위해 나가면서 동시에 내면의 차원에서는 관조자로 바깥 세상을 지켜본다. 바깥 세상은 그에게 있어 연극에 불과하다. 거기에는 어떠한 심각함도 없다. 그는 람릴라(Ramleela : 라마 왕의 치적을 기르는 축제 혹은 그 야외극)의 야외극에 나오는 라마와 같이 살아간다.

자신의 연인인 시타가 붙잡혀 가는 것을 보며, 라마는 울면서 애통해 한다. 라마는 "시타는 어디에 있는가? 나의 시타는 어디에 있는가?"라고 외치면서 숲속을 헤맨다. 하지만 내면에서 그는 울지 않는다. 관조자로 있을 뿐이다. 이 연극의 막이 내리면 라마를 연기하던 배우는 집에 가서 쉰다. 그는 꿈속에서도 시타 때문에 괴로워하지 않는다. 이것은 릴라(leela : 유희, 遊戲)이기 때문이다. 연극이기 때문이다.

원래의 라마는 이와 같다. 진짜 라마는 오늘날 우리가 보는 야외극의 주인공과 똑같다. 때문에 람릴라는 단순히 야외극이다라고 치부할 수 없다. 극 속에서 라마는 연기를 한다. 그에게 있어서는 모든 것이 릴라일 뿐이다. 시타가 잡혀가고, 자신이 울고, 이 모든 것이 연기일 뿐이다. 그래서 우리는 그것을 '람릴라'라고 부르는 것이다. 그것은 릴라일 뿐이지 어떤 특정 인물에 관한 역사적 사실은 아니다. 그것은 연극일 뿐이다.

아무것도 내면 세계를 뚫고 들어갈 수 없다. 모든 것은 외면 세계에서 진행될 뿐이다. 이 사바 세계의 연극은 인간의 외면적인 것만을 건드릴 수 있을 뿐 내면으로 꿰뚫고 들어갈 수는 없다. 살아서 시체처럼 산다는 말은 바로 이것을 두고 하는 말이다. 그렇게 사는 사람은 가시에 찔려도 밖으로만 그렇게 느낄 뿐 그의 내면은 아무런 영향을 받지 않는다. 행복도 불행도 내면 세계를 어찌할 수 없다. 그의 내면에서는 어떠한 파도도 일어나지 않는다. 모든 것이 침묵 속에서 평화로울 뿐이다.

내면 세계는 영원의 거주처이다. 만물의 모든 변화는 거죽에서만 일어난다. 내면은 완전한 침묵이다. 모든 것이 사라진 침묵이요, 텅 빈 하늘이다. 새가 하늘을 날아가지만 어떠한 흔적도 남기지 않는다. 새가 하늘을 지나가고 하늘은 늘 텅 빈 채로 존재한다. 별들이 태어나고 죽어간다. 그렇다고 해서 별들의 역사가 하늘에 기록되는 것은 아니다. 세상에는 전쟁과 평화가 수없이 이어진다. 하지만 하늘은 털끝만큼도 더럽혀지지 않는다. 내면의 하늘과 같이 되는 것이 살아서 죽는 것이다. 홀로 내면의 하늘에서 살면서 외부 세상에서 일어나는 모든 것은 꿈처럼 느낀다.

바깥 세상을 등지라는 말이 아니다. 까비르는 바깥 세상을 등지지 않았다. 바깥 세상을 등질 이유가 없다. 내면의 자유-삶 속에서의 죽음-를 얻었기 때문에 무엇을 등지고 어디로 달아날 이유가 전혀 없는 것이다. 그저 있는 거기에 살면 된다. 까비르는 평생 동안 옷감을 짜서 시장에 내다 파는 일을 했다. 그는 가족을 두고, 처자식을 두고, 모든 것을 있는 거기에다 두고 살았다.

그래서 까비르는 누구를 두려워하지도 않으며 누구를 두렵게 만들지도 않는다고 말한다. 내면에서 두려움이 사라진 것이다. 죽음이 사라지고 내면에서 라마가 드러났다. 그대 내면에서 이러한 태도와 자세를 항상 유지하라.

이러한 자세를 지속적으로 유지하면 거기에는 무한한 기쁨이 따라온다. 하지만 육신이 그대라는 생각이 너무나 뿌리 박혀 있어서 처음에는 상당히 어려울 것이다. 결혼은 쉽지만, 한 번 결혼하면 이혼하기는 결코 쉽지 않다. 그처럼 어떠한 관계를 단절한다는 것은 말만큼이나 쉽지가 않다. 그대는 육신과 결혼을 한 이후로 수없는 생을 거듭해 왔다. 그래서 육신과 이혼하는 것이 이제는 무척이나 어려워졌다. 이 이혼이 산야스다. 이 이혼은 아내와 하는 것이 아니다. 자신의 육신과 하는 것이다. 이것은 무엇을 등지는 것이 아니다. 자기 내면 세계에서 일어나는 분리이다. 죽음과의 이별이다. 썩어 없어질 것과의 이별이다.

일어나는 모든 것은 꿈이다. 만물이 태어나기 전의 한 가지가 있었는데, 그것이 진리이다. 그대가 내면의 관조자와 더욱 친숙해질수록 까비르의 말을 좀더 깊이 이해할 수 있게 될 것이다. 까비르의 노래를 문자 그대로 해석해서는 안 된다. 문자 너머의 세계를 보라. 이를 이해하라. 말이 아니라 체험으로…….

진리란 말로 기록할 수 있는 대상이 아니다. 그것은 체험해야만 할 대상이다. 그대 스스로 진리를 체험하면 까비르의 이 말을 이해하게 될 것이다. 자신의 힘과 능력과 왕국을 기억하기 위해서는 조금만 노력하면 된다. 본래 그대가 주인이고 황제였다. 하지만 지금 그대는 그것을 잊어버리고 거지처럼 서 있다. 자신이 주인이고 황제였다는 사실을 기억하는 순간 거지 근성은 사라진다. 왕국이 사라지거나 없어진 적은 없다. 그것은 항상 그대의 것이었다. 그대는 꿈속에서 잠깐 동안 자신을 잃어버렸다. 그리고 꿈을 자신의 삶으로 만들어 버렸다. 이 꿈으로부터 깨어나라. 그러면 그대는 살아서 죽음을 이기게 된다. 그대는 살아서 죽게 된다.

살아서 죽는 것을 알게 되었다.

그대가 살아서 죽게 되면 이를 알게 될 것이다. 그대는 생사를 수없이 거듭해 왔다. 이번 생에서만큼은 살아서 죽어라. 그러면 그대는 더 이상 죽지 않아도 된다. 그러면 다시 이 사바 세계로 되돌아올 필요가 없다. 살아서 죽은 사람은 생사를 초월하기 때문이다.

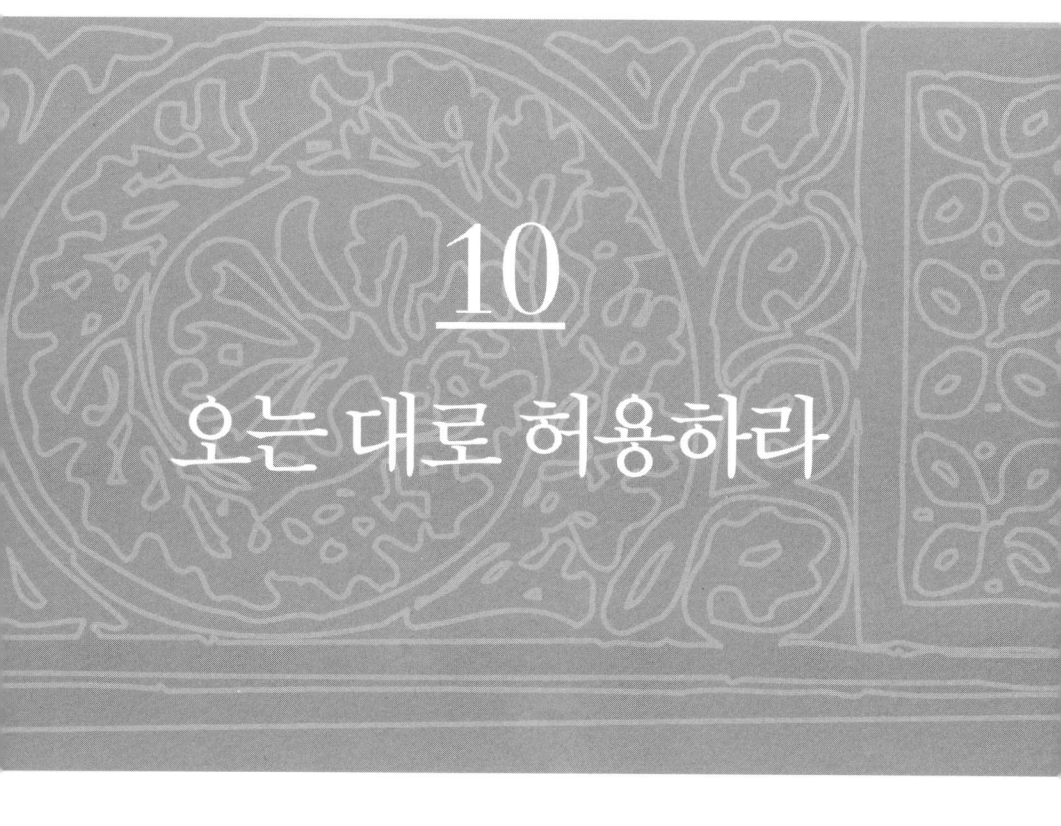

10
오는 대로 허용하라

미친 마음이여, 그만 요동하라!
오는 대로 허용하라!
사티(sati)는 죽음의 불에
뛰어들 각오가 되어 있다네.

모든 의심을 넘어서 환희에 춤을 추라.
탐욕과 애착, 그리고 헛된 잡념을 놓으라.
용자(勇者)가 죽음을 두려워하겠는가?
사티가 자신의 육신을 집착하겠는가?

사회, 경전, 가문의 명예
목에 걸린 교수대의 올가미라.
길을 반쯤 가다가 되돌아온다고?
하하하! 모두가 웃을 일이다.

온 세상이 다 욕되지만
기도하는 자만은 참되다.
까비르는 말한다. "신의 이름을 버리지 마라.
넘어지고 일어나고 높이 날으라!"

The Great Secret

Come what may, allow
— 오는 대로 허용하라

오늘 까비르의 노래로 들어가기 전에 이해해야 될 것이 있다. 첫째, 마음은 결코 병든 적도 없고 건강한 적도 없다는 것이다. 마음 자체가 병이다. 마음은 결코 고요할 수 없는 성질의 것이다. 따라서 마음이 소란하다고 말할 수 없다. 소란 그 자체가 마음인 것이다. 마음은 결코 미칠 수 없다. 왜냐하면 미치지 않은 자만이 미칠 수 있기 때문이다. 본래부터 마음 자체가 정신병이다.

마음은 항상 불안정하다. 불안정이 그 본성이기 때문이다. 파도를 생각해 보라. 파도가 그 움직임을 멈춰 버리면 파도는 사라지고 만다. 파도가 움직이기 때문에 우리가 그것을 파도라고 부른다. '움직이지 않는 파도' 라는 말을 들어본 적이 있는가? 파도의 존재는 움직임에 달렸고 그 불안정성에 달렸다.

마음이 가라앉거나 고요해지기를 바라지 마라. 마음은 '평화' 라는 말을 모른다. 불안함이 마음의 그림자. 마음이 모두 사라지고 나면 남는 것이 평화이다. '마음 없음', 이것이 내면의 평화이다. 무심(無心)이 내면의 평화란 말이다.

마음은 항상 불안정하고 우유부단하다. 마음이 결정을 내릴 때까지 기다려서는 아무것도 할 수 없다. '마음이 결단을 내리면 이걸 해야지'라고 생각하면 아무것도 할 수 없다. 항상 불안정한 상태, 이것이 마음이다. 마음은 항상 나뉘어져 있고 조각조각 부서져 있다. 마음의 한 부분이 어떤 것을 좋아하면 다른 부분은 그것을 싫어한다. 마음은 항상 전쟁중이다. 상호 갈등중이요, 결투중이다.

이렇게 갈리고 나뉘어진 마음의 이중성의 뿌리는 무엇인가? 인간의 구성 요소에는 세 가지가 있다. 하나는 몸이다. 몸은 하나의 사실적인 존재요, 물리적인 존재이다. 그리고 인간 내면에 의식의 흐름이 있다. 그것은 아트만, 즉 영혼이다. 그것도 하나의 사실이다. 이 둘 사이에 마음이 존재한다. 마음은 사실적인 존재가 아니다. 그것은 가짜다.

마음에는 약간의 육체적인 요소도 있고 영혼의 요소도 있다. 그래서 마음은 전체적인 존재가 될 수 없는 것이다. 항상 이쪽 아니면 저쪽으로 나뉘어져 있다. 일부분은 육체적이요, 다른 일부분은 영혼의 요소를 지니고 있는 것이다. 마음은 육체와 영혼이 만나서 생긴 것이다.

모든 사람의 내면에는 성자, 즉 성스러운 사람이 되고자 하는 바람이 숨어 있다. 가장 죄질이 나쁜 죄인의 내면에도 그런 바람은 숨어 있다. 무엇인가 좋지 않은 일을 하려고 꾸미게 되면-아마 자신이 수없는 생을 거듭하면서 수없이 해온 일일 것이다-마음은 경고를 보낸다. "그것을 하지 마라. 나쁘다." 마음이 육체라면 나쁜 것이 있을 수 없다. 육체적인 차원에서는 선악(善惡), 좋고 나쁨의 개념이 있을 수 없기 때문이다. 육체에는 성스러운 행위도 죄악도 존재하지 않는다. 깨달은 사람에게도 선악의 개념이 사라진다. 무지한 자에게도 선악의 개념은 존재하지 않는다. 무지한 자에게는 선악이 존재할 수 있는 가능성이 없다. 깨달은 사람은 선악을 초월한다.

그대가 기도를 하거나 예배를 드릴 때면 마음은 "왜 시간 낭비를 하는가?'라고 묻는다. 나쁜 짓을 하거나 무엇인가 훔치려고 할 때도 마음은 "왜 죄짓는 것을 하려고 하는가?"라고 묻는다. 성금을 내거나 자선 사업에 돈을 내려고 하면 마음은 "왜 아무 데나 돈을 쓰는가?" 하고 묻는다. 그러면 그대는 마음이 무엇을 원하는지 종잡을 수 없게 된다.

마음은 강(江)의 두 강둑, 마음이라는 강둑과 영혼이라는 강둑을 연결하는 다리와 같다. 마음의 반은 이쪽 편에 있고 또 다른 반은 저쪽 편에 있다. 그래서 마음은 항상 문제의 연속이다. 그대가 마음을 따르면 그대는 항상 불안정한 상황 속에 놓이게 된다. 그대가 무엇을 하든 마음은 후회한다. 그것이 좋든 나쁘든 상관없이 마음은 후회하게 되어 있다. 그러면 그대는 무엇을 어떻게 해야 될지 갈피를 못 잡는다. 그리고 혼미해진다.

그대는 기분이 좋으면 한쪽에 기댄다. 기분이 나쁘면 다른 한쪽에 기댄다. 곡식이 맷돌의 두 돌 사이에서 바숴지듯 두 마음 사이에서 그대는 산산이 부서진다.

까비르는 말했다.

맷돌의 두 돌 사이에서
아무것도 부서지지 않아.

맷돌은 그대 안에 있다. 그대가 바로 맷돌이다. 까비르는 말한다.

맷돌의 두 돌이 도는 걸 보면서
까비르는 눈물로 부서진다.

그대여! 조금만 더 깨어 있으라. 그러면 이 맷돌이 그대 안에서 돌고 있다는 것을 깨닫게 될 것이다. 그대 자신이 계속 돌고 있다는 것을 보게 될 것이다. 마음이 이 두 개의 돌을 이어주고 있다.

 마음으로 인해 '나는 몸이다' 라고 생각하게 되고 마음으로 인해 '나는 영혼이다' 라고 생각하게 된다. 마음이 없어지면 자신이 몸이라거나 영혼이라는 생각도 없어진다. 마음이 없어지면 그런 생각을 하는 사람조차 사라지기 때문이다. 오직 영혼만이 남는다. 오직 본성만이 남는다. '내가 이것이다, 저것이다' 라고 생각하는 자가 사라져 버리는 것이다. 몸이 사라져 버렸는데 영혼이 누구에게 무엇을 말할 수 있겠는가? 몸에 반대되는 것을 우리는 영혼이라고 부른다. 그 영혼으로부터 최상의 환희가 떠오른다.

 첫째로 명심해야 될 것은 마음은 하나로 융합된 유기체가 될 수 없다는 것이다. 마음은 항상 분열되어 있다. 마음이 허락해야만 일을 하려든다면 그대는 아무것도 할 수 없다. 그대는 죄를 지을 수도 없고 그렇다고 해서 덕을 쌓을 수도 없다. 도덕적인 일을 할 수도 없고 비도덕적인 일을 할 수도 없다. 선업(善業)을 쌓을 수도 없고 그렇다고 해서 악업(惡業)을 쌓을 수도 없다. 그대는 이러지도 저러지도 못할 것이다. 그대는 항상 우유부단하고 어정쩡한 상태에 있게 될 것이다.

 2차 대전 때의 일이다. 한 나라가 군 병력이 모자라자 군인을 징집하게 되었다. 그때 굉장히 유명한 철학자가 징집되었다. 국가에서 실시하는 강제 징집이었기 때문에 자신의 의사와는 관계없이 징집에 응해야만 했다. 그는 위대한 철학자였다. 그는 일생 동안 생각만 했다. 생각이 그의 직업이었다. 그는 일상 생활에서 자신이 생각했던 바를 실행에 옮겨본 적이 거의 없었다. 그저 모두 생각으로 다 했다.

 생각과 사상의 세계는 매우 다른 세계이다. 매우 독특한 세계이다. 철학이란 마음을 충족시키는 연습이다. 철학자는 생각만 하면 된다. 달리 아무것도 할 필요가 없다. 그래서 후회할 필요도 없다. 그대가 죄를 짓는 것을 생각해 보라. 그대의 생각은 그 누구도 다치게 하지 않는다. 따

The Great Secret

라서 죄짓는 생각을 한다고 해도 문제가 되는 것은 아무것도 없다. 착한 일도 역시 마찬가지다. 그저 편히 앉아서 공상에 잠기면 그만이다. 생각이 행동으로 옮겨질 때에서야 비로소 무엇인가 문제가 되는 것이 발생한다. 생각은 생각일 뿐이다. 철학자들은 생각으로 밥 벌어먹고 사는 사람들이다. 그들은 생각만으로 인생을 모두 허비한다. 진짜 아무것도 하는 일이 없는 사람들이다. 그들에게서는 죄인도, 성자도 찾아볼 수 없다. 그들은 길가에 앉아 생각만 한다. 그들은 길을 걷지 않는다. 그들이 무엇인가에 대해 결단을 내려서 행동으로 옮기는 일은 거의 없다.

하여튼 이 유명한 철학자가 징집되어 군에 가게 되었다. 그가 배치를 받은 부대의 부대장이 그를 잘 알고 있었다. 부대장은 그 철학자의 책들을 여러 권 읽었던 것이다. 부대장은 걱정이 되었다.

'이 사람이 무엇을 할 수 있을까? 사격을 하기 전에 이 사람은 수없이 생각할 것이다. 어떤 미친 적군이 그가 생각하도록 여유를 주겠는가?'

훈련이 시작되었다. 교관이 "좌향좌"라고 명령하자 다른 사람은 모두 좌향좌를 했다. 그런데 이 철학자는 그 자리에 그대로 서 있는 것이었다. 교관이 물었다.

"무엇 하는가?"

철학자가 대답했다.

"저는 항상 무엇을 하기 전에는 생각해야 합니다. 제가 '좌향좌'라는 말을 들었을 때 '아니, 왜 내가 좌측으로 돌아야 하지? 좌측으로 안 돌면 어때? 내가 좌측으로 돌아서 얻을 수 있는 것은 무엇인가?'라는 생각을 했습니다."

군인들 모두가 그렇게 따지고 들면 무슨 일이 일어날 것인지는 말 안 해도 상상이 갈 것이다. 한데 그 철학자는 매우 유명한 사람이었기 때문에, 그리고 그를 달리 훈련시킬 방도가 없을 것 같아 부대장은 아주 하찮은 보직에 그를 배치하고 말았다. 취사반 일이 그 일이었다.

취사반 첫날, 그는 한 접시의 콩을 큰 것과 작은 것으로 나눠 담는 일을 맡았다. 한 시간 후에 부대장이 그의 일을 보러 왔다. 부대장은 눈을 감고 접시 앞에 그냥 앉아 있는 철학자를 보았다. 그는 콩에 손도 대지 않고 생각에 잠겨 있었다. 부대장이 물었다.

"무엇을 하고 있는 것인가?"

철학자가 대답했다.

"아주 중요한 문제가 떠올랐습니다. 제가 큰 콩을 한쪽에 놓고 작은 콩을 다른 한쪽에 놓는 것은 문제가 없습니다. 그런데 중간 크기의 콩은 어디에 놓아야 할지 모르겠습니다. 그걸 미리 정하고서 일을 시작하는 것이 좋겠다고 생각합니다."

마음은 위대한 철학자다. 결코 결단을 내리지 못한다. 철학자라는 사람은 결코 결단을 내리지 못하는 사람들이다.

그것을 이런 식으로 한 번 바라보라. 몸과 관련된 지식은 과학이요, 마음과 관련된 지식은 철학이요, 의식과 관련된 지식은 종교다. 과학은 확실히 실용적인 일들에 수많은 업적을 쌓아 왔다. 종교도 많은 일을 했다. 하지만 철학은 아무것도 한 것이 없다. 왜냐하면 철학자들은 마음에 관계되는 것, 즉 생각만 하고 살아왔기 때문이다. 철학자들은 생각만 하고 산다. 그저 논쟁만 하고 사는 것이다. 거기에는 끝이 없다. 끝없는 연쇄 반응이다. 그래서 철학은 수천 년 동안 생각하고 생각해 왔지만 아무 결론도 이끌어 내지 못했다. 단 하나의 결론도 이끌어 내지 못했다. 철학자들은 수천 수만 가지의 의문을 제기했지만 단 하나의 해답도 얻지 못했다.

마음을 기쁘게 하는 데 신경 쓰지 마라. 마음을 기쁘게 하는 데 신경을 쓰면 인생을 허비하게 된다. 마음을 놓으라. 마음을 놓으면 그대의 삶은 뜻 깊은 삶으로 변화될 것이다. 마음을 제대로 이해하게 되면 마음이란 단지 생각의 연속이라는 사실을 깨우치게 된다. 마음은 어떤 것도 행동

으로 옮기지 못한다. 그저 생각만 할 뿐이다. 마음이 어떤 결론에 도달
했다고 오해하는 경우가 종종 있다. 예를 들어보자. 신전에 가서 그대는
거짓말을 절대로 하지 않겠다고 맹세한다. 그러면 그대의 마음은 어두
운 구석에 숨어서 그대의 헛된 맹세를 비웃을 것이다. 그 맹세는 마음의
반쪽에서 나온 것이다. 그대는 다른 반쪽에게 물어 보지 않은 것이다.
그런 다음 그대는 시장에 가서 가게 문을 열고 장사를 시작한다. 그대가
세속에 나오자마자 그대 마음의 또 다른 반쪽은 자꾸 거짓말을 하라고
부추긴다.

결심은 마음에게 있어 하나의 도전 거리다. 마음에게 충분히 물어 보
지도 않고 결심을 내려 버리면 그 마음은 조금 있다가 그 결정을 깨 버
린다. 그대는 수도 없이 많은 결심을 하고 수도 없이 깨뜨려 왔다. 왜 그
런가? 그대는 마음의 한쪽 말에 귀를 기울이고 다른 한쪽에는 귀를 기울
이지 않은 채 결심을 하기 때문이다. 마음을 놓으라. 그때 그대는 참된
결심을 할 수 있다.

결심에는 다음 두 가지가 있다. 첫 번째 유형의 결심은 마음이 하라는
대로 따라 하는 결심이다. 그대는 성자나 사두의 말을 듣다가 자기 마음
에 드는 말이 있으면 좋아한다. 누가 좋아하는가? 마음이 좋아한다. 영
혼에 가까운 마음의 반쪽은 그런 좋은 말을 들으면 기뻐하고 좋아한다.
그리고 그 말에 따라 결심을 한다. 하지만 이 결심을 할 때 그대는 마음
의 다른 반쪽에게 물어 보지 않는다. 그러면 나중에 이 반쪽이 복수를
하게 된다. 이 반쪽은 그대를 결코 용서하려 들지 않는다. 무슨 수를 써
서라도 결심을 깨뜨리려고 할 것이다.

그대는 살면서 도전이나 자극을 받으면 하나의 목표를 세우고 결심을
하게 된다. 누군가 금연을 결심했다고 하자. 이는 마음에게 도전 거리
다. 그대가 오늘부터 단식을 결심했다고 하자. 육체에 가까운 마음의 반
쪽은 이 결심을 깨뜨릴 만반의 준비가 되어 있다. 육체에 가까운 마음의

반쪽은 온종일 그대로 하여금 음식 생각을 하도록 만든다. 오만가지로 유혹하려 들 것이다. 이 반대 상황도 마찬가지다. 그대가 몸이 하라는 대로 따라 하면 마음의 다른 반쪽은 그대를 계속해서 괴롭힐 것이다.

마음을 따르는 사람은 두 개의 배를 탄 사람과 같다. 배는 각각 자기 방향으로 가려고 할 것이다. 그런 사람은 항상 이러지도 저러지도 못하고 골치 아파한다. 그에게는 설 자리가 없다. 그에게는 땅도 설 자리가 아니고 하늘도 설 자리가 아니다.

두 번째 유형의 결심은 '마하브라타(mahavrata)' 라고 하는 위대한 결심이다. 마음이 이 결심을 하는 것이 아니다. 이 결심은 '마음은 이중성이요, 이 마음의 이중성으로 말미암아 자신의 삶이 괴롭다' 는 사실을 깨우쳤을 때 하게 되는 결심이다. 그러한 결심은 마음을 놓고 하게 된다. 이 결심은 마음이 하는 것이 아니다. 그대가 마음이 무엇이라는 것을 깨달으면 그대 의식에서 떠오르는 느낌이 있다. '마하브라타' 는 바로 이 느낌이다. 마음이 하는 결심이 아니다.

담배 피우는 것이 무엇인지를 이해한 사람은 담배를 끊지 않는다. 나중에 담배는 저절로 그의 손에서 떨어지게 되어 있다. 술이 무엇인지를 깨달은 사람은 술병이 자기 손에서 미끄러져 나가는 것을 지켜보게 되어 있다. 담배나 술을 끊는다고 할 때 끊는 주인은 바로 마음이다. 끊어야 할 대상이 저절로 떨어져 나갈 때 그것은 마하브라타, 즉 위대한 결심이 된다. 하지만 그대가 무엇인가를 끊고자 하면 언젠가는 끊고자 했던 것을 다시 하게 된다.

물라 나스루딘이 한 회의에서 연설을 하게 되었다. 보통 연설자가 하는 연설 내용이란 자신도 실천하지 못하는 것이 대부분이다. 그대는 어쩌면 '그럴까? 라고 생각할는지 모르지만 사실이 그렇다. 물론 의도적으로 연설자가 거짓말을 하는 것은 아니다. 왜 그런고 하면 회의장에서 연설을 하게 되면 영혼에 가까운 마음이 움직이기 때문이다.

대중 앞에서 연설하면서 누가 죄를 지으라고 연설하겠는가? 연설이란 그저 이야기만 하면 되는 것이다. 실행하고는 별 관계가 없다. 그래서 대부분의 연설자는 드높은 이상과 비전에 대해서 떠들어대는 것이다. 말만 잘하면 된다. 따라서 무슨 연설을 해도 전혀 손해볼 것이 없다. 그래서 연설자는 사랑과 박애, 비폭력과 진리에 대해 입에 게거품을 물면서 얘기하는 것이다. 그는 연설할 때만큼은 아주 경건한 성자가 된다. 적어도 연설할 때만은.

물라는 위대하고도 지혜로운 것들-정직과 진리와 비폭력-에 대해 연설했다. 청중이 대단히 감동한 모양이었다. 거기에 참석했던 물라의 아들도 커다란 감동을 받은 것 같았다. 진리의 계단을 밟아 올라가기만 하면, 정직하게 비폭력적으로 독신과 무소유를 지키면서 진리의 계단을 밟아 올라가면, 누구든 해탈할 수 있다고 물라는 연설했다.

"그 사다리는 바로 여러분들 앞에 있습니다. 자, 이제부터 올라가기 시작하시면 됩니다."

그가 말했다. 다음날 나는 물라와 그의 아들과 자리를 함께했다. 이 자리에서 아들은 물라에게 말했다.

"어젯밤에 꿈을 꾸었는데, 어제 연설하실 때 말씀하신 사다리를 보았어요."

아들이 자신의 연설에 깊이 감동한 것을 안 물라는 얘기가 더 듣고 싶어졌다.

"그래서, 어떤 꿈을 꾸었는데?"

아들이 대답했다.

"사다리는 천국으로 이어졌어요. 하늘 저 멀리 끝이 안 보일 정도였으니까요. 사다리가 놓인 땅바닥에는 한치쯤 되는 분필과 칠판이 있었어요. 칠판에는 '이 사다리를 올라가는 사람은 누구나 분필을 들고 올라가십시오. 한 가로장씩 위로 올라갈 때마다 자신이 지은 죄를 그 가로장에 표시하십시오' 라고 씌어 있더군요."

물라는 점점 아들의 이야기에 빠져 들기 시작했다. 물라가 말했다.

"응, 그 다음에."

아들이 계속했다.

"분필 한 자루를 들어서 첫 번째 표시를 하고 올라가기 시작했죠. 한참 올라가는데 누군가가 내려오는 소리가 들리더라구요."

물라가 물었다.

"누가?"

아들이 말했다.

"저도 누군가 하도 궁금해서 얼굴을 들어 올려다보니까 아버지께서 내려오고 계시더라구요."

물라가 말했다.

"내가? 내려오더라고? 무슨 말이야? 왜 내려와?"

아들이 대답했다.

"저도 왜 내려오시냐고 물었더니 '응, 분필이 더 필요해서 내려온다'라고 대답하시더라구요."

말은 위대한 것들에 대해 장황하게 쏟아 놓지만 행동은 죄로 가득 차 있다. 그대는 계속해서 죄를 지으면서 위대한 일들을 실행하겠다고 결심을 한다. 그러면 마음의 이쪽 편과 저쪽 편이 다 좋아한다. 육체에 가까운 마음은 죄를 좋아하고 영혼에 가까운 마음은 경전을 좋아한다. 그대는 두 개의 배로 항해하는 것을 좋아하는 것 같다. 하지만 그렇게 해서는 아무 데도 갈 수 없다. 그렇게 해서 진리를 본 사람은 아무도 없다. 배를 하나만 택해도 마찬가지다. 둘 다 마음의 배이기 때문이다.

배에 탄 자는 누구나, 이 배든 저 배든 상관없이, 다 물에 빠진다고 까비르는 말한다. 삶의 바다를 건너는 항해는 너무 거대해서 배의 도움을 받는 자는 물에 빠진다. 헤엄을 칠 줄 아는 사람에게는 배가 필요 없다.

The Great Secret

죄인의 배든 성자의 배든, 둘 다 마음의 배이기는 마찬가지다.

인간은 이중성으로 분리되어 있다. 가게에 앉아 있는 사람도 마음이 분리되어 있고 아쉬람(ashram : '휴식처'란 뜻으로 인도식의 수도원에 해당됨)에 앉아 있는 사람도 마음이 분리되어 있기는 마찬가지다. 가게에서 장사하는 사람은 자신이 죄를 짓고 있다는 것을 알기 때문에 선업을 쌓으려고 한다. 아쉬람에 있는 사람은 선업을 쌓으면서 죄짓는 공상을 한다. 그들의 복잡한 마음에는 차이가 없다. 이러지도 저러지도 못하는 난처한 입장에 놓여 있는 것이다. 마음을 온전히 놓아야만 한다. 마음은 정신병이다. 마음을 놓는다는 것은 마음을 온전히 이해했다는 말이다. 마음의 본성을 이해하게 되면 마음을 놓기가 쉬워진다. 이제 까비르의 말을 들어보자.

미친 마음이여, 그만 요동하라!

마음은 미쳐 있다. 이것은 결코 시적인 표현이 아니다. 삶의 모습이 그러하다. 정신병, 그것은 마음의 다른 이름이다. 이것은 설명하고 자시고의 문제가 아니다. 그대는 자신의 마음을 너무나도 잘 알고 있지 않은가? 그대에게 마음을 조금이라도 꿰뚫어 볼 수 있는 눈이 있는가? 마음의 움직임을 꿰뚫어 볼 수 있는 눈이 있는가? 그러면 마음이 미쳐 있다는 것을 금방 알 수 있다.

마음은 항상 그대가 수없이 해온 것을 또 하라고 한다. 그래봤자 아무것도 없다. 아무것도 얻을 것이 없다. 그것을 수없이 반복한다? 이것이 미친 짓이 아니고 무엇인가?

그대는 매번 모래로 밥을 지으려고 한다. 하지만 모래로는 밥을 지을 수 없다. 모래로 밥을 지을 수 없다는 것을 너무나 잘 알면서도 그 짓을 끊임없이 반복한다. 이것이 미친 짓이 아니라면 대체 무엇이 미친 짓인가?

　그대는 육욕(肉慾)과 쾌락을 수없이 탐해 보았지만 지금 아무것도 남은 것이 없다. 그대는 참다운 기쁨이 무엇인지 모른다. 엑스터시가 무엇인지 모른다. 그대는 불행 속에서 목말라 할 뿐이다. 자신이 한 것에 대해 후회하면서 울고불고할 뿐이다. 수없이 많은 경험에도 불구하고 마음은 계속해서 쉬지 말고 하라고 그대를 부추긴다. 이것이 미친 짓이 아니고 무엇인가?

　미쳤다는 것은 아무 의미 없는 것을 계속해서 반복하는 것이다. 미쳤다는 것은 무엇인가 의미 있는 것에는 근처에도 가지 않으려고 하는 것이다. 사람들이 나에게 와서 "며칠 동안 명상을 하다가 그만두었습니다"라고 말하곤 한다. 내가 며칠 동안의 명상 체험이 어땠냐고 물으면 그들은 "깊은 평화와 기쁨을 체험했습니다"라고 말한다. 참으로 이상한 일이다. 깊은 평화와 기쁨을 체험하면서 명상을 그만둔다? 그들은 "마음이 더 못하게 해요." 하고 말하는 것이다.

　그대는 자신을 불행하게 만드는 것을 진정으로 버릴 줄 아는가? 그대는 그야말로 수없이 화를 내왔다. 화를 낸 다음 기쁜 마음이 일어난 적이 있는가? 화를 내니까 마음이 즐거워진 적이 있는가? 분노에 사로잡히면 당연히 불행하기 마련이다. 그럼에도 불구하고 마음은 분노를 버리지 않는다. 그대가 명상을 하고 기도를 하고 신전에 가고 침묵 속에 앉아 있으면 언제나 평화를 느낀다. 하지만 마음은 명상과 기도를 하지 말라고 말한다. 그리고 그 마음의 말을 듣는 것은 바로 그대다!

　불행밖에는 아무 열매도 맺지 못한 짓을 그대는 지금도 계속해서 하고 있다. 마음은 떠들어댄다.

　"한 번만 더 해봐. 누가 알아, 이번에는 성공할지? 지금까지 아무 열매도 맺지 못했다고 하더라도 언젠가는 열매를 맺을 수 있을 거야. 그러니 계속 해봐. 지금까지 얻은 게 없다고 앞으로도 얻을 게 없다고는 아무도 장담 못하지! 그러니 계속 해봐. 한 번만 더 해봐."

그래서 마음은 아무 열매도 없는 여행을 계속 밀어붙인다. 이것이 미친 짓이 아니고 무엇인가?

종종 시간을 내서 조용히 앉아 마음을 바라보라. 어떤 일이 벌어지는지 살펴보라. 그대 마음하고 미친 사람의 마음하고 다른 것이 있을 것 같은가? 마음 자체가 미친 것이다. 단지 정도 차이만 있을 뿐이다. 어떤 마음은 80퍼센트, 다른 마음은 90퍼센트, 또 다른 마음은 99퍼센트, 언제든지 부글부글 끓을 준비가 되어 있다. 어떤 사람은 100퍼센트 미쳐 있고 또 어떤 사람은 100퍼센트도 넘어갔다. 이런 사람은 정신병원에 수용된다.

한 신부가 강론을 하기 위해 정신병원에 갔다. 그는 강론의 대상이 정신병자들이어서 알아듣기 쉬운 말로 강론을 했다. 그는 그날을 위해 선택한 주제에 대해 아주 상세하게 여러 각도에서 하나하나 설명해 나갔다. 한 환자가 강론 내내 신부를 뚫어져라 쳐다보면서 신부의 강론에 열중하고 있었다. 신부도 그 사람으로부터 강한 인상을 받았다. 왜냐하면 전에 그만큼 자신의 강론을 열심히 듣던 사람을 본 적이 없었기 때문이다. 그 환자는 숨까지 죽여 가면서 신부의 강론에 몰입하고 있는 것 같았다. 강론이 끝나자 신부는 그 환자가 원장에게 가서 뭐라고 귀에다 속삭이는 것을 보았다. 신부는 그 환자가 원장에게 대단했던 자신의 강론에 대해 이야기했을 것으로 단정했다. 신부는 원장이 한가한 틈을 타 그 환자가 뭐라고 이야기하던가를 물어 보았다.

"제 강론에 대해 이야기하던가요?"

신부가 물었다.

잠시 머뭇거리던 원장이 대답했다.

"예, 방금 하신 강론에 대해서 이야기하더군요."

신부는 약간 성급해졌다.

"뭐라고 하던 가요?"

신부가 물었다. 처음에 원장은 말하고 싶지 않은 눈치였지만 신부가 자꾸 물어 보자 마지못해 대답했다.

"그 환자가 저에게 와서 귀에 대고 '세상이 어떤지 보셨죠. 우리는 이렇게 갇혀 있고 그 사람은 밖에서 자유롭게 지냅니다. 이 얼마나 공정하지 못합니까! 라고 말하더군요."

밖에 있는 사람이나 안에 갇혀 있는 사람이나 별 차이가 없다. 둘 사이에 벽만이 가로놓여 있을 뿐이다. 그대도 언제든지 정신병원에 들어갈 수 있다. 그대는 벽 아주 가까이 근접해 있고 문도 열려 있다. 안에 있는 사람들에게는 문이 닫혀 있다. 하지만 밖에 있는 사람에게는 늘 열려 있다. 문지기는 나가는 사람만을 막는다. 거기에서 환영 만찬이 그대를 기다리고 있다. 조만간 그대도 들어갈지 모른다. 그대가 아직까지 들어가지 않은 것이 신기할 뿐이다. 그대도 이를 잘 알고 있다. 때문에 자신을 컨트롤하고 감추려고 무척 애를 쓴다. 하지만 가끔씩 컨트롤을 상실하고 무의식으로 되는 순간 안에 감추어진 자신의 모습을 노출시키고 만다. 그리고 나중에 자신이 미친 사람처럼 행동했다는 것을 깨닫는다.

때때로 분노가 그대의 적나라한 모습을 뒤집어엎는다. 그리고 잠시 후면 후회를 하고 용서를 구한다. "제가 미쳤지요. 어떻게 제가 그런 일을 하게 됐는지……." 하지만 그런 일이 있었다! 그대는 자신이 그런 일을 할 수 없다고 생각하지만 그런 일이 일어났다. 그대가 했다. 그대가 화를 냈다. 귀신이 그대 안으로 들어가서 그대를 조종한 것이 아니다.

화낼 때의 그대 모습하고 화내지 않을 때의 그대 모습에는 어떤 차이가 있는가? 오직 단 하나의 차이는, 분노에 사로잡힌 무의식의 순간에 그대 안에 감추어져 있던 것이 노출된다는 것뿐이다. 평상시 그대는 행동거지를 조심한다. 자신을 컨트롤 할 수 있다. 무엇인가를 해야 될까 말까를 생각할 때 안에서는 수많은 생각들이 오간다. 그중 딱 한 가지 생각을 꺼낸다. 마음의 통제로부터 벗어나기 전까지 그 어느 누구도 미친 상태로부터 자유로울 수 없다.

망설임과 의심과 불안이 사라지자마자 마음도 사라진다. 이것은 존재계의 아름다움이다. 마음이 거기 있으면 망설임도 거기에 있다. 망설임이 떠나면 마음도 떠난다. 파도가 잠을 자고 바다 속으로 사라지는 것과 같다.

마음을 가지고 있는 한 그대는 세상에 묶여 있다고 까비르는 말한다. 마음이 고요해짐에 따라 마음은 사라져 간다. 그때 영원한 것이 들어온다. 이것이 신과 하나가 되는 열쇠이다.

미친 마음이여, 그만 요동하라!
오는 대로 허용하라!
사티(sati)는 죽음의 불에
뛰어들 각오가 되어 있다네.

여기의 시적인 비유는 한 번 깊이 들여다볼 만하다. 대영(大英) 제국이 인도를 지배하기 전에 '사티'라는 관습이 있었다. 남편이 죽으면 과부가 된 아내는 남편의 화장(火葬)에 자신의 몸을 던지는 것이 사티이다. 남편의 화장에 자신의 몸을 던지는 과부를 또한 '사티'라고 한다. 사티의 99퍼센트는 본인의 의사와는 관계없는 관습에 의한 강제였다. 그래서 식민지 정부는 이를 법으로 금지하게 되었다. 하지만 관습에 의한 강제가 아닌 시절도 있었다. 그 시절엔 본인이 원해서 남편의 화장에 뛰어드는 여인을 '사티'라고 불렀다.

맨 처음 사티라는 관습은 아주 깊은 사랑에 의해서 태어났다. 남편과 아내의 아주 깊은 관계에 의해서 자연스럽게 태어났다. 세계 어느 곳에서도 사티를 찾아볼 수 없다. 오직 인도만이 더없이 높은 사랑을 안다.

그래서 사티는 인도내에서만 행해졌었다. 인도인들은 사랑하는 사람끼리의 하나됨을 안다. 이러한 하나됨의 절정을 토대로 사티라는 관습이 태어난 것이다.

남편을 향한 사랑이 너무 깊어지면 그 사랑이 자신의 삶 자체가 되어 버린다. 그러면 사랑하는 이가 죽었을 때 같이 따라갈 수밖에 없다. 부부가 깊은 사랑으로 인생을 살았다면 남편이 죽었을 때 아내의 삶도 끝난다. 그녀는 계속 살아야 될 아무런 의미도 발견하지 못한다. 새 아침이 밝아 와도 그녀에게는 새 아침의 아름다움이 없다. 밤이 내려오고 밤하늘에 별이 빛나도 가련한 과부에게는 아무런 의미가 없다. 이제 그녀의 사방은 어둠뿐이다. 빛이 사라진 것이다. 사랑의 등불이 꺼져 버리면 삶의 의미 또한 꺼져 버린다. 그래서 과부는 손에 단사(丹砂 : 주사(朱砂)라고도 함. 새빨간 빛의 육방정계의 광석. 염료나 한방약에 씀) 한 단지를 들고 화장 장작더미에 올라가곤 했던 것이다.

사티는 죽음의 불에
뛰어들 각오가 되어 있다네.

장작에 불이 붙고 타오르기 시작하면 아내는 곧 사티가 될 것이다. 단사는 복(福)을 상징한다. 단사를 사용하면 장작은 더 이상 평범한 나무가 아니라 그녀에게는 복이 되어 줄 것이다.

이제 사티는 죽음을 만나는 것이 아니라 남편을 만난다. 그녀가 사랑하는 님은 불꽃 저편에 서 있고 불꽃은 천국의 문이 되어 준다. 이것은 죽음이 아니다. 새로운 삶으로 통하는 문으로 탈바꿈된다. 그래서 복을 상징하는 단사를 손에 들고 사티는 화장 장작더미에 스스로 올라가는 것이다.

오는 대로 허용하라!
사티는 죽음의 불에
뛰어들 각오가 되어 있다네.

까비르 자신은 더 이상 물러서지 않기 때문에 어떠한 일이 일어나도 각오가 되어 있다고 말한다. 그는 마치 사티처럼 불을 지나갈 각오가 되어 있다. 단사 한 단지를 들고 있는 사티처럼 거기에 서 있다. 신이 저편에 서 있다면 까비르는 죽음을 통과하고 죽음을 만날 준비가 되어 있다.

오는 대로 허용하라!

까비르는 마음에게 망설임을 모두 버리라고 말한다. 그도 세상을 뜰 것이라고 말한다. 이것이 마지막 순간이라고 말한다. 그는 삶이 무엇인지를 알고자 하는 결의가 서 있기 때문에 죽음도 지나고자 하는 것이다. 그는 자신의 마음에게 모든 지껄임을 멈추라고 말한다.

"이제 할 만큼 충분히 했다. 나는 네 말을 들을 만큼 들었다. 이제는 됐다."

까비르는 마음을 가라앉히려고 들지 않는다. 마음이 쓸데없이 근심에 사로잡혀 있음을 볼 뿐이다. 그는 이미 손에 단사를 들고 화장 불을 향해 걷기 시작했다. 화장 불에는 단 한 발자국만 떼면 된다. 그는 죽을 각오가 되어 있고 저편에서 님이 부르고 있다. '바보 같으니! 무엇을 망설이고 있는 거요?' 하지만 마음으로부터는 아무 반응이 없다. 까비르는 말한다.

"이제 나는 완전히 준비됐다. 더 이상 너의 말을 듣지 않겠다."

이런 순간이 오면 마음은 저절로 떨어져 나간다.

아주 작은 기회만 와도 마음은 그대를 유혹하고 함정에 빠뜨린다. 마

Talks on the songs of Kabir

음은 온갖 수단 방법을 다 쓸 것이다. 오만가지 방법으로 그대를 유혹하려 들 것이다. 그대의 길로부터 그대를 벗어나게 하려고 오만 잡설을 다 늘어놓을 것이다. 꼬이고 유혹하고 수많은 환상을 만들어 낼 것이다. 그대의 결의를 결정화하라. 절대적인 결심을 세우라. 마음에게 "네가 무슨 말을 해도 거기에는 아무런 차이가 없다"라고 말하라. 그때 그대는 마음으로부터 자유로울 수 있다.

미친 마음이여, 그만 요동하라!

이제 마음의 말을 들어줄 사람은 가 버렸다. 그의 여행은 이미 시작되었고 이제 물러날 길이 없다. 마음을 이해하게 되면 마음은 가라앉기 시작한다. 그대는 이제 물러나지 않는다.

사람들은 나에게 와서 자신은 산야스를 받고 싶지만 마음이 불안하다고 말한다. 마음은 그들로 하여금 산야스를 받지 않도록 여러 방법으로 종용한다. 마음은 그들에게 처자식이 있고, 직장도 있고, 책임도 있고 한데 어떻게 산야스를 받을 수 있겠냐고 따진다. 마음은 오렌지색 옷을 입고 다니면 사람들이 비웃을 것이라고 말한다. 죽어야 된다거나 화장불에 뛰어들어야 하는 문제는 없다. 하지만 그대는 너무 소심한 나머지, 붉火과 같은 색깔인 오렌지색 옷을 입는 것조차 꺼려 한다.

힌두교 승려가 입는 오렌지색 옷은 불의 색깔에서 따온 것이다. 오렌지색은 불의 색깔이다. 그대가 불 속에 뛰어들길 원한다면 처음 시작하는 그대에게 색깔이 도움이 될 것이다. 하지만 그대 마음이 불 색깔의 옷조차 입기를 꺼려 하면서 불 속에 뛰어든다? 전혀 가당치 않은 말이다. 산야신의 오렌지색 옷은 단사의 색깔이요, 복을 상징하는 색깔이다. 그 색깔은 그대에게 가장 크나큰 복을 안겨다 줄 것이다. 오렌지색 옷은 그대 죽음의 시작이요, 죽음을 위한 준비이다. 하지만 마음의 말을 듣게 되면 그대는 이 소중한 기회를 놓치게 된다. 마음은 털끝만큼도 도움이 되지 않는다.

마음에 대해서는 두 가지 상황이 있을 수 있다. 마음을 따르는 것과 마음에 반대하는 것이 그것들이다. 마음의 말을 들으면 마음을 따르는 것이 된다. 마음을 반대해도 아직 마음에 걸려 있다. 그러면 마음의 다른 반쪽이 반대한다. 하지만 까비르는 고집을 부리거나 마음에게 "나는 너와 싸우겠다"라고 말하지 않는다. 그의 말은 정말 새겨 볼 필요가 있다. 그는 어른이 우는 아이 달래듯 마음에게 말한다.

"이제 조용하라. 이러쿵저러쿵 불평할 이유가 없다. 울고 싶으면 울어라. 네 마음이다. 울고 짜고 해서 좋으면 그렇게 하라. 하지만 나는 하등의 관심이 없다."

까비르는 마음을 따르지도 반대하지도 않는다. 뱀이 허물을 벗듯 까비르는 자신의 마음을 벗고 떠난다. 마음은 뱀의 허물처럼 거기에 그렇게 놓여 있을 뿐이다.

마음을 안다는 말은 마음을 따르지도 반대하지도 않는다는 말이다. 길가에 미친 사람이 서서 그대에게 욕을 해댄다고 가정해 보자. 그대는 그 미친 사람에게 화를 내거나 기분 나빠하지 않는다. 그냥 가던 길을 갈 뿐이다. 모든 일은 끝났다. 그 미친 사람과 싸우고 싶은가? 그는 그대에게 의도적으로 욕을 하는 것이 아니다. 미친 자가 하는 욕에는 어떠한 마음도 없고 목적도 없다.

아크바르(Akbar, 1542~1605 : 중세 인도, 무굴 제국의 중앙집권제를 완성한 왕) 대왕이 축제 퍼레이드에 참석하고 있을 때였다. 느닷없이 길가에 있던 한 사람이 그에게 욕을 해대기 시작했다. 아크바르는 그를 체포해서 그날 밤 감옥에 넣어 버렸다. 다음날 아침에 그는 아크바르 앞으로 끌려왔다.

아크바르가 물었다.

"어제 왜 나에게 욕을 했는가?"

그는 놀라서 말했다.

"욕을 하다뇨? 전혀 그런 일 없습니다. 저는 술에 만취해 있었습니다. 폐하께 욕을 한 것은 제 책임이 아닙니다. 술이 저로 하여금 욕을 하게 했습니다."

아크바르는 한참 동안 생각에 잠기더니 그 사람을 용서해 주었다. 왜 그렇게 한참 동안 생각에 잠기셨냐고 신하가 물었다.

아크바르가 대답했다.

"그것은 생각해 볼만한 것이었다. 그자가 의식적으로 나에게 욕을 한 것이 아니라면 그에게 책임이 있다고 볼 수 없다."

그는 아크바르를 욕할 의사가 없었기 때문에 더 이상 왈가왈부할 필요가 없었던 것이다. 그가 의식적으로 욕을 했다면 죄가 되었을 것이다. 욕을 한 데에는 뭔가 숨은 뜻이 있었을 것이다. 그러나 무의식 속에서 욕을 했다면 아무 의미가 없는 것이다.

까비르는 마음에게 "지껄이려면 얼마든지 지껄여라. 하지만 나는 내 길을 가겠다"라고 말한다.

"결혼 행렬이 준비되었고 신랑의 말도 준비되었다. 나는 간다. 어떤 일이 벌어지든 그냥 거기에 놔두라. 나를 꾀려고 들지 마라. 쓸데없는 말은 하지 마라. 더 이상 찬반 양론에 대해 토론하고 싶지 않다. 무엇이 일어나든 어떻게 되든 그냥 놔두라."

까비르는 이제 더 이상 관심이 없다. 사티는 손에 단사 한 단지를 들었다. 이제 뒤돌아서는 일은 있을 수 없다.

모든 의심을 넘어서 환희에 춤을 추라.
탐욕과 애착, 그리고 헛된 잡념을 놓으라.
용자(勇者)가 죽음을 두려워하겠는가?

사티가 자신의 육신을 집착하겠는가?

모든 의심을 놓고 춤추라. 흥겨운 마음으로 춤추라. 탐욕과 탐닉과 모든 망상을 버려라.

용자가 죽음을 두려워하겠는가?

마음은 그대가 죽음의 길에 들어섰다고 유혹한다. 죽음만이 그대를 기다리고 있다고 꼬이는 것이다. 마음은 신도, 해탈도 없는 것이라고 말한다. 그 모든 것은 다 허풍이요, 지능적인 사람들이 꾸며낸 말이라고 마음은 말한다.

차르바카(charvaka : 고타마 붓다 이전 브리하스파티(Brihaspati)가 창시한 무신론계 종파. 혹은 그 종파 사람의 이름)는 베다란 그저 재주가 좋은 자들이 지어낸 것이며 신이나 해탈에 관한 모든 미사여구들은 악마의 사주를 받은 영리한 자들이 꾸며낸 것에 불과하다고 말한다. 차르바카는 "최상의 기이(ghee)를 마시고 싶으면 돈을 꾸어서라도 마셔라"라고 말한다. 죽으면 그만이라는 것이다. 그러니 꾼 돈을 갚을 필요도 없으며 신경 쓸 필요도 없다고 차르바카는 말한다. 인간의 행위에는 선도 악도 없다고 말한다. 그런 모든 것은 인간에게 올가미를 씌우기 위한 수단과 방법이라는 것이다.

근대에 들어와서도 똑같은 주장을 편 사람이 있다. 마르크스(Marx)가 그다. 그는 종교는 아편이요, 무산자(無産者)를 착취하기 위한 수단이라고 말했다. 3천 년 전 차르바카가 한 말이다. 마르크스와 같은 사람들 모두는 마음속으로 차르바카의 말을 앵무새처럼 되풀이하고 있다. 마음은 유물론자요, 무신론자이기 때문이다.

지금이야말로 춤출 때라고 까비르는 말한다. 그는 망설이거나 목적을

Talks on the songs of Kabir

잃지 말라고 말한다. 지금 이 순간을 슬픔으로 허비하지 말라고 말한다. 생각하고 또 생각함으로써 삶을 허비하지 말라는 것이다. 까비르는 자신이 바다로 녹아드는 순간이 다가오고 있음을 보고 있다. 기쁨으로 충만한 그는 춤을 춘다. 왜? 까비르가 더 이상 존재하지 않게 되는 순간 사랑하는 님과 만나게 되기 때문이다. 그는 자신을 잃어버릴 때 신을 성취한다는 것을 안다. 까비르는 말한다.

"그러면 나는 영혼을 알게 될 것이다. 나의 에고가 화장 불에 타고난 다음 그 에고의 잿더미 위에서 나의 영혼은 태어날 것이다."

마음은 그대를 가두어 놓기 위해 세 가지 방법을 쓴다. 첫 번째 방법은 그대 안에 탐욕을 만드는 것이다. 마음은 말한다.

"이제 너의 손아귀에 거의 들어왔다. 어딜 가려고 하는가? 지금 가 버리면 지금까지의 노력은 수포로 돌아간다. 하루만 더 일하면 될지 모른다. 지금 조금만 기다리면 그것을 너의 손아귀에 넣을 수 있을 것이다."

혹은 마음은 그대를 정(情)이라는 그물에 걸려들게 만든다.

"너는 누구에게 가는가? 우리를 떠나려고 하는가? 혼자 떠나가려고 하는가?"

마음은 이렇게 물을 것이다.

"너는 사랑하는 사람들을 두고, 친구와 친척들을 두고 떠나겠다는 것인가? 우리가 가는 길을 거슬러 가겠다는 말인가? 그것은 위험천만한 일이다."

까비르는 말한다.

도시에는 뒷길로 가라.
큰길에서는 몽땅 털리기 마련이라.

마음은 항상 큰길로 가라고 말한다. 다른 길로 가면 도둑이나 강도를

The Great Secret

만나서 다 털린다는 것이다. 큰길에는 사람들이 많아서 자신을 보호하기가 쉽다는 것이다. 그대가 혼자 있으면 사람들이 그대를 노려볼 것이라고 마음은 말한다. 그대는 지금 누구 말을 듣고 있는가? 마음은 그대를 묶어 놓기 위해 탐욕을 만들고 정과 애착에 빠지게 하고 새로운 환상에 몰두하게 만든다. 마음은 꿈을 만들어 내는 위대한 창조자이다. 마음보다 위대한 장인은 없다. 꿈을 만들어 내는 데 있어서 마음보다 뛰어난 것은 없다. 마음은 항상 한 번만 더 해보라고 부추긴다. 그것은 마치 도박꾼의 상황과 같다. 도박꾼은 도박에서 이기나 지나 계속 도박을 해야만 한다. 그가 도박에서 이기면 그의 마음은 말한다.

"딱 한 번만 더 해보라. 오늘은 운이 너무 좋았다. 수십만 루삐를 긁어모았지 않은가? 한 번에 몽땅 거는 거다. 그래서 돈을 두 배로 버는 거다."

도박에서 이기고 있는 사람은 도박에 빠진다. 도박에서 돈을 잃고 있는 사람의 마음은 이렇게 말한다.

"이번에는 잃었지만 걱정 마라. 다시 한 번 해보라. 이렇게 집에 돌아간다면 무슨 낭패인가? 누가 아는가? 딱 한 번만 더하면 몽땅 따게 될지!"

도박꾼은 돈을 따고 있든 잃고 있든, 도박이라는 함정에 빠지게 된다. 마음은 도박꾼이다. 마음은 그대를 환상이라는 함정에 빠뜨린다. 마음은 환상의 위대한 창조자이다.

용자가 죽음을 두려워하겠는가?

그대가 마음의 말을 듣지 않게 되면 마음은 최후의 수단을 쓴다. 죽음으로 그대를 위협하는 것이다. 성자들은 자신의 목을 언제든지 자를 수 있는 사람에게만 신으로 향한 길이 열려 있다고 말한다. 신으로 가는 길은 칼날 위에 서는 것과 같다고 말한다. 예수는 자신을 잃으면 구함을 받을 것이요, 자신을 구하려고 하면 자신을 잃게 될 것이라고 말했다.

자신이 죽지 않고 신의 감로수를 맛본 사람은 없다. 마음은 이렇게 말한다.

"왜 그런 쓸데없는 말을 듣는가? 이 자들은 죽음의 사자들이다. 그들은 죽음으로 유혹하고 있는 거다. 나는 더없이 좋은 너의 친구이지 않은가? 나는 삶의 편이다. 너의 스승이라는 자들은 너의 원수다."

그대는 마음이 주는 말을 너무 잘 받아먹는다. 마음이 하는 말은 무엇이든지 "그래, 맞아!"라고 말한다. 마음은 그대가 살았을 때 삶을 충분히 살라고 말한다. 죽음은 정해진 때에 오게 되어 있다는 것이다. 때가 되지도 않았는데 서둘러 죽으려고 할 필요가 없다는 것이다. 하지만 까비르는 말한다.

"오직 살아서 죽은 자만이 신의 감로수를 맛본다."

용자가 죽음을 두려워하겠는가?
사티가 자신의 육신을 집착하겠는가?

까비르는 어리석은 마음에게 묻는다.
"용자가 죽음을 두려워하겠는가? 너는 죽음으로 나를 위협하려 드는구나?"

죽음은 하나의 도전이다. 죽음은 두려워해야 할 대상이 아니다. 이러한 도전을 하나의 게임으로써 받아들이게 되면 그대는 삶의 가장 큰 기쁨을 체험할 수 있다.

사티가 자신의 육신을 집착하겠는가?

사티는 자신의 몸을 치장하지 않는다. 그녀는 육신이란 흙으로 만든 질그릇이라는 것을 안다. 그녀는 마음이 자신으로 하여금 이 질그릇을 돌보고 구하라고 유혹하고 있음을 안다. 까비르는 묻는다.

"불꽃 저편에 사랑하는 나의 님이 계신데 이런 하잘것없는 것에 내 모든 것을 걸어야만 하는가?"

사티가 자신의 남편을 따라 죽으려고 할 때 틀림없이 그녀의 마음은 죽지 말라고 설득할 것이다. 그녀의 마음은 이렇게 물을 것이다.

"무엇을 하는 거야? 너는 아직도 젊디 젊다. 남편이 죽었다고 해서 사람이 다 죽는 것은 아니지 않는가? 네 상처를 치유하고 다른 상대를 구해 보라. 다른 남편을 구해 보라. 왜 그렇게도 죽으려고 서두르는가? 잠깐만 기다려라. 그러면 인생을 다시 즐길 수 있다. 네 몸은 정말 아름답다. 왜 그것을 불구덩이에 던지려고 하는가? 그렇게도 네가 가꾸고 돌본 몸이다. 뭇 남성들이 환장을 하던 너의 몸이다. 왜 그 아름다운 몸을 쓸데없이 불구덩이에 집어넣지 못해 안달을 하는가?"

사티가 자신의 육신을 집착하겠는가?

참된 사티는 마음의 함정에 걸려들지 않는다. 마음이 하는 꼬임에 귀를 기울이지 않는다. 그대도 그렇게 깨어 있으라. 까비르의 마음도 그렇게 온갖 수단 방법을 동원해서 까비르를 유혹했다. 그대 마음도 똑같이 그대를 온갖 수단 방법을 가리지 않고 유혹하려 들 것이다. 모든 수행자나 구도자 역시 싯다(siddha), 즉 깨달은 사람이 되기 전에 마음의 유혹을 받았었다. 구도자는 모두 다 똑같은 단계를 거쳐 지나가야만 한다. 마음의 본성이 그러하기 때문이다.

사회, 경전, 가문의 명예

목에 걸린 교수대의 올가미라.
길을 반쯤 가다가 되돌아온다고?
하하하! 모두가 웃을 일이다.

　사람들, 사회, 베다, 경전, 전통, 가문의 명예, 이 모두는 자신의 목에 걸린 교수대의 올가미다. 마음은 그대의 구도가 사회와 전통에 위배된다는 것을 상기시켜 주고자 한다. 그래서 마음은 경전과 가문의 명예와 온갖 것들을 들먹인다. 사람들은 나에게 와서 산야스를 받고는 싶지만 사회가 두렵다고들 한다. 이 사회란 무엇인가? 소위 '사회'라는 것은 어디에 존재하는가? 사회란 그대와 같이 겁 많은 사람들이 모인 집단에 불과하다. 두렵고 무서워서 서로 어깨를 기대고 서 있는 사람들의 집단에 불과하다. 사람들은 자신에게 두려움이 많으면 다른 사람에게도 두려움을 심어 주고 싶어한다.
　무리는 자아를 실현한 사람을 보면 기분 나빠한다. 자아를 실현한 사람은 전통의 길을 따르지 않기 때문이다. 자아를 실현한 사람은 스스로 자신의 길을 개척해 나간다. 그는 자신의 두 다리를 신뢰한다. 다른 사람에게 의지하려고 하는 마음을 천천히 버려 나간다. 그가 기대는 이가 있다면 그것은 사람이 아니고 신이다. 무리란 무지한 자들의 집합에 불과하다. 그런 무리는 구도자에게 아무런 도움이 되지 못한다.
　집단은 올가미라고 까비르는 말한다. 까비르와 붓다와 마하비라는 모두 사회란 일종의 올가미라고 보았다. 사회를 자기 인생의 전부라고 생각하면 그때 사회는 올가미가 되어 자신을 옥죄어 온다. 사회로 인해 그대는 노예로 전락한다. 사회와 베다와 경전과 전통은 모두 그대 길에 훼방을 놓는 방해자들이다. 경전은 그대가 가는 산야스의 길은 잘못된 것이라고 말한다. 경전에 의하면 늙어서 죽음이 가까이 다가올 때 산야스에 들어가야 한다. 그대가 젊은 나이에 산야신이 되는 것을 사람들이 보면 그들은 놀라 자빠질 것이다. 경전은 다르게 이야기하고 있다는 것이다.

한 번은 나이가 지긋한 사람이 나를 찾아왔다. 여든 살쯤 되어 보였다. 그의 아들이 산야스를 받았다. 그의 아들은 젊은 아들이 아니었다. 벌써 나이가 오십 줄에 들어선 아들이었다. 그럼에도 불구하고 그 노인네는 기분이 좋지 않았다. 그 노인이 나에게 이렇게 말했다.

"제 젊은 아이에게 산야스를 주었지요?"

당신 아들이 젊은 아이라고? 그 노인네는 아들과 함께 왔었다. 그의 아들은 아무리 못돼도 오십은 넘어 보였다. 그 노인네가 말했다.

"이것은 베다에 위배되는 짓입니다. 분명히 베다에는 산야스란 인생의 마지막 단계라고 씌어 있어요. 첫 단계는 브라흐마차리아 (brahmacharya : 부모 밑에서 베다를 배우고 학업을 익히는 수습기), 두 번째는 그리하스타(grihastha : 결혼을 하고 가업을 이어받아 가사를 돌보는 세속적인 시기), 세 번째는 반프라스타(vanprastha : 내외가 자식들에게 가업을 물려주고 자신의 아트만을 찾는 수행기), 네 번째가 산야스(sannyas : 내외마저 헤어져서 출가하여 아쉬람에서 수행하는 유행기, 遊行期)로, 맨 마지막이오."

내가 그에게 말했다.

"아들 얘기는 그만하고……. 오신 목적이 무엇입니까? 노인장께서는 방금 말씀하신 인생의 네 단계에서 어느 단계에 계시는 겁니까? 아직 마지막 단계가 안 온 건가요? 노인장께서 산야스를 받으셨다면 아들에게 산야스를 받지 말라고 이야기하겠습니다."

그가 말했다.

"생각해 보죠. 다시 오겠습니다. 생각할 말미를 좀 주십시오."

여든 살을 먹고도 그는 생각할 말미를 좀 달라고 한다. 아들이 산야스를 받고 싶다고 했을 때 그 아버지는 "지금은 안 된다. 인생의 마지막 단계에 가서 받아라"라고 말했다. 그 자신이 마지막 단계에 있으면서도 산야스를 받고 싶어하지 않았다. 그가 아들에게 한 말은 "산야스를 받지 마라"였다. '마지막 단계'는 그저 구실에 불과한 것이었다.

도대체 산야스라는 것이 나이와 조금이라도 관계가 있는 것인가? 나이가 깨달음의 조건이 될 수 있는가? 젊어서 깨닫지 못한다면 늙어서는 더 어렵다. 깨닫는 데도 에너지가 필요하다. 늙은 사람에게 무슨 에너지와 정력이 남아 있겠는가? 사실이 그럼에도 불구하고 그대는 늙어서야 신에 귀의하려고 한다. 꽃이 싱싱하고 에너지와 향기가 넘쳐흐를 때 바치라. 그대는 자신이 시들대로 시들어 버렸을 때 신에게 자신을 공양하려고 한다. 그것은 그릇된 공양이요, 그릇된 귀의이다. 누구를 속이려고 하는가, 그대여!

길을 반쯤 가다가 되돌아온다고?
하하하! 모두가 웃을 일이다.

여기서 까비르가 말하는 '모두'는 사회를 가리키지 않는다. 존재계를 가리키고 있다. 사마디에 가까이 다가가고 있는데도 불구하고 뒤돌아 선다면 그것은 존재계 전체가 웃을 일이라고 까비르는 말한다. 그런 경지에서 곧바로 사마디에 뛰어들면 존재계 전체가 더없이 기뻐할 것이다. 존재계가 엑스터시로 흘러 넘칠 것이다. 그러면 존재계 전체가 춤을 출 것이다.

온 세상이 다 욕되지만
기도하는 자만은 참되다.

이 사바 세계는 모두 마음으로부터 비롯되었기 때문에 욕된 것이다. 마음은 갈등이요, 욕됨 그 자체이다. 자신의 가슴속에서 라마의 이름이 울리고 있는 사람만이 거룩하다고 까비르는 말한다. 자신의 혀에서 신의 이름이 살아 있는 사람만이 거룩하다고 말한다. 그들만이 참되고 성스럽다고 말한다.

까비르는 말한다. "신의 이름을 버리지 마라.
넘어지고 일어나고 높이 날으라!'

신의 이름을 결코 저버리지 말라고 까비르는 말한다. 가다가 넘어지고 자빠지더라도 기죽지 말고 불사조처럼 일어나라고 까비르는 말한다. 단 한순간도 신의 이름을 놓치지 마라. 신의 이름을 꽉 붙들어라! 걱정할 것은 전혀 없다. 더러는 넘어지고 더러는 깨지겠지만 신의 이름을 꽉 붙들면 깨달음은 틀림없다. 틀림없이 궁극에 도달할 것이다. 걱정하거나 두려워하지 마라.

넘어지고 일어나고 높이 날으라!

넘어지는 것을 두려워하는 사람은 중간에서 포기하고 만다. 두려워서 주저앉고 만다. 실수할까봐 걱정하지 마라. 하지만 꼭 명심해야 할 것은 한 번 실수한 것을 두 번 다시는 하지 말라는 것이다. 똑같은 함정에 거듭해서 빠지지 마라. 똑같은 함정에 계속 빠진다는 것은 자신이 아직도 무의식에 사로잡혀 있다는 증거이다. 넘어지는가? 그러면 새로운 식으로 넘어져 보라. 그런 다음 다시 일어나라. 넘어지고 일어나고 할 때마다 딱 한 가지, 이것을 명심하라. "신의 이름을 기억하라." 낮이고 밤이고 신의 이름을 기억하라. 어둠 속에 있든 빛 속에 있든 신의 이름이 그대 안에서 항상 울리도록 하라. 이 끈을 절대로 놓지 마라.

파도가 높든 낮든 신의 배(舟)를 굳건히 지켜라. 이렇게 넘어지고 일어나는 과정을 거치면서 그대는 신이 머무는 정상에 도달할 것이다. "결코 신의 이름을 잊지 마라." 이 점을 항상 가슴속 깊은 곳에 고이 간직하라.

무도 죽고, 침묵도 죽고
무한자마저도 죽지만
참으로 님을 사랑하는 이는 죽는 걸 모른다.
까비르는 말한다, "이를 깨우치라."

더없는 행복인 수냐(shunya), 즉 공(空)의 체험도 죽는다. 형용할 수 없는 우주의 소리인 옴(Aum)도 죽는다. 무한자에 대한 체험도 죽는다. 그러나 오직 한 가지, 신에 대한 사랑은 죽지 않는다.

온 세상이 다 욕되지만
기도하는 자만은 참되다.
까비르는 말한다. "신의 이름을 버리지 마라.
넘어지고 일어나고 높이 날으라!'

신의 이름, 오직 이 한 가지를 꼭 붙들라. 그것이 유일한 피난처요, 의지처이다. 매순간 신을 의식하라. 넘어지더라도 걱정하지 마라. 그 끈을 절대로 놓지 마라. 그 작은 끈만 놓치지 않으면 언제든지 다시 일어설 수 있다.

한 황제가 자신의 재상을 미워한 나머지 종신형을 내려서 옥에 가두었다. 그 재상은 수도 외곽에 있던 거대한 탑에 갇혔다. 그곳에서 탈출한다는 것은 아예 생각도 할 수 없는 불가능한 일이었다. 탑의 높은 곳에 갇혔기 때문에 탈출은 곧 추락사(墜落死)를 의미했다. 그 탑은 100미

The Great Secret

터가 훨씬 넘었을 뿐만 아니라 탑 주위에는 경비병들이 삼엄하게 지키고 있었다.

재상의 아내는 커다란 슬픔에 빠졌다. 어떻게 해야 한단 말인가? 어떻게 하면 남편을 구해 낼 수 있을까? 종신형을 받은 젊은 재상은 아직도 살아갈 날이 창창했다. 그의 아내는 한 파키르에게 가서 남편을 살릴 수 있는 방도를 물었다. 파키르가 말했다.

"딱 한 가지 방법이 있소. 우리가 할 수 있는 것이란 남편에게 끈을 건네주는 것이오. 딱 하나의 끈, 그것은 '신에 대한 기억'이라는 끈이오. 그 끈 하나만 붙들면 우리도 세상이라는 감옥으로부터 벗어날 수 있다는 것을 깨달을 것이오. 남편이 있는 곳은 아주 하잘것없는 조그마한 감옥에 불과하오. 그에게 끈 하나를 건네주시오."

재상의 아내는 무슨 말인지 영문을 몰랐.

"무슨 말씀을 하시는지? 종잡을 수 없습니다."

파키르가 말했다.

"먼저 냄새에 아주 민감한 누에를 한 마리 잡아요. 그런 다음 누에의 코 부분에 꿀을 바릅니다. 이 누에를 탑 아래에 놓으면 이 누에는 꿀 냄새를 따라 탑을 올라갈 것입니다. 누에는 꿀이 바로 앞에 놓인 것을 보고 계속해서 위로 올라갈 것입니다. 그리고 누에의 꼬리 부분에 아주 가는 실을 묶으세요."

재상의 아내는 파키르가 시키는 대로 했다. 누에는 가느다란 실을 뒤에 달고 탑을 오르기 시작했다.

한편 재상도 어떻게 하면 달아날 수 있을까 궁리하고 있었다. 아내가 되었든 친구가 되었든, 누군가가 자신을 구해 주기를 바라면서 한편으로 자신도 탈출할 방법을 찾고 있었다. 그는 기회만 엿보고 있었다.

그는 바로 그날 아침 저 아래서 누에가 탑을 기어오르는 것을 보았다. 누에는 실을 달고 올라오고 있었다. 그는 단박에 탈출할 수 있는 방법을 찾았다고 생각했다. 누에가 다 올라오자 그는 실을 붙들어 끌어당기기 시작했다. 실을 다 끌어당기자 실 끝에는 가느다란 줄이 묶여 있었다. 이번에는 그 줄을 끌어당기기 시작했다. 이 가느다란 줄을 다 끌어당기자 그 끝에는 아주 굵은 줄이 묶여 있었다. 그는 그 굵은 밧줄을 창문에 걸고 감시를 피해 탈출하는 데 성공했다.

나중에 재상은 아내에게 어떻게 그런 대단한 묘안을 짜냈냐고 물었다. 아내는 한 파키르가 알려 주었다며 자초지종을 설명해 주었다. 재상이 말했다.

"그 가느다란 실로 인해 탈출할 수 있었다니! 하지만 내가 탈출에 성공한 것은 하잘것없는 감옥에 불과했소. 나는 이제 더 큰 감옥이 있다는 걸 깨달았소. 집에는 가지 않겠소. 나를 감옥에서 꺼내 준 파키르는 어디에 있소? 이제는 집에 갈 필요가 없어졌소. 이제 더 큰 감옥, 이 사바 세계로부터 탈출해야만 하오. 그 파키르가 비밀을 알고 있소."

온 세상이 다 욕되지만
기도하는 자만은 참되다.
까비르는 말한다. "신의 이름을 버리지 마라.
넘어지고 일어나고 높이 날으라!'

바로 이것이 소중한 비밀이다.

오쇼에 대하여

오쇼의 가르침은 어떠한 틀로도 규정하기 힘들 만큼 다양한 주제를 다루고 있다. 그의 강의는 삶의 의미를 묻는 개인적인 문제에서부터 현대사회가 안고 있는 시급한 정치·사회적인 문제에 이르기까지 거의 모든 주제를 망라한다. 오쇼의 책은 그가 직접 저술한 것이 아니라, 다양한 국적의 청중들에게 들려준 즉흥적인 강의들을 오디오와 비디오로 기록하여 책으로 펴낸 것이다. 그는 자신의 강의에 대해 이렇게 말했다. "내가 무슨 말을 하건 그 말은 지금 이 시대의 당신들을 위한 것일 뿐만 아니라 다가오는 미래 세대를 위한 말이기도 하다."

런던의 선데이 타임스(Sunday Times)는 20세기를 빛낸 천 명의 위인들 중 한 사람으로 오쇼를 선정했으며, 미국의 작가 탐 로빈스(Tom Robbins)는 오쇼를 '예수 이후로 가장 위험한 인물'로 평하기도 했다. 인도의 선데이 미드데이(Sunday Mid-Day)는 인도의 운명을 바꾼 열 명의 인물을 선정했는데, 그 중에는 간디, 네루, 붓다 등의 인물과 더불어 오쇼가 포함되어 있었다.

오쇼는 자신의 일에 대해 새로운 인간이 탄생하도록 기반을 닦는 것이라고 했으며, 이 새로운 인간을 '조르바 붓다(Zorba the Buddha)'로 부르곤 했다. 조르바 붓다란 니코스 카잔차키스의 소설 속 주인공인 그리스인 조르바처럼 세속의 즐거움을 누리는 동시에, 붓다와 같은 내면의 평화를 겸비한 존재를 일컫는다. 오쇼의 가르침에 일관되게 흐르는 정신은, 과거로부터 계승되어온 시대를 초월한 지혜와 오늘날의 과학문명이 지닌 궁극적인 가능성을 한데 아울러 통합하는 것이다.

또한 오쇼는 점점 가속화되는 현대인들의 생활환경에 맞는 명상법을 도입하여 인간의 내면을 변화시키는 데 혁명적인 공헌을 하였다. 그의 독창적인 '역동 명상법'들은 심신에 쌓인 스트레스를 풀어줌으로써 일상생활 속에서 더 수월하게 평화와 고요함을 경험할 수 있게 해준다.

아래의 두 책을 참고하여 오쇼의 생애에 대해 더 자세하게 알아볼 수 있다.
- 『Autobiography of a Spiritually Incorrect Mystic』
- 『Glimpses of a Golden Childhood』

오쇼 국제 명상 리조트
Osho International Meditation Resort | www.osho.com/meditationresort

위치
인도 뭄바이(Mumbai)에서 남동쪽으로 160킬로 떨어진 뿌네(Pune)에 위치하고 있는 오쇼 국제 명상 리조트는 휴가를 즐기기에 매우 적합한 곳으로, 우람한 나무들이 주거지역을 둘러싸며 40에이커에 달하는 아름다운 정원을 형성하고 있습니다.

특징
매년 100개국이 넘는 나라로부터 수많은 방문객들이 오쇼 국제 명상 리조트를 찾아오고 있습니다. 이 독창적인 명상 리조트는 축제를 즐기듯 즐거운 분위기 속에서 더 평온하며 더 깨어있는 창조적인 방식으로, 새로운 삶의 길을 경험할 수 있는 기회를 제공합니다. 몇 시간의 단기 프로그램에서부터 해를 넘기는 장기 프로그램에 이르기까지, 선택의 폭이 매우 다양합니다. 아무것도 하지 않고 그저 휴식을 취하는 것도 오쇼 국제 명상 리조트에서 제공하는 프로그램 중의 하나입니다.

모든 프로그램은 '조르바 붓다(Zorba the Buddha)' 라는 오쇼의 비전에 바탕을 두고 있습니다. 조르바 붓다는 날마다의 일상생활에 창조적으로 임하며 침묵과 명상 속에서 고요하게 휴식하는 새로운 유형의 인간을 뜻합니다.

명상 프로그램
활동적인 명상, 정적인 명상, 전통적인 명상법, 혁신적인 방편들. 오쇼의 역동 명상법에 이르기까지 각 개인에 맞는 명상 프로그램이 하루 종일 진행됩니다. 이 명상 프로그램들은 세계에서 가장 큰 규모의 명상홀인 '오쇼 오디토리엄(Osho Auditorium)' 에서 진행됩니다.

멀티버시티 Multiversity
오쇼 멀티버시티가 제공하는 다양한 종류의 개인 세션, 수련 코스와 그룹 워크숍은 창조적인 예술, 건강 요법, 인간관계 개선, 개인의 변형, 작업 명상, 비의적인 학문과 선(禪)적인 접근방식이 도입되었고, 프로그램의 범위 또한 스포츠와 레크리에이션 등을 망라하고 있습니다. 이처럼 다양한 프로그램들은 명상과 결합되어 성공적인 효과를 내고 있는데, 이것은 오쇼 멀티버시티가 인간을 여러 부분들의 조합으로 보는 것에서 그치지 않고, 그를 훨씬 뛰어넘는 존재로 인식하는 명상적 이해에 기반하기 때문입니다.

바쇼 스파 Basho Spa

고품격의 바쇼 스파에는 울창한 나무와 열대식물에 둘러싸인 야외 수영장, 독창적 스타일의 넉넉한 자꾸지(Jacuzzi), 사우나, 테니스장을 비롯한 여러 체육 시설 등이 아름답게 배치되어 있습니다.

먹거리

리조트 내의 여러 식당에서는 서양식, 아시아식, 인도식 채식 요리가 제공되며, 대부분의 식재료는 명상 리조트의 방문객을 위해 유기농법으로 생산된 것들입니다. 빵과 케이크 역시 리조트 내에서 자체적으로 만들고 있습니다.

야간 행사

야간에도 다양한 종류의 행사가 벌어집니다. 그중 최고로 꼽히는 댄스파티를 비롯해 별빛 아래서 행해지는 보름날 명상 프로그램, 각양각색의 쇼와 음악 공연, 그리고 여러 가지 명상법들이 진행됩니다. 이 밖에도 플라자 카페(Plaza Cafe)에서 친구들을 만나 즐기거나, 정적에 잠긴 아름다운 정원을 산책하는 것도 좋습니다.

편의 시설

리조트 내에는 은행, 여행사, 피시방이 준비되어 있습니다. 기본적인 생필품은 갤러리아(Galleria)에서 구입이 가능하며, 멀티미디어 갤러리(Multimedia Gallery)에서는 오쇼의 미디어 저작물을 구입할 수 있습니다. 그 밖에 더욱 다양한 쇼핑을 즐기고 싶은 분들은 뿌네 시내에서 인도의 전통 상품을 비롯한 다국적 브랜드의 여러 가지 물건들을 구입할 수 있습니다.

숙박 시설

리조트 내에서는 오쇼 게스트하우스(Osho Guesthouse)의 품격 있는 객실을 이용할 수 있습니다. 더 오랜 기간의 체류를 원하는 방문객은 '리빙 인(Living In)'이라는 패키지 프로그램을 이용하거나, 리조트 밖에 있는 다양한 종류의 호텔과 아파트를 이용할 수도 있습니다.

더 많은 정보를 보시려면 아래의 웹사이트를 참고하시기 바랍니다.

www.OSHO.com

오쇼 닷컴에서 제공하는 내용

인터넷 매거진, 오쇼 서적, 오디오와 비디오, 영어와 힌디어로 된 오쇼 저작물들, 오쇼 명상법에 대한 정보, 오쇼 멀티버시티의 프로그램 스케줄, 오쇼 국제 명상 리조트에 관한 정보

관련 웹사이트

http://OSHO.com/resort
http://OSHO.com/magazine
http://OSHO.com/shop
http://www.youtube.com/OSHO
http://www.oshobytes.blogspot.com
http://www.Twitter.com/OSHOtimes
http://www.facebook.com/pages/OSHO.International
http://www.flickr.com/photos/oshointernational

아래의 주소를 통해 오쇼 국제 재단에 접촉할 수 있습니다.
www.osho.com/oshointernational
oshointernational@oshointernational.com